心若光明，世界就不會黑暗

——《心經》哲學談

鄭湧 著

www.cosmosbooks.com.hk

書　　名　心若光明，世界就不會黑暗——《心經》哲學談
作　　者　鄭　湧
編　　輯　王穎嫻
美術編輯　楊曉林
出　　版　天地圖書有限公司
香港黃竹坑道46號
新興工業大廈11樓（總寫字樓）
電話：2528 3671 傳真：2865 2609
香港灣仔莊士敦道30號地庫（門市部）
電話：2865 0708 傳真：2861 1541
印　　刷　亨泰印刷有限公司
香港柴灣利眾街德景工業大廈10字樓
電話：2896 3687 傳真：2558 1902
發　　行　香港聯合書刊物流有限公司
香港新界荃灣德士古道220-248號荃灣工業中心16樓
電話：2150 2100 傳真：2407 3062
出版日期　2021年12月 / 初版・香港

ISBN 978-988-8550-09-8

目錄

《般若波羅蜜多心經》的經文解讀 151

後記：「讀經」與「談心」……263

《般若波羅蜜多心經》

唐三藏玄奘 譯

觀自在菩薩，行深般若波羅蜜多時，照見五蘊皆空，度一切苦厄。

舍利子！色不異空，空不異色；色即是空，空即是色；受、想、行、識，亦復如是。

舍利子！是諸法空相，不生不滅，不垢不淨，不增不減。

是故空中無色，無受、想、行、識；無眼、耳、鼻、舌、身、意；無色、聲、香、味、觸、法；無眼界，乃至無意識界；無無明，亦無無明盡；乃至無老死，亦無老死盡；無苦、集、滅、道；無智，亦無得，以無所得故。菩提薩埵，依般若波羅蜜多故，心無罣礙；無罣礙故，無有恐怖，遠離顛倒夢想，究竟涅槃。三世諸佛，依般若波羅蜜多故，得阿耨多羅三藐三菩提。故知般若波羅蜜多，是大神咒，是大明咒，是無上咒，是無等等咒，能除一切苦，真實不虛。

故說般若波羅蜜多咒，即說咒曰：揭諦、揭諦，波羅揭諦，波羅僧揭諦，菩提薩婆訶！

導言

二十一世紀的問題，有些是老問題，例如科技發展除了促進社會經濟等進步之外，仍然還有嚴重的負面作用，會給人們造成生命倫理問題，造成生態危機，甚至會給人類的生存帶來危險。

高新科技的發展，若是助長了「強權政治」之「強」，給人們帶來的只能是更加殘酷的掠奪與殺戮，使人類滯留於「叢林社會」，自由、平等乃至「人間天堂」就永遠是貧弱、愚昧者的夢幻。

二十一世紀過到剛剛二十個年頭，又爆發了新冠肺炎，並很快席捲全球。在疫情中，成千上百萬的人「罹病」，幾十萬人「死亡」。災難就如同飛馳而來的鐵輪，猝不及防，「每個人都可能跌在輪下面」，「弱者常常在被輪子碾壓之前就垮倒了」（F．卡夫卡語）。人在本質上就是「弱者」，那究竟是甚麼東西會「在被碾壓之前就垮倒了」呢?是人們的「心靈」。人，乃至人群組成的社會，最最可怕的就是「心」的垮塌。

人在生存過程中，往往會突然遭遇天災人禍以及人心之惡，陷於「生死苦海」。人這一生，是殘酷的，苦難不盡；應對苦難、殘酷、險惡的現實，就成為一種人的基本的「存在方式」；因此，人得有能力保護好自己，最重要的是人的「心」不能垮。與這樣一種「存在方式」相應的，需要人與人之間的互相幫助、與人為善；而新冠肺炎疫情中暴露出的重大問題之一，正是這種「互助」、「為善」精神的缺失，這種人類原初的精神文明被「遺忘」。

一、解決二十一世紀的問題

二十一世紀的問題，我們就從人的生存（特別是與他人的倫理關係）說起；本著涉及的問題，主要有兩個：一個是人工智慧的問題，另一個是新冠肺炎的問題。先談第一個。

1、人工智慧的危險不容低估

科學技術的發展，曾經給人類帶來福祉，也曾造成了第一次、第二次世界大戰的富有「科技含量」的人類自相殘殺；現代社會因此而變得野蠻而殘忍，無人道，信仰缺失，人們不禁驚呼：「上帝死了！」而「上帝」之死，意味着「人」的死亡也將為期不遠。這就是「死亡」對於現代的「意義」。由此，人類進入了無「主」的時代。

關於現在的「人工智慧」，問題就出在「人工」二字；「人為」的因素過當，非出問題不可。首要的問題是：人腦本身的問題還沒有搞清楚，就急急忙忙地去創造人工智慧，似乎有點兒本末倒置，並很容易走上歧途。而人工智慧所造出的是一批依賴於數據和演算法的機器；這些機器雖然是人設計製造的，但它是有智能的、可以自作主張而不聽人的指揮，不遵循人的法則，根本不受道德規範的約束。這似乎比之前的科技後果更嚴重，就更加令人擔憂。

如果說，科技初起的時代，機器並無智慧，還會受人的控制；而現在的人工智慧，數據成為統治者。「在人類的經歷淪為數據、數據通過記憶體進行自我解讀的世界裏，意識如何定義？誰對人工智慧的行為負責？」這是一個嚴肅而又嚴重的問題。這樣一種問題，又必須提到哲學的層面。「啟蒙運動本質上始於由新技術傳播的哲學見解。我們時代的情況恰恰相反。當下已存在可以統領一切的技術，但需要哲學的指引」（基辛格：《人工智慧可能導致啟蒙運動的終結》）。因此，人工智慧的時代呼喚一種不同於啟蒙時代的哲學。二十一世紀，需要一種新的哲學！那是一種能夠超越啟蒙運動的哲學！

第一次世界大戰的發生，造成了巨大的禍害特別是那種因增加了科技含量的而更為慘烈與血腥的戰爭、人與人之間的自相殘殺，這也早已為世人皆知。到了二十一世紀的今天，E．馬斯克對人工智慧也產生了憂慮：「我們需要萬分警惕人工智慧，它比核武器更加危險！」對於作為「對手」的人，可以實施精準的「定點清除」；而對於病毒，卻往往束手無策。當然，比核武器更危險的，還有生物戰，有人已在告誡：「生物戰的危險遠大於核戰爭」，這是一種更加難於防範而又殺傷力更大的戰爭。十分荒誕的是，那些蓄意發動新型「生物戰」的人，卻以莫須有的所謂大規模殺傷性武器的罪名暴打弱小者；當然，倘若生物戰不成，那些人也許會退回來再打核戰。而且非常令人擔憂的是，這樣一些惡霸行徑，居然至今得不到充份的揭露與有效的遏制；任其發展，世界就會處在一種極其危險的境地。揭示這樣一些的負面、黑暗面，正視它們的嚴重後果，是現代哲學家的責無旁貸，也是「找回」人類精神文明基點的必由之路。

現在的世界，更加需要哲學的引領；根據現在的問題，本著着重於人的生存與他人的倫理關係問題的討論。這樣一種哲學地對人的關注，在歐洲曾受到了諸種科學如生物學、社會學等等的影響；而哲學上要超越啟蒙運動，就需要排除這些科學的影響。與人工智慧與科技發展的問題，我將另作專題討論。下面，我主要談談新冠肺炎的問題與相關的反思。

2、新冠肺炎的問題與反思

當前的新冠肺炎，是一個「大事件」，無疑已經成為一個全球性的重大問題，要「解決二十一世紀的問題」，這個問題不可迴避。哲學，就是回答、解決「大問題」的。新冠肺炎，把死亡的威脅突降在人們面前，人們的「心靈」備受震撼，並且觸及了「靈魂」深處。人，有着不同於其他「存在物」的「存在」；除了「身體」的「存在」，人還有「思想」、「精神」、「心」與「靈魂」的「存在」。觸及「靈魂」深處，就達到了人「存在」的最高層面。

在新冠肺炎面前，你首先去做到自己不被傳染並力所能及地幫助其他患者；一旦被傳染，你就要及時醫治，這個時候就要看你自己「身心」的抗病能力以及醫護人員的治療能力了。面對「死亡」，你必須投入「性命」，這一步一步的治療，根本上來說，都是在以你自己的「性命」作頑強抵抗。在這個時候，你既切身感受到了「死亡」的威脅，也正是在這樣的一種威脅中親身體驗甚麼叫「活着」。

其實，人們的日常生活、凡人小事也都事關「生死」，事實上每時每刻都存在着對「生死」的切身體驗；也正是在這樣的一種過程中，人的「生命」得到了肯定。對這些事物，哲學家都應保持敏銳的嗅覺，只是它們似乎都不足以對人們的「心靈」產生震撼，世人往往不予重視；只有那些「覺悟者」，才能特別敏感做到「事事關心」乃至「觸及靈魂」。苦難，使人瀕臨絕境、面對死亡；也正是「死亡」的威脅，才使人的「心靈」備受震撼乃至被挑戰，由此人們不得不在「靈魂」深處「苦戰」；雖然殘酷，甚至有犧牲，但確也讓人受到最難得的磨煉與昇華。這正是「死亡」威脅的意義，因此而「純潔」着人們的「靈魂」，鞭策人們攀登「存在」的制高點，「瞬間」獲得「永生」。人在「靈魂深處爆發革命」，往往也就是在這種時候。在《斐多》篇裏，再現了蘇格拉底作為哲人面對「死亡」的「從容」與「莊嚴」，他以自己「性命的踐履」攀登了人的「存在」的「靈魂」制高點。蘇格拉底為哲學家樹立了榜樣，他做給了人們看，後人可以從他身上「看懂」：「哲學事關人的生死」、「人應該怎樣活着」；哲學家應該怎麼「活着」，而且應該怎麼「死」。

這樣的一種「生死」問題，是關於「人」的，而不是其他「存在物」的；因此，學術上的「生存論」乃至「存在論」將再次受到審視；事關「生死」與人的「靈魂」相關的「宗教」，也因此被重新關注。這類「哲學」、「宗教」問題的重新提起，首先是「現實生活」的需要，是這種現實生活的實際需要促進了它們「學術」上的發展。

這就需要我們能夠深入現實生活，如對於新冠肺炎，重要的是能否直接面對和直接把握。而我本人所能得到的相關資訊，大都來自一些媒體、朋友圈之類；因為疫情期間行走受限，我基本宅家。這種時候，我更覺得自己像是被捆住了手腳，身臨一種彷彿「單獨監禁的處境」（F．卡夫卡語）；本來就住在現代化的有保安、鐵欄、圍牆的社區裏，已是感到彷彿是「畫地為牢」似的。到了二十一世紀，因為新冠肺炎，人與人之間的隔離更加成為一種常態，人們的生活更加「雞犬之聲相聞，老死不相往來」，人類「共生」、「同在」的生存環境被嚴重惡化。就我本人而言，對新冠肺炎所造成的現實生活的殘酷與人生的悲劇親歷有限，對相關的死亡的痛苦感受就不那麼深刻。而新冠肺炎的患者與相關醫護人員，因為他們的「親歷」、「在場」，對於這次新冠肺炎具有最「直接、原始的聯繫」以及所獲取的最「直接的、感性的經驗」，最了解其根本的問題及意義所在。對於「肯定生命」的哲學而言，這樣一些「親歷」、「在場」的經驗則是根本性的；這再次表明「存在」維度於直接的「生命體驗」的重要。而這一點，正是我所缺乏的，缺乏「親歷者」的「經驗」與「視角」。在我的哲學的探究中，「親歷」、「在場」的經驗是基礎性的。

與此同時，我也一直在密切關注疫情的發展，對患者的痛苦及其家屬的焦慮感同身受，與他們保持着一種「性命的聯繫」，而不能置身事外，也因此才有了下面的問題與反思。這樣一種的反思，力圖展現與事物的「直接聯繫」，使相關的事物「直接在場」，和落難的人們「共生」、「同在」。這也是一種「參與」，雖然程度不同，但決不是「旁觀」。通過這些問題與反思，我試圖導向它們背後那些與它們同在但不易察覺且不可言說的更深層次的東西，那種觸及「事情本身」的「真實」，從「現實生活」的「真實」一直到「靈魂深處」的「真實」。

新冠肺炎是二十一世紀突降的災難，它是對人類的一個告誡，告誡我們至今仍是那麼的無知、還有那麼多的不足；同時，也可以看作是一種激勵，嚴重的災難往往會產生強大的激勵，激發出我們應對災難所必須的勇氣與生命的力量。面對新冠肺炎，中國廣大醫生、護士與志願者率先應對，救助患者，拯救生命，弘揚了現時代難能可貴的精神文明。救助患者，在他們困難時及時伸出援手，是人類生活與精神文明的一個重要維度，也是其他維度得以打開的基礎。正是這樣一種的精神文明，鼓舞了人們對災難的英勇抗擊，不僅有效地控制了疫情，並且改變着世界的秩序，使社會更加強大與友善，因此對人類而言具有劃時代的重大意義。

新冠肺炎猝然而至，已經讓數十萬計的人付出了生命的代價！「死亡」，在全世界人們的面前，狠狠地刷了一下「存在感」！本來，人們以為「死亡」離自己很遠很遠，而且似乎是越來越遠；更何況，人們現在還有高新科技、先進的醫療設備等等，似乎完全可以把天災人禍拒之於門外。可新冠肺炎一出現，出人意料：一個噴嚏、一聲咳嗽，竟能致人於死命?!「死亡」猝然而至，人的生命依然如此脆弱，使那些對「死亡」沒有準備的人們措手不及，也讓那些在災難面前不顧他人死活者罪無可赦。生死，是人生最大的事情；新冠肺炎，又把生死問題「直接」提到了人們的面前。生死之際，還為我們提供了「直接」觀察、了解人「本來面目」的極好機會。

下面，我就相關的問題，做一些必要的反思，可以說這是一種「置之死地而後生」的由「死亡」引發對「生存」的「沉思」；對於災難的反思，往往帶有顛覆性；真正的反思，都帶有顛覆性：

(1) 高科技並沒有改變人生命的脆弱

到了高科技如此發達的二十一世紀，人的生命在災難面前依然不堪一擊！這就使我們不得不對人的「生命」進行「再認識」。事實上，人對自己的「生命」的「認識」特別是在其「質」的方面至今依然是很「無知」的；這樣的一種「無知」，即便是到了現在的資訊化時代，依然沒有根本性的改變，儘管有了一些「量」的變化。人對生命的「終極意義」的認識，更是一個極其艱巨而且遙遠的任務，很難現在完成；一些人動不動就把問題一下子提到「終極」，也是一種「無知」者的「無畏」與「狂妄」。「認識自己」，竟如此之難，以至人們懷疑究竟能否認識自己；但從解釋哲學的角度來看，這種「認識」雖然不是「終極」的但可以是「真實的認識」，而且它帶有「批判性」，有助於「超越自身當前的視域」。

在大自然面前，人就是「弱者」一個，特別是人的肉體生命極其脆弱。事實上，大自然對於任何一個人，既是公平的，卻又很「絕情」：不管你是多麼「有權」、多麼「有錢」還是多麼擁有高新科技，都不給「特權」；這使那些享受慣了「特權」的人們，根本無法適應。在大自然面前，人顯得既非常渺小又很無知。人得知道自己的渺小與無知，以便讓自己留有起碼的謙遜、謹慎。不過，有不少的人依然因其「無知」而「狂妄」、「無畏」，「冒犯」了大自然，遭到了大自然的嚴重「報復」，例如貪吃野生動物而多次爆發的病毒感染。說到「吃」，我想起了周有光老先生說過的一句話：人喜歡「亂吃東西」，「大多數人不是餓死，而是吃死的」。人們之「貪」，首先是「貪」吃；「貪吃」，竟成為導致人們意外死亡的一個重要原因。還有，就是在一些企業家看來，「貪心」是使他們成為「富人」的秘訣：「我由一個週薪只有五美元的簿記員到今天美國最富有的人，是貪心讓我實現了這個奇蹟。貪心是推動我創造財富的力量，正如它是推動社會演進的強大動力一樣」（《洛克菲勒寫給兒子的三十八封信》）。我認為，洛克菲勒的優點是誠實，不避諱自己的「貪心」；而在實際生活中，許多商人就是死在「貪心」上。佛教則要人們戒掉「貪」、「嗔」、「癡」，首先是戒「貪」。

從這一方面來看，災難有許多是人們自己惹的麻煩；自己惹的麻煩，只能「靠自己」去解決。而應對災難，人體的健康強壯、人的富有智慧等等固然重要；但是，就「生命」而言，最能讓人存活下來的並不是這些，而是人的「適應」能力，「適者生存」。能存活下來、「生存」得比較好的，是「『適』者」，而非「『強』者」。在一定的意義上，「適者生存」強調「順應」，「隨物賦形」，是一種「弱者」更是「智者」的智慧。這種智慧，包括「知弱」即「懂得」自己的「弱」、「甘於」「處弱」、準確地定位自己並與他者「共生」、「同在」（抱團取暖）等等。這樣，因為有底線，人就不會犯「無知」者「無畏」的致命性錯誤。而所謂的「『強』者」，因為沒有底線且不講道德，往往「無知」而「無畏」乃至「無恥」，最終一敗塗地。

在這裏，我們有必要重提十七世紀法國思想家B．帕斯卡爾，他曾給人下過一個定義：「人是會思想的蘆葦」。他首先強調了「人」的「弱」，在談到人與自然的關係時，他進一步解釋說：「人只不過是一根葦草，是自然界最脆弱的東西」，脆弱到「一口氣、一滴水就足以致他死命了」。這些三、四個世紀之前講的話，竟然仍能作為今日新冠肺炎疫情中人的「脆弱」寫照！這裏所突出的那種對「人」是「弱者」的強調；雖然，他也講了「人是會思想的蘆葦」，而「會思想」也只是「蘆葦」這樣一種「弱者」的定語，並沒有改變人是「弱者」的本質；我們應該在這樣一種「本質」的基礎上，再來理解、解讀其「思想」。

正是因為人「會思想」，人才「最脆弱」但卻並「不低賤」，人才「高貴」而有「尊嚴」；人的「高貴」與「全部的尊嚴就在於思想」。那麼，甚麼叫「會思想」、「有思想」？是「因為他知道自己要死亡，以及宇宙對他所具有的優勢，而宇宙對此卻是一無所知」；不過，在這裏需要補充的是，「自由人最少想到死，他的智慧不是關於死的默念，而是對於生的沉思」（斯賓諾莎），包括對「置之死地而後生」的「沉思」。孔子也是重視「生」，所以說「未知生，焉知死？」（《論語》第十一之十二）「思想」，顯然不僅僅「知道自己要死」、而且「沉思」人的「生」，「思想」就是探究「生」與「死」的；中國大乘佛法也講「世人生死事大」，但「求出離生死苦海」（《壇經》第一）。既懂「死」又懂「生」，這是關鍵；特別是面對「死亡」，要能「置之死地而後生」。當人們「直接」面臨死亡威脅的時候，若不被死亡嚇倒、打倒，必將更加強大。即便是一死，也要不失人之尊嚴。於是，就有了這樣的一些說法：當生則生，當死則死。氣魄再大一點的，那便是：「生當作人傑，死亦為鬼雄」！

以上，介紹得比較多的是「思想」「甚麼」，例如「思想」「生」、「死」。當然，另外一種對「思想」的解讀，也應該引起我們的足夠重視，例如人類學家M．米德說：「應該教導兒童如何思考，而非教導其該思考甚麼」。「思想」，要注重「如何」，而不能過於拘泥「甚麼」。

能改變人類命運的，是「人」的「會思想」、有所「知」，特別是對「人」自己的「知」；也因此，產生了人對自身的「理解」與「解釋」，人的生命、生存需要「理解」與「解釋」，這是人的生命、生存所應有的解釋哲學意義。作為「弱者」，世上有許多東西可以致他於死命；但是，人卻「要比致他於死命的東西更高貴得多」（B．帕斯卡爾：《人是會思想的蘆葦》）。而令人扼腕的是，在實際生活中，這些「高貴得多」的「會思想」、有所「知」的人往往忍辱負重於他物，甚至被他物摧殘「致死」。這就是我們人生的現實，也是人類的悲劇，現實的殘酷決定了悲劇的不可避免。也正是在應對這樣一些的「殘酷」與「悲劇」中，「思想者」因其會「沉思」、有「持守」甚至能「反制」而有所成長壯大，並體現出「尊嚴」與「高貴」。因「思想」而「高貴」於其他動物與生物，人就具有一種因「思想」而不同的「存在」價值和意義（「我思，故我在」），不會一味地盲從自然、甚麼都仰仗自然發生。有些事情，則需要人「有意識」地去操作，例如對你身邊的人伸出援手（而不是麻木不仁、不聞不問），使人類有一個更加美好的生態環境，等等。所以，這樣一種的「有意識」操作絕不可少！人也因此可以「心想事成」，這就是人的「思想」的力量！人一定要牢牢把握並充份發揮這種「思想」的力量！

不過，人們對於自己的「生存」環境，有的時候破壞往往多於改善，甚至自以為是改善而其實卻是破壞。人必須注意到，人對「自己」的「知道」與對「環境」的「認知」，畢竟又是很「有限」的；應該牢牢記住這個「有限」，人就不至於「膨脹」乃至「迷失」了自己。也因此，人更得「知道」自己的「無知」；「知道」自己的「有知」，是「知識」。與「知識」、「思想」相比較，人更難得的是有「智慧」；人更需要在「智慧」上下功夫。「智慧」，使人對自己的「知之有限」乃至「無知」持續保持清醒頭腦，而不被它們所局限；不被局限，才有可能打破局限，促使自己不斷進步。

不過，「思想」依然不可或缺。人不能「無思想」，人之所以「高貴」於其他動物與生物，就因為人有「思想」；「人」而「無思想」，就會混同於其他動物，人就不成其為「人」了。人而有「思想」，人的「生命」也因此就成為「性命」。然而，人往往又處於「無思想」狀態。在M．海德格爾指出的「無思想」的基礎上，H．阿倫特認為：人的罪惡可分為兩種，一種是極權統治者的「極端之惡」，另一種則是極權統治下的被統治者的「平庸之惡」。所謂「平庸之惡」者，「並不愚蠢，卻完全沒有思想」；「他們不反思身處的環境，對於自上而下的命令，不思考，不反抗，認為在體制內的一切都是理所當然的，服從體制的安排，甚至沒有道德的判斷和良心的不安」；「對邪惡行為的沉默」即是「默許與縱容」，乃至「對於大屠殺」也「沒有勇氣去反抗」；「這種置身事外與無思想，即可喚醒潛伏在人類大腦中所有惡的本能，表現出其巨大的破壞力」；「如果人人不願意思考，便會使大規模的犯罪成為可能」（轉引自《遠離「平庸之惡，永遠不要放棄思想的權利」》）。在我們的社會生活中，即便是到了二十一世紀，凡是出現「大規模犯罪」的地方，除了幾個「惡霸」以外，還不難看到眾多的「平庸之惡」。

當然，人要既「高貴」而且有「尊嚴」，僅有「思想」是不夠的，還得有「靈魂」。強調要從「靈魂」的層面來看待「人」，提升「人」的「存在維度」，從更高的境界解決「人」的問題，是本著的一個重要任務。實際上，「靈魂」是一個人的「尊嚴」所繫。一個出賣自己「靈魂」的人，是最最沒有「尊嚴」的；一個守不住自己「靈魂」的人，是最最「下賤」的。而想要徹底地從根本上打垮一個人，就是去讓他沒有「靈魂」而毫無「自尊」。

(2) 「共生」、「同在」底線被嚴重踐踏

「生活是令人畏懼的」（法國畫家塞尚語）。人的生活，本不盡如人意，難免有坎坷甚至苦難，有悲劇；而這些，往往又很難避免。我們應該做的和能做的，就是敢於面對、挺住並從中走出來。人的「自性」，是人最「原初」的，也是最「純真」的、最「寶貴」的，不能迷失的；一旦迷失，就會養成「惡習」，是很難悔改的。這往往還會導致一些人丟掉人類原初的精神文明，踐踏人類的「共生」、「同在」的生存底線。更為嚴重的是，即便遭受過嚴厲的懲罰，這些人依然不斷地犯同樣的錯誤，並且直至今日始終不加悔改。這是一些人的可怕之處，正如艾瑞克所說：「最可怕的是，如果重新來過，他們還會這樣做。」

有些人的這種踐踏生存底線、不願承擔責任的惡劣，在這次新冠肺炎疫情中也是暴露無遺。例如，有的自稱是世界上「最民主」、「最人道」的國家，照理說應該把本國人民的「生死」放到第一位；然而，它的領導

人卻全然不顧老百姓的「死活」，竟成為疫情發生以來世界上死亡人數最多的國家。按照英國啟蒙思想家J．洛克所設的「文明底線」，公民的生命、財產、自由，政府不得以任何名義侵犯（《洛克：文明的底線》）。然而，歷史一再證明：凡是有「權力」的地方，一旦「權力」使用不當，被過於集中在某些個人手裏，即便是在被認為「擁有世上最好的政治制度」的美國，也會有「暴政」，就會侵犯「文明的底線」。不能善待自己的國民特別是他們的生命，就已經踐踏了一個文明國家的底線；沒有底線、踐踏底線，已成為二十一世紀最嚴重的問題。甚至有人這樣說：「這場疫情，白宮的暴徒殺害了數以萬計的美國人，使這裏成為世界上肺炎疫情最糟糕的地方」（《喬姆斯基：特朗普是歷史上最糟糕的罪犯》）。

美國政府之所作所為，也充份暴露了現在一些政權的本質。靠殺戮建立起來的政權，必定要用暴力以對付百姓，必用強人以欺淩弱者，用惡人以打擊善者。不少人以為，只有靠強權政治、恃強淩弱、弱肉強食，乃至打打殺殺，才能征服他人，穩定世界。

行「霸權」而作「惡」，這是現代「惡霸」。除此之外，還有一種由「平庸」催生的「惡」，那種對「霸權」的服從、配合，甘做「強權」的附庸；而對「弱者」鄙視、欺淩，對「弱者」的盤剝，兜售假冒偽劣，甚至不惜謀財害命等等。H．阿倫特曾經深刻地揭示了西方的那種「平庸之惡」，而以「聰明」著稱的中國人在其國土上則把它發揮到了極致。中國有一句俗話「閻王好交，小鬼難纏」；平民百姓大多是在與「小鬼」打交道，深受其苦，倍感其「難纏」（對此，我本人就甚有感觸）；從這些「小鬼」身上，我們就可以看到中國版的「平庸之惡」。還有，中國特別多的「垃圾人」，他們瘋狂地製造着垃圾，有精神的垃圾，有物質的垃圾，各行各業都有，甚至還拼命地引進洋垃圾，把中國變成了世界上最大的垃圾場。

英勇抗擊新冠肺炎，這本是一件大好事，得到了全世界人們的讚賞；但是，卻也有一些政客為了一己私利而放肆抹黑、甩鍋、造謠生事。其實，國與國猶如人與人之間一樣，有的時候做好事不但不得好報，還要受委屈。所以，做好事者，一定還要準備好受委屈，而且要受得住委屈，才有可能把好事堅持做到底。人這就需要有雙重抗打擊的能力，一種是應對災難的，另一種是忍受委屈的。做好事，會經常腹背受敵，而孤立無援；「做好事者」，竟如《百年孤獨》的作者所說：「除了孤獨，我一無所有！」

天災人禍，民不聊生，使人絕望，梁漱溟的父親因此而投湖自盡。而他本人也上下求索於一生，晚年仍然在疑問「這個世界會好嗎？」朱光潛則從另外一個角度來看待「世界」，認為「世界」本來就是「不完美的」；正因為其「不完美」，人生才有「價值」，才有「努力奮鬥的必要」，才有「奮鬥成功而得的快慰」（《無言之美》）。人生難免遭遇「不美好」乃至醜惡之事，難免有「絕望」之時；但是，決不能被它們打倒。

(3) 「真實」與「誠實」之難得

在新冠疫情這樣的大災難面前，說到底，有兩種人。一種是犧牲者，死於新冠大災難；另一種是倖存者，遭遇新冠災難而幸免於難。犧牲者，因其死於新冠肺炎，他對新冠肺炎有最嚴重的遭遇、最真切的感受，也因此才最深刻地了解與新冠災難相關的死以及生的意義，但因其已死亡而無法親自告訴他人。人的死亡乃至生命，也因此就永遠是一種奧秘；奧秘之「不可說」，這是重要的原因。而倖存者，因其幸免於難活了下來，才有可能告訴他人一些自己有關的新冠肺炎的遭遇與感受；不過，顯而易見，他們沒有達到犧牲者那樣的嚴重與真切，而且因僥倖而繞開了許多本該遭遇的艱難困苦。而其他那些自己並未遭遇肺炎災難的人，他們所言，基本上是道聽途說，甚至以訛傳訛。總而言之，關於新冠肺炎災難，知道得最真切的因遇難死亡，而無法告訴別人；活着的人們知道的並不真切，他們所説就很難真實；而道聽途説的，自然就更難真實。人們所言，既非親身經歷，即便親身經歷了又很難做到「如是我聞」，其所能追求到的「真實性」，也是很難真實的；也許，正因為這麼難，才需要追求，乃至是永久的追求。也正因為追求「真理」的不成，還有許多的「平庸」之輩對「真實」根本不感興趣，而相關的「傳説」乃至胡編亂造反倒時興、發達了起來，有些人就是喜歡「道聽途説」；因此，所謂「歷史」就幾乎全是「口述」的了，而非「事實存在」；「歷史」，因此就無關「事實」，只是一個「話語」問題了；以至於誰掌握了「話語權」，誰就成了「歷史」的創造者。其實，真正能説明問題的、能説明新冠肺炎真相的，是患者的得病、治病、痊癒或死亡的真實過程。

退而求其次的，是要求人們「誠實」。這似乎是人們不難做到的：知道甚麼，就説甚麼；知道多少，就説多少，這總是可以做得到的吧?!但是，人卻很難做到。按照《聖經》的説法，人之所以被趕出伊甸園，就是因為不「誠實」、「説謊」；人往往「説假話」，始於「無敬畏」，而終於「無恥」。而在我們的現實生活中，有那麼多的人不説「真話」、「實話」，那種「真實的話」；甚至不許別人「講真話」，以維護「國家利益」。而往往喜歡説「假話」、「大話」、「空話」、「廢話」；説「迎合」的話或者如方方也在説的「配合」的話；喜歡説「正確的話」，所謂「正確的話」，在這裏是指按照某種「標準」去説話，而不是「根據事實」的「實話實説」。凡是按照某種「標準」去説「正確的話」的地方，就沒有「實話」，就沒有「自己的思想」；那種只是按照「標準答案」來回答的「應試教育」，培養出來的一定是那些「無思想」的可憐蟲。

這種時候，弄清事實真相似乎不再重要了；而説甚麼話、怎麼説話卻成了人們爭論的熱門，甚至由此而造成了許多群體的撕裂。當「事實」問題轉變成了「語言」問題的時候，恐怕就已離「事實真相」相去甚遠了；也因此，想在「語言文字」寫成的「歷史」中去找到實際存在的「事實真相」，真的比登天還難；事實上也很難有「真實」的「描述」，而充其量也只是某種角度的「解讀」而已。其實，在「言者不知」、「言而無信」的時候，「知者」不如「不言」。在這裏，可以看作是對在「歷史」、「語言文字」層面上的「真理的人文解讀」的一種質疑。

大難當前，人們也往往缺乏「互信」。若他人缺乏「互信」、政府缺乏「公信力」，他們很可能就成為「災難」。例如，有人在網上發了一條美國總統特朗普母親的語錄：「只希望他永遠都不要從政。他會是個災難。」不管這段話是不是他母親說的，特朗普是個「災難」則已成事實；僅就這次全球性的新冠肺炎疫情而言，他的「災難」還遠沒有結束。對政府來說，它應該「保護人民的生命」，政府也只有在取得被統治者的同意、並且保障人民擁有生命、自由和財產的自然權利時，其統治才具有正當性。不過，萬一碰到的是不靠譜的國家領導人與缺乏「公信力」的政府，把命運寄託在他們身上將是很不幸的。

大難當前，特別是當人們面臨生存窘境的時候，人與人之間容易產生利益之爭以至爭得你死我活。你就要特別警惕謊話連篇且有暴力傾向的人，那是些地痞流氓，他們極具破壞力，天下大亂之日，正是他們猖獗之時。他們崇尚「叢林法則」，自恃拳頭硬，「恃強」施暴，凡事以「力」服人。對這樣一些「不懂道理」的人，你還想跟他們「講道理」，無異於「對牛彈琴」。

(4) 宗教信仰、宗教情懷的嚴重缺失

本來，資本主義發端於「新教倫理」，宗教信仰、宗教情懷，是資本主義社會的重要精神支柱（參閱M．韋伯的《新教倫理與資本主義精神》）。然而，資本主義發展到了二十一世紀，片面強調實際利益，使其主

導的價值觀喪失了應有的神聖性；再加上片面推崇高科技的技術性、工具性，只講「知『識』」、不求「知『道』」；把宗教貶斥為迷信，打擊宗教，宗教已很難保住其應有的地位。在許多國度，人性尚且殘缺，神聖性就更不知其所終。

這次新冠肺炎在全球一百九十多個國家與地區蔓延，殃及幾十億人；其中，老年人是最弱勢的一個群體，正因為他們最弱，本應得到更好的照顧與治療。但是，在一些西方國家甚至是「發達」國家，「已經放棄治療六十歲以上的老人，不再給六十歲以上的人戴呼吸機」，人們「看到一些完全被遺棄的老人，甚至一些已經死在了床上」（〈震驚！疫情期間，國外發達國家竟然這樣對六十歲以上老人，令人痛心！〉）。宗教提倡職業道德，救助弱者，給亡者以尊嚴；而一些國家的領導人卻忙於推卸責任，對於自己的同胞，毫無同情心；對於老人，毫無憐憫心；致使許多病故者，死亡時毫無尊嚴。讓一個人毫無尊嚴，是對他的最大羞辱。這樣一種嚴重的宗教信仰、宗教情懷的缺失，體現了西方資本主義的根本性衰落，那種無可奈何的不可逆轉的衰落。

欺負老弱病殘，那本是動物世界中的事；如果，在某個人群裏也發生這樣的事情，那麼這個人群與動物世界就沒有甚麼兩樣。遺憾的是，當今世界仍有許多地方奉行「叢林法則」，把人的世界變成了動物世界。正像薩古魯說的：「無論在哪裏，你發現某個人比你弱小，不管是身體上、金錢上、社會上，還是政治地位上的弱小，你都想欺負他們，這是非常獸性的。在動物的世界裏是可以的，在人類的世界裏，不可以。」（薩古魯《如何應對家庭暴力？》）

在重大災難面前，人若不失宗教信仰，人就會有希望；人若沒有了宗教信仰，人就會絕望。甚至，這個世界沒有希望了，宗教往往還會給人以另一個世界的希望；以至有人這麼說：因為有另一個世界，所以我不怕這個世界。

(5) 文明發展的失衡

自從科技的突飛猛進，人們物質生活的極大改善，物質文明受到了過高的重視，而精神文明則被嚴重忽略。典型一例就是：高樓大廈平地而起，家家戶戶的防盜門卻把自己關閉與鄰居隔絕，以至到了隔壁打嗝放屁都聽得見、而老死不相往來。人們的物質富裕竟成了人自己的作繭自縛，人與人之間缺乏應有的互信與互利互助。顯然，這已經嚴重影響了人的精神文明的健康發展。因此，我們必須顛覆物質、肉體對人的囚禁。

人類文明的標誌究竟是甚麼？說到底，是在「精神」方面，而無關乎「物質」；首先，是「精神」的。在這一方面，人類學家M．米德認為：在困難中幫助別人，才是文明的起點。因為，在她看來，人類文明的最初標誌，不是陶罐（製造與使用工具）之類；而是人的股骨折斷後（因旁人伸出援手）的被治癒。在「人之初」，這樣一種的治癒，必須得有他人的幫助；沒有別人的幫助、呵護，缺食少衣，一個骨折的人光靠自己是活不成的。得有人幫助他，幫他綁紮傷口，把他帶到安全的地方，讓他有水喝、有食吃，才能存活下來。斷腿的動物，在動物界因為不可能得到人那樣的互相幫助，因而只能死亡。由此可見，互助、互救乃至同患難、共生死亦即「共生」、「同在」，只有人才能做到，這也是「人之初」人類生活在一種「動物狀態」卻有着其他動物所沒有的「人性」的一個重要標誌。

在困難中，「自助」，是「救自己」，是「自救」；「助人」，是「救別人」，是「人類的自救」。「救助別人」，才是人類文明的起點。找到這樣一個「起點」，就是找到了人類生存的「原初」、「最真實」的基礎。一個人，特別是文明的人，就要幫助別人，以彰顯「人性」；在別人困難的時候，不伸援手去幫助，就是沒有「人性」；不但不去幫助，反而抹黑、打擊那些去幫助別人的人，就是反「人性」。在一個缺乏「人性」

的世界裏，天災人禍驟至，伸出援手者甚少，而落井下石者居多。「人」，居然可以變得這麼可憐而又可怕！

(6) 不確定與失控

顯然，我們看到：自新冠肺炎以來，疫情在許多國家與地區處於失控狀態。而當今的世界又是如此的反常、混亂、黑白混淆、是非顛倒、亂象叢生。特別是當前的國際形勢，有了那些不靠譜的人，出了許多離譜的事，完全沒有章法，朝令夕改甚至信口雌黃，把種族與種族的關係、國與國的關係搞得前所未有的糟糕。這不排除一些人是在惡意攪混水，為的是趁機渾水摸魚。這就表明，二十一世紀的許多領導人很缺乏管理社會的能力，而他們尤其缺乏管理自己的能力；提升人的自我管理能力，成為二十一世紀的當務之急。

我們的現在與未來充滿了太大的不確定性。所謂「不確定性」，也就是人與人之間沒有基本的信任；許多事情不取決於我們，我們說了不算；而別人則是想幹甚麼就幹甚麼、想怎麼幹就怎麼幹。

這就在一定程度上導致了「失控」的狀態，無法控制局面，以至於新冠肺炎的疫情基本「失控」，國內的種族矛盾、衝突不斷激化，國際關係也空前緊張。

面對這種情況，我們不能手足無措，不能跟着「失控」，不能被「不確定性」吞沒。我們得能做到「猝然臨之而不驚，無故加之而不怒」，牢牢把握住自己，不亂方寸，從容淡定，堅持做並做好自己該做的事情。不管「外面的世界」如何混亂，而我們的「內心」不亂，心靜如水，並做好我們自己的事情。在「不確定」中，重要的是能夠「確定」，就是「確定」我們自己該怎麼做；在「失控」中，重要的是能夠「掌控」，也就是「掌控住」我們自己，特別是我們自己的「心靈」。

更何況，「不確定性」、「無安全感」，常常反而會啟動我們「生命的力量」特別是「潛力」，激勵我們審時度勢，更加沉着應對；為有必勝的把握，逼使我們自強不息，越戰越強。

事實上，「不確定性」與「確定性」如影隨形，是形影不離的；在我們認知有限、能力不足的時候，「不確定性」更是無處不在。從根本上來講，人生遭遇「不確定性」居多，我們要習慣於「不確定」，與「不確定性」共處同在，善於在「不確定」的狀態下相對「確定」地生活。

當然，在現在這樣一種疫情肆虐、天下大亂之際，努力做到不亂方寸、應對有序；不過，絕不要輕言「勝利」。

(7)「有何勝利可言」？

新冠肺炎所暴露的一些「真相」，雖然是很「負面」甚至「不堪」，卻又是難得的「真實」，利於人們「認清」自己與他人；而正是這樣一種的「認清」，將利於人們處理好疫情，重獲「自信」、建立「互信」。

突遇災難，有的時候會讓你覺得自己很「脆弱」甚至很「醜陋」，還會覺得很無助、無奈，沒有人救你甚至也沒有人能救得了你，連一根稻草都找不到。你對社會失去了「信任」，你的「自信」遭到了無情的摧殘；但是，也就在這種時候，你只要學會面對「真實的自己」，不放棄「自救」，就有可能「絕處逢生」。人，往往不到「絕處」，就不知道何處能「生」、怎麼得「生」；也只有到了「絕處」如突遇大災難、生死關頭，才知道「人生」的「難得」、「生命」的「可貴」。也就是在此時，才知道甚麼是「世態炎涼」，才知道「從來就沒有救世主」，也才知道「求人不如求己」、人只能靠「自救」以及如何「自救」；大概，這也正是人們常說的「置之死地而後生」！

新冠肺炎的事實已經證明：到了二十一世紀，對於一些重大天災人禍，人類依然不能抗衡，現實無比殘酷，也很醜惡。「醜惡」者，人們容易記住，並常常被千夫所指。「殘酷」者即便如「地獄」，也嚇不倒、打不垮堅強的人們；經過「地獄」的歷練，他們會更加堅強；也只有經得了這樣一種「地獄」的歷練，他們才能有足夠的力量與智慧創造出美好的「天堂」。有的時候，人在大災大難中，能「挺住」就好，事實上根本就沒有甚麼「勝利」可言。武漢的疫情剛有一點穩定，有人就嚷嚷，要慶祝「勝利」；而面對這麼嚴重的災害，時至今日，新冠肺炎的致命原因究竟是甚麼還不清楚，又可能發生新的變異與反撲，尚有如此多的不確定性、不可控性，「有何勝利可言」？

在猝然而至的大災難面前，難免犯錯誤乃至有失敗；人，不可能沒有失敗，要爭取做到的是「敗而不倒」。也有一些人因為經受不起災難、失敗，而變得自私、卑鄙以至墮落，暴露了「無知」者的「無恥」，那簡直就是一敗塗地。因此，我們不能過多地、片面地強調「苦難」、「逆境」給人的「磨煉」與「境界提升」，那只是針對經受得起「苦難」、「逆境」的人來說的；而那些經受不起的人，往往就會在「苦難」、「逆境」中自毀。天災人禍不斷，人生不如意者十之八九，「逆境」居多，因此有必要提醒人們做好承受「風險」與「苦難」的準備，而且「風險」與「苦難」似乎專門襲擊「弱者」，如果自己不夠堅強特別是內心不堅強，就無法在這種環境中生存下來。要想在這樣一種的環境裏生存下去，首先得戰勝自己；要想能夠戰勝自己，首先得敢於面對「真實的自己」，「知道」自己、「認清」自己，才能使自己承受挫折與失敗、忍受傷害與痛苦，並在一次又一次的挫折與失敗之後能夠「挺住」、重新站立起來。

能夠「挺住」，做人就得有「底線」，有「擔當」，不逃避責任；能「持守」，特別是能「守住魂魄」；

一個人的「魂魄」不能「散」，一旦「散」了，就是「魂飛魄喪」（有「恐懼」者往往如此），就不能再「起死回生」。能「守住魂魄」人，就是那種具有「內在」的「生命力量」的人；人的生存，是要靠「實力」的、特別是「軟實力」；尤其是在危難時刻，不能把希望完全寄託於他人，只有「自己的實力」才是真正靠得住的。人得「『靠』自己」來「『救』自己」，從根本上來說，就是靠「自己」的「內在」的「生命力量」，是靠人自己「心」的那種與生俱來的「自強」、「自癒」和「再生」的偉大力量。

古希臘哲學家亞里士多德也曾強調過人的「軟實力」：「人生最終的價值在於覺醒和思考的能力，而不只在於生存。」這就是說，「人生的價值」更在於超越「生存」的層面。「覺醒」和「思考」，就是人的「內在」的「軟實力」，是作為生物的人所特有的「內在」的「生命力量」！人的「心」不能死，「哀莫大於心死」；應對大災大難，「心」的底蘊尤其重要。在災難面前，一個人的「自救」，是很難很難的，也是別無選擇的；但不管有多難，藉助於人自己的「覺醒和思考的能力」、特別是「心」的那種與生俱來的「自強」、「自癒」和「再生」的偉大力量，人們就往往能夠最終「挺住」。當然，大災難的倖存者，即便是「存活」了下來，那畢竟是一種「殘存」，身心就難免留下種種創傷與烙印；所以，「『幸』存者」，也是「『殘』存者」。其「種種創傷與烙印」，也正是他們「生命的印跡」；也正是這些「印跡」，成為了一個人「閱歷」的「標記」，也便於別人認證，例如辨認是不是基督，就可以看看他手上有沒有「釘痕」。而對於新冠肺炎疫情進行「如是」的認真、深刻的「反省」與「思考」，會在「心靈」上加深這些「印跡」。當然，這是每一個倖存者義不容辭的責任，也是對在這次疫情中的抗爭者與罹難者的最好記念。

⑻ 小結

在新冠肺炎疫情的暴打之下，經過千年修煉的人精們也都通通現出了原形。甚麼「人性」、「人道」？對於亟需幫助的同胞，不但不施以援手，反而趁人之危、落井下石！甚麼「民主政治」、「法制社會」？被稱之為全世界最民主、最法治的國度，也居然是「暴徒」（例如「白宮的暴徒」）說了算，對內見死不救，甚至欺壓弱小民族；對外，橫徵暴斂、窮兵黷武！他們製造着人與人之間的相互爭鬥、「自相殘殺」、動用暴力發動戰爭，把人們引向「自我毀滅」。

還有一種人的最無恥最殘酷的「虐殺」，就是誣陷、抹黑、甩鍋、仇恨乃至殘酷殺害抗擊災難的英雄。這種對英雄的仇恨、虐殺，自古以來就屢有發生。西方的古希臘神話與基督教也如是說，對於把持權柄的「暴君」、「邪惡者」來說，「善行」是不能容忍的，「行善者」必定要「受難」，最典型的莫過於被捆綁在懸崖上任鷲鷹啄食肝臟的普羅米修斯與被釘死在十字架上的耶穌。

新冠肺炎疫情的越演越烈，既因天災，亦因人禍；人禍，突出表現在一些人的自私、見人落難而不施援手反而落井下石、說謊欺騙、嫉妒陷害等等。在二十一世紀，「智慧」的人們呼喚「中國大乘佛法」，也正是因為經歷了這樣的困境、遭遇了這些苦難，他們才產生了一種追求，那種體現了他們雖然身處「叢林社會」十分像動物卻還有着對「人性」乃至「神性」的追求。對於人類的信心與希望，就源於此。「中國大乘佛法」的基本精神，概括起來就如菩薩之兩面：觀世音—慈悲，觀自在—智慧（般若）。也有人這麼說：「世界上百分之九十九的人都活在假象裏，只有百分之一的人能看到真相。作為一個普通人，要想看到世界的真相，要想真正的醒悟，需要兩個途徑：第一，足夠聰明。第二，足夠善良。」（《只有兩種人能看到世界的真相》）

到現在為止，我說到的這些並不是我們二十一世紀的前二十年「實際發生」的「生活」與相關問題的全部。作為專業的解釋哲學學者，首先是「問題」中人，但又是「學術」中人；作為「問題」中人，就是要「深入實際的現實生活」，觸摸到「問題」的深處；而「學術」中人，就要從「問題」的「實際」過渡到「學術」的「真際」，以自己的「學術」視角把「實際」的現實生活中的「問題」提升到「真際」去解讀。

哲學，這個詞是日本學者從西文翻譯而來；對此，中國學者也一直在努力作出自己的理解與解釋。哲學，我曾經作為一種職業，做學術的研究；爾後，現實生活中的生存危機、人道危機與信仰危機迫使我不得不依據親身所參與的事情和參與中所得到的切身體驗，對人的「性命」作「肯定」的哲學思考。根據親身參與和切身體驗，這樣的一種哲學思考，就不再是「認識論」的了；對人的「性命」作「肯定」，是在「參與」和「體驗」之中，而非在「認識」中。例如，是實際生活中的我意外遭遇的謠言、屈辱、打擊，考驗了我的承受能力；讓我明白了：自己能否承受以及究竟能夠承受多少，才界定着自己是否強大以及如何強大。另外，現實生活的殘酷、人生的苦難，把我的思考又導向了「信仰」：而且，也「只有通過絕望，通過苦難，通過痛苦和無盡的磨煉，才能達至信仰」（摘自《德魯克：信仰要經歷絕望》）。本著提出了一個與「靈魂」相關的「『存在』的『維度』」等問題，並且着重於探討那種與「宗教」相關的「神學維度」。這樣一種的「神學維度」，在二十一世紀的哲學中是不可缺少的；由此，二十一世紀的哲學是四「維」的，而不同於十八世紀I．康德以來的三「維」。

在哲學上，我不是從以往的體系出發，也不做「概念的分析」（如L．維特根斯坦所主張），既不從「概念」出發；也不是從「語詞」出發，找出「概念」的「語詞」淵源（如M．海德格爾、H．-G．伽達默爾所認為）；而是從現實生活的「事實」與相關「經驗」特別是從「人類學經驗」出發（受我德國老師的影響），「擺事實、講道理」，從實際所走的「道『路』」中「研習」出「道『理』」來。

人這一生，要走很多的「路」、各種各樣的「路」，而「心路」是最重要而又最艱難的「路」，最關鍵的就是要走好「心路」。從「此岸」到「彼岸」，就有一個「路徑」的問題；「路」，是實實在在地「走」出來的，是「實際」；而對這種「實際」的哲學研討，就需要把問題提升到「真際」，作出「真理」的「解讀」；這樣一種的「解讀」，我所作的，既不是「科學」的，也不是「人文」的。

當然，我的哲學，也不是「批判」的。當前仍有不少的哲學教授強調哲學的「評判」精神，甚至認為只有批判別人才能前進；這種批判者，往往以正確者自居，藉此居高臨下，非爭個你錯我對甚至你死我活不可。當然，如果別人真的有錯，治病救人是必要的；但目的是「救人」，而不是去整人、打倒別人。其實，原來I．康德「批判」哲學的本意，也只是在證明人類認識、理性的「有限」；而不是像一些中國教授那樣拿起筆做刀槍，把別人作為對立面「打翻在地」、「再踏上一隻腳」。事實上，哲學倒是更需要去發揚「助人」、「救人」的精神，而不是去整人、傷害別人；這符合人類文明精神，也正如「中國大乘佛法」所主張的那樣。

二、中國大乘佛法

「中國大乘佛法」的哲學思想，並未受到近代科學的影響，人並不是作為科學的對象；回顧這種佛法，有利於建立那種超越啟蒙運動的哲學。

這種佛法有兩個基本點「慈悲」、「智慧」，猶如菩薩之兩個方面。所謂「慈悲」，就是「大愛」，在別人遭遇苦難時，及時伸出援手，「助人」、「救人」，猶如觀世音菩薩之「慈悲」。與此同時，中國「大乘佛法」又講「般若」，即「大智」、「出世的智慧」，這種「大智」則以觀自在菩薩（觀世音菩薩的另外一個身份）為代表。換一種說法，何謂「大愛」？「大愛」捨己救人，救人於水深火熱之中，並使被救之人享有尊嚴。儘管「人善被人欺」，明知「他人是地獄」，依然相信「善良」，有「愛」的人不會遺忘「善良」；並在「善良」的堅持中，「識破」「惡」，「戰勝」「惡」。而有的時候，只要你選擇了「行善」，越是奉公守法、越是做好事、越是聲張正義，你就越是被孤立、受打擊，把你往死裏整；整而不死，你必更加堅強。別人整不死你，就是因為在生不如死的時候你仍能頑強地活着。在這裏，你不僅僅「勇敢」、「頑強」，而且「智慧」；因為你活着，才需要「智慧」。所謂「大智」，就是「懂」，「懂」人就是「心靈」的「通達」。「懂」，也可以說是「看透」，「看透」但不「說破」，「說破」了就不夠「智慧」。「懂」，就是深知人生苦難、現實殘酷、人間險惡，只有堅持吃「苦」才能了「苦」，只有除「惡」才能揚「善」；「因為懂得，所以慈悲」。這已經是一種「出世的智慧」了。而菩薩正是「慈悲」（大愛）、「般若」（大智）的榜樣，「悲」、「智」互補，「悲」、「智」雙運。從總體上來看，「大愛」、「助人」、「救人」是第一位的；也因此，菩薩更以「慈悲」的救苦救難聞名於世，並且在中國，菩薩如此深得人心，一段時間曾經是「家家彌陀佛，戶戶觀世音」。這樣的一種「大愛」、「大智」超越了「世俗」的考量，已經到達了「出世」的境界；因而，就有了以「出世的精神」做「入世的事情」。這就是「中國大乘佛法」。

正是這樣的一種人們「現實生活的需要」與「呼喚」，使得二千年之前的菩薩在二十一世紀直接「到場」，再次現身說法。「過去」的菩薩「活了起來」，活生生地「成了現在」。菩薩教導二十一世紀的我們如何渡過難關，如何從「『此岸』通達『彼岸』」，走出「生死苦海」；大難而不死，超越「世俗」，才算真正「活」着。

對於現實生活中出現的問題，中國大乘佛法並不提供「標準」的解決模式與答案，更多的是警醒和建議，讓人們通過各自生命的踐履（即「性命」的投入），去「捫心自問」，搞清楚自己的生存底線與「本來面目」，立足於「性命之本」。

1、中國大乘佛法與哲學的「神學轉向」

新冠肺炎疫情中突出暴露的一些人性的醜陋、險惡，人的有史以來的那種貪戀、說謊、欺騙、推諉與恃強淩弱，沒有擔當，甩鍋、抹黑，在別人困難時不及時伸出援手反而落井下石。這樣的一些醜陋、惡習，在二十一世紀的西方最發達國家越演越烈；克服與糾正這些醜陋、惡習，西方「文明」沒能提供良方。

其實，西方「文明」的不能再引領世界，早已有敏銳的西方思想家作出了預見，例如，英國的歷史學家A．湯因比在二十世紀就曾經指出：「戰爭和不公平，在任何情況下，都是伴隨着各種文明而產生的兩種社會弊病。這種致命的社會弊端，有可能使文明社會生機枯竭。」在這裏，A．湯因比明確地告誡人們：恰恰是西方的那種二百多年的「文明」，產生了「戰爭和不公平」。這就要求我們客觀地全面地去評估西方「文明」，既要充份肯定這種「文明」所帶來的人類進步，但也不能低估它那些不可避免的弊病及其所造成的嚴重後果；因為正是這樣的一些「致命」弊病，「有可能使文明社會生機枯竭」！西方霸權的全面衰落，在一定的程度上，就是因為這樣一種的「生機枯竭」。

對於二十一世紀出現的問題，A．湯因比又提出了一種根本而富有「哲學性」的解決方案，也可以說是一種「宗教轉向」；這類「宗教轉向」也曾發生在二十世紀，例如「現象學的神學轉向」，在這個「神學轉向」中，H．-G．伽達默爾呼籲人們不能低估和遺忘中國的宗教；當然，現象學中的神學轉向，還可以追溯到更早的青年M．海德格爾對宗教的關切。我們再來看A．湯因比，他說：「在一定時間內，宗教卻是使這一社會維持下去的精神力量。」而「解決二十一世紀的問題，只有中國孔孟學說跟大乘佛法」。這一看法，突出了「宗教」特別是「大乘佛法」，極有見地；首先，我們需要恢復宗教信仰、宗教情懷，而在這一方面，又必須重溫被一些人冷落甚至遺忘的中國「大乘佛法」。A．湯因比的偉大，就在於當年正處中國文化大革命期間，談論「解決二十一世紀的問題」的時候竟能公正地評介中國傳統思想文化，富有遠見地把「中國大乘佛法」請進了對話現場，賦予極其生動活潑的現實性。正是A．湯因比的這些提議和哲學的「神學轉向」，使得「中國大乘佛法」能夠在二十一世紀「直接到場」，促成了我們對那些世紀性的重大問題的全新認識與解讀。

不過，我必須提請注意的是，「大乘佛法」與「孔孟學說」之間還是有一些根本的不同，最根本的一點，就在「宗教性」上：「孔孟學說」不是「宗教」，注重「此岸」世界，是一種「入世智慧」，崇尚「王」以及服務於「王」的「聖」，「王」、「聖」皆是「人」而非「神」；而「大乘佛法」則是「宗教」，營造「彼岸」世界，營造「彼岸」世界，是「出世智慧」，崇尚「神」（佛），「神」非「人」。在中國各代「『王』朝」

的統治下，也是崇尚「『王』道」的「儒學」去同化「佛教」，以「『王』道」同化「『神』道」；在中國歷史上，「『王』道」長期以來都是中國思想文化的「主旋律」。除此之外，我再作如下區分：關於人生的「走向」。「人往何處走」？「孔孟學說」也許有利於建立一種集權的緊密有序的社會結構，提倡「人往高處走」，嗜權、趨利，「當頭」，出將入相，做「強」者；因此，「孔孟學說」說到底是「叢林法則」的支持者。也正因為此，孔子身後被「帝X代」們捧為「聖人」甚至封「王」；不過在我看來，孔子只是一個求官並不順遂的普通讀書人，我既不贊成把他「神聖化」，也不贊成把他「精英化」。而「大乘佛法」則恰恰相反，提倡人「往低處走」，甘願做「弱」者。人，在本質上就是「弱者」。所以，只有這樣一種親近「弱者」的「大乘佛法」才有可能去解決「強者」所造成的諸多問題。人世間的問題就出在「強者」身上，沒有了「強者」，才有可能根除「弱肉強食」，才有可能真正避免不公平、爭奪與戰爭，不再出現「人間地獄」。更何況，要想根治「貪」慾，也只有「大乘佛法」（根治「貪」、「嗔」、「癡」），在佛法看來，堅守「自性」的「清淨」，遠比「成功」與「出將入相」、「稱王稱霸」重要得多。

這就涉及到「心性」的維度。六十多年前，唐君毅、牟宗三、徐復觀、張君勱四先生曾主張「將儒家心性之學作為中國學術文化的本源和核心」，至今仍有相關的討論（如倪培民等）。這裏講的「心性之學」，大概是宋明儒學，這種受到佛教影響之後的儒學，僅受佛教之影響而未達佛教的「明心見性」境界與「神聖」維度，顯然不能與「大乘佛法」同日而語。「大乘佛法」主張在人的「心地」上下功夫，主張堅守「自性」的「清淨」、以「出世」的精神做「入世」的事情。

因此，在我看來，「解決二十一世紀的問題」，還真得有「大乘佛法」的境界與高度，須用「大乘佛法」來補充「孔孟學說」，實行「釋」「儒」互補。

2、中國大乘佛法相關的幾個要點

誰都不喜歡「苦難」、「飛來橫禍」，但是一旦它們來了，中國大乘佛法告誡人們：躲不是辦法，想躲也躲不掉；只能勇敢面對，在「苦難」中磨煉，增長人的經驗，使人從絕望中產生希望，頑強地渡出「生死苦海」，從「此岸」過渡到「彼岸」。有些「智者」知道人生難免遭遇「苦難」，往往事先主動模擬「苦難」（如王陽明等），以習得應對「苦難」的經驗與本領。人，只有忍人所不能忍，方得為人所不可為，以至於身處「叢林」尚能堅持不懈地追求「人性」甚至「神性」。人的做事，應如海灘積沙成塔，即便旦夕即毀，也要精心製作、建得雄偉莊嚴，哪怕只是瞬間的。

中國大乘佛法不僅僅提供希望，那種絕望中產生的希望，而且是那種可持續的希望，即便今生實現不了，還有來世；且不僅僅提供可能性，還提供實現的現實性。這樣一種實現，是人們的「共患難」、共同修行、共同實現；人生，要從「助人」做起；心路，要從「同情弱者」走起。在今天二十一世紀我們研習這部「佛法」，就是要走「菩薩道」，像菩薩那樣去同情弱者、幫助別人。在此過程中，我們找回人類文明的起點，並把它發揚光大。

中國「大乘佛法」博大精深，下面略舉幾個要點：

(1) 原初的精神文明 - 重估「思想者」、「智者」

佛教大乘與小乘的區別，就在於小乘的度己、注重自我修行；大乘的既度己又度人、增添了度人，顧及「他者」、利益眾生。自己覺悟了，強大了，就應該去幫助別人，而不是欺壓別人、征服別人。對「他人」持一種「開放」、「友善」的態度，加強「與他人對話」，以「對話」取代「對抗」，互助互救；承認並維護他者的「存在」，特別是在別人困難的時候能夠伸出援手，就成為一種非常重要而又寶貴的人類文明精神。

羅曼·羅蘭説過：「那些心存善良的人是最先、最容易覺醒的人，因為他們憐憫苦難，同情弱者。」「最先、最容易覺醒」者，這是些先知先覺者，是「智者」；他們的一個顯著的特徵就是「憐憫苦難，同情弱者」，首先是些「心存善良的人」。這就是説，「智者」首先是「善者」。一個有「覺悟」的人，對於身邊的弱者、苦難，要敏感；可是現實並非如此，現在許多人對現實生活已經沒有甚麼感覺了，而大都成了「文藝青年」，他們猶如張愛玲所説：「國人對於戲台上的悲情極其敏感，動不動就感動得（掉）淚；但對於自己身邊真切的悲劇，又往往充耳不聞漠不關心。」這一段話，極其典型地描繪出一些「國人」特別是「精英」的沒感覺、麻木不仁；特別是在遭遇災難、暴政之際，這一表現尤為突出。一個「思想者」乃至「智者」、「覺悟者」，首要的就是「憐憫苦難，同情弱者」，對於現實生活中發生的「悲劇」極其敏感；不敏感，就會是M．海德格爾所説的「無思想」。這就給了一個我們可以用來重新認識與評估「思想者」、「智者」、「覺悟者」以及所謂「精英」的尺度。這次的新冠疫情，就有機會讓我們每一個人都可以再一次地重新認識與評估自己與他人。

在前面，我們也已説到：在別人困難的時候，特別是在他人生死之際，能夠伸出援手去幫助，這是人類精神文明的最初標誌。其實，救助有苦難的人，這也正是中國大乘佛法的精神。值得我們注意與重視的，正是這樣一種的中國大乘佛法的基本精神與人類精神文明起點的一致性，佛法保持並且發揚光大了原初的人類精神文明。弘揚中國大乘佛法，就是再一次點燃人之初的精神文明之火，這樣一種的「點火」就是點燃心燈！而與此密切相關的，就是人類最初的這些「原始經驗」，成為了人們的「思想」、「哲學」與「文化」的搖籃。

今天，我們重提這種人類最初的「原始經驗」，就是讓它們在二十一世紀能夠「繼續存在」（這也是「存在」的一個重要維度）、發揚光大。

跟中國大乘佛法與其代表作《般若波羅蜜多心經》相關的，有一個關於觀世音菩薩化身疥癩僧人來度化唐玄奘的故事，這個故事就是宣傳了這樣一種助人精神，也突出了學佛讀經的基本點與「覺悟者」的基本特徵。這個故事有不同的版本，其中一種版本說：在取經途中，唐玄奘看到路上躺着一個長滿疥癩的和尚，奄奄一息，他連忙幫他洗淨傷口，服侍他直到痊癒；此時僧人現身，他竟是觀世音菩薩！菩薩賜唐玄奘予《般若波羅蜜多心經》。這個唐玄奘救助重病僧人的故事，凸顯了那種在別人困難時伸出援手去幫助的精神。也正是有了這樣的一種精神，一個人才具備了研習《般若波羅蜜多心經》的必要基礎，這樣的一種助人精神是研習佛經的必要條件。在佛教中，觀世音菩薩本身就是助人救人精神的集中體現，若有人遭遇苦難時呼喚菩薩，菩薩就會立即顯身趕來救助。

不過，就中國大乘佛法而言，這還僅在其起步之處；換句話說，這是一個最起碼的維度，由此而打開其他維度。也就是說，在別人困難時伸出援手，這只是做人的底線；在別人困難特別是性命攸關時不能伸出援手，這就踩踏了做人的底線。在人類的生存發展中，「互助」精神是必需的，「共生」、「同在」是基本的「存在方式」，這些也正是人與人之間能夠「相互理解」的基礎（作為以「理解」為主旨的解釋哲學，需要從中國大乘佛法中汲取豐富的營養）。總之，這樣一種「度己」、「度人」並能夠「互助」的人，是最「自立」、最「強大」的，多友而「無敵」，是「不可戰勝」的。

成佛，有一個重要的轉捩點。當佛陀還是喬達摩·悉達多王子的時候，他第一次走出王宮到城門之外，看到了百姓的生老病死；這是他對生老病死的第一次所見，對其苦難、痛苦乃至死亡的威脅第一次有了切身感受，他極其敏感，並專注於此、其他都不重要了。於是，他放棄了王子的地位、王宮的生活，以及財產、軍隊等等一切。在這樣一個時候，「當人生大事也變得微不足道時，你就開始靈性了」（薩古魯：《靈性開始於一切終結之時》）。王子產生了「救助」這些百姓的想法，而放棄了其他一切。他立足於「當下」、立馬去做；其實呢，「過去」已逝、「將來」未到，一個人真正要並且能夠把握的，也只有「現在」；正是在這樣一個意義上，我們可以說：「生命」僅在「現在進行時」。

顯然，百姓的生老病死，這並不是在王宮內、也不是靠王權、財富、軍隊之類所能解決的。倘若把這些「權」、「利」、「錢財」分散給百姓，最多也只能滿足百姓的一時之需，而絕非長久之計。作為解救者，首先就得到百姓中間去，讓自己成為百姓那樣的「弱者」。正如有人所說：「當你身居高位時，看到的都是浮華春夢；當你身處卑微時，才有機緣看到世態真相。」顯然，要看清楚百姓生活的真相，就得走出王宮；解救眾生脫離苦難的道路，更不在紅牆之內，不在王宮之中。走出王宮、與眾生「共生」、「同在」，就成為關鍵之步，也就成為其人生的重大轉捩點。只有走出王宮，他才不再被「權」、「利」等等遮蔽；而放棄這些「權」、「利」，擺脫了父母、權力等等的一切依靠，就是淨身出戶；只有在這樣一種「一無所有」的時候，他才會明白：真正的人生，不能像在王宮裏那樣衣來伸手飯來張口，而一切都得靠他自己的勞作才有可能得到，沒有任何人幫忙、只能靠他「自己設計自己」、「自己造就自己」。這是其一。

其二，他來到被城牆隔離的百姓生活中去，就不再是「局外人」、「旁觀者」，而成為「當事人」，與眾生「共生」、「同在」，直面並切身經歷百姓的現實苦難，從而取得了「親歷」、「在場」的經驗；正是這樣的一些經驗，成為了他覺悟成佛的根本性基礎。佛陀的事蹟，告訴我們：與眾生「共生」、「同在」，要成為我們基本的「生存」和「存在」方式；必須實行這樣一種「生存」和「存在」方式的根本轉變。正是因為他走進了百姓生活、成為了「當事人」，才會知道：從來就沒有救世主。在現實的磨煉中，他才最終醒悟：即便是「弱勢人群」，誰也當不了他們的救世主。救世主是誰？就是百姓自己。眾生皆有佛性，只是迷悟不同；希望，就在百姓每一個人自己身上，最終都要靠他們「自己來解救自己」。佛陀由此而形成的佛教思想，就是一種作為「當事人」的自己「深入實際生活」、了解「弱勢人群」後的「根據事實」的「實話實說」。這也是以佛陀的言傳身教來提倡的「哲學文化觀」。

歐洲據《聖經》記載，夏娃、亞當偷吃禁果之後，被逐出伊甸園。人由此而墮入了「叢林社會」。奉行「叢林法則」，推崇「強者」，把自己武裝到牙齒，實行弱肉強食、攻城略地、稱王稱霸，這也就是西方有些人所謂的「『文明』之道」。這樣的一種「『文明』之道」，恰恰和人之初的文明背道而馳。人之初的文明，是在別人特別是弱者困難時幫助他們；而奉行「叢林法則」者恰恰相反，不但不幫助反而利用其「弱點」欺凌他們。在本質上，人是「弱者」。這一點，有些中國人也始終沒有搞明白；所以，他們不是去爭當「強者」，就是盲從「強者」、為虎作倀。因此，釋迦牟尼的走出「王宮」，主動放棄那些「強者」夢寐以求而未必能得到的「權力」、「錢財」，反其道而行之，主動與「弱者」為伍。這無論對今天的中國人還是歐洲人，都有着振聾發聵的「警醒」作用。

中國佛教的「自己造就自己」，就是深入到「社會底層」、與「弱者」「共生」、「同在」，以自己「性命的踐履」實現「明心見性」，「覺悟」自己身上的「佛性」，並發揚光大之。而人的「自我覺醒」、「覺悟」，往往又產生在人的生存經驗的最深層面，特別是在沒有了任何依靠、「一無所有」的時候，在絕望的時候，在身陷「地獄」、生死攸關的時候。了悟生死，就得在人的生存經驗的最深層面，不到生死關頭，不會了悟生死；絕處逢生，往往是在人們最虛弱時、似乎走投無路時，「觸及靈魂」、突現轉機，在絕望處出現希望。希望，往往就在絕望處；說得絕對一點，不經絕望就難見希望。有人似乎這樣說過：人生最痛苦最絕望的時候，也正是最難熬的時候，這個時候挺住了、熬過去了，就有希望。不能亡我者，必使我強大。所謂好好活着，就是得在最難熬、最絕望的時候挺住，挺住就有希望。

(2) 人往低處走，立足於性命之本

許多人主張：「人往高處走」。而佛陀的榜樣，是提倡人們「往低處走」，把根扎得越「下」、越「深」越好。如果已經身居高處，那就要像喬達摩．悉達多那樣沖決「權」、「利」的羅網，走出「宮牆」，「往低處走」，融入眾生特別是要「扎根」於社會的底層，立足於人的生命之本，與百姓特別是與「弱者」「共生」、「同在」。由此而獲得難能可貴的真實的「人性體驗」與「生命體驗」。F．尼采曾經說過：「人的情況和樹相同，樹越想升向高處與光明，她的根就愈要向下，向泥土、向黑暗處、向深處、向惡……」（《查拉圖斯特拉如是說》）然而，實際上，現在許多「人的根早已從土地裏拔了出去」（F．卡夫卡語）。這靜靜於地下的樹的「根」，人們往往看不見，甚至被遺忘了，遺忘了「根」這一樹的生命之本；棄本求末，許多人只看見樹葉、花朵與果子，熱衷於外表的繁華。事實上，只有立足於「生命」之本，才可能根深葉茂，碩果纍纍。

熱衷於外在的熱鬧，這在我們的實際生活中隨處可見，例如現如今的上學，似乎就是為得高分，拿文憑，當博士、教授，於是就進入了一個荒誕、滑稽的博士滿街走、教授多如狗的時代，而學問下滑、知識貧乏以至斯文掃地。其實，這些都無關乎真正的學習。學習，從根本上來說，不是向那些教授特別是徒有虛名的叭兒狗教授學，更不是向那些利慾薰心的人渣學，而是向榜樣學習；沒有榜樣，就無所謂學習。讀佛經，就是向佛陀

菩薩學習，學習他們的在乎內心的「清淨」，不「嗜權」、不「逐利」，學習他們親近「弱勢人群」、「往低處走」，學習他們那種樂於助人的無私的奉獻服務精神。

我們「『重』讀」《般若波羅蜜多心經》這部佛教經典，是在二十一世紀的今天。我們無意將千百年之前的這部經典現代化，但也不能迴避而且必須回答現代我們實際生活中的問題；現實生活與實際生活經驗，特別是二十一世紀依然存在的慧能那種「獦獠」式的「弱者」的生存經驗因其更具原初性，永遠是哲學、佛學的源頭活水，這在二〇〇九年出版的我的《讀法和活法》中以慧能為例作過突出的強調。我講的「社會底層」的「弱者」的生存經驗，是他們在現實生活中碰到多大的困難，往往都得靠自己去解決；他們走過人世中最黑暗的險地，受過心靈裏最痛苦的煎熬，屢戰屢敗，而屢敗屢戰；而無論現實怎樣殘酷、生存多麼艱難，他們從不退縮（也無可退）而頑強地活下去；甚至會像小草、幼蟲那樣任由車輪碾壓而死，而連個怨聲都來不及發出。他們的生命，往往不是生命者自己能夠掌控的。究其實，人也是物的一種，並不像某些人自我吹噓的「地球上的主人」那樣。「弱者」掙扎在生死存亡的底線，不貪也根本沒得可貪；生不如死，自然也就不怕死亡。他們既不貪婪，也無恐懼。他們在生不如死的時候仍能頑強地活下去，他們生命力是最強大的。因為他們懂得：只要「好好活着，活着就有希望」；「人生最痛苦最絕望的那一刻是最難熬的一刻，但不是生命結束的最後一刻。熬過去掙過去就會開始一個重要的轉折，開始一個新的輝煌歷程。」（陳忠實：《白鹿原》）這樣的一種頑強、強大，一些受過教育的人或有權勢的人都做不到，反而是農夫等一無所有生存在社會底層的人卻能做到。

最近，網上一直在熱傳一個名叫余秀華的女詩人，她出生時就是腦殘者，上學的時候，開始由父母背着，後來她堅持自己拄着拐杖上學，再後她又一根一根地把拐杖扔掉、搖搖晃晃地自己走着去上學；在她生活最艱難的時候，曾想去乞討，可就是軟不下自己的膝蓋，不想丟掉做人最起碼的尊嚴。正是這樣的一個社會底層的弱者以她的實際行動告訴我們：人是應該而且也能夠有尊嚴地活着。這也是他們最難能可貴的，也是最讓人們肅然起敬的。相比之下，現在文人的膝蓋實在是太軟太軟，常常不由自主地跪在了學位、職稱、種種名利面前。我們學習佛陀，首先要能「往低處走」，親近「弱勢人群」，善於「處弱」，「弱」而不恥，「弱」而不傷，「弱」而不失尊嚴。「弱者」往往觸及人生的「底部」包括那些「最黑暗」之處；正是在這些「黑暗」之處，能看到人生的「真相」、那慘不忍睹的「悲劇」。只有看到了這些、經歷了這些並且從這些裏面挺了過來，才算是真正生存了下來。有的時候，一個人太過乾淨、沒有經歷過污垢與黑暗，是無法存活的，因為現實的世界往往是污垢與黑暗的；更何況，「人只有經歷自己的渺小，才能到達高尚」（F．卡夫卡語）。

也正是經歷了這類「悲劇」的緣故，人們「渴望」那「平常的生活」，而「平常的生活」有時竟又是那麼難於得到。甚麼樣的「平常生活」，在「非常時期」，竟被人們如此「渴望」？例如，在新冠疫情期間，能住上「不露天的停車場」也算！相比於「蜷縮在小雨裏」「冷得渾身發抖」的「人」，那些住在武昌火車站地下「不露天的停車場，有熱水喝，有泡麵吃」的，就感到「已經是莫大的幸福」（轉引自二〇二〇年二月二十九日的《武漢依然在哭！》）。災難襲來，平常日子的那種在家的一日三餐、粗茶淡飯竟成「奢望」！

我們要做的，就是在一般人「看」不到問題的地方「看『見』」問題，別人無動於衷的地方「動『心』」。說到底，佛陀給我們提供的就是一部「『心』法」；在諸法中，最重要的就是「『心』法」。到此，我們的哲學思考就從「『讀』法」進展到「『活』法」，又從「『活』法」進展到「『心』法」。佛陀的親身經歷告訴我們：有了「出世」的「信仰」，才有可能作出真正「入世」的「擔當」。當然，一個人也只有親身到現實生活中去、到事件發生的現場、作為這些事件的當事人，承受「入世」的「擔當」，甚至是在力排「萬難」的過程中，才有可能觸摸到生活中的真實，發現生活、生命的真諦。這就是「在場」的「意義」，「在場」者才有可能「觸摸」「真實」，「直觀」「真理」。所以，探尋「意義」、追求「真理」，就一定得「在場」、「親歷」，做「當事人」而不是「旁觀者」。當然，「實際」與「真際」，分屬兩個不同的層面。

有了堅定的「信仰」，又有了「入世」的「擔當」，即同具「實際」與「真際」兩個不同的功夫，才有可能堅持不懈地「走」下去，不管前行的道路是順風還是逆水；而前行的道路，往往又是「逆水行舟，不進則退」；甚至可以說，只有排除了「萬難」、能在「逆水」中「前行」的，才可能有「成功」。但是，這只是其一。其二，比起「成『功』」來，對於人們來說，更重要的是「成『長』」；況且，人們的「做事」，未必件件「成『功』」，卻可以因為經歷了「磨煉」而必有「成『長』」。在這裏，我們更要重視「成長」，以彰顯人的精神文明的重要。

我們現在處於末法時代，「信仰」缺失，高僧大德、善知識也越來越少了；因此，現在「覺」者難遇，佛法難聞。那怎麼辦？我的體悟是，直截了當：直接去「讀佛經」！在「佛經」中，佛陀菩薩親自現身說法，我們可以從中直接向佛陀菩薩學習。「讀佛經」，本身就是一種「宗教性」的「活動」（即使不在寺廟中）；在本著中，通過打坐、調息、唸誦等等修行活動，我又着意增強了研習「佛經」的「宗教性」。由此，我們可以取得一種「宗教性」的「經驗」；這樣的一種「經驗」，由淺入深，從「腿」及「心」，最終觸及人們的「靈魂」，安定着我們的「魂魄」。而正是這樣一種「宗教性」的「活動」，成為在現象學哲學層面上所進行的解經哲學探究的「經驗着的行為」；由此而取得的是與「經驗」相關的東西，按照M．海德格爾的說法，除了「經驗着的活動」之外，還有「這個活動所經驗到的東西」（《宗教生活現象學》第九頁，商務印書館二〇一八年版）；這種「所經驗到的東西」就是「世界」，即是那種「我們能夠生活於其間的東西」（同上書，第十一頁）。

眾生難免生老病死，又常常深陷危機之中。我們該怎麼辦？身處苦難，你何去何從？生死關頭，你怎麼抉擇？結合二十一世紀的新冠肺炎等「天賜良機」，我們研習《般若波羅蜜多心經》，觀照觀自在菩薩的現身說法，聆聽菩薩在這方面所做的開示；這種開示，首先是教人如何「自度」，但切記「自度」進而「度他」，不能停留於「自度」；否則，修行就達不到「大乘佛法」的維度。

(3) 放下一切，「自由」、「自在」

當一切都可以放下、都是微不足道之日，就是覺悟之時；「覺悟」者，「心無罣礙」，方得「自在」。

我們讀佛經，知道了釋迦牟尼成佛的故事：他放棄王子的地位、王宮的生活，遍訪名師，讀盡典籍，歷盡千辛萬苦，最後精疲力竭，奄奄一息，坐在了菩提樹下，夜望星空，頓悟佛性就在每一個人自己的心中。此時，他雖然「夜望星空」，但不是觀「星」，而是觀「心」。真所謂：「踏破鐵鞋無覓處，得來全不費工夫」。「不知」者，「踏破鐵鞋無覓處」，到處求人；「真知」者，只能求己，「得來全不費工夫」。當然，「真知」的「得來」，也往往是在「踏破鐵鞋」的前提下的。

這個故事，至少提醒了我們兩點。其一，「真知」、「真理」的獲得，從來不是現成的，不會唾手可得；也不是靠「權力」、「財產」累積起來的，也不像「權力」、「財產」那樣可以被賞賜的；而只能靠自己努力，並且是在自己吃盡苦頭、歷盡艱險，不斷犯錯、屢經失敗、敗而不餒之後，才有可能得到。即便是近在自己「心」中的「佛性」，也是要萬般吃苦受難後，才能「覺悟」。所以，「覺悟」「成佛」之路，完全不同於「權力」、「財產」的獲取，這是完全不同的兩條路。

其二，在成佛過程中所遭遇的一切，都告訴我們：這種「放棄」、「放棄」王子之位乃至一切，比「奪取」、「保留」這些東西重要得多。「真理」、「覺悟」，最重要；往往是在「放下一切」之後才能獲得。所謂「放下一切」，是既「放下」「身外之物」（如「權力」、「錢財」）；又「放下」「心內妄想雜念」（如「貪慾」），「無慾則剛」；也要「放下」一切對於「人為」的高估，自然也包括「放下」與物質「文明」及「高科技」所相關的那些東西。對人而言，只有一切都變得不重要了，才是「放下」了「一切」。為甚麼要「放下一切」？因為，「人」不能「佔有」甚麼，但凡「人」佔「有」了點兒甚麼，例如「權」、「錢」等等，就會「濫用」而「迷失」「心性」；「佔有」得越「多」，「迷失」也就越「嚴重」。也可以說，「放下」了一切人為添加的東西，人就「乾淨」了，會顯露出人生來就有的「清淨」「自性」。「放下」，就是自己解除掉「捆綁」，是「解脫」、是「解放」；「放下一切」，就是「徹底解脫」、「徹底解放」。對於那些曾經「生不如死」的人而言，「死」也許就是一種「徹底放下」與「解脫」，是告別「絕望」、寄另一個世界以「希望」。章詒和就曾說過：「死很幸福」、「這個世界不值得留戀」。也有人認為，既然「這個世界不值得留戀」，倒不如去另一個世界，或許還有一線希望。而實際上，這只不過是「弱者」的一種無奈的聊以自慰之舉。

為甚麼要提出「放下」「權力」？歷史證明特別是中國現代的歷史也證明了：「權力導致腐敗」。而這類思想，世人並不陌生，十七至十八世紀的法國啟蒙思想家孟德斯鳩說過：「一切有權力的人都容易濫用權力，這是千古不易的一條經驗」（《論法的精神》）。英國十九至二十世紀的思想史家阿克頓勳爵直截了當地說：「權力導致腐敗，絕對的權力導致絕對的腐敗。」我們也親自耳聞目睹了：曾經的先烈們為了「理想」、「信仰」，拋頭顱灑鮮血在所不惜；而一旦「權力」在握，不少人更看重的卻是「權位」、「金錢」，「權力」與「財富」就會集中到一小部份人手裏，國庫空而百姓窮，六億人每月工資不足一千元。這樣的話，別說你是世界第二經濟體，你就是世界第一，也不會成為「『富』國」，更不會成為「『強』國」，而只是一個「『窮』國」，特別是精神與靈魂的匱乏。

現實的中國許多人既「爭權」又「奪利」，明目張膽，都在為一己而「爭」；文人多在「爭寵」（「爭寵」，也只為名利），以至有人說：中國「自先秦就是『百家爭寵』」，「百家爭鳴」「最終是為了爭寵，以便獲得權力」（鄧曉芒：《我所痛心的是，劉小楓身上那種中國文人的劣根性》）。說先秦的「百家爭鳴」就是「百家爭寵」，無事實根據，亦不公允，掩蓋了其思想解放的實質；但如果說的是現在，恰是一言中的。現在的許多人，把「權」、「財」看作是自己「強大」的資本，不擇手段地追逐「權」、「財」；在很多的學校裏，不是教育學生節制慾望、認真讀書，而是鼓勵學生們「當頭」、「賺錢」。在他們看來，似乎「權力」越大、「金錢」越多就越「強大」。這樣的一種「路線」，許多人至今樂走不疲。中國的歷史，就是這樣一些人寫的，因此「爭權」、「奪利」就成為主旋律。

佛陀的榜樣，是主動放棄王位、權力、財產、軍隊等等，反對戰爭，努力阻止戰爭；在物質方面，「放下」了能夠讓一個人成為「強者」的一切，無權無勢，亦無錢財，做一個平常人乃至一個「弱者」。這樣一種的「放下」，在佛陀看來，是「覺悟」之必須；但是，這還遠遠不夠，也不是根本所在。因為人需要「放下」的，不僅僅是「身外之物」，而且有「心中的一切」，從而使自己從「身外」到「心中」都回到「本來無一物」的狀態，從物質、精神乃至生死的所有束縛中解脫出來。佛陀的「覺醒」、「覺悟」，就是從這「所有束縛中解脫出來」；也只有擺脫了這些「束縛」，才有可能「覺醒」、「覺悟」，「自由」、「自在」。

中國的一些人「趨利」、「嗜權」，他們把「權」或「利」看作是人生的制高點，拼命地不擇手段地追逐「權」、「利」；追逐「權」、「利」，是「作繭自縛」並最終使自己不堪重負；「心」中只有「權」、「利」者，就沒有了「信仰」的地盤；喪失「信仰」，也就會喪失「靈魂」。而在事實上，「靈魂」，才是人們「存在」的制高點；而只有擺脫了「權」、「利」等等所有一切，才有可能到達「靈魂」的制高點。否則，人就有可能從某一高處跌落，必將粉身碎骨。沒有「靈魂」的「存在」，不啻是行屍走肉，他可以是一個人的「現實」的「存在」，但不是「人」的「真實」即「真正的存在」。在這裏，顯然「現實」（「實際」）並不是「真實」（「真際」），二者分屬兩個不同的層面，「現實」（「實際」）得昇華才有可能達到「真實」（「真際」）。這樣的一種「存在論」，突出了「靈魂」，就不同於笛卡爾的「我思，故我在」；它沒有停留於「思想」，而要求更高層面的「觸及靈魂」；也因此超越了「世俗」，而具有「神聖性」。

「『重』讀」佛經，進行現代人與過去流傳下來的佛經的直接「對話」，亦即與佛經中搏動的「心靈」、「生命」去「互動」、「對話」，通過這種「互動」、「對話」來「喚醒」人們自身的「佛性」、「初心」，找回「人類精神文明的起點」。從「人類精神文明」的角度來看，可以說基督教喚醒的是「自由」，而中國佛教喚醒的則是「自在」（特別是在《般若波羅蜜多心經》之中）；「自由」、「自在」，構成了人類的精神之本。「自由」，是在契約約束下的自由；沒有契約，就會有專制，就沒有自由。「自在」，是在「放下一切」後的自在；沒有放下，就會有「罣礙」，就沒有自在。

(4) 內觀己心，強健「心志」，使「心」立於不敗之地

富有詩意的人建議我們：即便深受「苦難」甚至躺在「地獄」之底了，也別忘記「仰望星空」。不過，現在特別是住在城市裏的人們，因為高科技的發展而高樓大廈林立，以至「每個人都生活在自己背負的鐵柵欄後面」（F．卡夫卡語）。這為他們的「仰望星空」陡增了許多困難，正如剛剛去世的前蘇聯宇航員阿列克謝．列昂諾夫所說：「城市裏的孩子，現在再也看不到星星了，他們會被高樓和電子產品阻擋住探索宇宙的慾望。」

正是這樣一些的「現代文明」，會封殺孩子們的「好奇心」；而「好奇心」是不可或缺的，因為正是「在好奇心的推動下，人類仰望星空，觀察宇宙，探索萬物，於是有了哲學和科學」。顯然，沒有了「好奇心」，將會扼殺「哲學和科學」。霍金告誡我們：「不管甚麼時候，我們都不能忘記頭頂的星空，要永葆好奇，永遠前進。」（摘自《天才霍金留給孩子的四句話……》）這是西方「哲學和科學」的一種重要視角。當然，從另外一個層面來看，也只有「放下」了「星空」，才有可能「見到」「黎明」；「度過」了「今夜」，才有可能「迎來」那「明天」。這樣一種「放下」、「度過」的境界，也是必不可少的。

從歐洲哲學的起源來看，其鼻祖泰勒斯崇尚「仰望星空」；這樣一種的「仰望星空」，是往外「看」；其實在古希臘天文學產生之前，「星象觀測」是「要發現隱藏在那些無規則背後的規則」（H·-G·伽達默爾語）。而中國「大乘佛法」則提倡「內觀己心」，是向內「觀」（向「內」為「觀」），觸摸自己的「靈魂深處」。有趣的是，二者在不同程度上都揭示了人們的喜歡「捨近喜遠」。有一次，泰勒斯夜觀星空，後退時一不小心掉在了枯井裏，他的婢女笑他說：天上那麼遠的星星看得這麼清楚，而自己腳底下的井卻看不見。佛陀的成佛也是，本來佛就在自己的心裏，卻偏要到心外去求，讀萬卷書、走萬里路，歷盡千辛萬苦，奄奄一息；實在找不到，萬般無奈，坐在菩提樹下，心生絕望，而忽然頓悟：原來佛性就在每一個人自己的心中。古今中外，也有許多描寫尋找寶藏的名著，寫的都是這種本來就在自己身邊、卻要千辛萬苦地外出尋找，「踏破鐵鞋無覓處，得來全不費工夫」；「眾裏尋他千百度，驀然回首，那人卻在燈火闌珊處」。這說的是「真理」之難求？還是說人的「宿命」？

「星空」，是「人」之外的「存在物」，是沒有「生命」的自然物體；而「己心」，是「人」內在的「心靈」，是「人」之「性命」的根本。這樣兩種不同的「存在」，引發了兩種不同的「看」，要用不同的「眼睛」。「看」

「星空」，要用「肉眼」；「看」「心靈」，要用「心眼」；另外，對「藝術」的「看」，則要用「精神之眼」。從這樣一種的意義上，「看」不同的事物要用不同的「眼睛」。可以說，哲學就是為人們的「看」提供「眼睛」的，並涉及到人的「眼光」、「眼界」等等；探究一切奧秘，都在「眼睛」，由「眼睛」而形成「觀看之道」。《般若波羅蜜多心經》開篇便是一個「觀」，由「心眼」形成了一種獨特的「觀看之道」。

這幾種「看」，在不同的時空中都突出強調了「看」這樣一個「經驗」取得的基本點；不過，這些「經驗」並不相同。例如，泰勒斯的是「科學」的，而中國「大乘佛法」的無疑是「宗教」的；「看」，在中國「大乘佛法」中，是用「心眼」的，取得一種「宗教」的「經驗」。還有，科學與宗教，「看」的東西不同，「星空」或「己心」；其實「看」法亦迥異，「仰望星空」用「肉眼」、「望遠鏡」，「內觀己心」則用「心眼」。「星空」遙遠，以「光年」計，「望」之不易；「己心」雖近，「剎那」之間，「觀」「心」亦難。「觀」「心」，就要睜開「心眼」，而且要「看」明白；不睜開「心眼」，就看不見；「看不見」，對於你的眼睛來講，「世界」就「不存在」。這是一種「看」與「存在」的關係；「看」，當然也直接涉及到「存在」的「維度」。笛卡爾講的是「思維」與「存在」的關係，佛教則提出了一種「看見」與「存在」的關係，那種雖然不可捉摸、不可言說但真實地「存在着」的甚至是無處不在的「存在」。雖然，現象學講究「看」以及中國大乘佛法的強調「觀」，都抓住了「看」與「真諦」的直接觀察與展示這樣一些哲學基本點；不過，「看」的所處層面也不同，現象學的「看」在「精神」（往往因此便是「人文」的）的層面，而中國大乘佛法的「看」（即「觀」）在「靈魂」的層面。

現實世界是如此混沌、紛擾、迷茫，如何才有可能「看」得真切、透徹？那就得練就一雙「科學之眼」，以「看」明白宇宙萬物究竟有多「真」！那就得練就一雙「人文之眼」，以「看」清楚精神世界究竟是多「美」！那就得練就一雙「心眼」，以「看」到人的「靈魂」深處「本自清淨」。

而「觀看之道」，根本就在於「觀心」。做一件事，「心氣兒」很重要，日常的凡人小事，也能從中看出做事人的「心氣兒」。就是炒一盤菜，也能看出炒菜的人是否用心？還是糊弄？畫一幅畫、彈一首曲，更是如此，甚至還能「看」出此人「心靈」的「境界」以及是否有藝術的天份。

關於「觀心」，我們先說「觀」「『別人』的心」。過去有一個說法：「知人知面不知心」。特別是那些所謂「自己人」的「心」思，就更難「看」透。生存經驗告訴我們：真正要傷害自己的、傷害自己最重以至想取自己性命而後快的，有時候並不是敵人，恰恰是所謂的自己人；敵人往往傷不了自己，而真正能傷害自己的卻是自己人。所以，相比較之下，「敵人」的害你之「心」，往往在「明」處，昭然若揭；而「自己人」的害你之「心」，會隱藏得深之又深，再加上你疏於防備，就很難察覺。其實，人們「活」得很無奈，特別是大敵、災難當前最需要「他人」幫助的時候，不但沒人來助、反而被「自己人」所算計、傷害。也因此，法國哲學家、文學家J·-P·薩特說：「他人，就是地獄」（戲劇《間隔》中的一句台詞）。

再說說「觀」我們「『自己』的心」。即便是我們「『自己』的心」，常常自以為「知道」；其實，並不「自知」。特別是在突遇重大災難的時候，亦即「生命中最難的階段，不是沒有人懂你，而是你不懂自己」（F·尼采語）。其實，別人不了解你，並不可怕，也不求盡如人意。人，重要的是真正了解自己，但又很少人能真正了解自己；事實上，認識自己、一個人的「自知」雖然很難卻是最為重要的；也許，正是因為難，才更顯重要。而新冠肺炎的突發，給了我們「認清」自己與他人的難得機會。

《般若波羅蜜多心經》，是中國漢傳佛教亦即「大乘佛法」的首要代表著作，就是強調「自知之明」的。所謂「自知」，首先就要「懂得」自己；不「自知」、不「懂得」自己的人，就是「庸人」；「庸人」，常常「自擾」、自作自受，因為說到底，「世上本無事，庸人自擾之」，人世間的多事、亂局大多是「庸人」造成的。從倫理善惡的角度來看，這可以說是那種「平庸之惡」（參閱H・阿倫特）。原本，人的外在世界，地球、太陽、月亮，都在「自然運行」；草、木、蟲、魚，都是「自然生滅」；而人之生、老、病、死，也本是極「自然」的事情，是人之「自然」，都是人生的必經之路，本無所謂善惡乃至痛苦與磨難而言，也不必因此而煩惱。這些，是僅就人作為「生物」的「生存」層面來講。但是，人與其他「生物」又有一個重大區別，人是有「意識」、「思想」的；也因此，人世間就有了「是非」、「善惡」，就會區別於其他「生物」的完全「自然生滅」，往往還得「有意」為之，自然也包括想使病患者恢復健康快樂。從這個角度來看，「有意」為之恰恰是需要的，人與他人關係的改善、人的「生存」環境的改善，有時也確實需要人的「有意」為之。因此，所謂「自知」，也包括能否準確把握這樣的尺度與時機；倘若把握不準，人的痛苦與磨難又是難免的，也是無法逃避的。解鈴還須繫鈴人，人的痛苦與磨難既然是自找的，那就必須自己去解脫。即便這些痛苦與磨難把「人世間」變成了「地獄」，那應該採取的態度也是：「我不入地獄，誰入地獄？」主動地積極地承擔責任，做一個有擔當的人，去減少乃至消除痛苦與磨難；當然，會這麼做的人，其「內心」也得足夠「強大」。

佛教，並不像一些人所說的那樣逃避現實，而是提倡直面現實的真實苦難特別是其黑暗面；「弱勢人群」的苦難尤其深重，處於社會的最底層、最黑暗處；也正因為多有磨難的鍛煉，災難突降也就能沉着應對、轉危為安。這正是弱者的生命力的特別頑強之處。直面現實，並不意味着去忙於征服外在世界與他人；這樣去做，已被歷史證明：無論你怎麼做，都是錯的；既不能改善人們的生存環境，也不能提升自己。而從根本上來講，重要的、優先的不是去改變外在的「生存環境」，而是提升「自己的內心世界」。因此，得從外在世界、從他人「轉向」自己、「轉向」自己的「內心世界」，在自己的「靈魂深處」「見性」，糾正人的「心靈」疾病與「人格」缺陷、「人性」之扭曲，重振人的發自內心的原動力，使自己的內心真正「強大」起來。作為「弱者」的這樣一種「活着」，一言一行都是「修行」，「修行」就是「修心」。由此，無論生活多麼艱難、現實是多麼黑暗，人就總能保持一顆「明亮」的「心」，換句話說，是點燃心燈，以「照亮」前進的道路，「照亮」他人。人也因此不再被妄想雜念所遮蔽、所左右，其「心性」就像出污泥而不染之荷花，潔淨、燦爛。在這裏，妄想雜念不是被簡單清除，而是猶如污泥，變廢為寶，成為滋潤荷花的營養豐富的肥料，人世間也因此變成了「淨土」；荷花之所以那麼的潔淨、燦爛，甚至也是多虧了有污泥的滋養；人人都成為潔淨、燦爛的花朵，世界就是花的海洋。還有，人與人之間要懂得「化敵為友」；化「敵」為「友」者，就沒有了「敵」而天下「無敵」！現在人們最需要的，就是要把充滿妄想雜念的心靈、把人禍不斷一盤亂局的人世間變成「淨土」。這樣，「淨土」就在人心，就在人間，就在當下，就在此時此地。

在這裏，需要提請大家注意的是，我們是提倡在邪惡、暴虐面前的真正「強大」，而最根本的「強大」是人「內心」的「強大」，並不是那種「把自己武裝到牙齒」式的所謂強大，不是稱王稱霸；「把自己武裝到牙齒」，恰恰是因為他的不強大，體現了其「內心」的極端「虛弱」、「怯懦」。佛教修行，是要人們把自己的「內心」修成一顆「強大」的「心靈」，且不在「勝人」、而在「勝己」；韓非也曾說過：「是以志之難也，不在勝人，在自勝也。」要能自己「管住」自己，要在直面邪惡、暴虐與在「痛苦」、「危難」和「人禍」的煎熬中使自己的「心靈」「強大」起來；而不是不堪一擊，甚至未擊就已嚇趴。

人的容易絕望，往往又與「心志」的虛弱相關；要讓絕望轉化為希望，首先要有強健的「心志」。墨子在其《修身》中說：「志不強者，智不達；言不信者，行不果。」與「智慧」相比較，「心志」的強健更為重要。這也正是強調「智慧」的《般若波羅蜜多心經》的第一要義，卻往往被許多「智者」所忽略；他們往往盯住了「智慧」而低估了「心志」。

「心志」不「強」者，有再好的道路，也不會堅持走到底；有再多的「智慧」，也無用武之地！「心志」強健者，就不怕貧賤，不懼黑暗，不畏強暴，正所謂「富貴不能淫，貧賤不能移，威武不能屈」；就能「在這漠漠的世上」，「提着『自信』的燈兒進行在黑暗裏」（冰心語）。

還有，就是李可染先生提出的：「可貴者，膽；所要者，魂。」這雖然談的是藝術創作，但也非常適用於佛教修行：最可貴的是「有膽識」、「膽量要足夠大」；最重要的是「要有靈魂」、守得住「魂魄」。在任何時候，一個人都能守住「魂魄」、堅守自己的「信念」，往往比「成功」更重要，而且也更難。

其實呢，F．尼采的「權力意志」，所提倡的應該就是「心志」的強健；只是這樣的一種「心志」強健，僅屬於社會底層的「弱勢人群」，而不屬於「貴族」，「貴族」因其握有過多的「權」、「錢」往往拖累、消弱了「心志」。與此同時，為了人類的健康發展，也必須強健自己的「心志」，才能足以抵禦社會的「惡習」、「平庸之惡」乃至「惡霸」。

最後，我需要強調的是：「心志」的強健，實際上並不是給自己的「心」添加些甚麼，不是做加法；而是恰恰相反，做減法，即把人為添加的東西統統清除掉，復歸「初心」、堅守「初心」。近來，人們把「勿忘初心，方得始終」常掛在嘴邊。那「初心」究竟是甚麼？也可以説就是人的「童心」；也正像老子所説的「復歸於嬰兒」（《道德經》第二十八章），就是回復自己的童年、「童心」，堅持自己兒童時代「心靈」的簡單、直接、樸素、純真。

西班牙著名畫家畢加索説過的一段話，也許會有助於這方面的理解，他説：「當我是一個孩子時，我可以像拉斐爾那樣作畫，後來我花費了很多年來學習如何像一個孩子那樣畫畫。我畢生努力追求的，就是把我的作品畫成兒童般的純真。」

其實，佛陀菩薩提倡的「修行」、「修心」，也正是讓我們每一個人都去複習：如何像一個孩子那樣去思想、說話、做事，並始終堅持「兒童般的純真」。「勿忘初心」，在這裏就是要堅持「童心」，經得起世事的磨煉，終生「童心不泯」。

對於「修心」，「堅持」非常重要，貴在「堅持」；佛陀菩薩宣導的「修心」，事實上並不複雜，而是着意鍛煉修行者的「堅持」，使他們能夠做到「堅韌不拔」。其實呢，一個人做好事不難，難在一輩子做好事；堅持「童心」也不難，難在一輩子堅持「童心」。

而在一些人看來，不應該堅持「簡單」，而是得丟掉「簡單」追求「複雜」；因為，科學技術突飛猛進，人類也長足進化，人由最初的感性而發展了知性乃至理性，甚至有了能夠初步取代人的機器人，許多事情不再需要人的「親力親為」。這樣的一種「複雜」，事實上是人離自己「漸行漸遠」；用一個現代一點兒的名詞，這叫「異化」，這是一種人的「變異」、如此變下去，人就變得不再是人了。而中國佛教則提醒我們：一定要「化繁就簡」，把複雜的事情簡單化。人的「存在」，必須靠人「自己」的「親力親為」；人沒有了「親力親為」，人就沒有了「自己」的「存在」。人有了「自己」的「親力親為」，人才有可能有「自己」的「性命踐履」，有「自己」的「切身體驗」，乃至會有「自己」的「語言文字」、「思想」、「情感」、「倫理道德」、「信仰」等等。

(5) 人的強大，不體現於征服，而體現於承受

新冠肺炎再一次地告訴我們：天災人禍常常猝然而至，這就使得許多人突然面臨死亡的威脅；只有在這個時候，人們才明白人生難得，生命的可貴以及人的必須承受。在這樣一種時候，人往往只有承受，而別無選擇。

正是在這個意義上，我們說：人是弱者。弱者的長項是：特別能忍受。

人，也只有真實地經歷了一次「生死」，才有可能真正「了生死」；面對「死」的威脅，人才會真正地「活」；度過了「死亡」的劫難，才能真正地「生存」下來。人即便「生存」了下來，也並不意味着此後就不再遭遇「苦難」與「死亡」的威脅了，應對完了這一次還有下一次。「天有不測風雲，人有旦夕禍福。」一突降的災難，就成為了對人的一種磨煉，人就是在這種磨煉中懂了、強大了，再遭遇時就不那麼害怕、不手足無措了，就能勇敢面對、從容應對了。當然，還需要有更高的境界，正如南懷瑾先生所說：「得道之人，重點是了了生死，沒有生死。我們人生最大的也是最後的問題，就是生死」；「生生死死是現象的變化，我們那不生不死的真我，並不在此生死上，你要能找到這真生命，才可以了生死」。也正因為此，「我們那不生不死的道，『非作故無』，不是造出來的，也不是修出來的」（《南懷瑾：人生最大也是最後的根本問題》）。另外，人與人必須同患難、互救助、「共生死」；人也只有經歷並懂得了「共生死」，才真正的「了生死」。這樣看來，「絕望」、「苦難」乃至「遭遇死亡」是「達至信仰」的必由之路，對於追求「信仰」之人來說，是不可缺少的歷練，就不能怕相反要積極主動地投入這種歷練。

朱光潛先生說過：人，應該「順着自然所給的本性生活着，像草木蟲魚一樣」；「一個小蟲讓車輪壓死了，或者一朵鮮花讓狂風吹落了，在蟲和花自己都決不值得計較或留戀，而在人類則生老病死以後偏要加上一個苦字」（《給青年的十二封信》）。它們是「沒有生死」的。這也是一種生命體驗，這樣一種生命體驗告訴我們：按照「自然」所給予的「本性」生活，本沒有「苦」之類；而人往往覺得自己不同於草木蟲魚，非要「加」上一些「非自然」的東西，這就自己給自己增添了「煩惱」。人生，即便是生老病死，都是必須經歷的，當生則生、當老則老、當病則病、當死則死，原本無所謂「苦」。而有史以來，人們都認為人生是「苦」的，世俗的人們就有了這類「煩惱」；佛教就是針對俗人們的這些「煩惱」，要人們自己「解脫」這些「煩惱」、「度一切苦厄」。

《般若波羅蜜多心經》要求人們以「菩提心」作為起點，要有「仁愛與悲憫」之心；不過，在現實的生活中，要把這樣的一種「仁愛與悲憫」之心付諸實踐，卻是要有擔當、能歷經磨難的，你必須「吃苦」。楊絳先生說：「在這物慾橫流的人世間，人生一世實在是夠苦。你存心做一個與世無爭的老實人吧，人家就利用你欺侮你。你稍有才德品貌，人家就嫉妒你排擠你。你大度退讓，人家就侵犯你損害你。」特別是在道德缺失、信仰危機的社會裏，一些人反而會因你有「好心」做「好事」而打擊你、孤立你、謾罵你、折磨你。這就是「好心沒有好報」的生動寫照；這也說明了，有「好心」做「好事」，並非為「好報」。總之，在人世間，現實非常殘酷，「『好』事」往往「『難』做」。即便是唐僧，他得到了《般若波羅蜜多心經》、有觀世音菩薩的護持，也仍然是妖魔鬼怪興風作浪，更有神仙菩薩的親信（坐騎、寵物）挖坑作梗。當然，別人的傷害，將使你得到歷練，變得更加堅強。在這樣一種恃強淩弱、道德淪喪、信仰缺乏的環境中，切身的生命體驗告訴我們：我們的強大，不是我們征服了甚麼，事實上我們既無能又無奈；我們的強大，則充份體現在我們不得不忍耐些甚麼，承受那些根本無法忍受的甚至生不如死的東西。

所謂「修行」，就是存「好心」去做「難做」的「好事」。「不忘初心，方得始終」；「初心易得」，而「始終難守」，講的都是「持守」、「堅持」、「堅韌不拔」。人生如楊絳所說：「必定要叫他吃苦受累，百不稱心，才能養成堅忍的性格。」人們常說「禪茶一味」，人的「修行」也正如同「茶」的歷程：「茶」，先經日曬風吹雨淋，千錘百煉；然後又是鍋炒、水泡，極盡煎熬；只有堅持走完了這樣一個全過程而「不忘初心」，最終方顯「清淨」、「芳香」。

(6) 生命是自己活出來的，且不是生命者自己能夠掌控的

佛教所提倡的「喚醒」，既不是採用所謂「科學」的方法，不是像現代教育那樣去「曉之以理」，更不是填鴨式地「灌輸知識」；也不是那種「權威」的做法，把人們納入掌權者思想的軌道。總之，受教育者，不是「聽命」於他人，讓自己臣服於他人，變成「奴才」；「聽命」於他人者，就不懂得「聽命」於自己。而人重要的是：提升管理自己的能力，「聽命」於自己。「聽命」於自己者，就是「自己做主」、「自己能管得住自己」、能管好自己。能否管好自己，關鍵就在生活極其艱難、甚至生不如死的時候；這個時候，你還能堅持活着，這個生命就是你自己「活」出來的，因為如果你不堅持，命就沒了。有了這種堅持，你也就有了真正的「自信」。不過，從根本上來說，生命並不是生命者自己能夠把握與掌控的。

所謂「自信」，不是因為有別人的認可；有人認可是一種幸運，實際上別人往往並不認可，有才能的人往往會遭到「嫉妒」。在德國著名哲學家A・叔本華看來：優秀的人，很難得到別人的承認與容忍；「對絕大多數人來說，一個人表現出聰明和思想只能激起人們對他的憎恨和反感」；「沒有那一種恨意能像嫉妒那樣難以消除」；這就需要「當受到嫉妒者的攻擊時，能夠保持最大限度的從容鎮定」。（摘自《人生的智慧》）聰明和有思想的人，往往如獅子，特立獨行，也因此而難免遭遇成群如狼的嫉妒者的攻擊，這就不能掉以輕心尤其需要從容鎮定善於應對。還需要在別人一再指責打擊時，仍能堅持「走自己的路」。更何況，在人類生態中，常常會出現一種「逆淘汰」現象，「惡」人堂而皇之「淘汰」「善」人。

何謂「自信」？有人做過這樣一個比方：就像一隻鳥站在一根樹枝上，毫無怯意，信心十足，為甚麼？因為牠並不是相信樹枝不會斷裂，而是相信牠自己的翅膀。這就是「自信」。所謂「自信」，就是「相信」

自己、靠自己「做好自己」，尤其是在別人不認可甚至打擊自己的時候堅信自己、堅持走自己的路。不要寄希望於別人，求人不如求己。「東找佛，西找佛，不如自己修成佛」（電視劇《濟公傳》主題曲歌詞），把自己做好是最重要的。中國佛教宣導的，就是自己做自己的主，「聽命」於自己，「做好自己」，佛就在「自己心中」。對自己有「信心」，也是指「信」自己內在的「心」，而不是寄希望於「身外之物」。在我們的現實生活中，一些人因為過於「『信』權」、「『信』錢」，而不「『信』心」；不「『信』心」，人與人之間也就沒有了「相互信任」，當然其本人也不會有多少的「自信」。

在當前，也亟需「喚醒」人的「自信」；與此同時，建立人與人之間的「相互信任」。首先，是「自信」；一個「自信」的人，才能識別並把握住他人的「可信」之處，才有可能真正地「相信」別人，建立「互信」。不過，「互信」又不同於「自信」，既包括了自己、又包括着他人，因而超越了自己；對他人的「信任」，不能被自己的境界、認知水準所局限，不是要他人按照你自己設定的標準去行事；否則，你這樣的一種「信任」，就變成了對他人的束縛，受你的境界、水準所局限，實際上就是一種「不信任」、「排斥」；真正的「信任」，是「不設限」的，是給他人以充份「自由」的，是不管他人怎麼做都信任。這樣的一種「信任」，是離不開對他人的「接納」的，印度薩古魯這樣地提倡「接納」：「僅僅寬容是不夠的。我們需要創造一種接納的氛圍，去擁抱千姿百態的生命。」首先，是敞開胸懷「接納」他人，在他人困難時伸出援手，你才能活得像人；其次，要「接納」所有的「生命」，有這樣一種的「接納」，才會有那種千姿百態的生態環境。正是這樣一種持「接納」態度的能夠「互信」、「互助」的人，才有可能使人類乃至自然界的全體生命成為一個豐富多彩的整體。

現在，有這樣的一種「害怕」：「我唯一的害怕，是你們已經不相信了——不相信規則能戰勝潛規則，不相信學場有別於官場，不相信學術不等於權術，不相信風骨遠勝於媚骨。」（盧新寧二〇一二年在北大中文系畢業典禮上的演講）這樣一種的「不相信」，確實存在；能在公開場合承認這樣一種的「不相信」現狀，發出不同的「聲音」，對於官員來講，是要有一點勇氣的。而我們還應該擔憂的，恰恰是現在的只允許有一種「聲音」；有一位先賢曾經說過：「如果只允許一種聲音存在，那麼，唯一存在的那個聲音就是謊言。」罔顧事實，一味地高調宣揚，後果是很可怕的。

其實，大學生常常對現實持一種「懷疑」與「批評」的態度，加之年輕氣盛，就成為那種天生的「批評者」。對於我們的社會而言，「批評者」是少了，而不是多了；對於那些按照「標準答案」來回答的「應試教育」下培養出來的學生，更要鼓勵他們敢於「懷疑」與「批評」。

我們更需要做的，不是抱怨學生們的「懷疑」、「不相信」，而是去做點兒值得學生們「相信」的事情，讓學生們真實地感覺到他們周邊的人值得「信任」。遺憾的是，時過五年之後，上面那些引發人們「不相信」的事態不但沒有收斂、反而變本加厲更趨嚴重，以至最權威的官方媒體也在這樣說：「當前政治生態亟待治理，尤其需要關注『官場逆淘汰』現象，即『官場逆淘汰』不僅驅逐了部份清正廉潔的幹部，而且正迫使越來越多的幹部走向違法亂紀的歪路，危害甚重。在一個健康的政治生態中，劣幣不會大規模驅逐良幣。然而，如果人們發現，很多官員不僅沒有因為腐敗受到懲處，反而邊腐邊升，那麼依靠貪腐獲得金錢，再以金錢開路去跑官、買官、要官的風氣就會越來越重。近日，人民論壇問卷調查中心相關專題調查結果顯示，百分之五十三點五的受訪者認為當前官場逆淘汰現象普遍存在。」「當下，各種規章制度相對以往有點兒改進」；「然而，在現實中潛規則的盛行總能使明規則形同虛設。」（二〇一七年，《人民日報》罕見發聲：「官場『逆淘汰』將危及國家安全」）

因為過於「『信』權」、「『信』錢」，惡性事件越演越烈，三鹿奶粉事件未了，假疫苗又東窗事發，這樣一些謀財害命的全國性的惡性事件一個接着一個，官商勾結，禍國殃民！事件已嚴重至此，有人稱之為「國難」，稱之為「全腐敗」與「全社會的潰爛」。這就更加引起了人與人之間的「嚴重不信任」！只有改善社會現狀、減少惡性事件，才有可能增進人們的「信任」。

也應該坦白地告訴人們特別是年輕人：我們身邊實際發生了多少「惡性事件」，「世界」有哪些「不美好」。而不是去掩蓋真相，粉飾現實，欺騙他們，給他們以「世界」很「完美」的假象。事實上，世界本來就是「不完美」的，「完美」的世界得由我們自己去追求、創造，而不是它自己會從天上掉下來；只有靠我們自己的「奮鬥」，才有可能使「人生」充滿「希望」，使「世界」變得「完美」。

不過，對於我們的「世界」乃至「惡性事件」，不少人依然麻木不仁，無動於衷；甚至依然「趨利」、「嗜權」如故，這就使得世界更加「不完美」。因此，需要有人敲警鐘！對於這些人而言，「迷」之甚「深」，一般的「呼喚」，恐怕是很難「叫醒」他們的；「喚」而不「醒」就得去「驚」、「驚」而「醒」之，才有可能把這些人從升官、發財、多子多福等太多的「迷夢」中「驚醒」！現在，我們讀佛經、讀《般若波羅蜜多心經》，就得有「於無聲處聽驚雷」的效果。我們講的讀經求佛，不是跑到深山老林裏去，找個僻靜之處，自個兒修身養性；而是要身處「滾滾紅塵」的現實生活之中，直接面對諸種惡性事件，見惡性事件而「觸目驚心」，聞佛語如「聽驚雷」，走一條「驚醒」的「覺悟」之路。

當前，諸多的惡性事件禍害了百姓，也禍害了作惡者自己。對作惡者，要堅決零容忍！也只有零容忍，才有可能「徹底擺脱」。要「兩手硬」！如文殊菩薩那樣，一手持經、一手執劍！必要時就得採用霹靂手段！對惡，不能有任何的放任，學佛讀經，並不是叫人們都成為被蛇咬的農夫。可以説，現在之所以貪污腐敗氾濫、假冒偽劣盛行，甚至草菅人命、謀財害命、無惡不作，顯然也和不少人的麻木、放任乃至隨波逐流有關。由此可見，造成當前這樣少見之亂局，並不全在惡人；也許，我們之中的許多人，就有意無意成為造成這種亂局的一分子?!我們必須承擔自己應盡的責任，而不要認為與自己無關！清人胡林翼曾說：「今天下之亂，不在盜賊，而在人心。」在每一次的天災人禍包括這次的新冠肺炎面前，許多人的「人心」、「人性」的不堪，暴露無遺。因此，整治「人心」，在當前顯得尤其重要；而整治「人心」，涉及到每一個人。只有整治好「人心」、特別是每個人自己的「心」，才有可能啟動人們的精氣神，提升「軟實力」，召回「靈魂」。在人們過於關注加強物質實力的時候，往往會忽略軟實力的提升，乃至丟掉了「靈魂」。

在承認人類總體有所進步的前提下，也不應低估其中出現的問題的嚴重性。我們不妨以現代「文明」為例，有不少人把「文明」看作是人類「『進』步」的標誌。事實上，人們創造着「文明」，而相關的代價往往也很大，它使得人類不斷異化，越來越多地犧牲了人類本應該保持與維護的「原始本性」；而這樣的一種犧牲，是人類根本承受不起的，形同自殺，最終必然會導致人類的自我毀滅。人類最根本的危險，不是「『他』殺」，而是「『自』殺」。因此，我們最亟需要做的恰恰是：變「自殺」為「自救」。不是犧牲，而是恰恰相反維護、強大自己的最初「本性」，猶如佛教所提倡的「不忘初心」、「明心見性」。「心性」在，「人」就在；「心性」丟失，「人」就等於行屍走肉。科技進步，不是讓人「機械化」成「機器人」；「機器人」沒有「心性」，看似「『進』步」，卻已經不是原本意義上的「人」，甚至可能成為毀滅原本意義上的「人」的一種工具。我們只有找到一條正確的「自救」之路，才有可能維護好自己的原始「本性」、「初心」，免於人的自我毀滅。人的拯救，只能靠人自己，也只有人自己才有可能「拯救」自己，任何別的甚麼人乃至神仙皇帝或者高新科技等等都救不了。人們不斷地「強大」身外之物、乃至「武裝到牙齒」，這根本不能「自救」、甚至反而會提早「毀掉」自己。我們之所以提倡「『重』讀」佛經，首先是為了懂得「自救」的重要，學會「自救」；而這樣的一種「自救」，只能從「修心」入手。

我們之所以提倡「『重』讀」佛經，也是因為過去雖然讀了，但根本就沒有讀懂；為了真正懂，需要「『重』讀」。要想真正讀懂，最根本的一點，就是不能停留於肉眼、俗眼，而需要睜開「『心』眼」，自修其心，在「靈魂深處」下功夫，「明心見性」。「真諦」，只有靠「『心』眼」才能「看清」；否則，沒有「『心』眼」，以「心」為中樞的生活、生命的「真諦」就難以「看清」，只能成為永遠的秘密。自古以來，人們雖然都「活」過，卻並不清楚甚麼是「活着」？生命的意義究竟何在？因為不清楚，所以人生充滿了諸多盲目的衝突、掙扎、扭曲，畢生難逃苦厄。而從根本上來說，人們無法也沒有能力把握與掌控自己的生命；因為，生命者就根本不能把握與掌控自己的生命。生命自在。

(7) 小結：「心性」哲學與文化

上面，我「說」了那麼多，「說」了二十一世紀發生的大事，一些大的災難；也「說」了一些大國的「暴政」，也「說」了「平庸之惡」等等等等。談論我們現實生活中的這些「醜惡」、「苦難」，是為我們對生活有足夠的清醒的認識，提高認識，端正態度。不管許多人是如何的貪婪與短視，人間是怎樣的險惡，生活怎樣的「醜惡」、「苦難」，我們還是得堅持過；而最重要的，是我們怎麼樣去「度一切苦厄」？研習中國大乘佛法，，就為讓我們「以事物的本然面目接受它們」，「以堅定不移來化解煩惱」（鈴木俊雄：《禪者的初心》第一百二十五頁，海南出版社二〇一〇年版），使我們的「心性」立於不敗之地。

另外，「說」的這些只是我所「見」所「聞」的一部份，「說」的還未必全「真實」、「到位」，而且絕對「不會正確」，因為並沒有按照標準去「説」，只是説了我自己的一些看法。一個人所「説」，又總是遠「少」於其所「經歷」所「見」所「聞」的；除此之外，所「説」的，總是遠達不到其所「經歷」所「見」所「聞」的「真實」、「清楚」、「明白」；當然，即便「看」「明白」了，也不一定非得「説」「明白」，或是因為「天機不可洩露」，或是因為「難得糊塗」，或者是現在很少人愛聽「真話」，等等。總而言之，「説」並不那麼重要，重要的是實際的「經歷」、「見」、「聞」。

與此同時，我所講到的中國「大乘佛法」因限於現實的問題需要、隨機説法，也許沒有講完全講透徹，不可能大而全。而要到達「靈魂深處」，就要在「靈魂深處」下功夫。而整個「『重』讀」佛經的過程，十分艱苦，是一個人在「內心」的「吃苦了苦」歷程，甚至成為人的「靈魂深處」的一場「苦戰」（鈴木大拙語）。能經「苦戰」就很難得；以中國「大乘佛法」的本質而言，是連「心」、「靈魂」也不執着、不「住」的，更沒有「至善」、「至高」、「至深」的標尺，是「無限」的、沒有上限。

相比較而言，歐洲的文化，最具代表性的是那種「腦」的文化，強調「思維」、「概念」、「邏輯」等等。而「大乘佛法」的「心性」的文化，要到達的是「明心見性」的境界；而要做到這一點，僅有西方哲學講的科學經驗、藝術經驗與生活經驗等等是不夠的，必須突破上述幾種經驗；甚至，只有粗淺的宗教意識也不夠。因為，「吾人的通常生活只可觸及心性的邊緣，不足以在靈魂的深處形成一種震撼。我們之中的絕大多數人，縱使是在宗教意識被喚起的時候，亦都只是輕輕讓它溜過，以致不能在靈魂上留下苦戰的史跡」（鈴木大拙：《自性自見》頁〇一八，海南出版社二〇一八年第二次印刷）。藝術的經驗，則凸顯了人的精神的有限性，它甚至不足以解決自身的「理解」的問題。正如奧古斯丁曾經指出的：「若不能由理解把握着，就要用信仰懷抱着，直到那藉先知説『你們若是不信，定然不得理解』」（《論三位一體》上海人民出版社二〇〇五年版，周偉馳譯）。佛教也認為，「見解」、「理解」需要建立在「信仰」、「信念」的基礎上，它們之間的關係又是「互補」的；藝術的「理解」問題的徹底解決，還需要宗教「信仰」的幫助。例如，《涅槃經》這樣說：「有信無解，增長無明；有解無信，增長邪見」；只有「信解圓通，方為行本」。佛教說，「出家修行是大丈夫的事」（《自性自見》第十八頁），需要「在靈魂上」「苦戰」，艱苦卓絕，「度一切苦厄」；由此而取得的那種「心行」的經驗，是更深層次的經驗，能把修行者的靈魂提升到更高的境界。

面對我們當前嚴重的信仰缺失，為了重建「信仰」，就需要回答「信仰怎樣可能」以及「怎樣可行」的問題；而「信仰」的「重建」，如前所說，還有助於對「理解」問題的解決，換句話說「理解」問題的根本解決，也必須上升至「信仰」。由此可見，H．-G．伽達默爾要徹底解決「理解怎樣可能」的問題，還需要進一步提升到「信仰」的層面。這涉及到哲學問題的重大轉向。藉助於科學，I．康德提出了「認識怎樣可能」的問題；而藉助於藝術，H．-G．伽達默爾改變了哲學的方向，提出了「理解怎樣可能」，進而又探討了「美的現實性」亦即「怎樣可行」的問題。在上述基礎上，我們再藉助於宗教，從「理解」提升到「信仰」，進一步提出「信仰怎樣可能與可行」的問題。由「重讀」《般若波羅蜜多心經》，提出並回答「信仰怎樣可能」以及「怎樣可行」的問題，由此提升到「信仰」的層面、並實現「信仰」與「理解」的互補、圓通，是本書的關鍵所在。我在前面曾經說過：自己「深入實際生活」後的「根據事實」的「實話實說」，並進而走出「實際」探究「真際」，這是我從佛陀身傳言教中習得的「哲學觀」。

從哲學的層面上來看，作為「心性」文化的中國「大乘佛法」，其代表之作正是《般若波羅蜜多心經》，我將會在下面做逐字逐句的詳細解讀。我們現在「重讀」的《般若波羅蜜多心經》，是「宗教」經典，重在研習「信仰」；而不是像在課堂上那樣的，學習「知識」，那些「後天」的「知識」，甚至是連講課者自己並不真懂的「知識」。我所選用的版本，是唐三藏玄奘的漢譯本，屬於漢傳佛教。

從「降服其腿」一直到「降服其心」，是一個不斷從「世俗」中提升進入「出世」境界的過程，也是一個不斷提升精氣神、實現「自己做自己的主」的過程。從根本上來說，我們之所以去打坐、唸誦等等，只是為自己「心」注一處，把「心」靜下來，關鍵在於「心」、「心」之「專注」與「靜」；而不在於更不要去糾結：坐在哪兒？怎麼坐？唸些甚麼？

「心誠專一」，才是關鍵；禪宗的許多公案，都突出強調「心誠」，對於「修行」來說，「心誠」是最重要的，這也是「大乘佛法」的根本點。「修『心』」，堅守「誠實」；只有「誠實」，才能去掉「心」中的「妄想雜念」，才能糾正「欺騙」、「説謊」、「弄虛作假」、「逃避責任」。《般若波羅蜜多心經》一開篇，就是觀自在菩薩對舍利子「袒露」自己的「心路歷程」，「以『誠』相待」。

當然，中醫所宣導的「扶正袪邪」與「活」的「整體」觀，在我看來，不僅僅是醫治人體疾病（包括新冠肺炎）的良方，而且也是治療社會疾病的有效方法，也會有助於「解決二十一世紀的問題」。對於人們現實生活中所發生的「邪」、「惡」事件，處理的方法就可以是「扶正袪邪」。「扶正袪邪」，「扶正」是第一位的。「扶正」，就是扶持那些敢於直面「邪惡」與「黑暗」、能夠經歷「地獄」般的磨煉、並從「地獄」中創造出「天堂」、「置之死地而後生」的勇士，以及他們所體現的勇氣、堅強與正念。即便是「邪」、「惡」猖獗、社會極其「黑暗」的時期，「扶正」依然是第一位的。

以上是本著的第一部份，講我們在實際生活中「遭遇」了甚麼，以及如何面對與應對現實生活中災難和人間險惡；從「信仰」的角度來講，現實生活中的「苦難」、「絕望」乃至「遭遇死亡」也是「達至信仰」的必要磨煉。當然，這些基本上是從「世俗」的層面上講的，仍有許多是非、對錯、真假等等的論斷與「俗諦之桎梏」。

到此必須翻篇；我們必須走出「現實生活」與「實際經歷」，得從「實際」走向「真際」。而且，我們必須「修」好「心眼」，以「心靈之眼，重新審視世界和生命的真實」（G．馬爾克斯語）。研習「大乘佛法」，我們正是為了能夠以「心靈之眼，重新審視」，使我們能夠走出「叢林世界」，不再「二元對立」，不再弱肉強食，不再爭鬥與爭奪，不再搞「零和」博弈；而是互助共生，多元共贏，共同發展。我們還有一個更重要的問題，那就是如何「看懂」我們自己以及如何「放下」我們自己的問題。人的性命作為整體，有兩大系統，一個是「外在」系統，如前面所講到的人與外在世界的系統；另一個是「內在」系統，即是下面要講的「心行」。

現在，我接着講佛教的「修行」以及相關的宗教「經驗」，這是「宗教修行」的層面，以區別並互補於我前面所講的「實際」的「世俗生活」以及相關的「經驗」。

讀經之前的身心準備

這個準備，就是讓修行由「身體」進入「心靈」。

「天下興亡，匹夫有責」。我理解：這裏所說的「匹夫有責」，是「人人有責」，而不是「一姓之責」；既然不是「『一』姓之責」，「天下興亡」之「責任」自然也只有「『百』姓」才能「擔當」得起。「『百』姓」的「天下」，「天下為公」；「擔當」得起「天下興亡」責任的人，得有「公」心，那就得不是「改變世界」，不是「改變別人」，而是「改變自己」。學佛修行，講的就是首先去「改變自己」，並使自己「達至信仰」。

「改變自己」並使自己「達至信仰」，極不輕鬆。為讓自己經得起磨難、受得起委屈，學佛修行必定艱苦卓絕。成就越是巨大，付出的努力必定越是艱辛，二者成正比。鈴木大拙舉例：有位禪師曾經說過，出家修行是大丈夫的事，非將相之所能為（在中國，「出將入相」被視為人生在世可望達到的最大成就）。將相之所能為，充其量也只是在「國之興亡」，而不是「天下興亡」。按照孟子的說法，要達到這樣大的成就，就「必先苦其心志，勞其筋骨，餓其體膚，空乏其身，行弗亂其所為，所以動心忍性，增益其所不能。」（《孟子》之《告子》下）而現代管理學之父P．德魯克則指出，人「只有通過絕望，通過苦難，通過痛苦和無盡的磨煉，才能達至信仰」（摘自《德魯克：信仰要經歷絕望》）。

學佛修行，是艱苦的，其「艱苦」就在於「一脫心志於俗諦之桎梏」（陳寅恪語）。通過「吃苦」從「苦」中走出來，是學佛修行之必須，也是人生之必須。簡單一句話，人生也好，修行也罷，都要能吃苦，在「吃苦」中成就自己，吃多少「苦」就有多少「成就」；「吃一塹，長一智」，「智慧」的養成也必經受挫「吃苦頭」。關於「人生」，我在本著的第一部份講過了，在天災人禍世俗苦難中「挺住」、「走過」，以此使自己的「性命」得到「肯定」，使人「心」不垮。學佛修行，從身到心，由淺入深，也得完成一個全過程。這得吃苦，但這並非最艱苦，最艱苦處是如何不固守成法，不貪戀，不被所學的東西束縛，而能一點一點地放下，最後悉數放盡，從有到無、一無所有，自由自在。《般若波羅蜜多心經》突出強調的「自在」，就是這樣一種的「悉數放盡，從有到無、一無所有，自由自在」。「悉數放盡」到「自由自在」，基於對佛法的信心，亦是基於對自己本自具足佛性的信心。

在我們的實際修行之中，「降服其心」究竟應該從何着手？根據達摩的說法，一是「理入」，即從佛教的「教義」入手；二是「行入」，即開始於「肉體」的「生命體驗」，進而把這樣一種的「生命體驗」深入到「心行」，進入「靈魂深處」，從而完成「生命的踐履」，在千難萬苦中讓自己的「性命」得到「肯定」。我認為，最重要的是「行入」，而這裏的「行」、「修『行』」，實為「修『心』」；修「觀」、修「聽」，皆為「修『心』」。例如達摩的「面壁而觀」，就是「行入」，是在「修『心』」，面對洞壁而「觀照」自己內在的「心行」，即修到「心靜如壁」，「外止諸緣，內心無喘，心如牆（洞）壁，可以入道」。再如「觀海」，因陽光照射的時間、角度不同，所呈現的顏色也有變化，多姿多采，充滿着「畫意」；「聽海」，驚濤拍岸，壯人氣概，激發「詩情」；但不同於畫家、詩人，觀世音菩薩的「聽海」，則是「修『心』」，由外而轉內，傾「聽」自己內在的「心聲」，由此到達「外止諸緣，內心無喘」的「心靜」、「入道」的境界。

在這裏，我要特別強調的是：「降伏其心」，得從放下自己的身段、深入眾生做起。這是先「扎根」，落腳於「根本」，是「根柢」所在。從「根」上做起，扎「根」扎「正」了、扎「深」了，才是「對路」、才算「上路」了，爾後開始的「理入」、「行入」才會有「正道」可走。我們解讀佛經，最先也是最需要學習的，恰恰是佛陀在成佛之前的那個「放下一切」、到眾生之中去、成為一個地地道道的「弱者」，成為一個樂於助人的「奉獻服務者」。在這種過程中，我們一定要追問自己：在自己「一無所有」、極其貧困的時候，最後能「剩」下與所「剩」下的究竟是甚麼？例如，一個人儘管歷經苦難、屢遭失敗，而風骨猶存、信念不改、意定志堅；即使「他人如地獄」，依然助人救人之心不死。一個人，在「一無所有」後最終所能「剩下」的東西，往往是「自己」的「最寶貴」的東西。在看清「本來面目」、「真相」之後，在一無所有的絕地能夠反彈，就是置之死地而後生，這足以顯示其「自強」、「自癒」和「再生」的能力，其生命力的極其頑強。這樣的人，堪稱「剩者為王」！

修行，可以「行入」、「理入」雙管齊下。下面，我們就來研習「行入」，從打坐、調息開始，最終到達「外止諸緣，內心無喘」的「心靜」、「入道」的境界。這是一個「修心」之旅。研習《般若波羅蜜多心經》，則須具備「菩提心」，到達一個「心」的高度；要達到這樣一個高度，得實現重大的突破與跨越。一個常人，都有「眼睛」和「腦子」，但未必都有「眼光」和「聰明」；而一個具備「菩提心」的人的「修心」，就不僅需要突破常人未必都有的「眼光」和「聰明」，還得達成「心眼」和「般若智慧」。

修行，一定要「專注」；這個「專注」非常重要，正如薩古魯所言：「你的專注程度決定了你體驗深度，你有多專注，你的生命體驗就有多深刻。」修行者要保持這種「專注」，這種「專注」是「開放」的，而不是「封閉」的。不是去「專注」於某些事物；例如「觀海」、「觀日出」，不是去「看」「海」、「看」「日出」，而是保持那種「看」的「專注」狀態；有些人，他們的注意力是「封閉」的，僅在「海」上「日出」上，「專注」於事物、「專注」於「有」，而不是保持那種「開放」的「專注」的狀態。「開放」的「專注」的狀態，是「全息」的，對於任何新鮮的信息都極其「好奇」、「敏感」，絕不錯失。保持住這樣一種的「專注」，往往能夠「於無聲處聽驚雷」！

打坐、調息、唸誦等等，重在「修心」，關鍵都是要保持這樣一種的「專注」狀態。

一、打坐

「修行」，關鍵在於「降服其心」，使人「心」不垮。關於這方面的講法很多，例如我在後面介紹的馬哈古魯的「靜心」法（見「靜心」部份）。而「修心」，得先「修腿」；「慾降服其心，必先降服其腿」。所謂「降服」，就是「管住」，我曾經講過：人要「管得住自己」；而人生最最重要的，也就是「管得住自己」。佛經的重點，就是教育我們要「管得住自己」；佛教的修行，就是修這個「管住自己」；修行，從修「身」開始，以至修「心」。換句話說，就是「降服其腿」、「降服其息」以至「降服其心」。調心、調息、調腿，是一個整體，缺一不可，相互區別又相互補充。修行，要把三者有機地結合在一起，進入「摒息諸緣，勿生一念」的境界，再「返觀自心」，「返觀」那個諸緣皆息、一念不生的自己、那顆潔淨的「心」，就有可能見到那種息緣、無念後的真相。此時，修行者會豁然開朗，真相大白！這就是「覺悟」。

在實修之中，修「身」以至修「心」，唸經、誦咒、調息、打坐都很重要。在這裏，我先講「打坐」，「打坐」就是由「身」及「心」先「靜」下來，「『靜』觀」、「『靜』聽」，練的就是這個「靜」。現在，我介紹一下南懷瑾先生講的「打坐」，他講得既通俗易懂，又生動活潑：

「打坐」，盤腿很重要。他曾經對學生說：你們會不會雙盤哪？要是不會，就別進我的門，請練會了再來。他認為，雙盤是基礎，他特別強調這個基礎的重要，強調這個「降服其腿」的「必先」。不過，真到了實際修行的時候，南師往往又比較變通，與修行者方便。

他說：「我們普通所講的打坐是」「佛法裏頭採用這個姿勢（雙盤坐），其他的姿勢還很多，你們到禪堂來看看那五百羅漢的塑像、畫像各種各樣怪姿勢都有，每一個姿勢都可以入定，並不一定要這樣；不過真正要想證道得定，最後還是要這個姿勢，這叫毗盧遮那佛的七支坐法」，有「七個要點」（下引文字、標點，都有些調整）：

「第一個腿，兩腿要盤」，「是雙盤的，應該是雙盤」；「這個學名呢，叫做跏趺」。「雙盤做不到」，可以做「單盤，這一腳在下面，這一腳在上面，翻過來也可以，這叫單盤。不過單盤有個要點，當然盤得好腿子熟的人這樣，很緊；不熟嘛，你鬆一點，放鬆一點。再不熟呢，你就這樣；再架不起來，就這樣架到。不要怕，開始練習」。「我年輕的時候打起坐來，這個腳在下面，這個腳是這裏距離大概只有這樣遠，這還是照樣坐。管他呢！壓得痛啊，受不了，有一天突然『咚』自己放下去，下不來了，這一坐好幾個鐘頭，想下都下不來，舒服極了，就不肯放了，從此以後慢慢軟了。」

「你就是下巴對到這裏也可以，有時候吃飯的碗就擺在這裏，好吃嘛，有甚麼了不起呢，天下事人都是學（得）會的，不要怕。這是講的盤腳，可是盤腳是非常非常重要」，「我們身體甚麼氣脈都容易打得通，真正難通氣脈是雙腿，由腰以下兩個腿，那個氣通了才算通了。」「真正的氣脈打通，這個人無病無痛，就沒有身體的感覺了，自己身體完全是空了，那才就叫作通，叫做氣通嘛。」腿不痛了，舒服了。就是「通」了，經絡、血脈氣脈皆「通」；「通」，就是「通達」。研習「通達」（從「此岸」到「彼岸」），我們就先從「腿」開始。還有，氣脈通了，也會體悟到「空」、那種身體的「空」。

南先生接着講：「至於單盤你要講名稱花樣多得很」，「名稱」都是「人定的。右腳在下、左腳在上單盤，叫如意坐。翻過來，左腳在下、右腳在上，金剛坐。雙盤的話，右腳在內左腳在外，如意加兩個字，吉祥坐。如果是說左腳在內右腳在外，降魔坐。金剛就降魔，如意就吉祥；愛怎麼說怎麼說吧」。「可是要守規矩哦，不能亂來。兩個腿關於生命的重要，你看所有年紀大了，走不動路，都是腿出問題，你不要輕視兩個腿噢。所以讀萬卷書行萬里路，這兩個腿是個好朋友耶，要好好待它不要虐待它。這是盤腳，第一個重要。那麼盤腳坐好呢，自己要知道我們這個這裏看不出來，我們自己摸一摸，屁股後面兩個骨頭對不對？就是他老哥的這個地方，男女都一樣，要把它翹出一點，擺好，就端正了；不要貪圖，優哉游哉，彎起來，那就不行啦！初步慢慢地練習，但是腰以下到腳，如果你氣脈走通了，將來修持練好了，好好保養自己嘛，多活幾年沒有問題啦，如果兩腿搞不好，那就這個腿會跟我們彆扭，它就快一點跑路，就走掉了。所以，第一個姿勢，跏趺坐。」

「第二個姿勢，照我們佛的傳下來的方法，背脊骨豎挺。」「有些修密宗的打坐，一看又不對了，我說你們幹甚麼在那裏，這個手結個手印，三角印結起來，三角印代表火，然後挺着胸。我說你在打拳練功夫啊，這是學禪學定啊，心境寧靜忘記了身體，無病無痛；你結果搞得練功夫一樣，學少林拳一樣的，這（像）個甚麼話呢？可是有些密宗，那各種怪樣多了。」「世界上沒有直線的東西，因為這個宇宙都是圓的；所謂人認為直線，是把這個圓的這個線條切斷了，好像直線（其實）沒有真的直線。」「宇宙是圓的，這個，我們的老祖宗幾千年（前就）知道，佛也知道，可是凡夫不知道，現在科學家慢慢懂得了。所以，這個身體，這個骨節是有點圓周形；可是你外表上看是直；你要打坐，坐得好，真正直起來。」「真正的直起來是向後面的，自然的，等到它氣通了，自然而然就是那麼直向後面倒的。可是你說，後面，前面這個是直的，大家坐起來是這個樣子，所以打太極拳含胸拔背；太極拳的含胸拔背，這個含胸不是這樣含，這個樣子的，兩個肩膀骨節開叫含胸，自然胸就含了，背脊就充滿了。」「所以身體背脊要豎，當然不要拚命挺」，「背脊骨一定直，硬挺啊，挺出毛病來，你只好讓它聽其自然彎，當然找一個骨科的醫生會調整骨頭把你調整好了。身體為甚麼彎，一定是，這個背上二十四節的骨頭，這個腰椎啊，胸椎啊頸椎啊，一定那幾節有了問題，慢慢調整好就行了；不然你只好等到功夫到了有一天會這樣哦，你身體是彎的坐，你真用功用好了以後。這個我要借用道家一句話了，先天一炁從虛無中來，這句道家的話真高明了，他是經驗之談，甚麼叫先天一炁（元氣，一生二、二生三、三生萬物）呢？虛無，你念頭完全空清淨到極點了」，「怎麼叫先天一炁呢？先天是代號，拿現在的話，這一股生命的功能它自然來的，你如果坐得好了，真到了那個境界，我告訴你了，我的經驗告訴你怎麼來啊（南師動作示意身體突然挺直），好了，自己就直了，那你叫彎都不可能；你想自己還是彎一下吧，不可能，你真到念頭空了，功夫到了以後，你本來這個樣子，它『咚』一下，不是我要它的哦，它的那個生命的身體自己的功能就撐起來了，不過這沒有甚麼了不起哦」。「那不過身體調整好而已啊，姿勢擺正啊。所以，這是第二個要點。」背脊「直」，念頭「空」。

「第三是肩膀的要點了，這個肩膀啊，要平肩。你看我們，一般的生活習慣，尤其讀書人，或者在辦公室久了的，尤其你們，喜歡這樣，這兩個骨頭向前面彎過來」，「喜歡窩過來，這麼一來，使這個肺部受了壓迫，肺部不好；所以，肩膀是平，稍稍向後拉，這是正常的姿勢」。「……所以你們在打坐的時候更要注意了，肩膀放平，不是向後面拉，也不是向前面窩起來；平，正，非常重要。你看看，這個裏頭是肺，心、肝、脾、肺都在這裏頭，所以這個呢，平正，並不要挺胸，他自然是平了。這是第三個要點。」

「第四個，手。普通所謂結定印，大三昧印，那麼左手在下，右手在上，兩個大拇指對着」；「不用這個手印，這個樣子，叫捏太極圖，也可以。這個手印手的花樣啊，有好幾百個，密宗的手印甚麼……好多。譬如說，以前我們唱京戲的梅蘭芳的手勢叫蘭花印，實際上梅蘭芳學的是密宗的『亥母菩薩』那個手印，這是一個手印。手印你不要看是個花樣哦，不是啞吧的手語哦！手印是代表身體裏頭氣脈的變化，那麼本來要這樣，結果有些在日本學來的，有些西藏學的。把這個手印一定要放在肚臍下一寸三分，端得緊緊的，貼得牢牢的，在那裏打坐又去練功夫了，一天到晚就顧慮這個手，那個心注意力，都在這個手上。那幹甚麼的？尤其你們要出去教人的注意哦，手和腳，每一個人不同，手有長短，有人手短，有人手長；假使這個人上身矮，兩手很長，你叫他這樣要命了，很難過；有人上身長，兩手短，你叫他兩個兜攏來結手印結不到的，你就教他這樣。所以啊，求學問修道要明師，不是出名那個名，（是）明白的明」。「這個手勢要結定印的；而且，手印有各種方法。譬如說，你看這個手印，這樣也是一種手印，這是天台山國清寺的佛像是這樣，佛的說法印。怎麼叫說法印？等於我們說話，你們要怎麼樣，就是這樣嘛；佛也是個人，佛是人做的，阿彌陀佛的接引印，站在那裏接引就拉你一把嘛，就是這個道理。所以，你愛做甚麼手印就做甚麼手印，你就懂了吧，這個不要自己上自己的當；不過有規矩的哦，不是亂來的。」

「第五個，這個頭。」「這個頭擺正是非常難！你看我們這個身體，頸椎這裏上來，這個骨頭軟軟地，只有一點點；上面那麼重的一個東西，就是小小的，幾節骨節撐住的，你要使它不左歪不右歪，正正的擺在那裏就很難。差不多，人的生命很多問題都出在這兒，剛才講兩個腿重要，這一部份也更重要。所以我們老了，雞皮鶴髮；有些人老了，你看他還不老；但是有一個地方你沒有辦法，脖子這裏，一看就老了，這裏沒有辦法的。可是你真修道作功夫，同樣有辦法。這裏的氣脈有問題了，你看老了這裏翹起來，這個地方皮就這麼掛着了；等於你們沒有吃素以前，老母雞的那個脖子，一定看過吧，吃過吧，就是這樣來了；這個地方瞞不過的，年齡甚麼逃不過這裏。但是真的氣脈打通了，一直到一百多歲，他這個地方還是同年輕人一樣飽滿。」「所以這個頭，後腦向後面一點，頭是擺正的；照它的這個姿勢，這個骨節你搞清楚，擺正的。你看，這個後腦向後面，不是你們坐起來這個樣子，鉤起來不行，可是後腦擺正；這個下顎這裏，要平進去了要收，你們大家自己摸摸看，拿個手摸自己兩邊這兩條脈管，都在跳動。」「這兩條是動脈管，這兩條動脈管等於油管嘛，他兩條動脈；

你腦筋用，發脾氣、用腦筋的時候，這兩條管就粗起來了，因為腦裏需要血液幫助，就都向這裏供給這個地方；這兩條火車道啊，就忙得不得了。所以您打坐的時候頭擺正，下顎一收，不是這樣低頭；一收好，就慢慢把這兩條的動脈壓住一下，使它慢慢習慣了，血液也慢慢流動氣血慢慢地靜下來。所以，畫家畫的老和尚是這個樣子，再不然就這個樣子，都不對了；正統的是這樣端容正坐，這是第五個要點了。」

「第六個要點呢，舌頭。佛告訴我們，舌抵上顎，舌頭，嘴巴閉了，舌頭是輕輕向上面翹的。上顎在哪裏？不是上面牙齒的根根；上面牙齒根根靠裏面去一點，這裏！我們這裏很多醫生都學過針灸的，這裏有個穴道，可以針扎進去、打進去。你自己去摸摸也知道這個地方，這個上面蓋蓋裏頭有個坑。舌頭常常這樣，舌抵上顎，這是第六個。」

「第七個麻煩了，這個眼睛怎麼弄？我們最討厭就是這一對眼睛。你們讀過『寒山大師』的詩沒有？面有雙惡鳥，胸有三毒蛇。他說我們這個人啊，臉上有兩個最壞的鳥，飛鳥的鳥；面有雙惡鳥，胸有三毒蛇。雙惡鳥是甚麼？就是兩個眼睛，東看西看給你出問題都是這裏來，引誘我們；心裏頭三毒蛇，就是『貪瞋癡』。這個三毒蛇，三條毒蛇，害死我們，就是這個東西。這是寒山的詩。所以眼睛呢，我們看到啊，這個眼睛，照佛法的傳統規定，眼睛是半開半閉。道家的書上用這個方法呢，定了一個很好的名稱，叫『垂簾』；窗簾子一樣，掛一半，掛三分之二，還不止一半，下面有一點亮光，上面遮到三分之二叫垂簾，垂簾意思就是眼睛半開半閉的。小乘的學羅漢道的眼睛這樣，差不多同這個位置一步、二步、三步，眼睛視線只到這樣；大乘的菩薩道，一步、二步、三步、四步、五步，眼睛這樣，不是在看，也不是全閉，眼睛張着但沒有看，視而不見，聽而不聞，見若不見，是眼睛。但是我始終主張現代人不要用這個方法，你打坐時眼睛閉到，因為現在人啊，從小到老用的眼睛已經是一塌糊塗了；現在未來的世界，尤其我們中國的教育之下，我看每一個人都會戴眼鏡，太可怕了；

這個眼睛已經毀壞得差不多了，所以你盡量給它關起來休養休養再說吧！把這個眼，但是閉到不是睡覺哦，閉到等於沒有眼睛、拿掉了；不要真的去挖掉，那有罪過的啊；等於自己忘掉這個眼，等到你功夫到了的時候，我告訴你，那個眼睛奇怪了，你假使在閉眼打坐功夫到了以後，他眼睛自然瞇瞇的張開了，你要想關還關不住呢，他又不是看，氣就自然到那裏了」（南懷瑾：《南禪七日》第五盤）。

以上，是南懷瑾講的打坐的七個要點，以做到全身經絡、氣血通暢，空而通達，身心無礙。

另外，講到眼睛，說要作「垂簾」狀、「眼睛張着但沒有看，視而不見，聽而不聞，見若不見」。這個說法，我覺得似乎需要再做一點補充，「視而不見，聽而不聞」，只是指對身邊的那些世俗的瑣事與雜念；而此時的「心眼」則是一直在「張開」的、「觀」的，「眼觀鼻，鼻觀心」，重要的是落實到「觀心」；而且，在「觀」的時候，還要做到連眉毛都不動一下，因為「才動眉毛，便是犯了祖宗的規矩」（《淨慧長老親述學禪六十年：初見虛雲長老的五分鐘令我終身難忘》）。

與此同時，在打坐的時候，要注意上、中、下三個丹田的位置，呼吸從鼻尖一直到下丹田，要均勻、和緩，步步到位，自然而然；最終，習慣成自然，不着痕跡。這也就是接下來要講的「調息」。

二、調息

調息，主要是指調整呼吸，本來是想和打坐放在一起講的。因為，打坐涉及到氣息，往往與氣息的運行同時進行的。上面，南懷瑾講「打坐」的時候，一開始就談到了「打通氣脈」的問題，為甚麼我們要先練腿、先做「打坐」？那是因為人身體的別的地方的氣脈比較容易打通，「真正難通氣脈是雙腿」。練腿、打坐又是為了甚麼？就是為了在最「難通」處「打通氣脈」。而「打通氣脈」，則是修行之本；氣脈通了，一通百通，暢通無阻，身心無礙。修行，關鍵就是要做到：身心無礙。

現在，我們把「調息」作為一個獨立的部份來講，是因為「調息」的極其重要。除了「打通氣脈」之外，我在這裏特別講一講「呼吸」問題。鈴木俊隆在他的《禪者的初心》中，把「呼吸」提升到修行的極高位置。他曾列了這樣一個標題：「我呼吸，所以我存在」；並且說「覺察呼吸就是覺察佛性」。他認為：「在坐禪時，唯一存在的只有『呼吸』。但我們應該覺察着每一個呼和每一個吸，我們不應該心不在焉。要你覺察呼吸並非意味着你去覺察『小我』，而是意味着你應該覺察你的普遍本性，也就是你的『佛性』。」（《禪者的初心》第三十一頁）

他還說：「我們應該做的事情就是，甚麼事情來到，就做甚麼事情，好好做它！我們應該活在當下。所以坐禪時，應該專注於呼吸」；「做我們當下應該做的事，做我們必須做的事，這就是禪修。在這種修行中，是沒有困惑存在的，如果你能確立這樣的生活，就不會有任何的困惑可言。」（《禪者的初心》第三十三頁）

對於人的性命、生存而言，「呼吸」是極其重要的；沒有「呼吸」，人就會在幾分鐘之內窒息死亡。對於人的生命、生存，「呼吸」是如此重要，常人卻往往不予重視，不當回事，甚至毫無常識。常人有一個致命的弱點，就是：捨近求遠，對於近在眼前的性命攸關的事情往往視而不見，對「呼吸」就是如此，根本沒有甚麼人去注意自己的「呼吸」，甚至根本不知道自己的「呼吸」究竟是怎麼一回事？可以說，這是常人對「呼吸」的那種嚴重的「遺忘」與「無知」。

佛教修行強調「調息」，也正是給上面這些人敲響了警鐘。修行，須專注於「呼吸」，得重視「呼吸」，關注「呼吸」，注意去「聽」自己的「呼吸」。這樣的一種「聽」，是對自己「呼吸」的「直接觀察」；這樣的一種「直接觀察」，是「眼觀鼻，鼻觀心」，心息相依。這樣的一種修行，在佛教的天台宗裏，有一種相關的修法，叫修「止觀」。慢慢地，「聽」「呼吸」養成了一種習慣，「『不』聽」而「聽」，自然而然。當然，「止觀」的修法，要複雜得多，這裏不多講。

人的「呼吸」，生來就有、自然而會；調理「呼吸」，不是叫你去「管理」自己的「呼吸」，刻意地去「做」「呼吸」；而是順其自然，做到自然而然，是回歸自然。

修行，說到底，可以說是把心念集中在「呼吸」上，專注於「呼吸」，「心」就會隨「呼吸」而「平靜」下來，沒有了「煩惱」，沒有了「痛苦」，沒有了「困惑」，直至「覺悟」自己的「佛性」。

三、唸誦

唸誦，也是降服其息、再降服其心的重要途徑。打坐、調息、唸誦、踐履，是一個完整的修行（即「修『心』」）過程，是一個生動活潑的互動的有機整體。學習《般若波羅蜜多心經》，作為「修『心』」，就必須具備這四個環節，缺一不可。不過，這四個環節，在這裏，講的是成佛之前的修行過程，而不是成佛本身。通過這樣的一個修行過程，須再上一個台階，能夠「明心見性」了，才算是走到了成佛之門前；成佛與否，關鍵在於能否「明心見性」、能否「五蘊皆空」並「見到自性」，而不能停留在打坐、調息、唸誦等階段。

唸誦，是有腔有調的，是主要以召喚、互動、印心來喚醒聽眾的，而不是以講道理、「曉之以理」為主的，不是用概念分析、邏輯推理來讓聽眾理解道理的。唸誦，因此也不主要是「論證」乃至「描『述』」的，而是主要是「召喚」，以「聲」傳「音」、「喚醒」「心靈」，給予「願景」例如「西方極樂世界」，以至於聽眾不僅僅能「『聽』到」，而且還能「『看』到」。

在這裏，「聽」、「看」也就是「觀」，譬如對「音」之「觀」；「觀」，又是「返觀」，「兩個耳朵不聽外面，回轉聽自己聲音。觀音哦，兩個耳朵眼睛不看外面，返照自己的心聲」。研習《般若波羅蜜多心經》，就不能不練這個「聽」、「觀」，這是觀世音菩薩（亦即觀自在菩薩）的「觀音法門」。這樣一種基本的宗教體驗形式，不同於藝術那樣情感的審美的；藝術的，往往是涉及「情」、「色」、「慾」的，藝術就是去表現這些的，而宗教則是強調對這些「情」、「色」、「慾」的「戒」。

這樣的一種「聽」、「觀」，也是對於「唸」來講的，有「唸」才有「聽」、「觀」。我再介紹一下南懷瑾講過的三種唸誦方法：

1、「金剛唸」

關於「唸誦」，南懷瑾講到了「金剛唸誦」：「金剛唸，是嘴唇不動、牙齒不准動，嘴巴微張開，舌頭在彈動。這個方法修好了，就是真正的。你們學甚麼氣功？這個比甚麼氣功都厲害！」

金剛唸，練的是「發聲」：「這個聲音發的是從丹田，就是上來，一直到頂，中脈的，就把他震開了中脈的方法。金剛唸誦，記住哦，嘴唇牙齒不動，一口氣一口氣唸。假使說，在修行時幾個喇嘛、和尚，我們坐在一起、一唸，一個人在外面一聽到就會站住了，給這個聲音會定住了，心裏雜念煩惱清淨了，業障真會消了，南無阿彌陀佛（南師示範）。」

還有，就是練「聽」：「嘴唇沒有動哦，牙齒不准動哦，舌頭裏頭，自己兩個耳朵不聽外面，回轉聽自己聲音。觀音哦，兩個耳朵眼睛不看外面，返照自己的心聲哦，心的聲音啦！身體打坐、聽音，南無阿彌陀佛（南師示範）一口氣，我中間臨時換了一口氣，因為太累了，臨時換，這是偷巧。你看我在中間阿、嘴巴馬上，金剛，把嘴巴一閉，鼻子把氣換過來了，南無阿彌陀佛（南師示範），越唸，你氣越長，無量壽光佛！不是假的哦！這看到沒有？……所以大聲唸微聲唸，自己耳朵修觀音法門，不聽外面（的）聲音，回轉過來聽內在自己唸佛的聲音，越聽越定，進入唸佛三昧，眼睛也不外看了，這個聲音只有自己聽到，別人聽不到。微聲唸，還是一口氣一口氣；微，這個聲音微的只有自己聽（得）到，慢慢聽到心聲，最後就配合觀音法門，返聞自性、性成……」

2、「瑜伽唸」

「還有一個唸，瑜伽唸，就是《瑜伽師弟論》瑜伽唸，既不出聲（、）也不微聲，心裏頭（念頭）在唸，耳朵回轉（過）來聽心裏頭那個念（頭），眼睛回轉（過）來、六根都回轉（過）來。所以，《楞嚴經》你翻開，《楞嚴經》大勢至菩薩唸佛圓通章，把唸佛到修成開悟成佛之路。三、四個步驟，都告訴你了。

「第一步，大勢至菩薩告訴你，『都攝六根』一句話，都攝六根，『都』就是攏總，把你眼睛回轉來、耳朵回轉來，心裏不要亂想，通通在唸佛的身心上面，都攝六根。淨念相繼，甚麼叫淨念？你唸唸唸，唸到後來雜念沒有了，（連）唸佛這一念也沒有了；沒有了，就沒有念，空靈的，這個空靈這一念，就是唯心淨土。心就靜了，你如果這個上面就定下去，就是唸佛三昧了；如果有一點念頭，一動心你又唸佛，南無阿彌陀佛……我現在唸成聲音給你聽哦，這個心念是唸不出聲音的，心裏頭唸出聲音，阿彌陀佛…念到了，都攝六根，淨念相繼，就對了。……大勢至菩薩唸佛圓通章把所有的密法都傳給你了」。

3、「普賢金剛薩埵咒」

「所有的咒子集中起來，最大的咒子就是普賢金剛薩多（埵）的根本咒，他早就成佛了」，「他的咒語就是一切咒的根本，只有三個字，三個音：嗡、啊、吽。『嗡』，是頭部音」；「『啊』，（是）胸部音」，「這個時候眼睛看虛空藏，前面人也好，牆壁也好，不曉得，都空了」；「『吽』，丹田音，ong,ma,ni,ba,mi,hong,這個時候的」「呼吸氣，等於丹田直到喉這裏……」（南懷瑾：《南禪七日》第三十五盤，轉自《實修驛站》）。

頭部、胸部、小腹，是上、中、下三個丹田的位置，呼吸、發聲都要到位。

4、唸經、誦咒、打坐和相關的境界

在實修之中，唸經、誦咒、打坐都很重要，甚至可以說是常人成佛的必由之路；但是，不等於說，你做了這些實修，就一定能夠成佛。因為，在這些實修活動中，許多事情是俗人都可以學會做到的，並不需要超凡脱俗；而如果他們不超凡脱俗，依然滯留於世俗的層面，就不可能達到佛陀菩薩的境界。更何況，我們之所以唸經、誦咒、打坐，就是為了能夠超凡脱俗，超越常人，進而達到佛陀菩薩的境界。

不過，在實修的時候，修行者得要做到習以為常。甚麼是習以為常？就是鈴木俊雄所説的：「寺中的每個人都只做他該做的事情。該起床時起床，該打坐時打坐，該向佛陀叩頭時叩頭，就這樣而已」；「所以説，只有從寺外來的人才會感受到寺院的修行氣氛，身在其中的人實際上是不知不覺的」。「我們只是做我們該做的事，這就是佛法」。譬如打坐，不要「覺得自己在做甚麼特別的事」，甚至不要「有任何坐禪的觀念」。而「真正的坐禪不只是在禪堂裏」，「哪怕你是『躺』在床上，一樣可以是坐禪。反過來説，就算你是在禪堂裏打坐，如果心不在焉，我也懷疑各位是不是真正的自己」（《禪者的初心》第一一〇、一一一、一一四、一一六頁，海南出版社二〇一〇年版）。總起來看，「修行」就是做我們該做的事，當作平常的事去做，習慣成自然，自然而然地去做；這就需要在心地上下功夫，而不能「心不在焉」，「修行」也因此而成為了「修心」。

那麼，實修究竟怎樣才有可能達到佛陀菩薩的境界？在唸經、誦咒與打坐的時候，就一定不能帶有絲毫世俗功利的目的，例如不是為了健身、祛病或者得到神通、練就功夫，不是功利地考量成敗、得失、取捨包括捨生取義，也不是那種世俗的修身養性；而是超越世俗生活的那種入靜入定，明心見性，超越常人的世俗境界。在這裏，要特別注意其明顯的「入世」與「出世」的層面和境界的不同，以及「『人』性」與「『佛』性」的維度差別。

關於打坐，有高人曾這樣警示：

「凡打坐者，非言形體端然，瞑目合眼，此是假坐也。真坐者，須要十二時辰住行坐臥，一切動靜中間，心如泰山，不動不搖，把斷四門眼耳口鼻，不令外景入內。但有絲毫動靜思念，即不名靜坐。」（《大道行——訪王力平》華夏出版社一九九一年版，第九十八頁）

打坐，不是為了得到甚麼、獲取甚麼，恰恰相反要不怕失、勇於捨，才有可能入靜、入定，達到「五蘊皆空」、「空」而「無」，超越常人所能學會做到的一切！由「『人』性」提升到「『佛』性」！

四、研習《般若波羅蜜多心經》的「心」的起點

上面在講打坐、調息、唸誦，講的都是我們修行時的實際所為以及相關的親身經驗和體悟。在打坐、調息、唸誦的時候，打坐就是打坐、調息就是調息、唸誦就是唸誦，專注於此，一心不二用，以排除妄想雜念；專注而不執着，不執着於它們，並統統忘記它們，進而忘記我們自己是誰；「應無所住，而生其心」。鈴木俊雄說：「研究佛法的目的只是為了研究我們自己和忘掉我們自己。當我們忘掉自己，我們就會成為存在（亦即實相）的真實活動。了悟這個事實以後，這個世界將再也沒有煩惱可言，而我們也可以毫無煩惱地盡情享受生命。修行的目的就是要了悟這個事實。」（《禪者的初心》第一一三頁）

所謂「修行」，就是：磨磚的時候「你應該只管磨磚，別管磨的結果」；「我們修行的目的不是要把磚磨成鏡，帶着這種理解去生活是最重要不過的事。這就是我們的修行，這就是真正的坐禪」。「你在吃飯時能夠專心吃飯，一切就都順順當當的。不要帶着一絲絲的憂慮吃東西，那表示你就是你自己。當你成為你，你就會以事物的本然面貌看待它們，與周遭渾然為一。這才是你的真我，這才是真正的修行」（同上書第一一九頁）。所謂「專心」，就是一以貫之的「專注」，而不關注任何別的事物，心無旁騖。譬如，你面前擺着一本書，所謂「專注」，並不是要你去注意書上的那些字句、記住那些字句，而是期間生命的流動；不能讓那些字句妨礙了你對生命的「專注」（參閱薩古魯相關講話）。

真正的「修『行』」，關鍵在於「修『心』」，在「心地」上下功夫。發起「菩提心」，是研習《般若波羅蜜多心經》的必要的準備，那種純粹「心」的準備。甚麼準備都有了，就沒有「心」的準備，那便是沒做根

本的準備，其他準備就都白做了。事實上，許多人往往喜歡在「物」上強大自己、「武裝」自己到牙齒，給自己一個堅硬的「外殼」；而恰恰相反，真正的強者，是「內心」的強大，是「一無所有」的那種強大。修行，重在修「心」。如果沒有「心」的準備，縱有打坐、調息、唸誦等等萬般準備，也是無濟於事的；萬事俱備，尚欠東風。

具體點說，這部經講的是觀自在菩薩的「修心」、「菩薩心腸」，而發「菩提心」則是「菩薩心腸」的起步階段；讀這部經的時候，你只有在與觀自在菩薩處於同一個起跑點上、同一頻道上，才有可能讀懂這部經；否則，你如果依舊是一副凡夫心態，離「菩薩心腸」太遠，那是根本無法讀懂《般若波羅蜜多心經》的。

據說，唐玄奘也是被試驗已具備「菩提心」之後，才被授予《般若波羅蜜多心經》的。玄奘在取經途中，遇到了一個滿身長滿了疥瘡已經病危的老和尚，他二話不說，抱起老和尚，幫他洗乾淨身上污垢療治疾病。病癒，老和尚現身，原來他就是觀自在菩薩。這是對玄奘的品行、境界的一次考核，證明玄奘已經具備了研習《般若波羅蜜多心經》的「心境」，這才授予他《般若波羅蜜多心經》的。佛陀菩薩傳道，一定是找對人（因材施教），做對事的。其實，在我們的實際生活中，也常常會碰到這樣那樣的「高人」，在對你的能力、品行、境界進行考核之後，對你作出適合你的指點，幫你做相應的提升。這些人，就是你的菩薩。

我們還需要注意的是，這樣一種「心境」，不是按照一個人的「認知」能力與水準來測定的，也不是按照一個人的「倫理」道德水準來測定的；而是按照「菩提心」等的「『心』的境界」來衡量的。這個衡量標準，是超越了「世間法」、世俗境界的。在我們研習《般若波羅蜜多心經》的整個過程中，我們都需要具備一種超越「世間法」和世俗人的境界；只有這樣，我們才有可能讀懂《般若波羅蜜多心經》，才有可能踐行好這部經。

研習《般若波羅蜜多心經》，就是要「修『心』」；所謂「修『心』」，就是上面所說的修「專注」、「專心」。修行，是很單純、很簡單的；生命，本來就是單純的。

前面，我講了佛教的「修行」、從「修腿」到「修心」以及相關的宗教「經驗」。現在，我們又到了翻篇的時候了。下面，我就來解讀《般若波羅蜜多心經》，與讀者分享菩薩的「心路歷程」；這樣的一種「心路歷程」，正是人「性命」的「內在」系統。這樣一種「心路歷程」的登場，既意味着「修行」以及相關的宗教「經驗」的「退隱」，也意味着那些人的「世俗」的現實生活以及相關的「經驗」的「退隱」；甚至與這樣一種「心路歷程」相比較，「世俗」現實生活「經驗」也好，「修行」的宗教「經驗」也罷，都是「虛幻」的，只有這種「心路歷程」是最「真實」的。因此，在談論「真實」、「真理」的時候，這種「心路歷程」必須得放在第一位。更何況，也只有弄清楚了這樣一種的「心路歷程」，才有可能做到真正「看懂」了進而「放下」我們自己。而正是這樣的「心路歷程」，才有可能使我們通達「彼岸世界」。也正因為有了這樣一個「彼岸世界」，人就有了「彼岸」的存在，無論「此岸」的世俗世界是多麼令人「絕望」，至少可以遙望「彼岸」的「希望」。

下面我先解讀這部經的書名。

《般若波羅蜜多心經》的書名解讀

讀佛經、學佛法，包括讀《般若波羅蜜多心經》，就是為了「識本心」，「不識本心，學法無益」（中國禪宗五祖弘忍語）。這樣一種的「識本心」，任何人都必須親力親為，「如實知見」；在《般若波羅蜜多心經》中，觀自在菩薩講的就是這樣一種的親力親為。由此，我們就從「讀法」和「活法」進入了「心法」。這樣一種的「本心」，是在「出世」的層面，是「不生不滅，不垢不淨，不增不減」的；區別於「世俗」之「心」，「世俗」之「心」隨人間俗事而「生滅」，因這些俗事而「垢淨」、「增減」。對於眾生而言，「本心」是他們每一個人都本來就有的，常住不壞，並須臾不可離開的；只是他們並不知道這一點，或者說他們只是「日用而不知」罷了；他們也常常忘了這一點，這自然是一種「忘本」；說到不要「忘本」，最重要的就是不要「忘掉自己的「本心」。我們讀《般若波羅蜜多心經》，就是為了我們能夠識得記得自己的「本心」。

基於「識本心」，翻開《般若波羅蜜多心經》，我們就會看到那個「本心」的「自在」與「自行顯現」。與此同時，也回答了「何謂生命？」由「識本心」而開始進行的，是一種人的生命根本起變化，其「根本，就是要人的生命根本起變化。它不是一種在頭腦、口頭的一種空談」；而想要有這樣一種人的生命根本起變化，就「要從世俗的生命裏頭得到解放、解脱」（梁漱溟：《這個世界會好嗎》第六十九頁）。走出「世俗」，我們就提升到了「神聖之維」。

前面，我已經講到「中國大乘佛法」的基本點有兩個：「慈悲」，「智慧」。「慈悲」，是「大愛」，就是在別人遭遇苦難時，及時伸出援手，「慈愛」、「悲憫」、「助人」、「救人」。還有，就是「智慧」（即「般若」），是「大智」。「悲」、「智」互補，「悲」、「智」雙運，「悲」、「智」集於一身；總起來，就是「慈悲」的「般若」、「愛」的「智慧」。這不就是西方所說的「哲學（Philosophy）」嗎？由此，可以形成一種在中國思想文化基礎上即「中學為體」對「哲學」的解讀。這些，也正是《般若波羅蜜多心經》集中所講。

那個唐僧在取經途中因救助重病僧人而獲贈《般若波羅蜜多心經》的故事，正是說明了研習「智慧」（即「般若」）得有「慈悲」即「慈愛」、「悲憫」，能夠「助人」、「救人」；這樣的一種「智慧」，是一種與「慈悲」密切相關的。從總體上來看，「慈悲」是第一位的；也因此，菩薩更以「慈悲」的救苦救難聞名於世。呵護性命、救助性命，在呵護、救助中相互提升性命，這就是人實際的性命之旅；有了這些實實在在的所作所為，性命才是現實的；能這樣堅持走完性命之旅的，才是真正的性命。《般若波羅蜜多心經》所展現的菩薩的「心路歷程」，正是這樣一步一步地走過來的，不是用「五蘊」、「十八界」、「四聖諦」等等等堆積起來，而是相反把它們一點一點地放下而成。

現在，我就開始講從這部經的書名做具體解讀，集中於「般若波羅蜜多」和「心」兩大部份。

首先，是「心」。救世、救人，先救人「心」；救己，先救己「心」。「修『心』」，從發起「菩提心」開始，即從對他人的「同情」、「關愛」開始，「一脫心志於俗諦之桎梏」（陳寅恪語）；而「般若波羅蜜多」，則是指「救『心』」所應該達到的圓滿程度。這些，非常重要，是這部經的根本、精髓。我們一定要牢牢記住，嚴格研習。

在這部《般若波羅蜜多心經》中，經文一開始的第二句就講「般若波羅蜜多」、最終並以「般若波羅蜜多咒」結束，在總共二百六十個字的經文中，一共五次講到「般若波羅蜜多」，而且還把「般若波羅蜜多」納入書名。所以，我認為：提及這部佛經的時候，不能只說是《心經》，而省略了「般若波羅蜜多」；「般若波羅蜜多」這幾個字，是絕對不可省略的！「般若波羅蜜多」，標誌着「修心」所必須達到的高度與深度，這是一種「神聖」的維度；沒有這樣的一個尺度，「修心」就無所適從。

關於這個書名，我將分別來講，先講「般若」、「波羅蜜多」、「經」，最後再集中講「心」。「般若」、「波羅蜜多」、「經」等等，都是圍繞着「心」、都是講「心」之「行」及其「路徑」的。「心行」，無相，無着，無牽無掛，自由自在。而把「心」放在最後講，作為中國人喜歡的「壓軸戲」，是因為「心」最重要。總起來，這個書名可以說是：以「般若」、「波羅蜜多」、「經」，揭示了一條「心『行』」的「路徑」；修行者正是通過這樣一條「心路歷程」，從「此岸」到達「彼岸」的。

現代印度的薩古魯，他把佛和「智慧」特別是那種「超越」的「智慧」聯繫了起來，他說：「如果你聽到『佛陀（Buddha）』，你可能聯想到喬達摩佛陀」。「他的全名是喬達摩．悉達多（Gautama Siddhartha），後來成為一位佛陀。『Buddhi』意思是『智力』或者是你頭腦的邏輯能力。『Dha』意指『超越』。所以，一個超越他的頭腦的人就是一位佛陀。」（《我們能刪除念頭嗎？》）佛陀作為榜樣，就是教我們超越一般人的「世俗的頭腦」，而具有「出世的智慧」。歐洲人認為，是「頭腦」在進行「思想」；中國人則不這麼認為，而是認為是「心」在掌管着「思想」。所以，即便是在「思想」的層面，也需要超越「頭腦」的；超越「頭腦」的，就是中國人講的「心」；那種超越「頭腦」的「智慧」，就是在「心靈」層面上的「智慧」。對於「智慧」的解讀而言，把「腦」與「心」作出明確的區別就顯得特別的重要。也因此，我曾經建議搞人工智慧的科學家去研究一下「心」，以突破當前人工智慧的局限於「腦」。

梵語屬印歐語系，與德語相近，「般若」的原文由首碼 pra 與詞根 jna 組成，pra 是「在……之前」的意思，jna 是「知識」；因而，總起來可以說：「『前』於、『先』於知識」的乃至「『超越』知識」的東西，被稱之為「智慧」。這是一種不能用「概念」來分析、「邏輯」推理的東西，而是採用了刨根問底、追根溯源的方法。這是「般若」所區別於「知識」的方法，用於研習「『先』於、『超越』知識」的東西的。

這樣一種的「超越」的「出世的智慧」，就從以往「『世俗』智慧」的強調「取」、「得」、「貪求」與「佔有」，轉向了「捨」、「失」、「節慾」與「空無」。由此，我們可以區別於「索取」、「佔有」的「『世俗』

「『世俗』智慧」，而稱之為「捨棄」、「空無」的「『出世』智慧」。因此，「『出世』的智慧」是完全不同於「『世俗』智慧」的，甚至不應從「智慧」的層面去解讀；印度佛教用的「般若」這個詞，本來就是不同於中國的「智慧」的。

我現在把「般若」的「超越『世俗』智慧」這個層面凸顯出來，為的是在我們解讀、研習「般若」的時候，不受中國「智慧」這個詞的局限。在中國，人們崇尚世俗「智慧」乃至濫用「智慧」的事情，屢見不鮮，自古就有，曾遭到老子的批評，例如他的「絕聖棄智」（《道德經》第十九章）。

一、「般若」（超越世俗的愛的智慧）

「般若」這個梵語詞，如前所述，原意是「在知識之前」、「先於知識」的東西；實在找不到對應的漢語詞，勉強被譯成了漢語的「智慧」；而不同於漢語的「世俗智慧」、那種精於算計的志在必「得」的「小聰明」，「般若」在這裏是「出世」的「智慧」。「知識」，可以用概念分析、邏輯推理來形成；那「先於知識」的東西就不藉助於概念分析、邏輯推理，也不是用來重新構成「知識」。「知識」，是一種概念中的「存在」；而「般若」並不是。不過，「概念」可以回溯到日常生活中的「語詞」，而「語詞」又可以追溯到那些活生生的人的「生存經驗」、「人類學經驗」；在這種情況下，哲學就成為是一種「人類學經驗」的追溯。

漢語的「智慧」，在漢傳佛教形成之前，往往是在「入世的」層面上講的，受制於世俗功利；而在《般若波羅蜜多心經》中講的「般若」，則是「出世的」、屬於「神聖」之維。這樣的一種「出世」的「般若」，顛覆了「入世」的「智慧」；相比於這樣一種的「般若」，「入世」的「智慧」只不過是一種「小聰明」而已，這樣的一種「小聰明」往往是「聰明反被聰明誤」，甚至會「反誤了卿卿性命」（引自《紅樓夢》）！

「入世」的「智慧」，往往被用來為人們的「世俗生活」指引方向、設計標準，例如是非、對錯、善惡之類。如果，人們要按照這樣一些別人為他們設計的方向、標準來生活；那麼，這樣的一種生活顯然是「人為」而「不自然」、「不真實」的，甚至是「違背人性」的，是在這樣一些條條框框的限制之中的，「人性」因此而往往被「壓抑」或「扭曲」。這是一種在倫理道德框框中的生活，一種被約束的生活，而不是根據人自己的「本性」，無拘無束、自由自在的生活。佛經中所提倡的，則是在「明心見性」的基礎上，既沒有被設計也沒有被約束的那種出自自己「本性」，無拘無束、自由自在的生活。人究竟應該怎麼樣生活，聽從的不是那些道德法則，而是他自己的「心性」、「內心」的「本真」。這也正是佛教與儒學的區別，儒學講究的是建立一種「世俗」的社會「倫理法則」；而佛教提倡的則是去發現並遵從人們「內心」的「本來就有」的「本性」。

世俗的「智慧」，強調「人為」，提倡「人往高處走」，不甘於過「自然」的、「平常」的「生活」，追求「高於常人」的東西，例如喜歡「出人頭地」、想當很大很大的「官」、賺很多很多的「錢」，等等。這樣的一種「智慧」，提倡「爭奪」、「佔有」，人間因此而徒增殘酷的「爭鬥」乃至你死我活的「戰爭」。佛陀言傳身教的「般若」則恰恰相反，我佛「慈悲」，「不爭」、「捨有」，主張並身體力行「人往低處走」，主動放棄王位，放棄王宮的生活，放棄軍隊財產，一貧如洗，到平民百姓中去、過平民百姓的生活。所以，向佛陀學習，就要「慈悲」為懷，「不爭」、「捨有」，得放棄世俗的那種「聰明」，不為「升官發財」，不求「出人頭地」，而是習慣於去過「自然」的、「平常」的「生活」。其實，人生「無常」，難得「平常」，人們應該珍惜「平常」。當然，過「平常」的「生活」，就得有一顆「平常心」；讀佛經，就是要降服我們的「意馬心猿」、妄想雜念，回歸並堅守那顆「平常心」。

我們如果用佛經講的「般若」來解讀西方哲學的「愛智」，就有着一個「出世」的「神聖維度」。而這樣的一個「出世」的「神聖維度」，是我們解讀《般若波羅蜜多心經》的題中應有之義，甚至應該看作是「立足點」。當然，中國的道家，則主張「絕聖棄智」，我認為，這種主張雖然崇尚「原始」但還是在「世俗」層面上講的，或者說是含有「避世」的成份；「避世」者「離世」，但不同於「出世」。與之相比，「入世」者，卻有可能「出世」；因為「入世」越「深」，「出世」越「透」。儒家是講「入世」的，所提倡的「智慧」，多在「修身、齊家、治國、平天下」，實屬「世俗」的層面；停留在「世俗」的層面，就難以達到「神聖之維」。對於「智慧」，佛、道、儒三家有各自不同的解讀與理解，大致可以區分為「出世」和「避世」、「入世」三種。

甚麼叫「智慧」呢？從「神聖之維」來看「智慧」，「『世俗』智慧」只是一種「小聰明」；「世俗」的「愛」，也達不到真正的「智慧」。「世俗」的「愛」、「世俗」的「聰明」，講「爭」、「得」，計較得失、成敗；與佛教「智慧」相關的「愛」，則提倡「慈悲」、「不爭」、「捨有」，不計得失、無關成敗。「智者」做事，一門心思，目不旁騖，一往直前，「專注」於「做」。「做事」，就是「做事」，不增不減，不多不少。在這一方面，「學者」不同於「智者」；「學者」着眼於「擁有學問、知識」，注重「擁有」，就是求「增」、求「多」；而重「有」、求「增」、求「多」，就不是佛教所提倡的「智慧」了。其實，做學問也得學會做「減法」，去繁求簡，簡約，簡到不能再減。讀佛經，可以成為佛教的「學者」，但不應停留於「學者」的層面，不應該停留在考據乃至學術的層面，而要更上一層樓，成為「超越世俗」的「智者」；否則，這樣的一種「學者」，是不可能在「智慧」的層面上真正理解佛經的「般若」，自然也成不了佛教所提倡的「智者」。

「智慧」，就是「不爭」乃至「不屑爭」、「不計得失、成敗」，把一切計較都「放下」；或者，從另外一個角度說，是「接受」，對於一切遭遇到的人、事或物，不分善惡、福禍，都不逃避，坦然面對乃至「接受」，從容處置。這就是《般若波羅蜜多心經》給我們傳授的「超越世俗」的「大智慧」、「圓滿的智慧」。有一些人，他們拜佛讀經，是為了求得成功例如升官發財、多子多福等等，或者成為一個佛教方面的專家、學者、教授之類；而教授之類的職稱，在現在只不過是在社會上混飯吃的一種飯碗而已。事實上，這些都偏離了佛經中「智慧」的對「世俗」的「超越」。我接觸到過不少的讀書人，在現在的體制與相關導向下，他們的讀書，只是為了應付考試、拿文憑、提職稱，並且較多地用心於爭「當頭」；這樣的一種人，心思不在讀書，急功近利，書是很難讀得好的，甚至連抄書都抄不對。就學者而言，也需要「不爭」、「不屑爭」、「不計得失、成敗」，把一切世俗計較都「放下」；這樣，才有可能「坦然」面對一切遭遇，在「心地」上下功夫，有一顆「潔淨」的「靈魂」，在學術方面就能夠「超凡脱俗」。

中國禪宗六祖慧能曾經解讀過《金剛經》，在這個解讀中，他講解了「般若」、「波羅蜜多」、「經」；現在，我參照他的這些解讀，再分別來講。

慧能講：「何謂般若？般若是梵語，唐言智慧。智者不起愚心，慧者有其方便；智是慧體，慧是智用。體若有慧，用智不愚，體若無慧，用愚無智。」六祖在這裏，講「智慧」這個中國漢語詞，唐朝的時候，中國有「智慧」這個詞，被用來翻譯梵語「般若」。六祖不僅僅把「般若」這個梵語詞翻譯成當時中國漢語的「智慧」，還把這個譯詞拆開來講，先講甚麼是「智」、再講甚麼是「慧」，接着又講「智」、「慧」的相互關係，指出二者是一種互為體用、互釋的關係。

在《金剛經》中，藉助於「金剛」的比喻，突出強調了「般若（出世智慧）」的「無堅不摧」。何以「無堅不摧」？在中國，強調的是「精誠」，自古就有「精誠之致，金石為開」一説。然而，到底是比喻「般若」的堅如「金剛」？還是説「般若」的堅硬、鋭利連「金剛」也能破？依據「精誠之致，金石為開」，應該是後者，因為這正體現了「心性」那種剛柔並濟、「柔」能克「剛」的殊勝力量。

為此，在這裏我必須補充的是，除了「剛強」之外，金剛石也是「極柔」的，這一點絕對不應被忽略。「無堅不摧」，是一種物理性能。也只有從物理性能（而不是審美的、經濟的價值）的角度來解讀「金剛」，才有可能理解好「能斷」。不過，金剛石的物理性能，本有兩個，一個是：極剛，無堅不摧。另一個是：極柔，百折不斷。金剛石的極剛，知道的人比較多，中國有一種很著名的工具叫「金剛鑽」；而它的極柔，則很少有人知道。事實上，金剛還有一個極柔的物理性能與指數，學術名稱叫：彈性模量。這是我到北京郊區一個金剛石研究所考察時，才知道的。它極柔，至折而不斷。剛性，寧折不屈；柔性，至折不斷。佛教強調「能忍」，因此柔性決不可低估；更難能可貴的是，金剛是集二者於一身的，是真正的「剛柔並濟」。

何謂「般若」？譯成中文，是「智慧」，但是「『大』智慧」；沒有「慈悲」，就不會有「『大』智慧」。「智慧」，不是「聰明」、更不是「『小』聰明」；也不是「世俗智慧」，而是「『出世』的智慧」。這就表明：即便是在「心性」的層面上，也有「世俗」的與「出世」的區別。正是這樣的一種區別，使得因「『出世』的智慧」的研習而進入「神聖之維」。弘一法師則分得更細：「智慧」，可以分為「常人之小智小慧」、「學者之俗智俗慧」、「二乘之空智空慧」、「照見五蘊皆空，能除一切苦，真實不虛之大智大慧」（《金剛經 心經 壇經》第一二九頁，長江文藝出版社二〇一四年版）。

大「智慧」，講簡單明瞭些，就是「看透」、「放下」；既「放下」「世俗」的一切，又「放下」「佛法」的一切。其鮮明特徵，就是具有「超越性」，例如超越「自我」、超越「眾生」、超越「塵世」，乃至超越「佛法」、超越一切「二元對峙」、超越一切的「有」。這是佛教的「般若」說，是在哲學方面的關於「超越性」的一個重要貢獻，也是其「神聖之維」的所在。

值得注意的是，星雲大師對「般若」有不同的解讀：「般若是甚麼？般若就是我們的本來面目，就是真我。現在的我是假我，真我是般若，我們人人都有一個真理般若。人所以愚癡、愚昧，就是因為不能認識般若，不能認識自己的本來面目。現在我們讀《般若心經》，就是為了認識自己，找到自己回家的道路，把每一個人自己的本源探究出來。」（《星雲大師講〈心經〉》第〇一六頁，湖南文藝出版社二〇一三年版）讀《般若波羅蜜多心經》，就是為了「找到自己回家的道路」，這句話很精闢，很重要；「般若」，就是「找到自己回家的道路」的「大智慧」。

觀自在菩薩在《般若波羅蜜多心經》中，言傳身教的，展現這樣的一條心路歷程：讓我們「回到」自己的「內心」，用「心靈的光明」照亮「自己的內在世界」，看清「自己的本來面目」。這樣的一個本來面目，是天然潔淨的，未經人世間任何薰染、也是不可能被薰染的。事實上，「回到」自己天然的「內心」、「靈魂」深處，這也是「回家」，也是一種「回頭是岸」！

按照佛教，至少有三個層面的「超越」，「智慧」也因此可再分三種：文字般若，觀照般若，實相般若。讀經，須要從文字般若始、進入觀照般若、再到實相般若。現在，我試着解釋一下這三種「般若」：

1、「文字般若」

甚麼叫「文字般若」？「文字」，是一種符號、標誌、路標，或者說是地圖。這往往是前人走過的路，被記錄了下來，以便後人認路。它告訴人們：你要去的地方，路應該怎麼走？對照地圖，你可以找到現在的所在位置，知道了：你走到了甚麼地方，你應該怎麼樣繼續往前走，等等。比方說，你到了北京想去故宮，又不認得路，就用導航，確定一條路線。如果，你是由東往西走，看見了王府井的路標，就知道離故宮已經不遠了。所不同的是，佛經講的不是地面上的路徑，而是心路歷程；把佛陀菩薩講的他們的真實心路歷程記下來了，就成為是佛陀菩薩心路歷程的標記和路線圖。

聽經讀經，必過語言文字之關。在語言文字方面，會涉及到兩個層面，一是語言文字的技術層面，可以說是「硬體」；所謂「硬體」，是語言文字本身的東西，是「物化」、「固化」的東西。另一個是語言文字相關的「心智」層面，是「透過」語言文字發出的佛陀菩薩的「真言」、「心聲」。在佛經中，「真言」、「心聲」

通過語言文字而傳達出來；但是，「真言」、「心聲」不屬於被規定的語言文字的層面；更不屬於「知識」，不可被「證明」，與概念、邏輯無關，而屬於「心靈」的高級層面。「心靈」層面的東西，是「不期而至」的「召喚」、「共振」、「共鳴」，是「心有靈犀一點通」，是「不確定」的、「無常」的，是不能被「物化」、「固化」的，是不能被任何「詞語」規定的。「文字般若」，就是指讀經聽經時所能聽到佛陀菩薩「真言」、「心聲」的那種「透過」「語言文字」的「智慧」，而且這種「智慧」是超越了「世俗」的、超越了「語言文字」的。

佛陀不在了，我們再也不能直接聽到看到佛陀的言傳身教了；那麼，歷史已經久遠的我們這些後人，還能不能感受到佛陀的親力親為？還能不能聽到佛陀當年的「真言」、「心聲」？這就得靠記錄佛陀當年言傳身教的經書了；但又必須「透過」這些經書的語言文字的層面。換句話說，我們後人能否感受到佛陀的親力親為以及能否聽到佛陀當年的「真言」、「心聲」，就全靠那些成為「文字」的經書（而人們的代代「口傳」是不能傳之久遠更何況現在已經很難聽到，更何況還有以訛傳訛的）了，並且必要的前提是：在這些已經成為「文字」的經書中，後人要能夠感受得出來佛陀的作為和聽出佛陀的「真言」、「心聲」來。有一種西方哲學的思想，我覺得是支持這類觀念的。例如，按照M．海德格爾和H．-G．伽達默爾的哲學思想，在他們看來，「語言，是存在之家」；這就是說，「語言文字」已經不是人們交流思想的「工具」了，不是「概念」、「邏輯」與「命題」，並且藉助於語言文字所傳授的也不是「科學」、「知識」；而是人們「思想」乃至人本身的一種「存在方式」，體現着說那種話的人的生存狀態甚至是心靈境界。這也就告訴我們：對於語言文字，我們得用一種超越「工具」、「知識」的眼光、眼界去看待。

有朋友微信我「一首讓世界落淚的大提琴曲」，這首曲子是英國女提琴家傑奎琳．杜普蕾演奏的，中文譯名叫《殤》。據說，匈牙利大提琴家史塔克聽到她的演奏之後，就說：「像這樣演奏，她肯定活不長久。」結果，一語成讖，杜普蕾年僅四十二歲就離世了。正像人們所說，她是用生命在演奏，是一個把生命託付給大提琴的人，生命、心靈和樂曲融為一體；她的人生雖然短暫，但是她的生命卻在琴聲中永久流傳。大提琴聲，就成為她的一種「生存」和「存在方式」。佛教經典，其中就有着佛陀性命的永久流傳，也是佛陀的一種「生存」和「存在方式」。誦讀佛經，我們也能感受到佛陀的性命在流淌。這樣的一種感受，是超越了「概念」、「工具」、「知識」，而且是在「出世」的「智慧」層面的。

誠然，「科學」、「藝術」，都可以看作是人的心靈、生命的一種「生存」和「存在方式」；與此相關的語言文字，一個人的談吐、說話與寫作方式，也都取決於他們當時當地的「生存現狀」與「心靈」的境界，以及其所具有的生命力的強弱。不過，佛經，我們只有不作為「概念」、「知識」、「工具」乃至也不是任何的一種「藝術」表演，而是作為佛陀的心靈境界乃至佛陀本身的一種「存在方式」，我們才有可能到達「文字般若」。在我們聽經讀經的過程中，能感受到佛陀性命的流傳，從而能夠接受佛陀的心靈的「召喚」，並且由此再形成一種適合自己、能體現自己此時此地的生命活力的語言形式；這樣的一種語言，既是發自「內心」，就能夠產生「心靈」的「碰撞」、「觸及靈魂」，也就能夠再次返回我們「靈魂的最深處」。語言，是「唸」的，是「聽」其「聲音」的，重要的是其中有說話的人的「心聲」在。俗話說：「聽話聽聲，鑼鼓聽音」。在這一方面，中國禪宗六祖慧能是我們學習的榜樣，有人說他不識字，但他會「聽」，能「聽」出其中的「心聲」。佛教所強調的「觀音」，大概就是這樣的一種「聽心聲」。這是我理解的「文字般若」的第一點。

其二，就是強調：讀佛經，不要被語言文字所限，而是要善於從字裏行間「聽」到佛陀的「心聲」、領悟佛陀的「智慧」；佛陀在經書裏的「心聲」、「智慧」，猶如一股清泉，流到哪裏、就在哪裏匯成江河湖海。

還需注意到，「文字般若」，也包括佛陀的「方便說法」，出於為學佛者能聽懂的方便着想，假借語言文字，而應機說法；所以，根本不能停留在「語言文字」的層面。而且，科學技術發展到了二十一世紀，有了電腦，「文字」的直接書寫的時代已近結束，「書寫」退出歷史台舞台，人們的「思想」方式、「表達」方式、「交往」方式發生着根本性的變化，人的「生命」將失去了一種人類曾喜聞樂見的可信賴的載體。

2、「觀照般若」

甚麼叫「觀照般若」？《般若波羅蜜多心經》，突出宣講了「觀照般若」；這樣的一種出世「智慧」，是本經着重所講。「觀照」，是指「觀照」自己的「內心世界」；外在世界，太陽光一照，我們的「肉眼」就能看見。「內心世界」，太陽光就「照」不進去，「『肉』眼」也看不見；就得靠「心靈的光明」，用「心靈的光明」去照亮，用「心眼」去「觀照」。「觀照」，就是「看」，那種「無『思想』（思想與頭腦相關）」、「非『思議』（思議與思維、語言相關）」的「看」，「看」而「見」之。這是一種中國版的在「神聖之維」層面的「現象學」。

從《般若波羅蜜多心經》的一開始，第一個字就是「觀」，緊接着第三句開頭就是「照見」二字，特別的重要。觀自在菩薩的《般若波羅蜜多心經》，就是由此講起。「觀」，是用「心」、「心眼」去「觀」；「照見」，是用「心」的光芒去「照」而「見」之。我們所「觀」的東西，往往是稍縱即逝，而且是一次性的，不會重複；如何對這些東西「觀」而「照」之，使之清晰，並達到「五蘊皆空」？如果說是「勿忘初心，方得始終」，那就是使得這種一次性的、稍縱即逝的「初心」在不斷的「回憶」之中，不斷清晰並堅持始終。再打個比方，我們看見一個人，只是那麼一瞥，印象不是那麼清晰；事後，我們通過努力回憶，一點一點地使這個人在心裏清晰起來，最後完全清楚了。這樣一種「一瞥」、「回憶」、「清晰」的過程，就是「觀照」的過程，就是「心行」的過程。

還有，人剛來到這個世界，呱呱墜地，是一個「新」生兒；儘管那時他對自己一無所知，但他的出生就給這個世界帶來一些「新」的東西。與這樣一種「新」有關的事物乃至觀念，是與其出生同時具有的，只是起初比較模糊，而是通過「觀照」越來越清晰的。一個人的「出」生，是「新」生，一定會給世界帶來「新」的東西；這是「人之『初』」，每一個人都要「回顧」乃至「復歸」這樣的一個「人之『初』」，使這個「人之『初』」不斷地清晰起來，並始終如一。這樣的一種「回顧」乃至「復歸」，並不是簡單的「重複」。

這裏講的是修行中的「心行」，隨「心行」的深入而「照見五蘊皆空」；這裏強調的是，對「五蘊」的超越，也是對人的六根、六塵、六識的乃至諸種佛法的「超越」。

關於「觀照般若」，因為下面在經文的解讀部份還有詳細的講解，在這裏就不多說了。

3、「實相般若」

甚麼叫「實相般若」？「實相」，就是「真實之相」而不是「假相」，是「真實」的「本來」的「面目」，真實如是，絕非虛妄。

星雲大師又補充說：「佛法要從無相裏認識實相，因為有相都是假相。甚麼是無相？所謂『虛空無相』，虛空是甚麼樣子？世間，任何東西都是虛空的樣子。譬如這個長方形的房子裏也有虛空，虛空因為房子是長方形的，所以它就是長方形的。茶杯裏也有虛空，虛空因為茶杯是圓形的，所以它就是圓形的。因此，虛空是無所相、無所不相。因為無相，所以無所不相；無所不相，就是實相。執着就是假相，無相就是不執着，也就是實相。」（《星雲大師講〈心經〉》第〇二八頁，湖南文藝出版社二〇一三年版）這裏講了「有」、「無」，突出了「無」的境界，透過「無相」來解讀「實相」。

「實相般若」，是指既「非關文字」又「五蘊皆空」而「明心見性」、心佛不二；這裏強調的是，「不二智慧」，「超越」一切「二元對峙」。這是本經突出強調的最高境界。

以上，是通常所說的三種般若，即文字般若、觀照般若、實相般若。南懷瑾則拓展為五種般若：「般若這個智慧包含五種，就是所謂的五般若，第一種是實相般若，第二種是境界般若，第三種是文字般若，第四種是方便般若，第五種是眷屬般若。五種的內涵就是金剛般若。」

二、「波羅蜜多」

「波羅蜜多」，梵語的中譯，是音譯，也被譯成「波羅蜜」。音譯，只是標注這個詞的讀音，但不表述這個詞的意思。這個詞，究竟說的是甚麼意思？中國禪宗六祖慧能的解讀是「到彼岸」，也有解讀為「到家」等等。

1、「到彼岸」

六祖慧能說：「何名波羅蜜？唐言到彼岸。到彼岸者，離生滅義。只緣世人性無堅固，於一切法上有生滅相，流浪諸趣，未到真如之地，並是此岸；要具大智慧，於一切法圓滿，離生滅相，即是到彼岸。亦云心迷到此岸，心悟則彼岸；心邪則此岸，心正則彼岸。口說心行，即自法身有波羅蜜；口說心不行，即無波羅蜜。」

「波羅」，是漢語「彼岸」的意思；「蜜」，就是「到」；「多」字，有人說無意義，也有人說是「上岸」的「上」；整句話的意思是：登上彼岸。登上彼岸，就是從此岸「通達」彼岸。

這裏，也可以看做是一種「超越」。六祖講：「波羅蜜」，就是「到彼岸」。「到彼岸」，就是「超越」「生死」；沉迷於「生死」，就是「滯留」於「此岸」，就是「世俗」的人生。而「到彼岸」，就是「了生死」、「出離生死」；就是對「生死」的「超越」，對「此岸」的「超越」。也可以從心的「迷」、「悟」、「邪」、「正」的角度來看，「彼岸」與「心」的「悟」、「正」密切相關：「心迷到此岸，心悟則彼岸；心邪則此岸，心正則彼岸」。再從修行的方面來看，「口說心行，即自法身有波羅蜜；口說心不行，即無波羅蜜。」修行，不能只停留在「口頭」上，一定要有「心行」，「心行」，就「『有』波羅蜜」，就能「到彼岸」；「心『不』行」，就「『無』波羅蜜」，就不能「到彼岸」。「心行」，也是對「口說」的一種「超越」。

2、「到家」和「回家」、「回頭」也是「岸」

星雲大師說：「甚麼叫作『波羅蜜多』？這是古梵語」，「是他們的一句口頭語，這句口頭語在中國的意思就是『事已辦成』，也就是『事情完成了』的意思。」「比方人家問：『你吃過飯了沒有？』你回答『波羅蜜多！』就是吃飽了。」（《星雲大師經講〈心經〉》第〇三四頁）就是說，不光是「吃」、而且「飽」了，事情不僅僅「辦」了、而且還辦得「很圓滿」。

「波羅蜜」，又被江味農等解讀為「到家」；「到家」，在中文裏，是強調「般若」這種富有「出世精神」的「智慧」的「老到」、「成熟」、「圓滿」。就像中國人誇一個人的功夫「好」、功夫「了得」，就會說：這個人的功夫「到家」！

另外，「到家」，對於「離家」在外的遊子來講，就是「回家」；這個「回家」，離家越遠的，回來的路就越長，往往需要長途跋涉。然而，也確有很近很近的，這種「近」往往是「心靈」方面的，能夠「頓悟」，突然「覺悟」了、扭頭就到，這就是「回頭是岸」。

提倡「回頭」（例如「苦海無邊，回頭是岸」）、「回家」、「到家」，是中國佛教的一條基本路徑。除佛教之外，中國古代聖賢們也還有一些類似的說法，比如：「落葉歸根」，「復歸於嬰兒」。「進道」，而「若退」。「回歸」，是中國哲學的一條基本路徑。歐洲古希臘的蘇格拉底、柏拉圖，提倡的是「回憶」；所不同的是，現代德國的哲學家M．海德格爾把「回憶」說成是「回溯」「起源」。在這裏，突出的是「源」，以區別於結構、邏輯的「原」；而中國佛教強調的則是「緣」（參閱拙著《道，行之而成》第七四至八十頁，中國社會科學出版社二〇〇四年版），講的是「緣起」。因「緣」而「起」，是「隨緣」、不確定，沒有固定的時間地點；「起源」，則「起」於某種「源頭」，這個「源頭」往往是「固定」的，是可以重複找得到的。

「到彼『岸』」，是「岸」；「回頭是『岸』」，也是「岸」。走「回頭」的路、「回家」的路，就是「離家」之後又從外面返「回家」。有的時候，又是「迷途知返」，許多人是被「心」外的花花世界吸引着、迷住了，忘記了自己「內在的心靈」、丟下了「靈魂」。佛教就是要提醒這些人從外轉向內，轉向「內心」與「靈魂」。還有人說，其實人一直在「家」中，只是有些人沒有「覺悟」到而已。因此，「離家」與「回家」，並非事實上的「離」或「回」的問題，而只是一個人的「迷」與「悟」的問題。

「家」，在人們的生活中非常重要，不可或缺。除了佛教，中國儒學也曾突出了「家」。外國的思想家也有很重視「家」的。例如，馬來西亞的馬哈古魯則曾經這樣說過：「人類一直都活在家中，一個大同的家。但『自我』卻無法覺知到那大同的、極樂的家。人因此一生不斷努力去建設國家，也建設自己的家，卻成了投影社會的移民。這個世界的美好前景有賴於今天的努力，前因與後果是業的不滅定律。只有深深的靜心、完全的了悟，才可能喚醒那來自『整體意識』卻沉迷在『自我意識』的覺知，才可能去改變將來的世界。」（摘自《修行、行善，回家》）

這樣一種的「回家」，我覺得，也可以看作是有些人解讀的基督教的「拯救」，他們認為：「拯救的真正意思，是把某物釋放到它本己的本質之中。」。「回家」，也就是「回」到自己的「出生處」、「回」到「自己的初心」、「回」到自己的「本己」，就是把人放進他／她已有的「本質」之中。不過，就「拯救」而言，外人只能作為「助產婆」；真正的「拯救」，就只能靠自己的「覺悟」，靠自己「回」到自己的「出生處」、「回」到「自己的初心」、「回」到自己的「本己」。而對任何事物的「拯救」，都不是「控制」、「征服」，例如「對大地的拯救」，「並不是要控制大地，也不是要征服大地」。

所以，歸結起來可以說：人要回的「家」，不在自己肉身的外邊，不在地球上，也不在地球之外的星球上；遠在天邊、近在眼前，甚至比「眼前」還近，就在每一個人自己的「心靈」、「靈魂」之中。所有外在的「世界」，都是虛幻不真的，都是「心」的產物，都不能稱之為「家」；能夠成為人們「歸宿」的，只有「心靈」、「靈魂」。

3、「極樂世界」，就在當下

對於這樣的一種「落葉歸根」、「復歸於嬰兒」、「進道若退」、「迷途知返」和「離家」又「回家」，在《聖經》的《約伯記》用一句話做了概括：「我赤身出於母胎，也必赤身回歸。」「赤身」而「出」又「赤身」而「回」，「赤條條來去無牽掛」，「生死」走一回，佛教稱之為「了生死」。甚麼才算是「了生死」？「生」與「死」之間，本來是「一無所有」的，真正明白了這樣一種的「一無所有」，才有可能做到「無牽掛」。

其實，沒有人不是「赤身出於母胎，也必赤身回歸」的，「赤身」而「出」又「赤身」而「回」，能做到「赤條條來去無牽掛」，毫無執着，不就是「清淨」？不就是「不增不減」？不就是「極樂」嗎？那麼，「當下」，不就是「淨土」？不就是「極樂世界」嗎？

這樣的一種「極樂世界」，是「瞬間」出現的，而「生命」就在這一個個「瞬間」、一個個「當下」，是一種生命的活生生的「當下」，是生命的「現在進行時」，是對生命的現時現刻的把握。真實、真理，就在你的現時現地，就在「當下」；現時現地的真實顯現，才是你真正需要「看」而「見」之的。而這樣的一種「真實」，往往是稍縱即逝的，注意力不集中者、意馬心猿者，也往往會錯失良機，就在你的鼻子底下溜走了。因此，對你而言，本來是「顯現」的真實，卻變成了「隱藏」者。

人們往往把「真理」看作是永恆不變的，而佛教提供的是那種「瞬間」的「永恆」；「永恆」，也是那種「瞬間」的「永恆」；這就形成了對「真理」的「時間性」解讀。由此可見，佛教對「真理」的解讀也是「時間性」的。這樣的一種「時間性」，是「瞬間」的、「不可預期」的、「當下」的。與此同時，佛教是拒斥「邏輯性」的，甚至拒斥「語言文字」，因而也排斥「命題」的「真理」。

三、「經」

中國禪宗六祖慧能的解讀：

「何名『經』？『經』者，徑也，是成佛之道路也。凡人慾臻斯路，當內修般若行，以至究竟。如或但能誦說，心不依行，自心則無經；實見實行，自心則有經。」在這裏，六祖突出強調了「成佛之道路」是「內修般若行」的「心」「行」之「路」，「自心則有經」。《心經》，就是一條「心路」。人生，要走許多「路」，「心路」是其中最重要而又最難走的那一條。在《般若波羅蜜多心經》中，觀自在菩薩指引我們走的，就是那條「心路」。

走覺悟成佛之路，就是要改變眾生原有的道路，變「重『入世』」為「重『出世』」。學習佛陀，根本點就是要改變自己原有的人生道路，自然這也是讀經的着眼點。覺悟成佛之路，是走出來的；不是僅僅靠唸經、說道，而是要靠修行人自己內修「般若行」的「心行」來達成的。沒有「行」走，就不會有「路」；有「般若心行」，才有「般若心經」。這條路，從根本上來講，正是從「赤身出於母胎」始，「也必赤身回歸」而終。按照佛教的說法，人一直在這條路上；人死了，靈魂不滅。

「佛『經』」，顯示的是佛陀菩薩親自走過的「道路」，他們通過經書為眾生再現他自己走過的「道路」。他們現身說法，告訴眾生：他們的生活道路，特別是「心路歷程」，是這樣走的。他們主張：每一個人要去走適合他自己的道路。「路徑」，是「行走」而成的；不去「行走」，怎麼可能產生「路徑」？在人世間，也是「走的人多了」，才「成了路」（魯迅語）。

每一個人都要走適合他自己的路，而這樣的一條「路徑」，又都「導入」他自己的「心靈深處」，成為「『心』路」；換句話說，是「導入」他自己「內在的本源」，洞悉其「潛在」，滿足他自己「心靈的最高需要」。世事無常，人各有志；不過，這一點卻是殊途同歸的，是萬變之中的不變，是萬變不離其宗的。

有人說，讀經是一種「改寫」，我們現在的讀佛經，讀出來的已經不再是二千多年之前的佛陀所說，而是根據我們現在的胸襟、眼光、閱歷等等經過取捨「改寫」了的啦。過去，人們常說，在一千個的讀者眼裏，會有一千個哈姆雷特；儘管如此，我們仍然需要努力維持莎士比亞筆下的哈姆雷特形象，至少在「心靈」、「靈魂」的層面不能太走樣；這裏，就有一種H．-G．伽達默爾所說的「現在」和「過去」的「共時性」，就有一種讀者與經典的「對話」在。

黑格爾說：「真正不朽的藝術作品當然是一切時代和一切民族所能共賞的，但是要其他民族和時代能徹底了解這種作品，也還在藉助於淵博的地理、歷史乃至哲學的注疏、知識和判斷。」（黑格爾：《美學》第一卷第三三七頁，商務印書館一九八二年版。）藝術作品所具有的「共賞性」，使其超越時代的局限；對於佛經亦是如此，對於這樣一部歷時久遠的著作，讓常人能夠理解，是需要後人加於注疏和解讀的。然而，即便如此，讀者本人的與佛陀菩薩的心有靈犀、心心相印，是決不能缺少的。

學佛，就要按照佛的榜樣去做，既要讀經，更要實修；堅強入世，超然出世；入世深，出世透。

四、「心」

佛陀菩薩指引的人生道路，是「『心』路」。走佛陀菩薩指引的道路，一定要「在『心地』上下功夫」。關鍵在於「心」，而要點即在於「一脱心志於俗諦之桎梏」（陳寅恪語）。《般若波羅蜜多心經》，強調與凸顯的就是這個「心」。事實上，《般若波羅蜜多心經》也突出地回答了中國禪宗二祖提出的「心」何以而安的問題：「心」，只能自行安定。

憨山大師在《〈般若波羅蜜多心經〉直説》中指出：「所言心者，正是大智慧到彼岸之心，殆非世人肉團妄想之心也；良由世人不知本有智慧光明之心，但認妄想攀緣影子，而以依附血肉之團者為真心；所以，執此血肉之軀以為我有，故依之造作種種惡業。……」這就是説，《般若波羅蜜多心經》所説的「心」，是區別於世人的世俗之「心」的「大智慧到彼岸之『心』」，並不依附於血肉之軀。由此可見，「心」是與「智慧」、「光明」密切相關的，「心」學就是「大智慧」學。

星雲大師也説：「讀《般若心經》，一定要了解『心』。人有好多種心，如肉團心、緣慮心、精要心、堅實心等等。」這部經的「心」，「是堅實心、真心。真心是中心，是心要。」「『精要心』，是指能積聚諸經中所有的核心要義，如《般若心經》積聚《大般若經》六百卷之精要」（《星雲大師講〈心經〉》第〇四四、〇五四頁）。《般若波羅蜜多心經》的關鍵在於「心」，而且得是「真心」，在出世的層面上。

《般若波羅蜜多心經》中，主要講「菩薩心」，是菩薩的「內修般若行」的「『心』行」、菩薩的「心路歷程」。這樣的一種「『心』行」，要比打坐、唸誦等等都重要，是最重要的；打坐、唸誦等等，也都不能離開這樣一種的「『心』行」。「修行」，我們一定要以「『心』行」為重點為核心。在「修行」中，「『心』行」勝過一切！「『心』行」，是「心」的「自動」、「自我運動」、「自在運行」，是不能也無法藉助於外力的，並且不能勉強、逼迫，而是「自覺自願」、「自然而然」的，是「水到渠成」。「自我運動」，就是有去有回，一來一往，一前一後，一上一下，一左一右。「『心』行」，由「發『菩提心』」開始起步，進入「覺悟」，「回歸」到「純」的「初心」、「正」的「發心」。這就是《般若波羅蜜多心經》所指示的成佛要道。

其實，我們在日常生活中，碰到任何事情，特別是那些複雜而又不愉快的事情的時候，一定要先調整好自己的心情，端正態度，比如得先控制、克服煩躁甚至是憤怒的情緒，才有可能從容面對、正確應對，最終解決好問題。如果突破「世俗」的層面，再提升一下，那麼做任何的事情，不都是一種修行嗎？修行，不就是「修『心』」嗎？不就是「觀『心』」嗎？即那種「發心」、「觀心」、「調心」、「養心」嗎？修行的「唸」、「聽」，「皆須從心起」，「心」須「至誠」，「心」須「歸一」。當然，這一切，都不是能夠勉強、逼迫得來的，而是自然而然，水到渠成的。修行大法，最重要的就是這樣一部「心」法。

在《慧燈之光》第八卷中，慈誠羅珠堪布認為：「在所有加行以及寂止修法修完，還沒有修大圓滿的正行之前，介於正行和前行之間，有一些接近大圓滿的修法。其中，有一個非常重要的修法，是麥彭仁波切宣講的觀心訣竅。」我們不妨以此為參照，來解讀《般若波羅蜜多心經》中的「心行」與「觀照」。其基本要旨，就在於：

首先，世間萬物，「慾界、色界、無色界的所有現象，實際上就是內心的一種投影，中觀稱之為自顯。也即自心投影出來的現象，而不是外在客觀存在的東西。」內心不僅僅創造了這些現象，而且還是這些現象的感知者、毀滅者。「創造世界的時候，心在輪回；感受世界的時候，心在造業；毀滅世界的時候，就是走向解脫了。」「每一個人都有自己的世界，誰能把自己的世界毀滅了，自己就解脫了。」「證悟——體悟到世界的幻象本質，從而毀滅了虛幻的世界。」「證悟以後，就要設法毀滅幻象，除了意識之外，哪怕宇宙大爆炸或所謂的世界末日，都毀滅不了世界。因為舊的世界結束了，會有新的世界誕生。但來源於內心的能量，卻可以不費吹灰之力地在一剎那間毀滅整個世界。」

這樣的一個「心」，如此力大無窮，究竟是個甚麼樣子的呢？「按照中觀的觀點，心的本體遠離一切戲論，它的本性是無邊無際、無始無終。」「我們的精神每一剎那都在生滅，哪怕一秒鐘的百萬分之一、千萬分之一都不會停留下來。」所以，過去、未來乃至當下都不曾「逗留」也「不存在」；連「Dasein」都「不存在」，才有可能達到「『徹底』之無」。馬哈古魯也說：「一切皆在動靜中演變延續，祂沒有開始，也沒有結束。」「任何旅程中的逗留、依戀，都對『心』造成了障礙而成了心魔。」（《修行、行善，回家》）

以此來看，M．海德格爾、H．-G．伽達默爾從W．歌德那裏引申發揮的「逗留（Weile）」思想，適用於藝術的經驗，但並不適合於宗教的體悟。在藝術的世界，對藝術的賞析，得出的是對「真理」的「人文解讀」，可以有「逗留」、「留戀」；但是，在佛教的世界，對「心性之真」的「神聖解讀」，「逗留」就是「執着」，「留戀」就是有「生滅」、「垢淨」、「增減」，就不是「『徹底』的放下」、「『徹底』之無」。這樣的兩種解讀，明顯有「藝術」和「宗教」以及「世俗」和「神聖」的維度與境界的不同。正因為此，在這裏我認為：佛教哲學提供了一種藝術哲學所沒有的「神聖之維」，這說明：深究人生之哲學，確有提升到「神聖之維」之必要。

「所謂的痛苦、幸福，完全是幻覺，佛教稱之為緣起現象。」「心在創造世界，也在創造幸福，創造痛苦。如果不用強制性的力量調服心，心就會影響我們的生生世世。」這裏，強調了「調服心」，這裏需要「用強制性的力量」；一個修行者得有「強制性的力量」，修行者就應該是「強者」，必須是「強者」，也就是說「內心」

必須「強大」。

有了「強大」的「內心」，「修心」才能到位。「正如《入行論》所云：『唯應伏此心，何勞制其餘？』除了調伏內心以外，其他所有的事情都不必考慮。」「主宰世界的是心，內心不乾淨，世界就不乾淨。修行沒有質變，不是我們唸經數量不夠，佈施數量不夠，而是修心沒有到位。」

「心的本性叫做空性」，也「叫光明、如來藏」，二者「結合、雙運，並稱之為『基』」。「『基』意即基本，是無始以來存在的，所有清淨與不清淨現象的基礎。因為所有清淨與不清淨現象，都是從我們的內心當中顯現出來的。空性和光明的結合體，是所有佛法中最殊勝的道。雖然，用語言可以分為光明和空性兩個反體，但實際上光明即空性，空性即是光明，二者無法分開的。我們的世界，就安住在光明空性的虛幻當中。」（以上引文，均見《慧燈之光》第捌卷，第三三一至三五三頁）「空性和光明的結合體，是所有佛法中最殊勝的道。」讀到這個地方，我就在想：唐代女皇武則天給自己取了一個名字「曌」，她創造這個字，莫非就是為了標榜、追求這樣一種「最殊勝的道」?!

學習現代科學研究的成果，並結合中國傳統思想文化的精華，「心」既有「精神」的內涵，也有「物質」的層面，並非「『純』精神」的；特別是，還有「靈魂」的層面，這個層面也不同於「精神」。西方哲學，比較強調「精神」，不能把這種「精神」混同於「心」（例如梅洛·龐蒂的《眼與精神》被譯成了《眼與心》，商務印書館二〇一九年版），它們分屬兩個不同的層面。「心」，既是一種「官」，是人身的一個「動力」中心，形成人身體血液等循環的一個「動力」系統；同時，又是一個「指揮中樞」，決定着人的「行為模式」。

這個「心」，還包括「出離心」、「無二慧」，而不只是「菩提心」。佛教所講的「度」，就是「『行』走」、「超越」，就是「『心』行」；「『心』行」的全過程，就是「心」的從「此岸」到達「彼岸」，也就是從「出離心」起步、中經「菩提心」、最後深入到「無二慧」。

1、佛教說「心」（以宗喀巴為例）

在《心法三要》中，宗喀巴突出解讀了「出離心」、「菩提心」和「無二慧」；這三種「心」，都要在出世的層面上。宗喀巴還曾經特別強調：「若無明白實相之智慧，雖修出離心和菩提心，不能斬斷輪回之根本，故要勤於通達緣起法。」（引自珠康活佛《佛教顯密精要‧實踐金滴》第一頁，西藏人民出版社二〇一三年版）他提醒我們還有比「出離心」和「菩提心」更重要的事情，要有「明白實相之智慧」。《般若波羅蜜多心經》，就是為我們提供了一條通向「明白實相之智慧」的路徑。這樣一種對「心」的解讀至關重要，使修行者能夠真正站到「心靈」的高度、「靈魂」的深度，完成「心路歷程」，最終「明心見性」。

在這樣一個基礎上，我再來依次對「出離心」、「菩提心」和「無二慧」做一些介紹和解讀；這個介紹與解讀，我基本上採用了索達吉對宗喀巴《心法三要》（索達吉譯為《三主要道論》）的一些譯讀；文字亦有改動，當然也有一些展開和闡發：

(1)「出離心」

宗喀巴認為，但凡學佛者，特別是小乘以上的修行者，都應該發願脱離輪回，具備「出離心」；他們如果沒有「出離心」，那他們就不能脱離三界六道的輪回，並且永無解脱三界六道輪回束縛的可能。從這一點來看，具備「出離心」就非常重要，學佛不可缺少的首要基礎就是「出離心」。

甚麼是「出離心」？「出」，是「跳出」；「離」，是「脱離」。「跳出」、「脱離」甚麼呢？就是「跳出」、「脱離」生死輪回，不被其束縛，從這種生死輪回中「解脱」出來。那麼，又是甚麼在實行這種「跳出」、「脱離」呢？是「心」，不是「身」；記住這一點，很重要。有了「出離心」，我們就可以超越生死輪回；換句話說，這是我們超越生死輪回的開始。

所謂「出離」者，就是「跳出三界外」，何謂「三界」？慾界、色界、無色界；還有一個說法，就是下文要講的「五蘊」，看破「五蘊」。所謂「跳出」，就是擺脱這三界的局限與束縛，從生死輪回中得到解脱。所謂「出離」，是超越人世間的苦與樂；不只是因為人道苦才厭離人生，還包括不留戀紅塵之中的安逸生活；而且，並非僅僅厭離「人道」，甚至於「六道」（六道，是指由業報而產生的幾種輪回形態：天道、阿修羅道、人道、畜生道、餓鬼道、地獄道）都生起強烈的厭煩心；而只有發願跳出三界六道輪回，才可以說有「出離心」。說到底，凡於三界六道輪回之中，不論生於何道，皆具苦性；知道了三界六道輪回均充滿了苦性之後，然後再發起真實的「出離心」，嚴持戒律修行。總而言之，此處說生「出離心」時，於三界中不論何處、何時（今生後世），都不能貪着。

只有於三界六道輪回中一切世間事法，自己心裏不會生起一剎那之希求慾望、貪戀、羨慕等等，並且晝夜惟有精勤不懈地尋求解脱生死輪回之心，以致真正生起了如是希求解脱之心念時，方可算是生起了真實無偽的「出離心」。不過，需要注意的是，這樣一種的「出離」、「跳出」，並不是說：塵世的種種不公、不幸一概「離」我們而去；而只是說：這些不公、不幸依然在我們身邊，只是我們不再因它們的存在而「煩惱」；這些「煩惱」引起的「痛苦」也依然存在，只是我們能夠正確對待這些「痛苦」了；這些「痛苦」引起的「恐怖」也依然存在，只是不再被這些「恐怖」嚇倒，能夠勇敢地面對和自如地應對它們。

以上，是我從宗喀巴《佛法三要》中提取的關於「出離心」的部份內容。按照我的理解，我們普通人，在現實生活之中，有許許多多的世俗事務或觀念，我們習慣於按照這些世俗的觀念去做世俗的事務、判斷這些事務。所謂的「出離心」，不是說：這些世俗的事務不要做了，這些世俗的觀念不能有了。人生活在世俗社會中，只有這些事務才能滿足人的生存需要，滿足衣食住行的需要；滿足人的衣食住行之類，是人生存的必須；人們必須進行必要的勞動，做好必要的世俗事務。從這樣一個角度來看，人們的必要的物質生活資糧的積累，佛教並不一概反對，也並不是絕對提倡越貧困越好。而且，按照世俗社會的觀念來進行世俗的生活，必須遵循「世間法」，佛教並不絕對排斥「世間法」。「出離心」，不是要人們「走出」、「離開」現實社會、世俗生活；這樣一個現實社會、世俗生活，恰恰相反，人們是離不開、走不出的；即便是佛陀成佛之後，也依然生活在現實的世俗的社會之中；也只有留在現實的世俗的社會之中，和眾生生活在一起，才有可能普度眾生。「出離心」，講的只是「心」不再受現實生活中的世俗事務或觀念所限制、所束縛；能夠擺脱這樣的一些限制、束縛，把這樣的一種「出離」，提升到「心靈」的層面，達到了「靈魂」的深處，就是具備了「出離心」。

沒有「出離心」，所做的事情，仍然停留在「世間法」，也沒有脱離世俗的觀念。「出離心」，是對世俗事務或觀念的一種「超越」；這樣一種的「超越」，包括對「生存」層面的那種「超越」。換句話說，我們在人世間所做的一切事情，不僅僅只是為了「生存」，不僅僅為了衣食住行之需，甚至不僅僅為了今生今世；對於這些事情，我們還可以從中發掘、闡發、提升出或者賦予一些「超越『生存』」、「超越『今生今世』」的意義。特別是，當一個人「生存」問題已經基本解決了的時候，他所做的事情就可以不只是為「生存」了；至少在這種時候，人做事就可以「超越」「生存」了。「超越」「生存」，志存高遠，人與人之間的「生存」狀態乃至境界，就可以不再是寸利必爭乃至爭個「你死我活」的了。具有這樣的一種「出離心」，是進入修行大門、走上成佛正道的一個重要標誌。

佛教所提倡的，是對「生存」、「世俗」的「超越」。由此可見，佛教中具有濃重的「超越」的哲學意味；這種「超越」，是對「世俗」的、「生存」的「超越」。所以，這樣的一種哲學，就不是「入世」的「生存哲學」，而是「出世」的、「『超越生存』的哲學」。

(2)「菩提心」

上面說了：具備了「出離心」，就能夠讓我們「超越」人世間、紅塵與生死輪回；那麼，接下來的問題就在於：「超越」之後，怎麼辦？完成「超越」，就萬事大吉啦？其實，完成這樣的一種「超越」，只是完成了「自度」；按照大乘佛教的要求，「自度」之後，就要去「普度眾生」，實行「他度」。小乘，着眼於「自度」；大乘，提倡在「自度」的基礎上進而「度他」。

「菩提心」，就是要求在我們「超越」人世間生死輪回之後並不「離棄」人世間和眾生；這就是說，「超越」並不就是「離棄」，更不是「逃避」。換句話說，我們修行成佛，並不是為了「離棄」、「逃避」人世間、眾生；而是在「自度」的同時或之後，隨即「度他」，普度眾生；而普度眾生，又必須在人世間、紅塵與生死輪回之中；因為，紅塵與生死輪回之外，沒有眾生；「普度眾生」，就是為了讓眾生看破紅塵、脫離生死輪回。其實，要想度盡眾生，是很困難的。但是，問題並不在於能否度盡，而是在於是否在「自度」的同時或之後想到「度他」，是否自願去度眾生，是否有決心這樣去做、並且做到極致。這，只有具備了「菩提心」

者，才會在「自度」、在「超越」生死輪回之後，甘願「不棄」眾生、「不離」俗世與生死輪回，在俗世與生死輪回中「度他」、「普度眾生」。

「出離心」，是大乘、小乘之共同法門；「菩提心」，即是大乘非共同之最殊勝法門，亦是修證佛果之捷徑要道。請注意，這裏有一個不同法門的重要區別。另有一種説法是：「出離心」，屬於「小乘」；「菩提心」，屬於「大乘」。大乘佛教和小乘佛教之間，是以有無「菩提心」來劃分的。這兩種説法，相同之處，是在於：都説「菩提心」是屬於「大乘」。而且，前者説「菩提心」是「大乘非共同之最殊勝法門，亦是修證佛果之捷徑要道」。《般若波羅蜜多心經》強調了「自度」以外的「度他」，突出了「大乘」的境界。由此可見，對於學習《般若波羅蜜多心經》來説，具足「菩提心」是必須的和首要的。

在「出離心」的基礎上，還必須要具足「菩提心」。為甚麼？原因是前面所講的「出離心」，假若沒有「菩提心」來攝持，如果只是希求自己於三界六道輪回中得到解脱，而沒有度化一切眾生解脱輪回的大願；那麼，如此所持執的小乘發心，雖然能夠獲得聲聞獨覺羅漢果而解脱生死輪回，但是不能成就無上圓滿大菩提果；因為，這並不具備最圓滿究竟殊勝安樂之根本起因。

甚麼是「菩提心」？就是「愛人之心」；那種對需要幫助的人願意伸出援手的人，就是具有「菩提心」的人。但從佛教的層面來看，這個「愛非同一般」，不同於世俗的「愛」。世俗的「愛」，往往首先考慮的是「自己的得失」，如同印度的薩古魯説的那樣，一般情況下，都只是一種「交易」，是一種「有條件」的滿足對方的需求。大家都沒有明説，但就是這麼做着：「你給我這個，我就給你那個；如果你不給我這個，我就不給你那個。」而佛教提倡的「愛」、那種「菩提心」，則是「無條件」的「虔誠奉獻」，「只是付出」，「不計自己的得失」；只有「不計自己的得失」，才算得上是「虔誠奉獻」。

佛經講的「菩提心」，就是：自度，還能度他；不僅僅自己解脫，而且去幫助整個三界六道輪回中之一切眾生都解脫生死苦海。這就是「菩提心」。有了「菩提心」，人就不僅僅是為了自己的解脫、並且也是為了眾生的解脫而學佛。為度他人，得要有一種對他人的「同情」，樂意幫助他人；有一種對老殘病弱的「憐憫」與「友愛」，就像唐玄奘見了身生疥瘡的老和尚那樣，對需要幫助的人伸出援手，不但不嫌棄，反而精心照顧並將之治癒。這樣的一種「度他」，是「無條件」的，是「不計自己的得失」的。這樣的一種「我」與「他人」的關係，按照一位猶太族哲學家的說法，就提升為「我和你」的關係了。儒家則強調「惻隱」之心；「惻隱」之心，被儒家放在首位，例如孟子所說：「惻隱之心，仁之端也；羞惡之心，義之端也；辭讓之心，禮之端也；是非之心，智之端也」（《孟子・公孫丑上》）。顯然，「惻隱」之心，為「四端」之首。與此同時，它們之間的關係，又是一種「體」與「用」的關係，「仁」、「義」、「禮」、「智」是「性」，為「體」；「惻隱」、「羞惡」、「辭讓」、「是非」則是「情」，為「用」。「性情」，「性」與「情」，「情」是「性」的顯現。儒家的這些學說，是否「無條件」且「不計自己的得失」？我以為它們是「有條件」的，例如倫理道德的條件，仍屬於「世俗」的層面，沒有達到「出世」的境界。

「菩提心」很重要，《佛子行》認為：最殊勝真實成就佛果之因，就是「菩提心」。若不僅願自己解脫，且願整個三界輪回之一切眾生都能解脫生死苦海，今生或來世悉皆安樂，這就具有了殊勝「菩提心」，極為善妙。華智仁波切的竅訣說：具有「菩提心」者，就已具有了成就佛果之唯一根本因；若無「菩提心」者，則一切大乘法行俱失，雖然具有各種神通神變或天天面見本尊等也沒有任何意義；若具「菩提心」者，雖未見本尊，但實際上已經具足了圓滿無上菩提佛果之因。所以，具有智慧的大乘根器者，殊勝法器者，應當發起殊勝「菩提心」。

按宗喀巴大師的教旨：凡學佛者，首要具足「出離心」；於「出離心」所攝的基礎上，再發起殊勝的「菩提心」；於「菩提心」所攝的基礎上，再具足「無二慧」。這是在成就佛果之前，不可缺少的三大根本途徑，亦即最殊勝之竅訣。

於眾生，應當如何修發心呢？那就是：目睹輪回眾生之一切痛苦，而生起無量的慈悲心，願彼諸眾生解脱於生死輪回等一切痛苦，是「『願』菩提心」；在願力的推動下，行六度四攝、四無量心等菩薩行為而救度眾生，是「『行』菩提心」。通常，在修「菩提心」之前，先修慈、悲、喜、捨四無量心，是「菩提心」之前行；此前行修好後，就避免了「『偽』菩提心」緣起的可能。

剛才涉及到三個相關的詞，在這裏，我分別做一些解釋：

第一個詞：「六度」。「六度」，是菩薩所修的六種法門，既能自度、又能度一切眾生，從生死大海之此岸，度到涅槃之彼岸。六種度化他人的途徑分別是：佈施、持戒、忍辱、精進、禪定（止觀）、智慧。對於這六項，下面再稍做解釋：

甚麼是「佈施」？看見他人受苦，心生不忍、同情、慈悲，感同身受，力所能及地給他人以幫助。「佈施」，又分為三種。「『財』佈施」：以錢財、物品去幫助窮苦貧困之人。「『無畏』佈施」：對痛苦的、有困難的並感到「恐懼」的人，施以援手，使他們在苦難面前不再有恐懼感。「『法』佈施」：向他人誦讀佛經，宣講佛法。

「持戒」：嚴守戒律。如守五戒：不殺生、不偷盜、不邪淫、不妄語、不飲酒。

「忍辱」：遭遇不公平待遇或屈辱時，從容面對，能夠忍耐、受辱不驚，可以輸、可以敗，但不餒、不屈服。

「精進」：「但念無常，慎勿放逸。」刻苦學佛讀經，精益求精，絕不懈怠。

「禪定」：堅持禪修，寂靜自心，有定力，不被任何事情所動搖。

「智慧」：這裏指的是「出世智慧」，如「空性智慧」，超越「世俗智慧」。

第二個詞：「四攝」。「攝」，是指「引導」、「攝受」；「四攝」，即佈施、愛語、利行、同事，是菩薩度化眾生時所應堅持的四種方法：「佈施」，前面已經介紹過。「愛語」，「愛」，是指對待他人要像對自己的父母一樣，尊重敬愛；對他人說話，就應該持尊敬友愛之心，坦誠、平等、和顏悅色。「利行」，修菩薩行的人，做事、說話，起心動念，都要有利於他人，利益眾生。「同事」，在學佛讀經方面，要做到能和他人志同道合，同學同修，同止同作。

第三個詞：「四無量心」。學佛讀經，就是「修心」，即「修」這樣的「四」種「心」：慈、悲、喜和捨。甚麼是「無量」？「無量」，就是：不可計量、沒有界限、不加分別。「『慈』無量心」，即以慈愛之心，使眾生安樂。「『悲』無量心」，同情他人的痛苦，幫助眾生脫離苦境。「『喜』無量心」，即見人行善或離苦得樂而心生歡喜。「『捨』無量心」，「捨」即「捨掉」分別、執着，對任何事物乃至慈、悲、喜三心及捨本身都不執着；「放下」一切。這慈、悲、喜、捨四心，普緣無量眾生，成就無量之福，所以稱之為「四無量心」。

(3)「無二慧」

前面已敘述了「出離心」和「菩提心」，再加上「無二慧」，這三者構成了佛教中最堅實的基礎。華智仁波切在《大圓滿前行》中說：學佛者，若不具足佛教中最基本的理論，則修行如同於冰地上造高樓，冰一溶化，樓房即刻倒塌。因此，如「出離心」不具足，學佛也就沒有意義。於「出離心」的基礎上，若不具足「菩提心」

和「無二慧」，非但修學大乘佛教沒有意義，而且於煩惱之根本也無法斷除。在「出離心」和「菩提心」的基礎上，還需要一個正見，就是「無二智慧」。成就佛果，必須依靠這三種根本主因。

「無二智慧」，是證悟法、我皆空的不二智慧；沒有證悟空性，就不可能從三界六道輪回中解脫。不論修顯教或密教，若不具足通達「無我空性」之「實相智慧」，即便他修習了殊勝的「出離心」和「菩提心」，也還是不能斷除三界輪回的根本。因為，想要斷除輪回之根，就必須要斷除「煩惱障」；慾斷此障者，必須要通達「無我」的「空性智慧」。若慾成就圓滿佛果者，不僅須斷除煩惱障，且於「所知障」也必須同樣斷除，所以必須要證悟「人我」和「法我」的「緣起空性智慧」。「煩惱障」，主要是對解脫生死輪回的障礙；而障礙成就佛果之主因，則是「所知障」。因此，小乘阿羅漢僅為自己超脫生死輪回，也需要在百萬精勤地修持後，方能證悟人我空性的智慧，斷除煩惱障，最後獲得阿羅漢果；更何況是修行大乘者，不僅要超脫生死輪回，而且還要成就圓滿的佛果，則更須通達人我和法我之圓滿空性智慧，徹盡二障，方能圓成正覺果位。因此，不論修顯或修密，證悟緣起性空的正見智慧，就特別的重要。

證悟「『空』性」，換句話說，就是上面剛才講過的「捨」、「『不』執着」，連「出離心」、「菩提心」也都不能執着；事實上，佛教講到底，是對「心」也不執着的。不執着，就是「放下」，連「心」也「放下」，統統「放下」，「沒有分別」。

關於「心」的「『不』執着」、「放下」，中國禪林中有一個公案：有一位禪師讀了很多書，自以為滿腹經綸、道行很深。有一天，他挑着這些書行腳，走了很多路，覺得有點兒餓了。正巧前面來了一位賣點心的婆婆，禪師走上前去要買點心。婆婆說：「禪師！我有一個問題，你若答對了，我送你點心吃；你要是答錯了，那就只好請你到別人那裏去買啦！」禪師一想，我的學問那麼大，還怕你這麼一個老婦人來問嗎？就趾高氣揚地說：

「你就問吧！」婆婆問：「你這個出家人，當然知道『過去心，不可得；現在心，不可得；未來心，不可得』。那你還要點甚麼心吶？」這位僧人一時無言可對；於是，老婆婆挑起擔子便走。

「心」，本不可得；「安心」，更不應得。儘管，我在講「心」，《般若波羅蜜多心經》的根本就在「心」；但是，我們不該也不能執着於「心」（不執着於「心」，即為「安心」，參見中國禪宗二祖案例）。所以，我們在讀《般若波羅蜜多心經》、「談『心』」的時候，要特別警惕、小心的。

達到「無二慧」，就由「空」進入「明」，才有「明空雙運」，達成修行的最高境界。「無二」，就是「無分別」、「沒有分別」；到此境界，一切都「不執着」、「無分別」。

2、「心」與「生命」（兼論現代科學的案例與理論成果）

從「心」，我們再講到「生命」；把「心」和側重於身形的「『生』命」結合起來，就是「心性」與「身形」融為一體的「『性』命」。由此，離開了「心」，是沒有辦法搞清楚真正「生命」的；「生命」沒有了「心」與「靈魂」，就只是行屍走肉；而搞清楚了的自己的「生命」，就會懂得「『性』命」，就成為那種「覺悟了」的「生命」。

這就給我們提出了一個問題：應該在甚麼樣的層面上來解讀「生命」？「生命」，有從「認識」的層面上來解讀的，例如「科學」；也有從「理解」的層面上來解讀的，例如解釋學的「藝術」觀；還有，就是「宗教」，是從「覺悟」的層面上來解讀「生命」。由這樣一些不同的層面來解讀「生命」，對「生命」的把握相對就完整得多。「宗教」，對我們的把握「生命」，提供了不同於「科學」、「藝術」的視角與眼界，這也是一種重要的視角與眼界的轉換。

有人說，有「『生』命」的地方，就有希望。我則認為，需要略作修改的是：有「『覺悟』了的『生命』」即「『性』命」的地方，就有希望。那些沒有「覺悟」、形同行屍走肉的「生命」，怎麼會有希望呢?!

對於搞清楚「『性』命」這樣一種「『覺悟了的』生命」的重要，很多人並不明白。雖然，每一個人都「活」着，但許多人「活」了一輩子，卻不知道甚麼是「活」着、「活」究竟是怎麼一回事；換句話說，一個人「生活」了一輩子，都不知道「『性』命」是甚麼，對「生命」沒有覺悟；嚴格來說，他／她就是行屍走肉，就沒有在「性命」的層面上生活過。有「得」，才有「捨」；你若想「佈施」，不懂佛法，就不會「法『佈施』」；沒有一粥一飯，就不能「財『佈施』」。即便從「生命」的角度，一個人最大的奉獻，就是獻出「生命」；可是如果連甚麼是「生命」都不知道，沒有真正覺悟「生命」，也就沒有得到過「生命」，又哪來的獻出「生命」?!充其量，也僅是獻「身」而未獻「心」。

「『性』命」，是對「生命」的「覺悟」，乃至對人的身心「生命」的維護與自我修復，根本上都得靠「心」，靠「心」的那種無比強大的力量。「心」，在中國的醫學乃至哲學中，歷來是人的「生命」的「中樞」。這一點，到了現代，又進一步得到了國外的科學的證明。其中一個案例，就是二〇〇八年三月十七日美國南佛羅里達大學健康科學研究中心的首席科學家威斯利教授向全世界宣佈：心臟可以分泌救人一命的荷爾蒙，它不僅在二十四小時內殺死百分之九十五以上的癌細胞，而且對其他絕症也有極好的治療效果。這就打破了千百年來人們的一種固有觀念：心臟，只不過是輸血的生物機器。

威斯利是從他的身患絕症的好友身上，發現了這樣一種「發生學」上的「自癒」奇蹟。他的好友，是一對夫妻，都罹患絕症，並被宣佈只有三個月的活頭；他們果斷放棄醫院治療，雙雙結伴周遊世界。在旅行途中，他們被種種美景所迷戀，盡情領略生活的美好，根本忘記了自己是病人，而不知不覺地活過了醫生所預言的生存期限。正是這樣一種對大自然、生活世界的美好體驗和生命活力的被激發，以及心情的愉快，對他們的身心起到了一種扶正祛邪的積極作用，使得他們身體的細胞結構產生了趨向健康的重大變化，最終祛除了病患，實現了「自癒」。

威斯利還通過實驗研究證明了，人的絕症「自癒」，絕對不是個案、特例，而帶有普遍性。他發現：心臟可以分泌三種荷爾蒙，心臟所分泌的荷爾蒙通過直接殺死或抑制癌細胞DNA合成以及癌細胞的生長等，起到了徹底控制人體癌細胞的作用。除此以外，這些荷爾蒙還有助於降低人體血壓、提高排洩人體過量的水和鹽份的能力。這就是說，這些荷爾蒙不僅對於治療癌症、而且對緩解冠心病和腎衰竭的症狀都有明顯的效果。

威斯利還發現：人在情緒越高昂、心情越愉悦的情況下，他的心臟分泌荷爾蒙就越充沛；反之，人處在痛苦、擔憂、抑鬱等消極狀態的時候，心臟幾乎完全停止分泌荷爾蒙。因此，身患重病乃至絕症的人，只要能保持心情愉悦、熱愛生活，甚至把生死也置之度外，他的心臟就能分泌荷爾蒙，使其病體不必醫生治療而「自癒」。

基於此，我們甚至可以認為：從根本上來說，包括經過醫生治療的病人在內，都不是醫生治癒了疾病，而主要是病人自身戰勝了疾病；而這樣的一種「自我修復」，不僅僅是人生理的功能，並且也是心理、情緒乃至心靈的力量。威斯利說，這一點，西方醫學的鼻祖希波克拉底早在西元前五世紀就已經說過了。而人們對此的領悟，實在是太晚了。（以上，請參閱《揭開上帝終極底牌：癌症自癒源於心臟》）

必須強調的是，人的這樣一種「自我修復」、「自癒」、「再生」，也拓展了「人類學」的研究領域。我曾經講過鷹的「自我修復」、「自癒」、「再生」；其實，人的一生也必須經歷類似的「自我修復」、「自癒」、「再生」，在「身體」、「心靈」方面歷經幾度「苦（痛苦）」、「厄（磨難）」。現代的醫學，也開始在實驗室裏探究這方面的病例，以及相關的「自我修復」、「自癒」、「再生」現象。研習《般若波羅蜜多心經》，或許有助於相關的現代醫學研究。

另據網上消息，一位日本癌症專家近藤誠認為：根據迄今為止的我們對於癌症的了解以及相關的醫療技術與器械，癌症是無法治癒的；不僅僅如此，對癌症的所謂治療，恰恰相反，才是導致癌症患者最終不治和死亡的主要原因。癌症的發現早或晚，對於癌症患者沒有意義，一旦得了癌症，癌症奪走患者生命就已經進入了倒計時。而對患者的手術、化療等等，其後果都只能說加速患者死亡；所謂先進科學的儀器檢查，也是如此，例如一次CT檢查的輻射劑量，就足以誘發癌症。這位日本癌症專家，對於癌症，也是提倡靠患者的「自癒」，例如保持心情愉快、多活動身軀等等。

心臟，不僅僅是人體輸血的生物機器，這一點，在我一個韓國朋友的身上，我也有所發現。他在上海經營一家韓國餐館，七十多歲了，做了一次換心臟的手術；後來，我再見到他，我竟認不出來了。原來，他白髮稀疏；心臟手術後，他黑髮濃厚；而且，手臂上也增生了很重的黑色汗毛。更出我意料的是，他的行為方式也明顯變化了，他原是韓國高麗大學的高材生，生意做得也不錯，溫文爾雅；心臟手術後，舉止不那麼文雅、甚至比較粗俗了。這些，大概都是新換的心臟在起作用。

由此我覺得，一個人的心臟會影響到他的行為方式。在我們研究人的「行為」的時候，就不能不聯繫到「心」。我也曾多次和我的朋友們談過，特別是對從事人工智慧的朋友，希望他們在製造機器人的時候，要超越「腦」與「思維」、「語言文字」的局限，多關注「心」；要跨界，把思路拓展到「心」上面去。

而對於「生命」哲學的研究，如果我們想打破局限於「身形」的眼界，我就建議把「『生』命」改寫成中國的「『性』命」（包括「心性」的元素），成為「身」、「心」結合的、融為一體的。我對《般若波羅蜜多心經》

等佛教經典的研習，也是為了進一步挖掘中國思想文化傳統中的重要觀念和哲學成果，進一步推動當今世界對「生命」、「心」的研究，並推動我們的精神境界向「神聖之維」的提升。

3、「『生』命」與「『性』命」

從《般若波羅蜜多心經》中，我們可以汲取到豐富的哲學思想的營養，以形成一部新的「性命哲學」；這樣的一種「性命哲學」，突出了「心」，強調了「心」的極其重要的「自癒」能力與「再生」力量。這樣的一部「性命哲學」，涉及人的「靈魂」，就不僅僅能夠「超越」肉體、心理的局限，而且能夠進入「神聖之維」。

從語言文字的角度來看，與「生命」這個詞相關的，中國還有一個「性命」。這兩個字之間的差別，僅在於：後者，在「生」加了一個偏旁「忄」。這個偏旁「忄」的增加，使得「生」有了「心」，使得「生命」具有了「心靈」、「靈魂」的元素與維度；這樣一來，對「生命」的探究，就不會再局限於「身形」了。這樣一來，我們再談論「『生命』哲學」，就增添了「心靈」、「靈魂」的元素與維度。

佛教提倡「明心見性」、「心外無佛」、「佛向性中作，莫向身外求」（《壇經》）這樣的一種「心性」觀，把哲學的領悟推向了「心性」、「靈魂」的高峰，進入了「神聖之維」。在哲學的學科建設方面，也因此突破了原有的認識論、美學、倫理學的局限，提升至宗教、「神學」的領域。

「『性』命」，這個詞在字面上就醒目地體現着「心靈」、「精神」屬性；用這樣一個詞來做「生命哲學」的名稱，就明顯地把哲學的眼光、視野提升到「心靈」、「靈魂」的層面，區別於原有的世俗「精神」層面而進入出世的「神聖之維」。

從我本人來講，我原來在德國研習的H．-G．伽達默爾的「解釋哲學」，重在「對話」即「談『話』」；我的研習《般若波羅蜜多心經》，轉向「心性」，從而形成了一種「談『心』」的哲學傾向。

4、「心性」本無善惡

「無二慧」，作為證悟法、我皆空的不二智慧，可證過去心、現在心、未來心都「無住」、「不可得」，都無可「執着」。「不二」，也包括「人心」、「人性」的本無善惡；「本無善惡」，就是一種「不二智慧」。人的「心性」，從「根本」上來講、從其「本身」來講，是「天生」的，是「沒有善惡」的，是「不分善惡」的。有人曾這樣去解釋「德性」，說它本是「天生稟賦」的意思，無關乎善惡道德。以此來看，人的「心性」其「本質」或者說其「根本」、「本身」，並非不可知、不知其是善還是惡；可以說，明知是「不分善惡」的。「性善」說抑或「性惡」說，都不「根本」、不「究竟」。

「不分善惡」的「心性」，是「潔淨」的、「清靜」的、「恆定」的。風一起，樹就動；甚至，樹慾靜，而風不止。一旦和人世間的人事接觸、發生聯繫，那人就有了「善」或「惡」，「人心」就不再是「潔淨」的、「清靜」的、「恆定」的了。而在人世間，就是有「善」、「惡」的，是區分「善」、「惡」的；因此，在現實社會的世俗生活中，佛教勸導眾生「諸惡莫作，眾善奉行」。

在人世間，人的「善」或「惡」，是具體的，甚至是「就事論事」的；也就是說，當一個人做「善」事的時候，他就是「善」的；而當他做「惡」事的時候，他就是「惡」的。我們不能籠而統之地給某個個人以抽象的定義：「善」人或「惡」人。

一旦有了「善」或「惡」，「心性」就有了「添加物」，就不再「潔淨」，而是有了「污染」；「心性」就不再「清靜」、「恆定」，而有「躁動」、「不安」。人的「心性」，有了「污染」就得「清潔」，得「回歸」到「污染」之前的境地。未被污染的「心性」，是人的「原始本性」，這樣的一種「本性」是「潔淨」的、「清靜」的、「恆定」的。不過，得注意：它與經過污染又清除污染後的「本性」的「潔淨」的、「清靜」的、「恆定」並沒有任何的區別。因為，從根本上來講，「本性」是不生不滅、不增不減、不垢不淨的。

從人生的實際來講，往往是經歷了「惡」，才知道「善」的稀缺，去追求「善」，挖掘內心的「善」；身陷「黑暗」，才知道「光明」的寶貴，去尋求「光明」；遭遇了塵世的「污濁」，透不過氣來，才努力於衝出這烏煙瘴氣，以呼吸「清新」空氣。但是，這樣去做，並不容易，甚至要付出沉重的代價；這對於膽怯、懦弱、不知「性命」為何物的人，是根本做不到的。往往是一些歷經打壓、磨難、屈辱而絕不低頭的人，才明明知道「世界」的「黑暗」而不懈地追求「光明」；明明知道他人之「惡」、他人是「地獄」，而堅定向「善」；明明知道「做好事不得好報」，而一輩子「做好事」、不圖回報。雖然，這些人有可能「失敗」過、「跌倒」過，但從不氣餒，也不抱怨，而是爬起來繼續前進。正是這樣的一些人，才有可能是真正「懂得」、「理解」乃至「參透」了「善」、「惡」的人；「參透」了「善」、「惡」，才有可能進入「善惡不二」的境界。

也有人說，從人的「原始本性」的「不分善惡」、到「有善惡」、再到「不分善惡」，這是一個螺旋式上升的過程，並不是簡單的重複；就像是「見山是山，見水是水」、「見山不是山，見水不是水」、「見山是山，見水是水」；後一個「見山是山，見水是水」，是經過「見山不是山，見水不是水」的了，已經不再是第一個「見山是山，見水是水」了。

這種說法，符合辯證法。不過，佛教的思想並非遵循這樣的一種邏輯，在佛教看來，覺悟後的「不分善惡」

對於原初的「不分善惡」，只是一種「回歸」，不增不減，二者並無區別；自然，也就沒有上升與否的問題了，上升就是有了增減、有了區別。

5、「心」、「性」的「受」與「悟」

「心性」，「性」為「體」、「心」為「用」；「明心」，而後「見性」。

「體」，靠「悟」，而且也只能靠「悟」；因為，作為「體」的「性」，是「本自清淨」的，是「不生不滅，不增不減，不垢不淨」的；看不見、摸不着，也無法想像，不可思議。因而，除了「悟」之外，別無他法；「悟」，也沒有任何停留、逗留，因而「無住」。

「用」，可以「感受」。例如，作為「用」的「心」，是可以被「感受」得到的。例如，人們常說的「心中一動」，人的「心」中有了動靜，人的「起心動念」，是可以「感受」得到的。「心」的「動」，不光是可以「感受」得到的，而且也可以「言說」的。例如，有一次，風吹幡飄，大家都在議論究竟是「風」在「動」？還是「幡」在「動」？這個時候，六祖慧能說：不是「風」「動」，也不是「幡」「動」，而是修行人的「心」「動」。聽到慧能這麼一說，大家頓時明白了：修行人，應該做到「八風吹不動」；「八風吹不動」，那「心」就不會因「風」、「幡」之「動」而「動」，「心」是「靜」的。要想達到這樣的一種境界，就需要在「心地」上下功夫。

6、「靜心」與「行深般若波羅蜜多時」

「歸根曰靜」。

在《修行、行善，回家》這部著作中，馬哈古魯專門講了「靜心」。他說：「靜心的旅程，也是心魔的旅程——它們從無明進入心念，從心念進入有心，從有心進化提升至靜心，從靜心進入無心，從無心而至消失無痕跡。任何旅程中的逗留、依戀，都對『心』造成了障礙而成了想魔。」這樣一種「靜」，是從不斷掃除障礙、清除雜念中得到的；這些障礙、雜念猶如風雨，會鬧得天翻地覆；扛過了風雨，就迎來了「寧靜」，而且陽光普照-「陽光總在風雨後」！

「靜」，是「不動」、「不為所動」；這裏的「不動」，是「不為所動」；能夠做到「不為所動」，靠的是「定力」、「信仰」的「堅定」。「信仰」「堅定」、有「定力」，才能「靜」得下來，「淨」得「徹底」，以至「空」、「無」，了「無痕跡」；因此，「定」、「靜」，並不是「住」，也不是「逗留（weilen）」（W．歌德、M．海德格爾、H．-G．伽達默爾等用語），更不是「滯留（Retention）」（E．胡塞爾在《內時間意識現象學》中用語）。在宗教修行中，馬哈古魯是不贊成「逗留」的；而H．-G．伽達默爾在藝術經驗中，則是提倡「逗留」的。由此可見，在宗教或藝術的不同層面，會產生對「逗留」的不同看法。我特別重視這樣兩種不同的層面以及所產生的不同看法，由此顯示不同的哲學視角、視域和不同的路徑。我的研習佛教經典，在哲學方面，體現了一種與藝術不同的哲學的視角和視域，找出了一條與藝術不同的哲學路徑。

馬哈古魯還具體講了「瑜伽靜心修煉」所分的「四個階段」（可結合南懷瑾的打坐、調息、唸誦的修行辦法）：

「第一階段是生理靜心，這是靜心的起步。經過長時間的靜坐，身體終於肯靜靜坐下，身體終於享受到靜下來休息的舒適喜悅。

「第二階段是心理的靜心，也就是頭腦的靜心。經過不斷的提取、放下，不斷的動心、息念，頭腦最後也疲倦了、厭倦了。這個時候頭腦或心理會逐漸空朗、寧靜，身心在此時才開始真正進入靜心狀態，但這種狀態是間斷性的，因為身心偶爾還會蠢動、漂浮。

「第三階段是心靈靜心。當生理、心理都靜下時，心靈的靜心旅程就啟程了。在此種靜心情況中，靜心者的腦海空無一片，心裏無思無念，只剩下一絲或有或無的知覺，保持在恍惚縹渺的虛空中。沒有動念，也沒有不動念。佛家把這種境界稱為『非想非非想』。做者逐漸收縮、消失，只有靜心在發生，而沒有靜心的人。這是至高至純的靜心境界，沒有掙扎、矛盾、痛苦、憂慮，只有舒適、安詳、喜悅、和平。但這不是最終的。能夠進入第三階段已是難能可貴，但靜心者還在。靜心者進入了絕對平和安詳的境界，但他還是有境有界，他和整體意識還是分開的——那一絲的界線，無形地存在着。」

「第四階段是『不可說的』」，「佛陀稱祂為『究竟涅槃』」。「在這種發生中，一切已沒有了情況，沒有了境也沒有了界，沒有『有』也沒有『無』。沒有靜心者，也沒有靜心；沒有個體也沒有整體。所有二分性的對比全部消失，所有的分裂重新吻合」。「佛說：『不可思議』」；「瑜伽說：『那第四的，不可知的。』」

這四個階段，特別是「第四階段」那個「不可知」、「不可説」也沒有被説出來的部份，可以作為後面的「心」「行深般若波羅蜜多時」的一種具體解讀。要能達到「行深般若波羅蜜多時」，得有「定力」，才有可能「堅持」、「堅定」地一路「行下去」，直到其「『深』處」；究竟有多「深」？「不可知」，「不可説」，可「悟」。沒有相應的「定力」，往往會淺嘗輒止或半途而廢。而這個「『深』處」，又是不可預測的不可預期的，而是在「行」的過程中的「不期而至」，是一種「意外發生」。究竟「深」到怎樣的一種程度？甚麼時候才有可能達到這樣一種的「深」？是不可預測，也是說不清楚的。在哲學上，這可以和M．海德格爾的「發生」說、「Dasein」比較來讀。

7、再說「心行」與「時間」

藉助於「修行」，《般若波羅蜜多心經》提出了「行深般若波羅蜜多時」這樣一個「時間」觀，這是講人的「修行」、「道行」的「深淺」，是深但不可測的。不像是水的「深淺」是可測的，比方說，「桃花潭水」雖然「深」但是「可測」的；於是李白就說「桃花潭水深千尺」，即便是「深千尺」還是「可測」的；而與「汪倫送我情」來比較，是遠遠「不及」的。當然，再與人修行的「道行」來比較，更是無法比擬的；特別是就相關的「時間」來說，人修行的「道行」的「深淺」是不確定的、不可測的。

這樣一種的「時間」，不是物理學的，也不是日常生活的。物理學的「時間」是可以量化的、精確計算的。日常生活的「時間」，是從「過去」起、從「過去」到「現在」再走向「未來」（因此可以區別為「昨天」、「今天」、「明天」），這樣的一些「時間」，似乎是「不可逆」的。而佛教的似乎恰恰相反，講究「頓悟」、忽然開朗，根本無法精確計算、把握「時間」。還有，道元禪師說：「時間自今而昔。」這種「時間」是可以「逆向」的。有的時候，「順向」行不通，不妨「逆向」試試。鈴木俊隆有這樣一個解讀：「乍聽之下好像是荒謬的，但在修行時，我們有時又會體驗到這是個事實。時間不但不是從過去前進到現在，反而是從現在走向過去。」「『時間自今而昔』，這對我們邏輯性的思考來說是說不通的，但卻又存在於真實體驗之中」（《禪者的初心》

第三十八頁，海南出版社二〇一〇年版）。人的回憶，可以說是一種「自今而昔」。不過，又有人說了：「回憶是一條沒有歸途的路」（《百年孤獨》），是一條「不歸路」，「時間」不可「逆行」，「過去」不可能再「活起來」。

在《般若波羅蜜多心經》中，「時」、「生」、「死」都不是「概念」，都不能做「概念」以及「理論」的分析；而只能藉助於「感悟」、「頓悟」來「悟」得，藉助於一些人的宗教經驗來體會。這也是一種用「時間」解讀「存在」，但解讀的是「心靈」、「靈魂」的「存在」，既不是「物理」也不是「精神」的「存在」。這可藉以深化現象學哲學的「時間」主題，特別是佛教的那種「不生不滅」、「無始無終」，還有那「立地成佛」的「當下性」、生命的「現在進行時」，以及「啐啄同時」所突出強調的「同時性」。在這裏，我特別重視「無始無終」、「不生不滅」的佛教的「時間性」、頓悟的「當下性」，這是現象學哲學所不可能提供的。還有，那種具有「共時性」的「時間特徵」，這是我從H．-G．伽達默爾的《美的現實性》中學習到的；藉助於佛經的研習，這樣的一種「時間」進一步「內在化」（直到「靈魂深處」）、「不確定」（「應無所住」）了。

《般若波羅蜜多心經》中的「時」，講的是「每個人都有自己發展的時區」。但它不是外在時空的那個「時間」，而是觀察者的「內在時間『尺度』」，即觀察者「修行」與「覺悟」之「時」；沒有這樣一種「修行」與「覺悟」，那種「時間」就不「存在」；修行者一旦「覺悟」，這個「剎那」就是「時」；而這種「剎那」又是「稍縱即逝」的，無法把握。這樣一種「時間」的「存在」，往往是「在，即不在」；「無在，無不在」。

8、「心」作為一種「行動」及其「振動」與「共振」

從現象學、解經哲學的角度來「看」「心」，那麼，「心」就是一種「行為」、「活動」，或者如《般若波羅蜜多心經》所講述的「心」之「行」。這樣的一種「心『行』」，是「心」的「行為」、「活動」本身；這樣的一種「行為」、「活動」，是「自我運動」，是「自在」的；既能「動」，又能「靜」，「靜如處子，動若脱兔」。

正因為，「心」的「自我運動」、能「動」能「靜」，所以產生一種「力量」，產生「互動」，形成一個「能量場」。「心」，不僅僅是「內在」的、「靈魂」層面的，而且具有巨大的「能量」、「動力」的。從這個意義上來看，如果説「心」的「行動」必然產生「振動」，正能量越大者，對他人、世界的「震動」就越強烈；那麼，與佛陀的「心心相印」，也就是「心」的能量的一種「碰撞」與「共振」，這樣的一種「共振」因其能量巨大因此其影響的範圍也就極廣大極深遠。按照「量子糾纏」的理論，二十一世紀的我們離二千多年之前的佛陀生活的年代就並不遙遠，「心有靈犀一點通」，「心靈」的互相「振動」與「心心相印」是完全可能發生的事情。

在這裏，我們要探究的，主要是「心」的「自我行動」本身與相關的「振動」、「共振」等等，而不是「心靈所指向的對象」，也不是「心靈所思的內容」，當然也不是任何「對象」、「內容」在我們「心」中的「顯現」。重要的是，我們不能「忘記」、「忽視」這個「心」的「行為」本身，而「王顧左右而言他」（如對象、內容之類）。不像是西方的某些意向性理論所關注的，把「我們思考的世界中的事物」作為「意向的對象」，「心靈指向的對象」，「世界中事物對心靈的呈現」，以及這些事物的「存在性」，等等。退一萬步説，就是這些「對象」、「內容」，本身也有「能量」和「動力」呢！就像現在的物理學家們認為，那些被看作是「死」的「物質」，歸根究底，也是一種「波」、一種「流動」着的「波」，如琴弦所發出的「音波」！所有的東西，都是「動態」的，「不定」的，都有它們自身的「行動」與相關的「振動」、「共振」等等。

《般若波羅蜜多心經》所講述的「心『行』」，是一種「自我行動」與相關的「振動」、「共振」，是一種與「觀」相結合的運行之「照」、「『照見』五蘊皆空」的運行過程。這樣的一種「心『行』」，既「空」而「無」（正如這部經所描述的「空」與「無」）、甚至連「空」與「無」也不執着，毫無執着，無牽無掛，而自由自在。這樣的一種「心『行』」，是「心」的自我「行動」、「運行」，因其不執着「內容」、「對象」與「結果」，成為不着痕跡的「踐履」（如天空之行雲）；因而，不可捉摸、無法把握，自然也是「不可思議」的，既不是「思想的對象」，也不是「思想所指向的對象」。

總之，菩薩的「修『行』」，就是「修『心』」，關鍵在於「『心』行」；「『心』行」，一切「行」。「『心』行」，是首要；「『心』行」，是根本。這正是《般若波羅蜜多心經》這部「小」（二百六十字）經之「大」義（達「神聖之維」）。

9、談心所及：發心、觀心、聽聞心聲、會心、印心、靜心、明心、安心、勿忘初心

「談『心』」，會涉及到發心、用心、觀心、聽聞心聲、印心、同心、靜心、明心、安心、勿忘初心等等，以構成「談『心』哲學」的整體。在我們誦讀、解釋《般若波羅蜜多心經》的過程中，就會體驗到這樣一個整體。

發心，具「出離心」，再「發起菩提心」；用心，即運「用」「菩提心」達「無二慧」；觀心，從自己的「發心」處直「看」下去，即「觀自己之心」，即「觀自在」（自己之所在、無拘無束之所在），而不被「五蘊」所蔽，「五蘊」皆空時「無二慧」便「顯出」，於一切法得自在；聽聞心聲，即在誦讀經文時，能透過語言文字，「聽聞到佛陀菩薩的心聲」；印心，即與佛陀菩薩「以心印心」，「心心相印」；同心，即與佛陀菩薩「同一個心」，乃至最終與眾生「同心同力」；靜心，如上馬哈古魯所言：「從無明進入心念，從心念進入有心，從有心進化提升至靜心，從靜心進入無心，從無心而至消失無痕跡」；明心，即從「無明」而修行最終至「明心見性」；安心，由此而「心安」，見達摩所傳中國禪宗二祖的「安心」之法；最終，回歸「初心」，「勿忘初心，方得始終」。「勿忘初心」，就是通過學佛讀經，重新回憶起並恢復、回歸我們所曾經遺忘的「初心」，那顆「純潔」、「清淨」、一塵不染的「心靈」。

《般若波羅蜜多心經》的經文解讀

經過「實修」，修行由「身體」進入「心靈」。《般若波羅蜜多心經》，全是講「心行」，講「靈魂」深處的「生命體驗」、「心」的「自行顯現」。我曾經區別於「讀法」強調了「活法」；所謂「活法」，就《心經》而言，就是區別於「活」在「現實」裏、「活」在「書本」裏、「活」在「修行」裏，而一定要「活」在自己的「心」裏。本著，也正是從「活」在「現實」裏、「活」在「修行」裏，一步一步地走來，走到現在的「活」在「心」裏。

《般若波羅蜜多心經》為我們提供了一條最好的「路徑」即「心路歷程」，以確立一種最佳的「存在」狀態與維度，即「自在」。對於這樣一種「存在」狀態與維度的把握，最重要的是「觀」和「聽」。

讀《般若波羅蜜多心經》，是為了從佛經之中「聽」出當年菩薩和他的弟子們「實際存在」的活生生的「對話」，甚至還能「見出」一些「不可言説」但確實「存在」的事實。通過菩薩講述自己的「心路歷程」，去「見」到他們的「真實的自己」亦即那個「原初的自己」以及他們高貴的「靈魂」。所以，正如前面我已講過的，「讀經」，如果注意力只是在「佛經」的字句上面，就聽不見「佛經」裏面菩薩的「心聲」，聽不出他們的「心路歷程」。《心經》，就是一條「心路」。人生，要走許多「路」，「心路」是其中最難走卻又最重要的那一條。在《般若波羅蜜多心經》中，觀自在菩薩指引我們走的，就是那條「心路」。

《般若波羅蜜多心經》，是觀自在菩薩所講的一個重要「文本」，了解菩薩的想法，就得讓他的「文本」説話。我所解讀的這個「文本」，是經過唐三藏翻譯的；如果像傳説所説的那樣，唐三藏直接受傳於觀世音菩薩，那麼他得到的是「直接傳承」，他所譯的就是一個再傳本。在我看來，像唐三藏這樣的譯本、再傳本，並非一定不如原著，而因他在其中增加了營養、變得更好理解。我打一個比方，這就像是母親給幼兒餵食，幼兒很小不能直接吃飯，但母親又沒有奶可餵，只好先把飯在自己嘴裏用唾液嚼爛，再去餵食幼兒，幼兒既好吞嚥而且營養也更豐富。好的譯本、再傳本，就像是那種母親在自己嘴裏用唾液嚼爛了的飯。

研習佛經，文字並不重要，佛陀菩薩弘法，「不由文字」；而「萬法盡在自心」，須「從自心中頓見真如本性」；「學道者頓悟菩提，各自觀心，自見本性」（《壇經》第一）。從「中國大乘佛法」的角度來講，《般若波羅蜜多心經》是這個佛法的主要代表之作。我們現在所做的解讀，就是要從這本中國大乘佛法的名著中讀出觀自在菩薩與舍利子的直接對話，讓這個二千多年前進行的對話在二十一世紀「直接在場」，成為「存在」的一個新維度。這本身就已經是一種「現在」與「過去」之間的由「此」及「彼」的「跨越」與「過渡」了；我們也正是在這樣一種的「跨越」與「過渡」中，形成對《般若波羅蜜多心經》在二十一世紀的解讀。

也可以說，我們藉助於這本佛經的解讀，回到並且直接聆聽了二千年前觀自在菩薩與舍利子的那場對話。菩薩向舍利子敞開心扉、袒露自己的心路歷程，作促膝談心，「原原本本」地展示了那種與事物的「直接、原始的聯繫」以及所獲取「直接的、感性的經驗」特別是菩薩自己修行的「心路歷程」，這種「心路歷程」由他自身所「生成」；這樣的一種「心路歷程」，並不服從他人的設計與掌控，也不是自己本人刻意的籌劃與掌控的結果，而是「自然而然」的。觀自在菩薩這樣的一種「自我生成」的「心路歷程」，即是「自在」即「存在」本身的，而不是「作為主體行為」的，更不是「言語」的。正是這樣一種的「所在」、「所是」，導致了舍利子的可「看」可「聽」並有所「見」。這是《般若波羅蜜多心經》為我們所提供的一種「存在」維度，在其他哲學著作中並不多見。

而這樣的「談心」，一定是「直接」的、「真實」的、「誠懇」的，沒有絲毫的隱瞞或弄虛作假；而讀者作為這種「談心」的另一方，必須也是「直接」的、「真實」的、「誠懇」的，才有可能「如是我聞」。這樣，雙方才有可能在同一個頻道上，「將心比心」、「心心相印」。觀自在菩薩身體力行，「教」人去「做」，「身教」重於「言傳」。印度的薩古魯說：「在二千五百年前，社會上盛行的溝通頻率不是理性思維，那時的生活艱辛，社會盛行的波段是堅韌不拔，人們能夠持之以恆。在今天，你要想讓人們能夠堅持，你需要跟他們講很多很多的話，因為現今的人們，他們覺得自己甚麼都懂。那時的人們沒有這個問題，他們知道自己甚麼都不懂。所以你只需要給他們指示，然後說：『這樣去做。』」「人們就會照着去做。」「就算你根本不知道你在做甚麼，只要你能這麼去做，慢慢地它就能轉化你的存在。」（《關於內觀〈Vipassana〉一個令人迷惑的問題》）在這裏，重要的顯然是直接、簡單、原始、堅持、身體力行，以「做」來「轉化你的存在」；「存在」，是「做」成的，不是「想」成的，也不是「說」成的；所以，在這裏，「語言」不是「存在之家」。

當然，對於觀自在菩薩的弘法，我們既要「會『看』」，也要「會『聽』」；所謂「會『聽』」，就不能執着於「語言文字」，甚至不能拘泥於唇齒或喉嚨所發出的「聲音」；菩薩弘法的聲音，不是發自唇齒，不是發自喉嚨，而是發自「內心」，是「『心』聲」；所謂「『心』聲」，有發自「胸部」、「丹田」的，也有不發聲的，在「心裏」默念。因為是發自「內心」的，所以我們就需要「內觀」，用「『心』眼」去「觀」由此「聽」取佛陀菩薩的「心聲」。這些，已經涉及到「實修」了，唸誦佛經，一定要結合「實修」，要有「實修」的基礎。

這裏強調的是，特別要注重這顆「心」，無論是「聽」佛經還是自己去「唸」佛經，都要「用『心』」，在「心地」上下功夫；「聽」佛經，是「聽」佛陀菩薩向我們傳達他們在內心中所發出的「聲音」、特別是要會聽「音」，「音」中所帶有的那種強大的「性命」活力；自己去「唸」佛經，則是我們向佛陀菩薩及聽眾傳達我們自己內心中所發生的那種強大的「自強」、「自癒」和「再生」的活力，以及和佛陀菩薩互動的「性命」活力。而不是在語言文字上下功夫，切忌拘泥於語言文字，我們不能被語言文字所誤；「讀書」包括「讀」佛「經」在內，都要藉助於語言文字，但關鍵不在於語言文字。佛陀、菩薩的修行、成就，只能用「心」去體會，「只可意會、不可言傳」，「如人飲水、冷暖自知」；而他們之所以說法成經，也並非炫耀文采、亦非一逞口舌之快，，而只是為方便眾生。更重要的是，他們的弘法，重點不在語言文字，不在他們所說的「話」，他們要談的根本點不在「話」；換句話說，他們的「談『話』」，是在「談『心』」。研習佛經，若想能夠進入「神聖之維」，就必須觸動「心靈」、「靈魂」，「修『行』」必須「修『心』」。在這裏，就涉及到了「行」與「心」的重要關係，這是佛教經典的特別之處，把「行為」的哲學思考提升到「心靈」、「靈魂」的層面；正是藉助於這樣一個層面的提升，佛經中的哲學思想進入了「神聖之維」。這一點，需要我們引起特別的重視。

「修『心』」、「『心』行」，要比打坐、唸誦等等都重要，是最重要的，而且還是主導它們的。我們一定要以「『心』行」為重點為核心。在修行中，「『心』行」勝過一切！中國禪宗二祖慧可，可以說是心領神會了「修『行』」的關鍵在於「修『心』」，懂得在「心」的層面上與達摩祖師進行「溝通」，以實現「心心相印」；所以，他去求助祖師達摩，為他「安『心』」，藉以弄清楚了「心」的究竟，最終知道「心」之不可得，連「心」都得「放下」。通過達摩向慧可傳法的經過，我們可以體會到那種弘法者如何通過「『言』傳『身』教」以「傳『心』」；修行者則如何以「心」來接受傳教，又是那樣一種的「如人飲水、冷暖自知」，「只可意會、不可言傳」。

據記載，慧可剛到達摩祖師面壁處請教的時候，達摩根本不理睬他，只是自顧自的打坐。不過，慧可並不因此灰心、退縮，反而更加的恭敬與虔誠。他每天從早到晚，一直站在洞外，不敢有絲毫的懈怠（遭冷遇，不怨天尤人，反而更加嚴格律己，在自己內心下功夫；由此，而把修行作為修心，似已得佛法修為的要領）。後在一個臘月初九的晚上，天氣驟然變冷，並下起了鵝毛大雪。慧可依舊站在那裏，一動也不動；到天快亮的時候，積雪竟沒過了他的膝蓋。這個時候，達摩才慢慢地回過頭來，看了他一眼，問道：「汝久立雪中，當求何事？」聽到達摩問他，慧可激動得熱淚盈眶，即回答道：「惟願和尚慈悲，開甘露門，廣度群品。」達摩道：

「諸佛無上妙道，曠劫精勤，難行能行，非忍而忍。豈以小德小智，輕心慢心，慾冀真乘，徒勞勤苦。」（在這裏，達摩點明了修行所必須的「難行能行，非忍而忍」的精神。）為了進一步表達自己求法的決心和誠意，慧可拿起鋒利的刀子，砍斷了自己的左臂，把左臂放在祖師的面前。頓時，鮮血染紅了雪地。達摩祖師被慧可的虔誠所感動，並知道慧可是個法器（「為法忘形」），於是就說：「諸佛最初求道，為法忘形；汝今斷臂吾前，求亦可在。」（精誠所至，而「為法忘形」，則是常人難以做到的心地功夫。）最終，慧可得以通達「安心」境界。一次，慧可請求達摩：「吾心不寧，乞師與安！」達摩說：「將心來，與汝安！」慧可回答說：「覓心，了不可得！」達摩即說：「吾與汝安心竟。」（明白了「覓心，了不可得」，就是真正懂得了「心」之「不住」即其所在）因此，也有人說：「達摩西來一字無，全憑心意用功夫。」他來中國，就是這樣「傳『心』」的。

祖師重在「傳『心』」，佛教經典重在「談『心』」，佛門弟子重在「修『心』」；而佛門弟子的「修『心』」，得能做到「難行能行，非忍而忍」、「為法忘形」才行。然後，才有可能實現與佛祖的「心靈的碰撞」，「激發」出「性命」的活力。這一點，對我本人的震動特別大；因為，我本人忍辱能力有限，從此我把「非忍而忍」作為自己修為的重點。達摩的重在「傳『心』」，提醒我們是為「聽聞心聲」，我們才來讀經的；這樣一種的讀經，就能做到像中國禪宗六祖慧能那樣：「非關文字」，不被語言文字所蔽、所誤。「心」，除了「心心相印」以外，用「心聲」來傳，也很便捷有效。執着於經文的語言文字，我們會把佛經僅僅看作是「談『話』」、「傳『話』」；而事實上呢，佛經是在「談『心』」、「傳『心』」。把握住了佛經這個要點，我們就可以建立一種區別於「語言哲學」的「心靈哲學」，並在哲學上通達「神聖之維」。

《般若波羅蜜多心經》，和其他佛經一樣，是佛、菩薩和弟子的「對話」、「談心」，由「對話」、「談心」而成「經」。對此，南懷瑾先生曾做出過這樣的解讀：「當佛的大弟子舍利弗問佛陀修持般若法門成就的方法，佛叫觀自在菩薩答覆這問題。舍利弗問，觀自在答，記錄下來成為經典流傳後世。」（南懷瑾：《心經修證圓通法門——般若正觀略講》第六頁，福建莆田廣化寺版；下引此書，只注作者及頁碼）這也就是《般若波羅蜜多心經》，通過一「問」一「答」的「對話」以及「記錄下來成為經典流傳後世」的「傳心」，得以形成的過程。

作為觀自在菩薩，「如是」即真實、不增不減地把自己的「覺悟」過程，通過言傳身教，傳達給弟子；正是這樣一種的「真實」、「誠信」，再加上「體悟」的深刻，才足以「打動」弟子，能夠「喚醒」弟子內在的「心靈」與「佛性」；使他們自覺自願地去發掘自身潛在的「智慧」與「能量」，走出一條他們自己的健康發展之路。對於弟子，這是一種菩薩的「感動」、「說服」；作為弟子如舍利弗，出於由衷地對菩薩的「信服」、「心悅誠服」，而不是被所謂的「強大」、「神通」所「懾服」，也不是那種不平等、趨炎附勢的無尊嚴的「臣服」。這樣的一種「信服」，不是基於菩薩的名聲、地位以及權威、神通之類，也不是因為被利誘或控制、脅迫等等，而是基於菩薩對自己的「慈悲」、「尊重」、「懂得」，加之弟子本人根據自己在修行過程中的「體悟」，更加「堅定」地走適合自己的路。但是，千萬別忽略了「發心」；《般若波羅蜜多心經》所記載的，這樣的一種「般若觀法」、「觀照」修行，是在發起「菩提心」的基礎上的；「般若觀法，就是前面所提迅速發起菩提心」。（同上）

順便插一句，現在社會上博導、大師多如牛毛。其實，識破假博導、假大師並不困難，你只要看看他／她的言行是不是「發自內心」、有沒有「良知」、是不是「真實」（講「真話」、「實話」），就明白了。所以，作為學生的我們，看老師，就看他是不是自己的「覺悟」、有沒有「真才實學」；而不是看他們有多少的頭銜，甚至也不看他們出了多少本書。現在不少的出版社乃至「大」出版社，往往是誰給的錢多，就出誰的書。出書，成了用金錢來衡量的一種交易，實令斯文掃地。

話再說回來，觀自在菩薩，應佛陀的吩咐，將自己以「般若」修行而達「照見五蘊皆空」的成功實例和切身體驗與證悟，通過與舍利子（即舍利弗，一種說法是，其母名舍利，這種稱呼是為了表明他是舍利之子）的對話，以傳達給舍利弗乃至眾生。觀自在菩薩在宣講《般若波羅蜜多心經》的時候，是以其強大的「性命」活力，用「發自內『心』的聲音」向弟子、眾生發出「召喚」，以這樣的發自內「心」的「行動」來引發「心靈」之間的「共振」與「互動」。我們在聽或誦佛經的時候，一定要傾聽並且能夠聽到佛陀菩薩的這種「心靈」的「召喚」，受到「感動」並產生「互動」；只有聽到了這樣的「心聲」，受到「感動」並產生「互動」，才會激發出我們自身內在的「自強」、「自癒」和「再生」的力量，從「聲聲相應」進而「心心相印」。

要做到「心心相印」，對於這樣的一種經文，光去唸甚至會背誦又是遠遠不夠的；首先，得有「發心」即「發起菩提心」，還得「用心」、「專心」，集聚全身心的力量，精誠所至、金石為開，實現「心心相印」、與佛陀菩薩的「境界通達」。這樣，我們就無時不刻都和觀自在菩薩在一起，一起行「菩薩行」。如果，「發心」不夠、「用心」不「專」，就不能被「感動」而有「互動」，我們自身內在的「自強」、「自癒」和「再生」的力量就不會被激發，就不能與佛的境界相通；這樣的話，即便佛陀、菩薩就在你眼前，你也不會有感覺，也認不出來的。

對《般若波羅蜜多心經》這部經文，我打算把全文分成三大部份五個段落來解讀。三大部份，一是「行」的部份，即指「菩薩行」以及相關的「觀照」；二是對「行」的解讀，形成「言」的部份；三是「密咒」即「心聲」與「召喚」。換句話說，第一部份，是「菩薩行」及其相關的「觀照」，是「心行」和對「修行」的「觀照」；第二部份，是在「觀照」基礎上的談論「體悟」；第三部份，是「現證般若」的「心聲」與「互動」。讀佛經，就是要學習佛陀菩薩，把修行作為「修『心』」，「觀照」自己的「心」，做到「空」（看破、看透、看開）、「無」（捨、放下），一塵不染，回歸「清淨」，找回「初心」。找回「初心」的過程，看似退、實為進，是人的一個提升自己的過程，從「『人』性」提升到「『佛』性」。

本部《般若波羅蜜多心經》，是展示觀自在菩薩的「『內』觀」、「『心』行」以及相關的「體悟」；佛經，大都是先描述佛陀菩薩之「行」，爾後就「行」和相關的「體悟」再進行「説法」。佛經，重「行」，特別是「『心』行」；而《聖經》則重「言」，上帝説「有光」，世界上就出現了「光」。這是東西方宗教、哲學、思想文化的兩大傳統的一個不同之處。重「言」者，會形成「談『話』」的傳統與哲學；而重「『心』行」者，就會形成「談『心』」的傳統與哲學。「談『心』」，提升「心靈」「靈魂」的層面，就容易進而達到「神聖之維」；換句話説，如果僅僅在「精神」的層面，是難以到達「神聖之維」的。

對《般若波羅蜜多心經》經文的具體解讀，我特別參照了憨山法師的《〈般若波羅蜜多心經〉直説》、弘一法師的《〈心經〉解析》、聖一法師的《〈心經〉講記》、星雲法師的《講〈心經〉》與南懷瑾的相關著作等。

現在，我先來就《般若波羅蜜多心經》的第一段，做逐字逐句的講解：

一、經文（第一段全文）：

觀自在菩薩，行深般若波羅蜜多時，照見五蘊皆空，度一切苦厄。

木心說：「我曾見的生命，都只是行過，無所謂完成。」（木心：《美學，是我的流亡》）「生命」，重在「行」，只是一個「過程」，沒有「終點」，自然也沒有「起點」。而「心」，也是「行」的，是一種「自我運動」。「身」之「行」，是「外在」的，如人們的伸伸胳膊、抻抻腿，人們用肉眼就可以看得見；而「心」之「行」則不同，是「內在」的，因此是人的肉眼所看不見的，只能用「心眼」、「慧眼」去「觀」。一九八六年，我去德國，先後跟G．馮克學習現象學、跟H．-G．伽達默爾學習解釋哲學；也因為此，我就把對《般若波羅蜜多心經》的解讀和我學得的現象學、解釋哲學結合了起來，把這部佛教經典放在現代哲學的平台上進行解讀，在現代歐洲哲學所強調的學科經驗與生活經驗的基礎上，增添了「心行」經驗，並由此把「對『話』」轉向了「談『心』」。

人生，要走許多「路」，「心路」是其中最難走的那一條。在《般若波羅蜜多心經》中，觀自在菩薩指引我們走的，就是那條「心路」。在這部經的一開始，就教我們「從觀心開始修自在」（南懷瑾語），把目光轉向「心」之「行」、內在「性命」的「行『深』」及其「圓滿」。換句話說，此處的「觀」，也可以作為一種「現象學的『看』」。在這裏，「修『心』」、「『心』行」，要比打坐、調息、唸誦等等都重要、並且貫穿其中，是最重要的。我們一定要以「『心』行」為重點為核心；在修行中，「『心』行」勝過一切！

現在，我們直接面對《般若波羅蜜多心經》的經文了；這種對佛經的解讀，就是「讀心」、聆聽經文中的「心聲」，就是我們和佛陀菩薩的「談心」。在這裏，我需要再次強調：在讀經文的時候，我們的着眼點不在經文本身，不在觀自在菩薩是怎麼講的；首先，我們要了解菩薩是怎麼做的。觀世音菩薩一心普度眾生，救眾生出苦海，所以被賜號為大慈大悲救苦救難觀世音菩薩；但凡有人遭遇苦難，觀世音菩薩就會出手相救，對需要幫助的人伸出援手。在下面，我們就會看到，菩薩施救的根本大法，就是教被救者「內修般若行」。

我們在讀經之前的「身心準備」階段，就是在「調動」我們自己「心靈」的「力量」，以聆聽經文中的「心聲」、和佛陀菩薩「談心」，形成「心靈」的相互「碰撞」與「交流」。也正是在這樣一個意義上，讀經者自己「有心」了、「用心」了、「專心」了乃至「明心見性」了，才能構成與經文中的「心靈」的「碰撞」與「互動」，形成兩顆「心靈」的「交流」、「交融」，以至「心心相印」。從根本上來說，我們讀佛經的最終目的（如果說有這樣一種「目的」的話），就是能夠從佛經中得到啟發，由此而「喚醒」、「調動」我們自己「性命的力量」，構成與佛陀菩薩的「心靈」的「碰撞」、「互動」與「交融」。

回過頭來，我們再來解讀這段經文。這段經文，是《般若波羅蜜多心經》的開篇第一段，是觀自在菩薩介紹自己「修行」的「事實」，言傳身教，以回答舍利子的問題。佛陀菩薩當然也「講道理」，但「擺事實」永遠是第一位的，首要的是「身教」、是「做」、「怎麼做」。「擺事實」、具體介紹「怎麼做」，是「實然『身教』」；而「講道理」，則是「應然『言傳』」。菩薩以自己的實際行為，傳授了佛教的「修行」就是「修心」；「修心」，就是「心」的「運行」，「心」的「自我運動」，是對自己「心靈」活力的激發，是靠自己「心靈」活力進行的一種「自強」、「自癒」和「再生」運動。我們「讀」《般若波羅蜜多心經》這開篇的第一段，就是在「觀照」觀自在菩薩的這樣一種「心」、「心行」。

觀自在菩薩，是觀世音菩薩的另外一種稱謂。我的理解是：在這裏之所以稱「觀『自在』」，是突出這位菩薩的「『內』修般若行」的「智慧」層面；而稱「觀『世音』」，則是強調這位菩薩的「『外』聞俗世呼救」、救苦救難的「慈悲」層面。而這位菩薩的救苦救難，最終也會落實到引導眾生去「『內』修般若行」。

這段經文，講的就是菩薩的「內修般若行」。憨山大師解讀說：菩薩，即能修之人；行深般若波羅蜜多，即所修之法；照，乃能觀之智；五蘊，即所觀之境；皆空、度一切苦厄，則修之實效也。這是「示觀音之妙行，慾曉諸人人也。吾人苟能作如是觀，若一念頓悟自心本有智慧光明如此廣大神通，徹照五蘊元空，四大非有，有何苦而不度？」（憨山法師：《〈般若波羅蜜多心經〉直說》。下引憨山語，皆自此書）「頓悟自心本有智慧光明」，被憨山大師看作是我們讀經的着眼點、關鍵所在。聽了觀自在菩薩的開示，被開示者最重要的事情是：一下子覺悟到自己心裏就有般若智慧、就有佛性！

正如前面已經說過的：作為一個人（凡夫），所謂「迷」，就是「迷失」「本性」，「本性」被「遮蔽」；所謂「悟」、「成佛」，就是祛除「遮蔽」，「找回」、「回歸」「本性」。「覺悟」，是你祛除了「遮蔽」，重新找回、回歸了自己的「本性」。這樣一種的「重新找回自己的『本性』」，就是讓「心」回歸到那純潔、莊嚴而又神秘的「靈魂深處」。而這樣一種的「修心」，每一個人都得靠他／她自己，佛陀菩薩只是起到「助產婆」的作用，「助產婆」只能「幫」而不能「替」別人去生孩子，「孩子」得靠產婦自己「生」出來。

《般若波羅蜜多心經》一開篇，直截了當就講自我「修行」、自我「修心」，通過這樣一種的自我「修行」、自我「修心」，人進行自我「救贖」、自我「修復」、自我「潔淨」；人的「再生」、「新生」，就是得益於這樣的一些自我「救贖」、自我「修復」、自我「潔淨」。這樣一種的自我「修行」、自我「修心」，是「潛在」於人的一生之中的，「活」在人的一切言行之中，是人的「性命」之根本所在。

而要找回「本性」，先得「發起菩提心」；「發心」之後，達到「明心」，爾後「見性」。所以，關鍵是在於「重新找回自己」的「本性」；這個「重新找回本性」，就表現在並開始於「發起菩提心」；「發起菩提心」之後，「行深般若波羅蜜多時，照見五蘊皆空」，才「見」「空」之「本性」。而正因為：「本性」，是每一個人生來自身具有的；所以，說「重新找到」、「回歸」。

總起來說，《心經》的這個第一句，是全經的總綱；以下的經文，可以看作是對這個總綱的展開與細說。這段話，講「心行」，講述了「空」和「五蘊」的關係，突出了一個「空」字。

有人視《般若波羅蜜多心經》為「空宗」，大概是據於此；不過，還須注意下文的「無」，進入「不二慧」，才不至於墜入「空」之執着陷阱。

看清、看透、看開，是一種「空」的境界；到了「空」，若執着於「空」，仍是「『有』相」；徹底放下「空」的這種「有」，才有可能進入「無」。在我看來，突出並強調「無」、「不二慧」，有利於避免對「空」的執着，可以提升到更高的境界。

1、破除阿Q式虛妄自大、確立自信

這段經文的重要，就在於描述的是菩薩如何「行」、如何「做」的，為我們提供了身體力行的榜樣。我們就是要照着菩薩那樣去做，做到了，我們就是菩薩；而只要不「迷誤」，我們就一定能做到，甚至可以做出我們自己的特色來。

「眾生皆有佛性」、「心外無佛」，在這一點上，我們和佛陀菩薩沒有區別；菩薩能做到的，我們也能做到；悉達多能夠成佛，我們也能成佛。有些人「自卑」，總以為自己低佛陀菩薩一等，似乎他們高高在上、高不可攀；或者，寄希望於高僧大德的點撥、加持；而忽視了自己的努力，不懂得在自己「內心」、「在心地上下功夫」。真正的修行成佛，得靠我們每一個人自己。我們都是眾生，佛陀也是從眾生修行而來；尊重眾生，也就是尊重自己；一個不尊重自己的人，也是無法尊重眾生的，自然不能成佛。

不過，對於我們的許多人來講，最大的或首要的障礙不是「自卑」，而是「自大」。「好為人師」，是這些人「自大」的一種；現在，中國的一些「師」甚至是「大師」，品格低劣不說，特別搞笑的是，連基本的專業知識都不掌握，且忙於賺快錢做大官。有句順口溜：十億人民九億商，還剩一億跑單幫。一時間，中國大地全是商人，卻大都是賺快錢的投機商，很少有真正的企業家。而佛陀菩薩提倡的，不是去當別人的「老師」，也不是去當「聖人」甚至不是當「智者」，而是「捫心自問」，「看」清楚「自己」，甘做「弱者」。

漢民族骨子裏就有一種根深蒂固的阿Q式的「自大」，他們得意於自己的「先前闊」；還有，就是典型的「欺軟怕硬」，根本不懂得尊重「他人」特別是「弱勢人群」。例如「文革」期間，就有些人一戴上了「紅袖章」，自覺被「授『權』」了、「有『權』」甚至是「有『特權』」了，「權」壯熊人膽，就可以隨便去管別人了，在街頭巷尾晃來晃去，呼么喝六，很覺了不起；有的甚至還敢私設公堂、牢房，對他人實行「無產階級專政」。現在，雖已過去半個世紀多了，時代也變了，卻仍有「紅袖章」在街頭時隱時現。甚至就在二〇二〇年的這次新冠肺炎的疫情防控中，也出現了這樣的戴「紅袖章」者：「社區有個紅袖章保安老頭，最近越來越厲害，動不動就罵人，我就騙他說月底就解禁了。他很失望地說：不能這麼快吧？我說市裏都公佈了。他的腰突然就不是很挺了，從意氣風發變成意志消沉。」據有人分析，這位保安之所以變得這麼牛B，是以為他的「社會角色」似乎「也悄然發生了改變，過去是服務者，現在是管理者，由『僕人』而『主人』，其感覺自然大不一樣」；他「已然品嘗到『權力樂趣』」（《聽說社區要解禁，保安老頭為何很失望？》）。這就是一種普通老百姓的「權力樂趣」、「有權不使，過期作廢」；也體現了與那種阿Q式的「自大」，一旦手裏多了點甚麼特別是「權力」，就看不起「弱者」甚至以能欺負其他「弱者」為榮。「權力」被賦予如此大的力量，眾人又如此樂意品嘗「權力」之「趣」，就成為中國人特有的「嗜權」取向以及大面積地「貪腐」而屢禁不止的社會土壤。通過解讀《般若波羅蜜多心經》，我們特別要救治的正是這種阿Q式的「自大」；魯迅曾尖鋭地揭示了國人的這種病根，而這種病的治療卻至今收效甚微，可見這種病的根之深、病情之重。

針砭國人人性之醜陋的自然不只是魯迅，蔣緯國寫過一篇《權力的威風和醜陋》，也曾以自己的親身經歷談論過這類問題。他講了幾件事情，一件是「一個小小的二等兵，當他奉派去當橋頭盤查哨時，自認有了權威，執行任務時就對老百姓大聲呵斥」。（這就很像上面我說的那些戴紅袖章的人。）另外一件是他在從西安回到潼關的火車上，主動給一位上校讓位子，卻挨了上校兩巴掌。等到上校知道了他是蔣總統的兒子後，就跪下了，說自己家裏還有老娘在，求他饒恕。蔣緯國總結說：「從這些事情中，我看清楚了中國的軍隊是怎麼樣的一批人組成的，要帶着這麼一批人去打仗，還要面對如此精鋭的日軍，還要打勝仗，實在是不容易。」他甚至不僅僅批評了國民黨的軍隊，還批評了當時的國家制度：「我們的國家制度的確有很多地方值得批評，官員的辦事能力的確欠缺，辦事態度也的確不好」；由此，他還更指向了中國人性的醜陋：「但是這不是中國國民黨的錯，也不是中華民國政府的錯，這是傳統養成的習慣，這種傳統存留在民間也存留在政府內，不論是誰，稍稍有權威後就開始耀武揚威了。」

2、關鍵在於人的「心性」

問題在於人自己的「心性」；因此，在我們讀《般若波羅蜜多心經》的時候，首先就要在自己的「心地」上下功夫，「淨化」自己的這顆「心」。如果追究到底，甚至信「心」比信「佛」還重要：「信不信佛沒有關係，但要相信這顆心，相信這顆心有無窮無盡的力量，相信這顆心能淨化，相信這顆心能讓每一個人做出頂天立地的事業。」（淨慧：《初見虛雲長老的五分鐘令我終身難忘》）所以，重要的是人與自己「心靈」的對話。德國哲學家叔本華說過：「偉大的心靈，在這個世界更喜歡獨白，自己與自己說話。」《般若波羅蜜多心經》就是要人們轉向自己的「內心」，和自己對話。

《般若波羅蜜多心經》描述了觀自在菩薩的「發心」、「心行」及其「觀照」的「身教」，又引出下文的「言傳」即「正『說』般若」。需要強調的是，修行的「唸」、「聽」乃至一切，「皆須從心起」，「心」須「至誠」，我們「心靈」的力量，就來自此「誠」；並且「心」須「專注」、「歸一」（勿忘初心，且始終如一）。綜合起來，這就是一部「心」法。《般若波羅蜜多心經》，講的就是這樣的一種修行：修行，即「『心』行」；「『心』行」，一切「行」。「『心』行」，是「心」的「自我運動」，不靠外力。在前面，我提到過：修行，就是重新找到自己；必須破除自卑或自大，才能真正找到自己，才有可能成為一個「覺悟」的人。這個需要重新找到的，就是自己的「心」；只有真正找到了自己的「心」，才能真正地「知道自己」。

3、經文解讀

這段經文，我先總起來講：

這段話，講「心」的「自我運動」、「自我生成」，就是「發起菩提心」、達到「觀照般若」的「菩薩行」。由「發起『菩提心』」開始起步，就具有了「純」的、「正」的「發心」；這樣的「發心」，是「修『行』」的基礎，是「菩薩『行』」的基礎。沒有這樣的基礎，「行」多久、多少路，都沒有意義；套用別人的比喻，那樣一種的「『行』萬里路」，是鄆差之類的「『行』路」，而不是「修『行』」，更談不上是「菩薩『行』」。這就是《般若波羅蜜多心經》所指示的成佛要道。這是一切佛法的根本。這也正是佛陀菩薩的莊嚴所在；他們的莊嚴，不在於身居的高位、華貴的服飾、富麗的殿堂，不在這樣一些的「富有」；而是在其「放下」乃至「放到『一無所放』」，「外」無「一物」而「內心」一塵不染。

這裏，所提倡的，是這樣一種路徑：起點，是從「五蘊」未空時修起，「『五蘊』未空」是眾生的境地，至少是舍利子當時所達到的境地；換句話說，菩薩也是從眾生的境界起修；在眾生境界中「觀照」自己的心性、找回「佛性」，證悟自性圓滿；最終，「五蘊皆空」，得以回歸「清淨」，「心無罣礙」，從而成就「究竟涅槃」。當然，這也表明，「發心」是基礎，這個基礎很重要；不過，這僅僅是基礎，不能「滯留」於此，還須「深入」一直到「行深般若波羅蜜多時」、「照見五蘊皆空」、「度一切苦厄」這樣一個全過程。

從「五蘊皆空」到「心無罣礙」，觀自在菩薩講述了自己如何「從『黑暗』走向『光明』」的心路歷程。而這樣的一種心路歷程，恰恰是凡夫俗子所不知的、缺乏的，以至停留於被「五蘊」所「遮蔽」；有「遮蔽」，猶如「烏雲蔽日」，陷於「黑暗」而不能自拔。

下面，我再就這段經文的字句，分別來解讀：

(1)「觀自在菩薩」

「觀」，是《般若波羅蜜多心經》這部佛經的第一個字，突出了「觀」在這部經書中的「優先」地位與重要性。正是「觀」的這樣一種「優先」地位與重要性，表明了這部佛經正是用「觀」來展示「事情本身」（心路歷程）的。而且，我們在前面已經講過，向外為「看」、向內是「觀」，亦稱為「內觀」。「觀自在」，是這部經的菩薩之名；其梵語的原意，有「擅於內觀」的意思。

這部佛經一開篇，就是觀自在菩薩對舍利子的「袒露」自已的「心路歷程」，「以『誠』相待」。何謂「誠」？尊重事實、講真話、開誠佈公、直奔主題。據《聖經》記載，亞當、夏娃之所以被逐出伊甸園，就是因為他們隱瞞事實、說假話。所以，無論對於修行還是做人，「尊重事實、講真話」，是一種「大智慧」。

《金剛經》的開篇，也是先講佛陀的「行」，佛陀的入城「乞食」之行。佛陀的這種「乞食」，顯示的正是：「作眾生牛馬，成佛門龍象」；而「成佛門龍象」之後，佛陀依然「作眾生牛馬」。我們的父母其實就是我們的佛陀菩薩，他們不僅僅養大了我們，還呵護我們的下一代，一輩子作牛作馬，實為我們的「『家』門龍象」。

佛陀以「乞食」之「行」，教育我們：真正的大智慧，就是「『捨』所得」、「『無』所得」；「捨」，首先就是「放下身段」、謙卑，佛陀謙卑得「把頭垂到地上服務眾生」。佛陀又「復歸於嬰兒」，像嬰兒那樣地「赤條條」毫無隱藏與保留於眾生面前；這樣的「嬰兒」，人皆信任，受人呵護、疼愛有加。人，不能稍有成就就「自以為是」、「狂妄自大」。有些人「自作聰明」、喜歡耍「小聰明」，求「所得」，似乎「得」的越「多」越「富貴」就越有「成就」；實際上，自以為「聰明」、愛要「小聰明」的人，往往會被這些「聰明」所「迷」所「誤」，而不知道究竟何謂「尊貴」、「智慧」。佛陀的言傳身教告訴我們：人的莊嚴、高貴，不在於王位，不是華貴的服飾、富麗的殿堂乃至雄偉的王宮、統領的千軍萬馬，而是對上述擁有的東西的「捨棄」（如佛陀成佛之前捨棄原所擁有的王子地位等等一切）、以至一無所有；一無所有，才是「淨」；才最終出現「心靈」的「清淨」、「純潔」；「清淨」、「純潔」而「尊貴」、「莊嚴」。這樣的一種「心靈」的「尊貴」、「莊嚴」，不是靠「權」、「錢」所能得到的；恰恰相反，會被「權」、「錢」的堆積所污染、所遮蔽。

「『大』智慧」與「『小』聰明」的區別，就在這一「放」一「執」、一「捨」一「得」、一「無」一「有」之間。中國人的特別愛要「小聰明」、愛「佔小便宜」，常有耳聞，例如網上就有這麼一則，它是講理髮的：有一天，一個賣花的白人去理髮，理完髮付費，理髮師對他說：「今天不收費，我在做『社區服務』。」賣花人愉快地離開了；第二天早晨，理髮師發現他門口放着一張「感謝你」的賀卡和十二朵玫瑰花。一個黑人美國警員去理髮，也得到了同樣的「社區服務」，他也愉快地離開了；第二天早晨，理髮師在他門前看到了一張「感謝你」的賀卡和一打炸甜甜圈。後來，一位中國人也來這裏理髮，也得到了同樣的「社區服務」；第二天早晨，當理髮師打開門的時候，門口竟站着十二個中國人，在等着他的「社區服務」！這是一種典型的中國人的「聰明」：喜歡佔小便宜、「得」而不「捨」、不勞而獲以至損人利己！這樣一種愛要「小聰明」的中國人，就特別需要學習佛陀提倡的「大智慧」。

① 哪位菩薩之「行」？

一個人的「精神」、「態度」，對於自己的修行非常重要；我們之所以學佛讀經，就包括調整我們的「心態」，改善我們的「行為」。改善「行為」，就是把我們平常「世俗行為」改成「菩薩之所行」；要行「菩薩之所行」，首先就得親自「觀」「菩薩之行」，並從「菩薩之行」中有所「照見」有所「覺悟」。在哲學方面，我曾有過一點類似的親身體會。一九八七年，我到了H．-G．伽達默爾身邊學習解釋哲學，我才真正懂得了哲學應該怎麼學、怎麼樣才有可能學到哲學：那就是到真正的哲學家身邊，「看」着他是怎麼樣進行哲學思考與踐履的。這一點，成為我哲學活動的轉捩點。一九九〇年回到中國後，我又在柏拉圖那裏找到了淵源。當然，就學佛而言，現在已經無法親自「見」到佛陀菩薩了，那就退而求其次，讀他們的「原著」；再不得已，就只好讀相關的中文譯著。

這裏要講的是第一段經文，是《般若波羅蜜多心經》踐行説法的基礎、根基；既是基礎，也是本經的總綱。作為《般若波羅蜜多心經》全經的總綱，我會多講一些。

説到「菩薩之行」，首先出現一個問題：是哪位「菩薩」的「行」呀？在《般若波羅蜜多心經》中，現身説法的是「觀自在菩薩」，是「觀自在菩薩」的「行」。為甚麼叫「觀自在菩薩」呀？菩薩的這個稱號，人們不太熟悉啊！與「觀自在菩薩」相關的，人們常説的是「觀世音菩薩」，他們之間又是一種甚麼關係呢？首先，是他們的共同之處：都起於那個「觀」，凸顯了「觀照之道」，重在「內觀」。其次，如周止菴所説，「觀自在菩薩」就是「觀世音菩薩」，他們是同一位菩薩，只是稱呼不大一樣：「聖觀世音，蓋梵本自有二名，觀音表悲，自在表智。」（周止菴：《般若波羅蜜多心經詮注》第一百五十頁，上海佛學書局二〇〇八年版。下引此著，僅注周止菴及頁碼）

從總體上來看，這位菩薩「悲、智雙修」、「明、空雙運」。當然，也有人認為，「悲」與「智」相比較，更重要的是「悲」而不是「智」。而《般若波羅蜜多心經》這部經的名字已經明確表示：這部經是講「般若」

智慧的；所以，用「觀『自在』」，「自在」表「智」。這是一種「自在」的「般若」智慧，「般若修法，即從觀心開始修自在。」（南懷瑾，第九頁）

人們常說，觀世音菩薩以「觀海」為「修行」；那麼，這個「觀海」，是在「聽」潮起潮落嗎？如果說，是在「聽」潮起潮落，那是在「觀」外，「觀」外，即是「『外』觀」而非「『內』觀」；而觀世音菩薩修的是「『內』觀」，「『內』觀」即是「觀『心』」即「修『心』」。在《般若波羅蜜多心經》中，觀自在菩薩，言傳身教的，就是叫我們「從觀心開始修」。「觀心」，是「內觀」，把「觀照」自己的「心行」，置於一切的前面。「修『行』」，修的是甚麼？「修」的當然是「心」。在潮起潮落面前，修的不是人隨之而心潮澎湃；而是不受其影響，不被其干擾，心靜如水，如如不動。

藝術家也講「觀照」，也凸顯了一種「觀看之道」：把自己的「觀看」集中於「內在心靈」的視域，以「見證」在自己「心靈」中發生的事情，並在「現象」中展示「本真」。在現象中顯現真實，這個道理，西方的哲學家乃至藝術思想家也在講。例如，英國的約翰．伯格（John Berger），他有兩部專著，如《觀看之道》、《看》。他強調對感覺世界的關注，「勤於見證身邊正在發生的重要事情」，展示所「見證」的事物的「可見」本身所包含的意義以及不可思議的部份，他很少做抽象的理論闡述，而是把他的筆觸保持在感覺世界，在現象中顯現真實（摘自網上相關評介）。「現象中顯現真實」，這是一種對藝術的「現象學」解讀；不過，這樣的一種講法，似乎突出的是「感覺世界」，突出其被觸動的地方；而不是「如如不動」，也沒有達到「靈魂」的層面。

因此，上述二者之間，儘管講的都是「見證」、「現象」中顯示「真實」，卻有着「宗教」與「藝術」、「靜」與「動」、「靈魂」與「精神」等層面的不同。

②「『內』觀」與「『心』行」

印度的薩古魯則認為：「內觀，意味着不提問題」。「很簡單的指示：只是去做，只去做，然而繼續做……這個過程所需要的最重要的品質就是毅力。」（《關於內觀〈Vipassana〉一個令人迷惑的問題》）這就是說，「內觀」不是一種「思考」而只是一種「行動」，需要的是「堅持不懈」；這樣一種的「內觀」，是「無思想的視覺」，也不「通過身體而思考」。顯然，這與法國哲學家梅洛．龐蒂的哲學不同（參閱《眼與心》第五十四頁，商務印書館二〇一九年版）。

在《般若波羅蜜多心經》中，經文第一個字就是「觀」；也可以說，這部經的根本，就在這個「觀」。「觀」，作為這部經典的第一個字，凸顯了這部經典要傳授的「般若」智慧與「觀」這樣一種視覺經驗密切相關；也就是說，我們研習《般若波羅蜜多心經》的根本，就在於「觀」，自己去直接「內在」地「『看』到」，像佛陀菩薩那樣，「『看』到」自己的「心靈」在怎樣走向「深處」。這是一種「觀」的以「視覺」達成的智慧。這是我在這裏要特別強調的。

「觀」，就是「內在」地「看」，怎麼去「看」？那種「非『思想』」即與頭腦無關、「非『思議』」即與思維、語言無關的「看」，而且是永不離棄「可見者」的「看」，只能在「看」中習得；所以，這樣的一種「看」，必須是「親歷」，是在其裏面的「親歷」，而不是外在的對其外表的「觀察」。「觀」，是「『內』觀」，既是「觀『內』在的『心』」，又是「『內』在」的「『心』在觀」；換句話說，「心」既是「觀者」，又是「被觀者」。「觀」甚麼？「觀」內在的「心行」，「觀看」是對「『心』行」的「觀看」；「心行」的「深度」，是由「觀看」的「行動」來達成與確定的。「『心』行」，是否「存在」？進行到甚麼「深度」？離開了「觀看」，就根本無法「見證」和「確定」。換句話說，在「觀看」之前，「心行」處於「混沌」狀態；一旦實施了對「心行」的「觀看」，「心行」就由「混沌」變成「清晰」、由「不確定」變成「確定」，而且能夠「見證」其所進行的「深度」，儘管這樣的一種「深度」不是通過測算而精確得知的。

「觀照」，其中有「照」，即是「心靈」之「光」的「照耀」、「照見」；也就是說，「心」一定是「光明」的；因此，「心若光明，世界就不會黑暗」。說到底，對於人的成長、覺悟，僅有陽光、燈光、燭光等等是遠遠不夠的，還得有「心靈之光」，才有可能去「照亮」那些陽光、燈光、燭光所照不到的地方，如內心與靈魂深處。「觀照」，本身就是一種「行為」，一種「生活方式」，亦即一種「存在方式」。這種「行為」，由「觀照」以「見證」的「存在」；這是一種依據「觀照」、在實施了「觀照」行為而產生的「存在」；這樣的一種「存在」，就不再是那種與作為「主體」的人、與「心靈」無關的純粹「客觀」的了。由此，產生一種立足於「觀照」的在「心靈」層面的現象學的「存在」觀。

向菩薩學習，得懂得從「『心』地」上下功夫，學習菩薩的「『心』行」。人，與自己如「自言自語」，是自己與自己「心靈」的「對話」；與他人的「溝通」，也都是在「心地」上下功夫，「心有靈犀」才會「一點通」。自我，修「觀照」自己的「『心』行」；他人，修「忖度」，「他人有心，予忖度之」（見《詩經》），就是要通達到他人的「心」裏，以「心」度「心」，「心靈」互動，「心心相印」。

修「般若」智慧，就要從「五蘊」未空時、從「觀『心』」開始；《般若波羅蜜多心經》傳授的正是「般若」智慧，因此就在「五蘊」未空時從「觀『心』」開始。到這裏，大家就可以明白了：為甚麼《般若波羅蜜多心經》這部經要從「觀心」開始？為甚麼要講「五蘊皆空」？而這部佛經，又為甚麼叫《『心』經》？

「菩薩之行」，是「身教」，觀自在菩薩以自己「心行」、「觀心」的親身踐履，來「照見五蘊皆空」，以教導舍利弗去實際地「行」、實踐，作性命的踐履。如何像菩薩那樣去「行」？就是：去「觀照」自己內心的起心動念，一直深入下去以達到「般若波羅蜜多」的深度。也正如南懷瑾所說：「觀自在菩薩告訴舍利弗要『行』，就是修行」；「我們知道菩薩的名號代表他的修法」；所以用「觀自在」這個菩薩名號，就是強調在《般若波羅蜜多心經》這部經裏要講的，去做「觀自在」的「智慧」「修行」，而不是別的甚麼修行。這一點，我們在讀《般若波羅蜜多心經》這部經的時候，要特別地注意；不能讀了半天，連這部經到底講的是甚麼還弄不清楚呢？

那怎麼「行」？甚麼是觀自在菩薩所講的「行」？這就又涉及到「觀」、「照」了：「觀自在的意義着重在『觀』，隨時隨地，觀照起心動念，照管每個思想的起沒；但不是用眼睛去看，而是以自己的智慧去覺察它，這就是行的方法。」「觀」，通常是要有所「見」的，所以經文接着就出現了「照見」。這個「照」字，也很重要。打個比方，就像如來佛用那個金鉢，在「發現」孫悟空的行蹤之後，就「照」住他，使他不得脱身；「照」，一定要「照」得住，不能讓他溜掉，還得讓他「現」出原形。

我們再回過頭來講「觀」。這裏，也涉及到：誰在「觀」？用甚麼去「觀」？「觀」甚麼？怎麼「觀」？「內心要起觀，觀，觀自在菩薩，觀自己一個人在，起心動念，念念明瞭」，「一一覺察無失，這是初步」。「觀自心在哪裏？」（南懷瑾，第七頁）這就是説，自己在「觀」，用自己的「內心」去「觀」，「觀」自己的「起心動念」，而且要「一一覺察無失」、「隨時不離心中自我觀照」。

「密宗要人修觀想，其實，觀是觀，想是想。初步的觀既是想，這不是很簡單嗎？觀想，就是你須想像得出來，你心裏想，譬如畫家要畫一座山、一湖水，心一想念，便呈現出來，如在目前。」「觀和想相連，這是入門方法。可是，你們現在學這法門，老實講應在哪裏觀呢？——先要在心頭起觀」（南懷瑾，第八頁）。「在心頭起觀」，這個「起步」處，非常重要；「起步」錯了，就大錯特錯，一切都錯。

南懷瑾接着說：「怎樣才是觀自在菩薩修行菩薩道的觀法？換言之，怎樣才是『行深般若波羅蜜多時』的觀行呢？你這樣從起心動念，慢慢起修，慢慢觀想。走路也好，做事也好，隨時不離心中自我觀照，等智慧功力深入以後，自己自性實相般若的智慧爆發了，就不是先前追求心念起動時的觀想智慧了。」（南懷瑾，第八頁）最後，到了「自己自性實相般若的智慧爆發」的程度，就和「先前追求心念起動時的觀想智慧」區別開來了；那個時候，「觀」就是「觀」，純粹的「觀」，不生不滅、不增不減、不垢不淨，得真自在。

換句話說，就是進入「摒息諸緣，勿生一念」的境界，再「返觀自心」，「返觀」那個諸緣皆息、一念不生的自己，就有可能見到那種息緣、無念後的真相。

③ 用甚麼去「觀」？「『心』眼」、「『慧』眼」

按照《般若波羅蜜多心經》所述，「『觀自在』菩薩」的修行，是從「觀心」開始的。菩薩的「『觀』心」，是用甚麼去「觀」呢？「看」東西，往往要用「眼睛」；那「觀『心』」呢？用我們常人的「『肉』眼」行嗎？顯然不行，因為這裏所說的「心」，是「『肉』眼」所看不見的；「『肉』眼」，怎麼能夠「『觀』心」呢？不能。既然，不能用「『肉』眼」來「『觀』心」，而「觀」又必須得用「眼」；那麼，就得有一種能夠「『觀』心」的「眼」。那會是一種甚麼樣的「眼」呢？能夠「『觀』心」的，那就是「『心』眼」，或者如佛教所說的「『慧』眼」，即具有「『般若』智慧」之「眼」。而西方一些哲學家則認為，「觀」必須經過「肉眼」來到達「心靈」，「心靈不是依據自身，而是依據身體進行思考」（梅洛．龐蒂：《眼與心》第五十五頁，商務印書館二〇一九年版）。

而這樣一種用「『心』眼」、「『慧』眼」來「觀」「『心』的活動」，必然離不開「心」，因而也是一種「修心」，由淺入深，在「自己的」那個「內心『深』處」有所觸動、有所發現；而不是模仿、依傍別人，也不受任何外在事物的誘惑，不向「『自己的』心」之外去追求。

「觀」本身，具有一種「本性」；這種「本性」即是「觀」之「性」，「真實」而不着形相（「凡所有相，皆是虛妄」）的，是看不見摸不着的，又是與「觀」的「內容」、「對象」毫無關係的，因而是「空」的，但又確實「存在」。關鍵就在這裏，在「觀」的過程中，要「觀」其「自現」的「本性」。人們要做的，也就在於：洞見「觀」之「性」！這就是說，首要的，不是「觀者」（如「觀察」的「人」）的「性」，也不是「被觀者」（如所「觀」之「花」）的「性」；而是「觀」這行為本身的「性」。具有了這樣一種「性」的「觀」與「現」，才有可能不被任何物質、精神的東西等等所「蒙蔽」，達到「空」的、「無罣礙」的境界。

從這樣的一種角度，我們也可以說：對於「觀」、「照見」，我們都要識其「本性」；而這樣一種的「觀」、「照見」的本身，就是「心行」。從「識其『本性』」上來講，就不是把精力、時間放在：「誰」在觀？觀「甚麼」？而是與「觀」、「照見」相關的「心行」的「本性」。着眼於「觀」之「本性」，「觀者」、所「觀」的「對象」等等都不會「執着」，統統被「放下」了；這就是「五蘊皆空」。這是一種不重「對象」、而重心靈「行為」本身的「佛教現象學」呀！

再總括起來解釋一下：「『觀自在』菩薩」這樣的一種「觀」，是指「『返』觀」、「向『內』觀」；「『內』觀」，不能用「『肉』眼」，只能用「『心』眼」、「『慧』眼」；用「『心』眼」、「『慧』眼」，去達到自己的「內心世界」深處，了悟「本性」，「照顧」自己的「本性」。這樣的一種「心」之「觀」，只在於「觀」本身，主要不在於「誰」在「觀」（即「觀者」）、也不在於「觀」甚麼（即「觀」的「對象」），當然更不是「『外』觀」、用「肉眼」去看自己「身體」及相關的「外在世界」。

「行深般若波羅蜜多時」的「行」，是指「『心』行」。這整句話是說：「『觀自在』菩薩」，以其「『心靈』的『光明』」，用「『心』眼」、「『慧』眼」實行「『內』觀」，深入達到「般若波羅蜜多」的境界。

接下來的「照見五蘊皆空，度一切苦厄」，這整句話是說，在這種時刻、這一瞬間，就會真正明白：世間萬事萬物萬法無論是物質的還是精神的世界（以『五蘊』來概括），都無法影響我們了，對我們都不起作用了，都不再能夠束縛、制約我們了；頓時，我們心內的苦惱（苦）、身外的磨難（厄），一下子就都化解啦！

④「觀心」之「行」即是「自度」亦為「度他」

「行深般若波羅蜜多」，是「自度」，「自度」而後才能「度他」；而這個「度他」，從根本上來說，還是「他人」的「自度」。點燃自己「內心的光明」，既「自明」，又「照亮」了「別人」。對於「他人」，佛陀、菩薩所能起的作用，也僅僅在於點撥、指引道路而已；向佛、成佛之路，最終是要靠每一個人自己去走成的。

所謂「自度」，就是自己「觀心見空」、「自內證智」，成為一個「智者」。「自度」，是看清自己，改善自己，自己破「迷」而「覺悟」、「明心見性」。許多人認為：我對自己還有甚麼不了解的呢？其實不然，往往自己這樣「想」了，這樣「說」了，這樣「做」了，卻很少人能夠在內心深處去「追究」過，乃至去「問」一個：為甚麼？這樣的一種「追究」、「問」，就是「自問」；「自問」，需要「捫心」才可能「問」得「到位」，所以人們常說「捫心自問」；「捫心自問」，就是自己和自己「心靈」的「對話」。

⑤「修『觀』」、「心『行』」，是本經主題

修行，首先要做的就是：修「觀」，要「從觀心修起」。「觀」，在中國「大乘佛法」中，是用「心眼」「內

觀」，修得一種「宗教」的「經驗」。修「觀」，是在「發起菩提心」的基礎上；在「觀」的過程中，實現「明心」而「見性」。

I、修「觀」

修行，首先要做的就是：修「觀」。「修『觀』」，是「修『內觀』」，用「心眼」去「看」。例如，心裏的煩惱一起來，你就要「看」着它。你要注意的是，為甚麼有的時候煩惱起來的時候，自己沒有「看」見，或「『視』而不『見』」；它是否消失，並不是你要關心的。（以上，也是宗薩欽哲仁波切講過的；本文所引用的，均出自《〈心經〉講座與禪修開示》，正見網站）。

這裏講的是「觀」，雖然不是去加以判斷或其他別的；但是，不能「視」而「不見」。首先要學會「觀看」，「專注」地「看」；然後，也得「視」而「有見」，且「有悟」。

II、「觀照」之「心」

宗薩仁波切還自問自答：這個「觀照」的「心」，是一個還是兩個？他回答說：是一個，是同一個。「心」，就像一盞燈，既「自明」，又「照亮」了「別人」。所以，只有一「心」，且「心注一境」；這就是《般若波羅蜜多心經》中用以「照見五蘊皆空」的那顆「心」。

按照憨山大師的解讀，這是以「人人本有之心光」，「當下回光返照」，「正如千年暗室，一燈能破」（引文均見《〈般若波羅蜜多心經〉直說》）。

我想說的是，「觀『心』之行」，是「專注」於「『心』行」，每一步都「看」得清清楚楚、毫不含糊，

「看」着「心」一步一步地深入下去，「心」無旁騖，用「心」專一；因此，任何妄想雜念起來，都能牢牢盯住，不會被它干擾、搗亂。「觀」，就是要「看」得清清楚楚、明明白白，每一步都不含糊，都不能有任何的疏忽。所以，在這裏，「修行」，就是「修」「觀『心』之行」，「修」「用『心』」的「專一」。

本經的經文，一開始用了一個「觀」字，就是強調本經是「修『觀』」的。與後面的「照」字相應，構成「觀照」。「觀」，「內觀」「心行」；何謂「心行」？就是作為「成佛之道」的「內修般若行」；「般若」，「『外』修」不得，要靠「『內』修」。「『觀』心行」，確切地說，不是用「『肉』眼」去「觀」，而是用「『心』眼」去「觀」；所謂「『心』眼」，在這裏特別是指是「菩提心」基礎上的「『心』眼」，如果「心」還沒有到「菩提」的境界，也是「觀」不到的。其次，「觀」，不是「向『外』」，不是「觀」外在世界，不是「觀」高山大川、花草蟲魚；而是「向『內』」、「『返』觀」，「觀」內心世界，「觀照」自己內心的妄想雜念的出沒、堅持「勿忘初心」、「用『心』專一」。因此，是「『內』觀」，是從「外」轉向「內」的「觀照」即「返觀」；「觀」字，本身帶有「見」，就是說，「看」還得有所「見」，進而「本性」自「現」，「看『見』」自己的「本性」。

聖一認為，「觀」，必須走三步：（一）先擯棄所有外緣，淨身；（二）內不生任何雜念，淨心；（三）認識自己的本心，看見自己的本性，從這個自性中獲取一切（即明心見性——鄭湧注）。所以，具體修行的時候，就需要先「降服」腿、調息等等，再「降服」妄想雜念等等，最後才有可能「明心見性」。

Ⅲ、「觀『自在』」

這樣的一種「心行」與「觀照」，一定不能被束縛，一定得是毫無罣礙、自由「自在」的；也不是刻意而為，更不是故意做給別人看的，而是那種發自內心的「自然而然」。何謂「自在」？「自在」作為一種重要的「存在方式」，是《般若波羅密多心經》為哲學提供的一種的「存在」觀，是「大智慧」的體現；「自在」，是「自由」的「存在」、「本己」的「存在」；「存在」而無「自由」、非「本己」，就不是「真實」的「存在」，不是「本真」的「存在」。

那種突然之間、毫無預設的「發生」，是一種「『本己的』存在」，是一己「『向來所是的』存在」，是「意識」之外、之前的「存在」；與此同時，要在「無蔽」狀態中而且也只有在這樣一種的狀態中，才能「顯露」其「本真」。日本的井筒俊彥說：「自己的意識全都消失了，只剩下自己依然存在的感覺……」（稻盛和夫：《心法》第○一一頁，東方出版社二○一八年版）。這也是一種不錯的區別於「意識」的對「存在」的解讀。而《般若波羅蜜多心經》中的「自在」，也確實涉及到那種一己「『內心的』存在」、「『向來所是的』存在」、放下一切之後的「只剩下」的「存在」；並且，在「照見五蘊皆空」中才能「顯露」其「本來面目」。中國佛教，提倡這樣的一種「自在」；而歐洲基督教則宣導「自由」。

聖一認為，這樣的一種「自在」就來自「菩提心」，違背了「菩提心」就不得「自在」。聖一自問自答：何謂「觀自在」？他解釋說：背離菩提心去觀法，是非常危險的，這會造成被法所縛，於一切法不得自在。離菩提心觀色，便着色，為色所縛，不得自在；離菩提心聞聲，便染聲，被聲音所縛，不得自在；離菩提心嗅香，為香所染，為香所縛，不得自在；離菩提心講話，着了語言文字，被語言文字所縛，亦不得自在；離菩提心覺觸，味着了觸，為觸塵所縛，不得自在。由此可見，「菩提心」即在別人困難時伸出援手是一條底線，是不允許踩踏的。

問題究竟出在甚麼地方呢？都是因為：背離了自己的心而觀一切法，着一切法，於一切法不得自在。如果，能夠倒過來，若能背法觀心，心明法空，於一切法得自在。這就是說，「觀照」自己的「心」，知道自己是「誰」，知道自己「想要甚麼」，知道自己如何去「踐履」以「實現」，於一切法得自在。所以，除了強調不能「違背『菩提心』」之外，還要注意「菩提心」的遵照「般若」之「行」；不遵照「般若」之「行」，還是不會得「自在」。與其餘的相比較，「踐履」是最重要的；只有藉助於「踐履」，才有可能「實現」，也才有現象學哲學意義上的「顯現」。觀自在菩薩的「觀」字，不是叫我們觀法，若觀黃金，可能起盜心：觀色則着色，觀名則求名；而是觀「心」，觀「清淨」之「心」，重現本色，回歸自然，一無他求。

觀自在菩薩自己是如此「踐履」以「實現」的：「我若向刀山，刀山自摧折；我若向火湯，火湯自枯竭；我若向地獄，地獄自消滅；我若向餓鬼，餓鬼自飽滿；我若向修羅，噁心自調伏；我若向畜生，自得大智慧。」菩薩觀心，於一切法得自在，故名觀自在。觀自在菩薩不但於種種得自在，於貪嗔癡三毒亦得自在，亦令受持觀自在菩薩聖號的人得自在（參閱聖一法師的《〈心經〉講記》）。

IV、「觀『自在』」與「觀『心』」

此外，這種「觀『自在』」，也可以說是「觀『自己的所在』」；確切地說，是「觀『自己心之所在』」，懂得「應無所住，而生其心」。

「觀」這種行為本身，就是「用心」去「觀」，就是一種「運行」着的「心」在「觀」；同時，被「觀」的，又是「心」的「運行」。「心」在「運行」中被「觀」，在「運行」中「自現」。「心行」，而「無罣礙」，即是「自在」；所以，「觀」「心行」而心「無罣礙」，即是「觀」「自在」。傳這部《般若波羅蜜多心經》的，是觀自在菩薩本人；要傳授的正是他自己修得的「心行」、「觀」「心行」、「本性」自「現」的法門；傳授這部法門，是為回答人們的問題：修行，應該從何入手？答案是：從發起「菩提心」、從自己的「觀」「心行」入手。

聖一法師還說：有些人把「觀自在」解作「觀自己所在」，那自己又是甚麼？自己要認識自己，自己是眾生；佛，也是由眾生所成，所以一定要認識眾生，猶如饅頭、水餃，為麵粉所成，是故一定要認識麵粉。尊重眾生，也就是尊重自己；一個不尊重自己的人，也是無法尊重眾生的。

因此，對「眾生」是否「尊重」，是考核一個人是否懂得「尊重」的既簡單又明確的標準；一個根本不懂得「尊重」的人，是根本不可能具有「敬畏」感的。想做一個有「敬畏」、「信仰」的人，首先就得學會「尊重」別人。

V、「心」的「存在論」

在這裏，如果我們把相關的問題放在當前世界哲學平台台上來討論，會得到一些重要的哲學啟示：

法國近代著名哲學家R．笛卡爾提出了他的哲學綱領：「我思，故我在。」這就是說，哲學最重要的概念是「我」，而「我」的「存在」依據的是「我」的「思維」。在笛卡爾那裏，提出了一種「思」的哲學，這種哲學認為「心」與「身」是二元的。

《般若波羅蜜多心經》第一個詞語就是「觀自在」，《般若波羅蜜多心經》提出了一種「觀」的哲學，參照E．胡塞爾建立的那種「看」的現象學，這可以說是一種中國的現象學。這樣的一種「觀」，是「『內』觀」，由「心」來「觀」、「觀」的又是「心」之「行」，而不是「身」；「觀」身，則是「『外』觀」。「觀」「心」的甚麼？「觀」「心」的「自在」即其「存在方式」。「自在」，首先是「我」的「存在」，而不是「他」的「存在」；其次，「自在」，是「心」的「自己運行」、「自我活動」，正是這樣一種的「自己運行」、「自我活動」使「心」得以成「觀」。

「心」的「行」，即「心」的「自在」、自我「運行」、自我「活動」；由此形成的哲學，是一種「行動」的「『存在』哲學」，而不是「『思維』哲學」。從「心」來看「我」這種「存在」，就不是M．海德格爾的那種有生有死的「存在」，而是一種中國式的「不生不滅」的「自在」。

(2)「行深般若波羅蜜多時」

這句話的意思是：發生了、進行着，到了深入的圓融的時候。「心」，發生了甚麼？處在何種狀態？行走於何處？正是佛教修行的這種宗教經驗活動的所在。《般若波羅蜜多心經》開門見山，化繁為簡，直接觸及了這一根本。正是這樣的一種宗教經驗活動，使得人從「此岸」通達「彼岸」成為可能。在我們日常生活之中，兩岸的「通達」，得靠「行走」，或「行走」陸路，或「行走」水路，或「行走」空中之路；或駕車馬，或駛舟楫，或開飛機。而佛教的修行，不同境界之間的「通達」，則靠「心行」。

從哲學的角度來看，也正是在這種宗教經驗活動之中，哲學成為了可能；例如，去形成一種作為行為哲學的現象學解讀。實際上，M．海德格爾的走上哲學之路，離不開他的宗教生活經驗。在這裏，先介紹他對「行為」的哲學解讀；就他而言，哲學已經不是那種「描述」，而是「解讀」；他的這種「解讀」，往往圍繞着「詞」的「指義」。他說：「『行為』具有兩重指義」，「1、自身行為，自身行動；2、朝向……而行為，與……相關，具有某種關係。」從其第二種指義來看，這裏的「行為指向某物」，有「與某物的關係」，這種關係也可以說是「客觀化的意向性」的；這是有「對象」的，而「每一個對象都具有其特殊的內容意義」。然而，第一種指義，「行為」可以理解為是不「指向某物」的，因而是無「對象」的，不具有「內容」（《對亞里士多德的現象學解釋》第四十六、四十七頁）。

我們要探究的這段經文中的「行」，則是指與「觀照」相關的「心行」；既然是「心行」，在「內心進行」，一定是「內在」的；「心行」的「時間」，相應的也一定是一種「內在」的尺度。「行深」，是指「心行」的「進度」，「進度」有「空間」與「時間」之分，而在這裏講的是「時」即「時間」。現代物理學，也是採用「時間」（如「光年」）來度量「距離」，但是精確計算的那種。

那麼，我再來講講這個句子中的「行」，以及「深」、「時」：

①「行」與定力

這個「行」，元音老人在《心經抉隱》認為，應該讀為Hang，「道『行』」的「行」（中文拼音為Heng），是名詞，是對修行深淺的一種判斷標準。

我還是讀為xing，是動詞，「行走」的「行」，這裏講的是「『心』之行」；「『心』之行」，是一種「行為」、一種「運動」，由此引發一種「震動」、「振動」與「互動」，且產生出極大的向心力、凝聚力，形成一種「能量場」，能讓身與心、人與人、人與自然融為一體，成為一個「整體」。

也可以說，這樣的一種「『心』之行」，是「心」的在「般若」層面之「行」，而且是最到位的最圓融的「心」的「般若行」；「般若行」，行至其適當的「深」處，可「現」「五蘊皆空」。正如前面已經說過的那樣，我需要進一步強調的是：這樣的一種「心」的「般若行」，一定是有「定力」之「行」，才有可能「恆定如一」，在「平靜」、「淡定」中「堅定」「行進」。

②「深」

「深」，是講「『心』行」的「深入」，是空間的深入，與時間相契合的空間深入。「深」度，是「高」度、「寬」度之外的另一重要維度，是一些畫家（如塞尚）都畢生追求的，更何況作為修行者。如何「深入」？應該「深入」到甚麼樣的境界與程度呢？作為佛教修行者，應該「深入」到「般若波羅蜜多」的境界與程度，讓「心」回到那純潔、莊嚴而又神秘的「靈魂深處」，達到「出世智慧」的最到位最圓融的境界。而這樣一種的「深入」，對於修行者而言，與其「專注」密切相關，可以說修行有多「專注」，而其體驗就有多「深入」。

回到「靈魂深處」，西方的哲學家認為，只有神能做到；而人是做不到的。例如H·-G·伽達默爾所說的那樣：因為「人與神相比較所具有的有限性，以及人對我們的本能、肉體的實際存在的生存重要性的迷戀」；所以，「人的靈魂（因為他們心猿意馬）」而「心神不定」，「人的精神中的本能性的東西混亂了視聽，人的靈魂只能對那永恆的秩序投之片刻的、粗略的一瞥」，對「那個世界的真只保留一點點模糊的記憶」（《美的現實性》第十三頁，人民出版社二〇一八年版）。但是，佛教不同，佛教認為，眾生皆有佛性；因此，人也可以做到和神（佛）一樣，能夠氣定神閒，看清楚「天國」「那個世界的真」。所以，我認為，佛教的修行一定是修「心」、而且是修在「靈魂深處」，一定「要把『安魂健魄』放在首位」，「最終能夠『守住魂魄』」（《美的現實性》第九十三頁）。日本的禪學大師鈴木大拙則認為，佛教要求人明心見性；不過，人「只有守住本心才能明心見性」，「而人們通常的生活只可觸及心性的邊緣，不足以在靈魂深處形成一種震撼」（鈴木大拙：《自性自見》之《序説》第十八頁，海南出版社二〇一七年版）。這也足以說明：只有佛教修行才有可能在人的靈魂深處形成震撼，而通常的生活是不可能做到的。

元音老人認為：「此處的『深』，不是『深淺』的『深』，因為『深淺』是相對的，是有限量、有邊際、

有分別的。這裏的『深』，是深深廣大之意，連深也不可得，因遍果滿，一切無礙。」（《心經抉隱》第九十四頁）

因此，「『深』不可測」，才叫「深」；但凡能夠被「預計」、被「測量」、能夠「確定」的，就有了「定量」，就不是真正的「深」；「深」，在這裏，是「甚深」，「深不見底」，「深不可測」；如同如來，既看不到來處、又不知去處，便是「深」。對於修行者來講，也強調其體驗的「深度」，而這種生命體驗的「深度」往往取決於其「專注」的程度；修行有多「專注」，體驗就會有多「深刻」；這樣的一種「專注」，並不是去「專注」任何的事物，例如「聽海」，不是讓你「專注」於「海」的聲音，而是「專注」於「聽」，這樣的「聽」就不會被局限於「海」的聲音了，很可能會「聽」出更「深」層次的東西來。

③「時」，是「屬己」的

這裏的「時」，只對覺悟者顯現，因此對於佛教經驗具有根本性。這種「時」，是取決於修行之「道行」的，取決於這種「道行」的深淺，而正是這樣的一種「行」，快慢無序，深淺莫測。這樣的一種「時」，是「不確定」的，既不可預設，也不可掌控，不可能準確，更不可能精確，不是那種如鐘錶般確定的幾點幾分。這樣的一種「時」和上面那種「深」，甚至可以說「都不是體驗」，是沒有辦法把它們「納入到經驗中去」的。

「時」，在《般若波羅蜜多心經》中，是一種「心行」的「時節」，也就是「度」過「修行」各段「路程」的「時間節點」；例如，「度」過空與色、受、想、行、識等五蘊的「時節」，「度」過六根、六塵、六識的「時節」，「度」過苦、集、滅、道的「時節」，乃至「度」過成為菩薩、佛陀的「時節」，等等。這些「時節」，「修行者」都得「度」過，至於甚麼時候「度」過，每一個「修行者」各不相同，雖皆有定數，但不可預測。

還有，那個「時」字，作為時間的境域，很重要。這樣的一個「時間」，特別是與內在「心靈」相關的「內在時間」，曾是現象學哲學的主題，由E．胡塞爾發起並擴及到M．海德格爾、H．-G．伽達默爾，以至於談論他們三位的哲學，都無法迴避「時間」問題，特別是他們所涉及的「異時性」、「歷時性」、「共時性」。

《般若波羅蜜多心經》中的「時」，是一種宗教即佛教的「時間」，是「出世」的、不具有「世俗性」，不屬於「世俗」的經驗。「深」與「時」的結合，是一種時、空結合的多維境域。聖一的解釋是：一切法唯識所變，唯心所現；「時」，指過去、現在、未來；過去、現在、未來，都行深般若（這就是「時」之「共」）；所謂過去不可得，過去便有般若；未來不可得，未來便有般若；現在不可得，現在便有般若（亦是「般若」之「共」）。時者，即過去、未來、現在皆不可得，而「行深般若波羅蜜多」，故名「行深般若波羅蜜多時」。另有人說，這是強調需在實際的修行、性命的踐履中達成「圓滿」。

對此，我再稍作補充：「行」之「深」，所謂「深」即「深不可測」的那種「深」，「深」而不可「測」定；而日常生活中的「時間」，是可以測定的，如幾點幾分；科學的「時間」，也是可以測定的，例如宇宙的「時間」可以用「光年」來測定，體現其久遠。佛教的「時」，是「內觀」的一個重要節點，既不能預見，又不可錯過。也可以說，時間就在「當下」，一個極短的瞬間，是稍縱即逝的。機會，得之不易，卻失之極易，但不能視而不見、聽而不聞。發現，得在適當的時機；「悟」，也是瞬間之事。

「照見五蘊皆空」，也一定是發生在瞬間之事，突然襲來，不縱而逝。「照見」、「悟」這樣的機會，是極少發生、極難遭遇的。因此，一定要用心、敏銳，注意力集中，不容懈怠；一旦出現，就及時牢牢抓住抓緊。其「出現」，既不能預測，又不可錯過。而能否「抓住」，也「神」不可「測」，不能靠你一己的本事。就像德國詩人R．里爾克的一首詩所寫：「如果你只是接住自己拋出的東西，／這算不上甚麼，不過是雕蟲小技；／只有當你一把接住／永恆之神／以精確計算的擺動，以神奇的拱形弧線／朝着你拋來的東西，／這才算得上一種本領，／但不是你的本領，而是某個世界的力量」（見H・-G・伽達默爾《真理和方法》之扉頁）。

按照《周易》的說法，是「時中」，不是講究某年某月某日、幾點幾分幾秒，不是這種「外在」的可計算的時間，也不是這麼具體的時間，這只是一種世俗的「計時」方法；也不是那種「抽象」的時間概念。在鐘錶的刻度上求時，就如同「刻舟求劍」。「行深般若波羅蜜多時」的「時」，不是「計時」，這種「時」是無法「計劃」的、不可「預計」的，也是不能「計算」的；也不是「抽象」的，不可「固定」的。它，常常出乎意料、猝然臨之，而曇花一現，有點兒像是「Dasein」。「時」，就是「恰逢其時」，不前不後，不早不晚，早一秒也不是「其時」，晚一秒也不是「其時」。

西方人，有自己的「時」，除了哲學的，還有文學詩歌的說法。例如有一首小詩《一切都準時》，網上傳得很火，我摘錄其中幾句：「世上每個人本來就有自己的發展時區。／身邊有些人看似走在你前面，／也有人看似走在你後面。／但其實每個人在自己的時區有自己的步程。／不用嫉妒或嘲笑他們。／他們都在自己的時區裏，你也是！／生命就是等待正確的行動時機。／所以，放輕鬆。／你沒有落後。／你沒有領先。／在命運為你安排的屬於自己的時區裏，一切都準時。」從這個意義上來講，「時間」是「屬己」的，就是說每一個人都在「屬於自己的時區裏」，每一個人都與眾不同；然而，這又不是任何人可以左右與掌控的，任何人都無法左右自己或他人的時間。

④「啐啄同時」

另外還有一種說法，就是中國的「啐啄同時」，只有全部必要因素齊全，因緣具足，機緣巧合，才有可能發生。這裏，講的也是一種「同時性」。中國佛教突出強調「啐啄同時」，就是佛陀的傳授和信徒的接受一定要「同時」，對大家都是「對」的、「適宜」的時間，就像是老母雞的「啄」和小雞的「啐」一定要「『同』時」。通常，當小雞成熟要從雞蛋裏出殼的時候，牠就會在蛋殼裏「啐」；這個時候，老母雞聽到了，牠就會在蛋殼外面「啄」；裏面「啐」與外面「啄」及時配合，很快蛋殼就破了，小雞就可以從蛋殼裏面出來了。如果，這「啐」、「啄」不「『同』時」；小雞「啐」，老母雞不「啄」，光憑小雞一己的力量是「啐」不破蛋殼的，久而久之，小雞「啐」不破蛋殼，就會憋死在裏面；而光憑老母雞「啄」，小雞沒在裏面「啐」，說明小雞尚未成熟，這個時候老母雞即便把蛋殼「啄」破了，小雞也不能成活。

這個「啐啄同時」，講的也是一種「同時性」；一種多方共同參加的活動，構成了他們的一種「同在」，這是那種既是「空間」上也是「時間」上的「同在」。當佛陀的「講演」被信眾「聽」的時候，就會形成着這樣一種在交往互動中的既是「空間」上也是「時間」上的「同在」。正是這樣一種的「同時性」、「同在性」（當然，還有「共時性」、「共在性」），成為「解釋學同一性」的哲學基礎。這是我們可以從H·-G·伽達默爾的解經哲學那裏學到並加以發揮的。

這些，就是「時」、「機」與「悟」、「見」之間的關係。

⑤ 再說「波羅蜜多」

前面，我講了「深」與「時」（時間乃至空間）的結合，這個結合最恰當的「度」，就是「波羅蜜多」；這個「度」，不能增，增之則過長、過大；又不能減，減了會過短、過小。這樣的一種「度」，一定是「恰到好處」。這是佛教修行的一個內心轉變的至關重要的節點、拐點，且如果不能及時發現把握、掌握好尺度，就會轉瞬即逝、失之交臂。

按照印度薩古魯的看法：「只有當你接觸到了關於你是誰的最深處核心時，你才是過着完整的生活。」這是一個「最深處核心」，體現「心行」的必要「深度」；而「接觸」這個「最深處核心」的有一個「空間」的「點」與「時間」的「度」；只有二者結合恰到好處，才能算是修行「到家」。只有在這樣的一種狀況下，你才有可能「覺醒」、真正知道「你是誰」；也就是《般若波羅蜜多心經》所講的「五蘊皆空」之後的「你」。只有在這樣的一種狀況下，你才是一個「真實」的「你」、一個「真實」地「活」着的「你」。

(3)「照見五蘊皆空」而「自性」顯現

「照見」，需要有「光」；「光」從何來？人需要的「光」大致有兩種，一種是外在的，如「太陽」的「光芒」，給你以「光明」、「溫暖」，給你以「生存」的「空間」，使你所需要的世間萬物得以生長。但是，對於人而言，僅此是不夠的，還需要那種內在的，如「心靈」的「光明」。「陽光」，能夠光明、溫暖人「身」；而「『心靈』的『光明』」，則能夠光明、溫暖人「心」。佛教的「修『行』」，就是「修『心』」；而「修『心』」的根本，就是「修持」「『心靈』的『光明』」，或者像有人說的那種「『心眼』之『光』」，使得這樣的一種「光明」能夠破除任何東西對「心靈」的遮蔽。

《般若波羅蜜多心經》所強調的，就是「『心靈』的『光明』」。從人的「觀照」的角度來講，是「眼光」；而這裏的「眼光」，並不是「『肉』眼」之「光」，而是「『心』眼」之「光」。這樣的一種以「『心』眼」之「光」的「觀照」「『心』行」，猶如「『日』行」；而其「照見」，則猶如陽光劃破烏雲（「五蘊」），普照山川大地。能「照見五蘊皆空」的，就是這樣一種的「『心靈』的『光明』」；「五蘊」因此而被暴露於光天化日之下；

就是說，「五蘊」被看破、看透，被徹底地瓦解了，不再有一點點疑惑，也不成任何問題了。所謂「五蘊」，除了「心」外之物，還有「心」裏的妄想雜念等等。「照見五蘊皆空」，「自性」即現。

而「照見五蘊皆空」，最根本的，就是讓眾生返歸自己本來就具有的「心性」，返璞歸真。

① 「一切唯心造」

聖一引用《華嚴經》：「若人慾了知，三世一切佛，應觀法界性，一切唯心造。」《般若波羅蜜多心經》二百六十個字，講的就是在明白了這個「一切唯心造」之後，怎樣回歸「初心」。明白了這個「一切唯心造」，就會去找「心」，以至「明心見性」，即是「自性」顯現。

「明白」，在這裏就是「悟」；顯然，「『不』明白」、「『無』明」，在這裏就是「迷」。凡人與佛陀之間的區別，就在於一「迷」一「悟」之間；「迷」為眾生；「悟」則成佛。這樣一種與「悟」相關的「明白」，突出的是「吾心」、「自性」，是「『心』照」而「明」；顯然，不同於解釋哲學的「理解」，「理解」太拘泥於「思想」特別是「言語」；因此，它們不在一個層面上。

② 「照見」，更重要的是「見」

怎麼樣才能「明心見性」？怎麼樣才能「覺悟成佛」？在《般若波羅蜜多心經》裏，觀自在菩薩不但身體力行，做了表率，而且經文講得也非常明白！我們照着做，便是了。

首先，大家要知道：我們每一個人都有一顆清淨、明亮的心，這樣的一顆心，從我們每一個人一生下來就有；可惜的是，我們許多人忘記了這一點，慢慢就認識不到這一點，甚至不明白、不懂得這一點。為甚麼我們許多人不明白了呢？就因為隨着年齡的增長，被身邊的許多世俗的東西遮蔽了、迷惑了；即便是佛法，「執着」了也是一種「迷」。甚麼東西、哪些東西遮蔽了、迷惑了我們？例如五蘊、六根、六塵、六識乃至其他各種法門。《般若波羅蜜多心經》認為，要想「明白」自性、找回我心，首當其衝的，就是要看破「五蘊」，就是「照見五蘊皆空」。「明心見性」、「覺悟成佛」，就得從這個「照見五蘊皆空」、看破「五蘊」開始。「照見五蘊皆空」這句話特別是那個「照」字，在聖一看來非常重要。他曾經這樣説過：

「把六百卷大般若經濃縮為五千字的是《金剛經》，再把五千字的《金剛經》濃縮為二百多字的是《心經》，我現在再把《心經》濃縮為一句，就是『照見五蘊皆空』。觀自在菩薩照見五蘊皆空，未來的菩薩亦照見五蘊皆空，過去的菩薩亦照見五蘊皆空，現在學佛的人亦要照見五蘊皆空，路就是這樣行。把『照見五蘊皆空』，再濃縮為一個字？照！」（聖一：《〈心經〉講記》。本書所引聖一文字，均出自此著）

「照」，聖一認為，即「照顧」。誦經時，口誦心行（此處「行」，原文為「思惟」）；佛教強調「不可思議」，所以我作了改動，把「思惟」改成了「行」——鄭湧），隨文入觀，照顧其路徑（原文為「照顧其義」，並省略以下「便會發現經中義理無窮，便能演説經中道理」，理由同上——鄭湧）；持咒時，亦要照顧，照顧這個音聲從那處地方出來，若能照顧看，跟着它入去，便能入定；一入定，這個世界便空了。這裏，突出強調了：持咒，重在「『觀』音」（而這個「音」，並非發自唇齒，而是出自「心區」，是真正意義上的「心聲」——鄭湧），跟住這個「音」（就是跟住「心聲」而「心行」——鄭湧），便能入定，便能出世（即超越所身處的現實生活世界），於是便進入另一個世界，從生死的此岸到涅槃的彼岸。

聖一舉例：過去有一位和尚，在藏經樓當香燈，一心持《大悲咒》，日夜用功，念了三年，跟着《大悲咒》一個字一個字的到了涅盤彼岸。持咒，是一個無分別法門，若能跟着一個字一個字的走入去，便能離開這個世界，到另外一個禪定的國土去，俗稱三昧。這就是雜念止息，領略了「個中三昧」；「離開這個世界」而「到另外一個」「世界」，就是從「此岸」而「到達『彼岸』」。

參禪又如何？聖一認為：參禪更加要照顧，禪堂內稱為照顧話頭，時時刻刻要照顧話頭；但是，有人說了「照顧話頭我不懂呀」！其實，要你照顧的，就是要照顧這個不懂，在不懂中而摸索，在不懂中參究。誰不知：一不懂，一切都不懂？人家罵你，你不懂；人家打你，你不懂；人家求名，你不懂；人家爭權奪利，你不懂；是非人我，你不懂；念佛是誰？不懂。在這地方，不妨不懂一年，不懂兩年三年；虛雲老和尚參「拖死屍是誰」，行，不知行，不懂；食，不知食，不懂；視，而不見，不懂；最後，不懂的疑情斷了，便悟過來，照見五蘊皆空，五蘊空就是般若，般若便是佛性。

我覺得，在這裏聖一所講的，才是真正的「大智」，而「大智」者「若愚」；「大智」，就是「不懂」，「不懂」別「裝懂」，「不懂」就是「不懂」，「在不懂中而摸索，在不懂中參究」。要說「勿忘初心」、「復歸於嬰兒」，就有一個「回到『不懂』」的問題。我們小的時候，「不懂」的東西很多，問到我們甚麼「不懂」的東西，就直說「不懂」，「不懂」不會「裝懂」；大人們也不會因此而怪我們，反而會誇我們「誠實」。人慢慢長大了，或者是因為「懂」的東西多了，自以為「懂」了；或者是因為要面子了，本來「不懂」的也會說成「懂」。這也是一種對「本性」的掩蓋。所以，一定「要照顧這個不懂，在不懂中而摸索，在不懂中參究」。對於自然界、社會乃至前人留下的知識、著作，任何一個人能知道的、能讀懂的都是非常有限的，有許多還是停留在「未知」、「不懂」的狀態；因此，即便是當了老師，站在了講台上，也應該「知之為知之，不知為不知」，堅持「在不懂中而摸索，在不懂中參究」。

聖一還說：用這個「照」字，時時刻刻要照顧自己；動一個念頭都要照顧，善念可以保存，惡念要消滅；

我們動一個念頭，照顧這個念從何處來，照顧這個念往何處去。若能照顧自己的心念，則受、想、行、識空；若照顧自己的色身，則身體空。不過，心未空，妄想生生滅滅，見到粗妄想；後來，粗妄想熄滅，變了細妄想，細妄想猶如流水一樣，古人稱為流注生滅。趙州老人稱其為急水上打皮球，念念不停留，如瀑布一樣，還看無生滅；其實，微細生滅不停，再照顧，生滅滅已，寂滅現前，便能心空及第歸，完全靠這個「照」字。不過，我則認為，這樣的一種「照」，是離不開「見」的。

因此，我還是覺得：「照見」，「見」甚至要比「照」更為重要。「看」、「照」，一定要有所「見」，一定還要有所「悟」，如慧能的「見」、「悟」到「自性」，以及「自性」的「本自清淨」、「本不生滅」、「本自具足」、「本無動搖」、「能生萬法」。

③ 脫掉「戲裝」、找回「真我」

「照見五蘊皆空」，究竟是甚麼意思？我再唸一段毛姆在《隨性而至》中的話，或許能觸類旁通：

「俗世之務要做，但要超脱其外，要始終堅持只有自我才是真實的。你必得像個演員，穿上戲裝，扮演角色，甚至能和所扮演之人情意相通；不過，又要始終明白，自己並非戲中之人，而是真實生活中的自己。同樣，一旦明白你不是那具軀殼，尋獲了自我，那麼又何必為這具軀殼的意識或者我就是軀殼的感覺所困擾呢？這具軀殼的所作所為，都無法撼動你對自我的堅持。這種執着，也絕對不會干擾你的軀殼去承擔它應有的職責，正如一名演員明白真實生活中的自我，但這一事實絕不會干擾他在舞台上所扮演的角色一樣。」

在這裏，打個比方説，所謂「五蘊」，就是毛姆在上面所説的「戲裝」、「角色」之類；一個人「穿上戲裝，扮演角色」之後，上舞台演戲就是個「戲中之人」了，而不再是「真實生活」中的你。但是，你不能因為演戲、有了戲裏的角色，就忘記了你在「真實生活」中的自己，以及你在「真實生活」中的身份。我聽說，有一位二十一世紀的中國演員，他在戲裏演了皇帝，結果他回到自己的家裏，依然是一副皇帝的做派。這就表明，這位演員被他在戲裏的角色所困擾、不能自拔了，或者說太入戲了，在「真實生活」中把自己也錯當做是「戲中之人」了。

與此相仿，與我們的「內心世界」相比較，我們在「塵世生活」之中的一切，就無非都是「戲裝」、「角色」了，例如部長、教授、將軍等等頭銜、身份；我們世人往往被這些「戲裝」、「角色」所困擾、所遮蔽，而忘記了內心的「真實的自我」，不再堅持那個「真實的自我」，甚至不惜出賣那個「真實的自我」。從這個意義上來講，「五蘊」就類似於「戲裝」、「角色」、「舞台」這些「軀殼」，遮蔽了「真實的自我」、使人看不見「真實的自我」，而誤以為自己就是「戲中人」；「照見五蘊皆空」，就是要脱掉「戲裝」、走下「舞台」，找回內心的「真實的自我」。部長、教授、將軍等等，都是「戲裝」，把真實的人包裝了起來，遮蔽了人的「本來面目」，包括遮蔽了人的「無知」、「不懂」。

④ 靠甚麼「照見五蘊皆空」？

現在，我們回過頭來，再看看：破「五蘊」、「照見五蘊皆空」靠的是甚麼？甚麼東西，能夠破「五蘊」、「照見五蘊皆空」呢？又是如何「照見五蘊皆空」呢？

I、「心」的「光明」

前面已經講過，「照見」，是一種「光」「照」，得有「光」；用甚麼來「照見五蘊皆空」？當然是用「光」；

需要注意的是，這樣一種的「光」不是「『外』在」的，如「太陽」的「光芒」；也不是上帝發令的「有光」，那種指令的「光」；而是「『內』在」的，就是人的「心靈」的「光明」。《般若波羅蜜多心經》所強調的，就是這樣一種人的「心靈」的「光明」，首先是「菩提心」的「光明」。這種「心靈」的「光明」，用中國的習慣性語言來講，就是「『心』眼」之「光」；「觀看」，要用「眼睛」，要有「眼光」；日常生活中，人們稱讚一個人看人準、看問題透徹，就說這個人「很有眼光」。而想要看透「五蘊」，顯然就得有這樣一種「『心』眼」的「眼『光』」，才有可能「照見五蘊皆空」。

換句話說，按照各種「神通」，就有「天眼通」、「天耳通」等等。對於這些「神通」，我感興趣的，首先是能夠實現「通達」。例如，南懷瑾依此來解讀釋迦牟尼佛最後開悟，為期七天的「剋期證道」：「七日來復一句話，這個宇宙生命的道理」，「七天一個回轉」。「七天當中，第一天，」「天眼通」；「第二天，天耳通，當然五、六天六通具足，第七天早晨抬頭一看」，「睹明星而悟道」。「後代的禪宗用打七」，不得要領者，「都大部份一輩子住在禪堂裏頭，老死在這裏頭，沒有悟道的」（南懷瑾：《南禪七日》）。總而言之，「天眼通」、「天耳通」等等都通了，才實現了「『心靈』的『光明』」，才有「『心眼』之『光』」、才得以「照見五蘊皆空」。所以，學佛讀佛經，是要結合實修的，靠實修來打通「天眼」、「天耳」等等，才有自己真正的「心行」，才有自己切身的體悟。

其次，這些「通達」事關「心靈」、「靈魂」的「主宰」。南懷瑾講：成佛與人的靈魂相關，「中國人兩句老話，生不認魂，你活到自己能夠知道自己的靈魂，雖然沒有成佛成道也差不多了。有一點基礎了，你們好好打坐，慢慢認得吧，還不知道呢。可是中陰身一醒轉來，那一刹那之間強烈的光明」，「那個光明不是太陽光，也不是月亮光、也不是發電的光，強烈的光明，除了真的平常打坐得定，自己在性光中看清楚了的人，那個時候一定這個光當中生死不來了」。「這個光一來，中陰身一醒過來以後，這個光一過來以後，一閃就沒有了，前面出現的甚麼，你這一輩子的所做的任何一點事，大事、小事，一幕一幕電影一樣很快很快都出來了，不止你這一輩子，前輩子、大前輩子、前前輩子，多少輩子所有的好壞事情影子一樣，片段的都跑過來」。「在中陰裏頭，統統重新發現，你所有的因果報應所有的該還報的，都是自己做主」，「佛法的根本是無主宰」，沒有上帝、閻王，「主宰的都是你的心，不是意識思想的心」。「不善不惡善惡兼半的人才有中陰身」，「如果是大善人，沒有中陰身，一個修持的人真修持的，也沒有中陰身，這裏一斷氣，那邊已經往生西方的就往西方去了，往生西方不是悟道哦，不過到西方極樂世界到那邊去留學，那邊有很多諸大菩薩在那裏當教授」。南懷瑾的這一段話，是講：在實修的過程中「心」的「主宰」、「光」的產生以及「光」的「照耀」下的「五蘊皆空」。

南懷瑾還講到了「氣守丹田」，「丹田」分上中下：「下丹田在肚臍下面一寸三分，道家講的，中丹田在男女的兩個乳房的中間，上丹田在眉間」，要搞清楚「丹田是甚麼」；「那個氣嘛，空的嘛，哪會停留在那裏？」所以，練呼吸、運氣一定要得法，慎重！

用甚麼來「照見五蘊皆空」？聖一則認為：要用般若力。般若力，就是「大智慧」的力量。般若，不是向外求，而是向內發現，發現自己心靈的「清淨」。若要「小聰明」，是看不透「五蘊」的；「小聰明」，本身就是一種「蘊」；若被五蘊所覆，便不能認識自己、忘了自己是誰了（這就像日常生活中，有些人會忘乎所以；這個時候，別人往往就會提醒乃至責問他：你都不知道你姓甚麼了吧？你還知道你是誰嗎？）。所以，人人念佛，也不識得念佛是誰，因為被五蘊所覆；因此，要加般若力，正所謂「行深般若波羅蜜多時，照見五蘊皆空」。但這個「深」字很重要，大乘稱為深般若，小乘稱為小般若，我認為這個深般若是大乘的般若，般若必定深（大乘的般若才會深）。

我們念佛，佛從何處出呢？你要看！越看越深，然而絕不容易看到底（換句話說，是「足夠」深，而不是「絕對」深）。所以，如來者，無所從來，亦無所去，故名如來。我們看這個念佛是誰，亦無有來處，惟有看他從那個地方出（「出」處並不是「來」處），就從那個地方直看下去。諸法無有來處，是故看不到來處；若有來處，如來便不是無所從來，而是有所從來；既然如來無所從來，佛號亦無所從來；既無來處，便是深，是故甚深般若無底。雖然看不到佛號從何處來，但已入了另一世界，而這個濁惡世便空了。這就是那個「度」、「到達『彼岸』」！修行的根本點，就在於此！無論你看甚麼？看念佛是誰、看自己拜佛、看自己講話、看生從何來，死往何去？一切法都無來處，甚深！甚深！（深不可測，）故般若稱為深般若。

禪修時，有些有善根的人，坐禪時身體空了，他便驚恐起來。針對這種情況，聖一提醒說：切不要驚恐，身體雖然空了，但心還沒空嘛！這應該是一種好現象；因為，身體空的時候，心便現出來。這就是說，「身」空（即「色」空），這是要做到的第一步；「身」空，「心」即現；你再看這個心，心有無量的妄想，你便看這些妄想，無量的妄想不生，那時你的涅槃心便現出來。這是第二步。再看「心」，一直看到「妄想不生」。所以在深般若中，觀自在菩薩說「照見五蘊皆空」。這裏，是聖一講的禪修的幾大步驟，非常值得關注，且要牢記。

「照見五蘊皆空」，靠的就是「心」、「菩提心」，在「菩提心」的基礎上的「觀」、「行」，一直到「『心』行」的至深！再進入「不二智慧」。不過，需要特別強調的是：那不是凡夫的世俗之「心」，而是「出離心」基礎之上的「菩提心」！也不是別人的「心」，而是自己的「心」！

靠這個「菩提心」，來做甚麼？做：「觀照」。修行人需要有「菩提心」，就是用「菩提心」來「觀照」，就是用「菩提心」來跟住「心『行』」並在「心『行』」的過程中不斷提升，一步一步跟下去，直到完全脫離「此岸」達到「彼岸」。

在這個過程之中，要能做到「覺『妄想』」。就是說，一有「妄想」出現，就能立即「覺察」到；一被「覺察」，這個「妄想」就被「識破」就「空」（就不成「罣礙」）了。在自己一有「妄想」、「妄想」一出現，就立即「覺察」到了，知道自己正在「妄想」，看破、看透這個「妄想」就形不成「罣礙」；不成「罣礙」，就是「空」。久而久之，由「覺」而「悟」。「妄想」也是瞬間之事，稍縱即逝，常常在人還沒有「覺察」到它，它就消失掉了；這樣一種的「沒有被覺察就消失掉」，則是「不覺」；這個「沒有被覺察」，就是「不覺」。「沒有覺察」、「不覺」，自然也就未「悟」，就是凡夫；「覺」而「悟」之，則成佛。一定要在「妄想」一出現就能「覺察」到，才會有所謂的「覺」；有了「覺」，才會有「悟」。

II、「覺」而「悟」之——從「二乘人」再提升到「菩薩」

凡人，是「不覺」；在說過凡夫之後，聖一又講了「二乘人」。「二乘人」是有「覺」，但停留在「覺『異』」：「二乘人覺心的異相，異即變異也，是與非是異相，善與惡、生與死、人與我、怨與親等是異相；二乘人覺心的異相」；不過，「覺異無異便無是非、善惡、生死、人我、怨親，無異便是涅槃。所以，二乘人亦沒有甚麼了不起，他們只不過修行用功，見到心的異相」；而只有「覺異無異，生死便了」。

與「覺『異』」的「二乘人」不同的是，「菩薩」「覺『住』」：「菩薩進一步覺『住』相，覺住無住；迷時，便有住相；覺時，則無。例如，作惡時，是迷；覺時，便不作：不修善，是迷；一覺、便修善，則無迷。所以覺住無住——覺『住』時，一切不住，有所住便是妄心，一切不住便是真心。」所以，一定要再提升「二乘人」

的「覺」，提升到「菩薩」的「覺」，一直到「大圓滿覺」。

「菩薩無住。不住，又是甚麼相呢？不住，便是無相；不住，則：內，無我相；外，無人相；中間，無物相。（這就）叫作三輪體空。例如佈施時，無能施的我相，無所施的物相，亦無受施的人相。如何無？不住，則無；住，便有。世人揀佛來拜，揀僧供養，也是住相；揀佛來拜，功德不會大；揀僧供養，失去普供的心，不名為普供養，名為別請供養。心小，功德亦小。不住相佈施，一供一切供，無住心猶如虛空，功德亦猶如虛空。」「菩薩覺住無住，所以不住生死，不住涅槃；若住佈施，不能修持戒；若住忍辱，不能修禪定；菩薩如是無所住，六度萬行齊修。」

「心的生相，又如何？若覺生，則無生。無生，又是甚麼？無生，就是佛。等覺菩薩還有一分無明生，十地菩薩還有二分無明生，初地菩薩有十分無明生；佛見心的生相，覺生則無生，見無生心，觀一切法無生，證得無生法忍。煩惱，是生法；煩惱不生，便是菩提；業障不生，就是解脫；生死不生，是涅槃。眾生無生，是為諸佛；所以，眾生成佛很容易，只要能夠覺生無生便是佛。因此，佛，稱為大圓滿覺。」

「佛對心的四相最清楚，最明白，所以稱為明心——覺生無生、覺住無住、覺異無異、覺滅亦無滅，生、住、異、滅四相皆無，是為菩提心、清淨心，也就是般若波羅蜜多心；唯佛究竟，凡夫迷而不覺。」

III、「明心」之不易

聖一說：修行就是想明心，但心不易明，達摩祖師有一首偈云：「心心心，難可尋，即時遍法界，窄也不容針。」心心心就是指過去心、現在心、未來心，《金剛經》：「過去心不可得。」既不可得，又如何尋？有可得，方可尋。例如，虛空不可得，又怎可以捉摸？三心不可得，所以稱之謂「難可尋」。「寬時遍法界」，寬即大也，寬時周遍法界；「窄也不容針」，窄時一口針也容不下。

又說：「我本求心不求佛，了知三界空無物，若慾求佛但求心，只這心心心是佛。」達摩祖師云：「我只求心，不求佛。」東方有恆河沙數佛，南西北方，四維上下亦有恆河沙數佛，你求哪一尊佛？故云我本求心不求佛。「了知三界空無物」，三界是唯心所造，明心時三界便空，古人云：「三界無別法，唯是一心作；若人識得心，大地無寸土。」所以三界唯心，不是心外有三界；我們住在這三界之內，完全是唯心所現，唯心所造。故祖師云：了知三界空無物。「若慾求佛但求心，只這心心心是佛。」想成佛，便要明心，佛是心造，不是佛作佛，是心作佛，所以《淨土經》云：「是心是佛，是心作佛。」達摩祖師教我們明心，即心是佛。心外無佛。

各位可能還未明白，現在再淺顯的解釋一下，所謂明心，就是明白：煩惱未生以前的那個心。煩惱，是後來有的；有無明，便有煩惱；一念不覺，而有無明。無始劫（生死無始，故云無始；經久遠年劫，故云曠劫）以來的煩惱，迷了心；煩惱，本來無；本來無煩惱的心，是如何？我們要明白。若煩惱本來有，無一人可以成佛；因煩惱本來無，我們就有機會成佛，只要悟到煩惱本來無，便明白到無煩惱的清淨心，直修至成佛。

本來無煩惱的心，是甚麼？是我們的本來面目，本來面目無煩惱，有煩惱不是本來面目；本來面目，無生死，生死是後來有的；生死未生以前，本來是無生死；無生死的本來心，就是我們的菩提心、涅槃心、真如心、佛心。我們以這個無生死的涅槃心修行，直至成佛。

是否要待煩惱滅了，方可以見這清淨菩提心？不是。有煩惱時，亦可以見；因為，煩惱不能染污菩提心。有煩惱的時候，方可以在煩惱中識取本來無煩惱的清淨心；不過，一定要有善知識指點，又要自己拚命修行；這兩種因緣和合，可以不斷煩惱，即見菩提。

生死，本來無；眾生，有生死；清淨心，無生死。不一定要離生死，才見涅槃心；在生老病死的幾十年間，就可以見到無生死的涅槃清淨心。不過，這得有善知識的指點，還需加上自己的勇猛精進。

⑤ 何謂「五蘊」？

為甚麼菩薩在這部經裏要講「五蘊」？因為「五蘊」正是舍利子的迷惑之處。正因為此，菩薩開門見山，直接去破除舍利子對於「五蘊」的迷惑。觀自在菩薩告訴舍利子：看來，你先得去弄清楚甚麼叫「五蘊」。而「色蘊」，是菩薩講得最多的，並作為「五蘊」的代表。

甚麼是「五蘊」？五蘊，就是色、受、想、行、識。「蘊」是甚麼？「蘊」是遮蔽、淤積。遮蔽、淤積，一共有五種：「色」，是身體的、生理的、物質的、外在世界的；而心理、內心、精神方面，則有四種：「受」，感受、享受；「想」，產生念想，妄想雜念；「行」，妄想雜念不斷，就會有世俗的「行動」，甚至產生「妄動」；「識」，形成「意識」乃至「知識」，造成「區別」乃至二元對立。這五種，總起來就是物質、生理和心理諸方面的各種各樣的東西所形成的堆壓、淤積，造成了對心靈的遮蔽。

蓮花生大師說：「有權力的人，被傲慢和自欺之魔所騙。顯貴之人，被雄辯和迷妄之魔所騙。平民百姓，被無明和愚昧之魔所騙。富有之人，被忙碌和增長財富所騙。……」（轉引自程晨的微信）權勢、地位、貧窮、財富，都會產生遮蔽，使得心靈迷失，導人誤入歧途。

而經過在菩提心境界上的「觀照」，我們就會發現：這些傲慢、迷茫、愚昧、煩惱也好，「五蘊」也罷，都不是我們人的「本性」，而只是我們人「本性」之外的妄想、妄為，是這些妄想、妄為所產生的。我們的「本性」，是不可改變的；而其他一切包括妄想、妄為及其產物，都是能夠改變的，只要你意識到了，就能夠看破、改變它們。「看破」了、「改變」了，也就「五蘊」皆「空」了。

可是呢，在世俗的現實生活之中，人們都認為，這些物質的精神的所有的東西，都是真實存在的，甚至都是獨立存在的；而且，他們認為，人的慾望以及對物質的追求、獲取，都是正常的，甚至是必需的，不可以「沒有」、「去掉」的。我們甚至認為，在人的世俗、生存的層面，它們是一些「真實」的需求。在這個層面上，我們確實不能說「五蘊」都是「壞」東西，都是「惡」之源。它們，都是因緣所致，緣起而聚，緣盡則散。這些，都是有生有滅的。問題，不在「五蘊」本身，也不在於它們會不會發生？它們的生滅是不是不可避免？而是人們應該如何去正確對待、處理。而問題的解決，人們又不應該向外、找別人去幫忙；而是把目光轉向自己、轉向內心，靠自己在內心解決。

此外，在我們這部《般若波羅蜜多心經》看來，重要的是：不能被它們所「迷誤」，不被這些物質的精神的東西所「遮蔽」，而要看到它們背後的那些深層次的東西；如果看不到這些深層次的東西，人的境界也就進不了更高的層次。佛陀教育人們：人，一定要有更高的追求，而不能停留在一般的物質滿足和精神需求方面；更高的層面，是心靈、靈魂的層面。一旦，人們有了更高的追求，有了心靈、靈魂層面的追求，就會自動、主動超越乃至放棄塵世間許多物質、精神的東西。人，一旦到達了心靈、靈魂的層面，就超越乃至脫離了塵世間的「世俗境界」，擺脫了那些物質、精神的東西的糾纏和拖累，而進入了「出世境界」。

在佛陀、覺者看來，超越了「世俗」的層面，看破了「紅塵」、「五蘊」，透過種種物質精神的東西，相對於有生有滅、有增有減、有垢有淨的這樣一些東西，我們才有可能見到一種不生不滅、不增不減、不垢不淨的「本性」。佛陀、覺者，就是要引導我們超越、看破、透過這些東西，去發現「本性」。「本性」，是「五蘊皆空」之後的「有」；這樣一種的「有」，是「妙有」而非「實有」；「有」而「不恃」，也不會因任何東西而生滅、增減、垢淨。

⑥「空」

從上面所說，我們知道了：所謂「五蘊」，本來都不是「心」中原有之物！顯然，「心」不能也不應該因「五蘊」而有所「罣礙」。

人之初即人剛生下來的時候，「心」裏甚麼都沒有，所以是「空」的、「沒有分別」。這就是人的「初心」。所謂「勿忘初心」，就是別忘記「心」本來是「空」的、甚麼都沒有。

後來，人長大了，不知修行，「心」裏裝了很多雜七雜八的東西，這些東西概括起來稱之為「五蘊」；有「五蘊」，就不「空」。經修行而「照見」，知道「心」本來是「空」的，「五蘊」就不再能夠構成遮蔽、障礙。

I、「空」的不同步驟與層面

「空」的第一步，是「色」空、「身」空；「色」、「身」空，「心」就顯現出來了；「心」顯現出來，就接着「觀」、「看」心，一直「看」到「心」之「妄想不生」；「妄想不生」，就是「心」「空」，這就是「空」的第二步。「空」，得有這樣兩步，修行時必須牢記。

而在「空」之後，又不能執着於「空」；執着「空」見，修行就會停滯於「小乘」的階段；「偏空」，又是「二乘人」常會出現的問題；「真空」而「妙有」，乃是「空」、「有」之「相合」。弘一法師提醒我們：「研習《心經》者，最應注意不可着空見。因常人聞說空義，誤以為着空之見。此乃大誤，且極危險。」「若着空，如前所說拔無因果且不談。即二乘人僅得空慧而着偏空者，亦不能作利生事業也。」「真空（非偏空，偏空不真），妙有（非實有，實有不妙）；常人以為空有相反，今乃相合。」「『真空』者，即有之空，雖不妨假說有人我，但不執着其相。『妙有』者，即空之有，雖不執着其相，亦不妨假說有人我。如是終日度生，實無所度；雖無所度，而又決非棄捨不為。」（《金剛經 心經 壇經》第一三〇至一三一頁，長江文藝出版社二〇一四年版）換句話說，我們每天吃喝拉撒睡，卻不貪戀，並不掛念，不着其相；然而，又不因此而不吃不喝不拉不撒不睡，而一切都自然而然地進行着。

人們常說，《般若波羅蜜多心經》為「空」宗，這種說法不能算錯；問題僅在於：此「空」卻是「『有』之『空』」，「『有』之『空』」才是「真空」：「或疑《心經》少說有，多說空者。是因（為舍利子乃至）常人多執着於有，對症下藥，故多說空。雖說空，乃即有之空，是『真空』也。若見此『真空』，即『真空不空』。因有此『空』，將來作利生事業乃成十分圓滿。」（同上）

我們再讀《般若波羅蜜多心經》，發現確實是在講「空」，講「空」多；不過，這不是問題所在；問題是在於，對於所講的這個「空」，要有準確、全面的了解。

II、「空」的不同解讀

甚麼叫「空」？「空」是一張白紙，可畫最美的圖畫。寂靜法師說：「當一隻玻璃杯中裝滿牛奶的時候，我們會說『這是牛奶』；當改裝菜油的時候，我們會說『這是菜油』。只有當杯子空置時，我們才看到杯子，說『這是一隻杯子』。同樣，當我們心中裝滿學問、財富、權勢與成就的時候，就已經不是自己了。往往是擁有了一切，卻不能擁有自己；找到了一切，卻沒有找到自己。」得到了身外之物，往往會遮掩自己，看不見自己，忘掉了自己，失去自己。現在，時興的是，提到一個人，就說：這是X部長、那是Y教授，如此等等，連個名字也不提了；當你看一個人的時候，如果只看見他／她是部長、教授之類；那你就只見其頭銜、官位，而不見其本人。看自己也是，如果你只看見自己是部長、教授之類，看到的只是頭銜、官位，而不見自己其人。倘若，一個人一味地追求頭銜、官位，就會失去自己。對於人來講，重要的是：不能丟失自己，要持守住自己；不能因為財富、權勢、學問之類而忘記自己、丟失自己。要學會看透、看「空」並且放下財富、權勢、學問之類；這些東西「空」了，不佔據自己的「心」了，「心」「清淨」了，自己就凸顯出來了。與此相關的，在哲學上，不能因工作的經驗、生活的經驗，而看不到心靈的經驗，也不能以工作、生活的經驗來代替心靈的經驗；有的時候，只有放下了工作、生活的經驗，才有可能凸顯心靈的經驗。

就「心」的「空」而言，就是「心無罣礙」；「空」，就是「無礙」、「無蔽」。不過，即便對於「無礙」、「無蔽」，也會產生不同的解讀。德國現代哲學家M．海德格爾用德文中的「lichten」這個詞來解讀梵文的「空」，這個詞的德文本意是「砍伐（樹木）」，有「照亮」、「驅除黑暗」等意思；砍掉了一些樹木，在樹林中騰出一片空地，陽光就能照進來。這層意思，和中文的「空」之間，還有一些不同；因為，《般若波羅蜜多心經》中講到的「五蘊」，並沒有像樹木那樣的被「砍掉」，「五蘊」還在，只是在「照亮」、「看破」之後不再能起「遮蔽」、「障礙」的作用了。「五蘊」、「黑暗」等等都還存在，只是被「超越」了、「看破」了，不再能對「心」、「性」起「遮蔽」、「障礙」的作用了。

用中、西醫來做一個比較：西醫，凡是有病的部位，往往採用「去除」的辦法，腳趾頭爛了，就割掉腳趾頭；而中醫則往往不是「去掉」，而是「扶正祛邪」，發揮腳趾頭仍然健康的部位的作用，以影響到爛腳趾頭並能使它慢慢恢復健康。總起來看，這都是對「病體」、對「問題」、對事物乃至生命的兩種不同態度、不同的處理方式。

III、「空」不同於「無」

有人說，「無」和「空」是一回事，只是用的詞不同而已。我覺得並非如此。「無」，是「放下」，經文中講的是要「放下」所有「法門」，最後連「放下」也「放下」。由「無礙」、「看破」、「看透」、「看開」的「空」提升到「放下」的「無」，還有境界的不同；「空」，是在「菩提心」的境界上；而「無」，則是進入了作為「無二慧」的更高一層的境界。

禪林裏有這麼一個故事：有師徒二人趕路，走到一條河邊，正要過河，看到一位漂亮的姑娘想過河自己又過不了而在着急，師父就過去徵得姑娘同意把姑娘背過了河，把姑娘放下就繼續趕路。徒弟看在眼裏，老覺得這是個問題；最後，實在忍不住了，就問師父：我們出家人不近女色，你怎麼可以去背漂亮姑娘啊？師父回答說：你是說剛才那個姑娘吧？我早已把她「放下」啦！你怎麼還惦記着哪？這裏所說的「放下」，一語雙關，當然是指「身」、「心」都要「放下」；而小和尚的「心」裏卻一直不能「放下」。

這個故事告訴我們：姑娘長得漂亮，是「色」；你老是想着她的漂亮，被她的漂亮長相所迷惑，那就是「色蘊」。老師父背她，是為了幫她解決過河的困難，而跟她長得漂亮不漂亮沒有任何關係，心裏不戀色、沒有色鬼、坦坦蕩蕩。再說了，再好的東西，不惦記，捨得放下，就是沒有被好東西迷惑、套住。既不貪圖姑娘的漂亮身材，就連對漂亮姑娘一絲雜念都沒有，這就是既沒有「『色』蘊」、也沒有「『受』、『想』、『行』、『識』之蘊」，「身」、「心」都沒有毛病。老師父就是一個能做到「五蘊皆空」之人。從這個案例來看，做到「五蘊皆空」其實並不很難。

由此可見：「空」，不是說這個姑娘「不」漂亮，也不是說這個姑娘「沒有」身材；「空」，不是「否認」這姑娘的「漂亮」、「好身材」；而只是說，不要因此而對這個姑娘心生雜念，不迷戀她的漂亮、好身材。不迷戀，就是破了「色蘊」；不生雜念，「身」、「心」都潔淨，無處惹塵埃，就是「五蘊」皆「空」。「空」，也就是說，自己內心的「清淨」，任憑「漂亮」、「好身材」等等都不去惦念，不被污染。

Ⅳ、「五蘊皆空」，「去蔽」也

五蘊之「蘊」，即蓋覆、遮掩之意，蓋覆了佛性、「本性」；一定要有「照見」，遮蔽才有可能「祛除」；沒有「照見」、「照」而不「見」、不「見」不「空」，遮蔽還在，依然是一片黑暗。一定要「空」了五蘊，「本性」才得以顯現出來；「五蘊皆空」，不停步，直修至成佛。

聖一認為，釋迦佛所說的一切經典，都教我們空五蘊：《般若波羅蜜多心經》故然如此；《彌陀經》離五濁即空五蘊；《妙法蓮華經》過五百由旬到寶所，五百由旬亦即五蘊；乃至《解深密經》空八識，轉八識成四智，八識也是五蘊，眼、耳、鼻、舌、身識便是受蘊，所對五塵是色蘊，第六意識是想蘊，第七識是行蘊，第八阿賴耶識便是識蘊，是故八識便是五蘊；《唯識》教我們轉八識成四智，不是教我們分別甚麼名相，轉八識即空五蘊，四智即佛性。

Ⅴ、「空」不是「思量」的結果

「空」，說到底，是一種「體悟」、「感悟」；由「體悟」、「感悟」而「得」，不是「思量」、不是邏輯推理的結果，甚至不是一種理論。

宗薩仁波切說：「空」，自然有它的理論的解讀；但這種理論，不夠形成對「空」的理解。而聽到講「空」的時候，那種淚流滿面的人，卻已經真正體悟到了。

換句話說，那些說得頭頭是道的人，寫出一本本大部頭書來的人，乃至由此提出種種理論的人，究竟是否真的「領悟」了「空」，真的很值得「懷疑」。我見到過我女兒的一位朋友，她凡聽佛經到入神之處，常常淚流滿面。在這個時候，我也常常覺得自己對佛經的懂就不如她那麼的動心、深刻、透徹。

因此，我解讀《般若波羅蜜多心經》，洋洋灑灑，寫了那麼多字，又提出了自己的《談『心』哲學》，心裏卻還不免戰戰兢兢；寫的時候，也難免有如履薄冰之感。

(4) 「度一切苦厄」

「空」，只有「空」、「照見五蘊皆空」，才能「了」，才能「了痛苦」、「了磨難」乃至「了生死」，才能最終從塵世的此岸世界的「苦」（「痛苦」）、「厄」（「磨難」）中走出來。塵世的此岸世界的「苦」（「痛苦」）、「厄」（「磨難」）始終存在，所不同的是，只是遭遇之後能否從其中走出來而已。「度一切苦厄」，就是要面對、經歷、承受「一切苦厄」，最終從「一切苦厄」中走出來。正如前面說過，是要經得起任何「痛苦」與「危難」的煎熬，不是逃避而是直面邪惡、暴虐，在「痛苦」與「危難」的煎熬中使自己的「心靈」真正「強大」起來。

孟子在《告子》中說：「故天將降大任於斯人也，必先苦其心志，勞其筋骨，餓其體膚，空乏其身，行拂亂其所為，所以動心忍性，增益其所不能。」這段話非常著名，甚至家喻戶曉。這是儒家所描述的「苦」以及對「苦」的「度」：「苦」，始於「心志」，然後遍及「筋骨」、「體膚」等等，得嘗遍「一切苦厄」；正是在這樣一種「一切苦厄」的經歷、磨煉中，提高了「能耐」，增強和健全了「心志」，才有可能擔重任、做大事。

淺嘗輒止，碰到一些小的困難就退縮、逃避，是懦弱、無能、胸無大志，是不能成事的；而不能成事者，往往敗事有餘。而且，「度一切苦厄」，就不僅僅是「心志」；但「心志」是關鍵，是根本，是最需要下功夫「度」的地方。

① 「度」只能靠自己

你只有親身經受了「苦」、「厄」，並且從「苦」、「厄」中走了出來，才可算是「度」了「苦」、「厄」。這些「苦」、「厄」，是你成長的必由之路，這條路必須你自己去走而且走完，既不可能「繞」過去，也不能讓別人替你「度」過。

這有點像人們所說的那隻蝴蝶，蝴蝶在蛹裏的掙扎，是牠成長、存活的必要過程；這個過程，只能由牠自己來完成。當牠在蛹裏掙扎、試圖從殼裏出來的時候，儘管在我們看起來牠很痛苦，但我們也無能為力，幫不上忙，只能讓牠憑藉一己的力量脫離那個殼；如果，在這個時候，有人去幫牠，剪開牠的殼；那麼，牠雖然很容易出殼了，但是牠出來以後卻張不開翅膀，很難存活。由此看來，牠想化身為蝶，就必須忍受在蛹裏掙扎的痛苦，只能靠自己的力量出殼，最終才有可能健康成長、展翅飛翔。

佛陀、菩薩的榜樣，就是在告訴我們：在人生之路上，「吃一塹」才有可能「長一智」；正如有人說過的，最智慧的人，是那些跌倒次數最多的人；最勇敢、頑強的人，是那些每次跌倒都能重新站起來的人；最成功的人，是那些在每次跌倒之後，不僅僅能夠再站起來，而且能夠堅持走到底的人。

②「木秀於林，風必摧之」

講到這裏，我對「度一切苦厄」這句話再做一點解釋。有人理解為，既然修行成功，「度」了「一切苦厄」，那以後就甚麼事情也不會再發生了，甚麼煩惱、磨難也不會再找我了。其實，根本不是這樣的！這句話，不是告訴我們：一旦成了佛陀、菩薩，以後就不會再遭遇到煩惱與痛苦、苦難與凶險了。而是告誡我們：即便成了佛陀菩薩，仍然會碰到煩惱與痛苦、磨難與凶險；所不同的是，就是再碰到任何的煩惱與痛苦、磨難與凶險，我們都能經受得起，都敢於擔當，都會應付自如，都能「度」得過去。

南懷瑾先生曾經講過一副對聯：「能受天磨真鐵漢，不招人妒是庸才」。「人才」，特別是「英才」，連老天也嫉妒，不是有這樣一句話「天妒英才」嗎！「人才」，就是在「天磨」和「人妒」中練就的；不「受」「天磨」、不「招」「人妒」，是沒有辦法成為「人才」的，更不用說成為「英才」啦！其實，有人「嫉妒」你，那一定是因為你在某些方面顯露了「才華」，讓人覺得你比他們「有才」，甚至這種「才華」他們自己是根本不具備的；他們「嫉妒」得越狠，往往證明你的「才華」越不可超越。所以，有人「嫉妒」，往往是對你「有才」的一種最強烈的反應。我也是從年輕的時候過來的，年輕的時候我倒是能吃一點苦，但受不得委屈。後來，我才明白，有人嫉妒你、造你謠、說你壞話，是因為你「有才」、「有了成就」，其實是他們的特別在乎你，是對你的另一種變相「表揚」，是在「誇」你「有才」。人只要有一點本事，就會被人嫉妒；有大本事，就會被大嫉妒，甚至遭致殺身之禍！如果一個人沒「有才」，別人連看都不看你一眼，理都不理，哪會還有甚麼嫉妒、打擊?!所以，年輕人，特別要經得起別人的「嫉妒」；你想做事、特別是想做好事再加上也能做事，就一定會有人嫉妒、打擊、陷害你。除非，你甚麼事情也不做，或者你是一個白癡；不過，如果你是一個白癡，倒是沒有人嫉妒你了，但會有人欺負你。

當了佛陀、菩薩，又怎麼樣？就沒有人、外道、魔鬼嫉妒、陷害了嗎？「木秀於林，風必摧之」！照樣！大自然界如此，人世間也是如此。問題不在他人，不在外界；他人、外界，一如既往，甚至變本加厲。但是，如果自己已經變了，已經「照見五蘊皆空」了，自然也就既不怕「天磨」又不懼「人妒」了；不怕了，也就沒有甚麼人能奈何得了你啦！人在「覺悟」之後，明白了「天磨」、「人妒」反而是一種不可或缺的鍛煉，只有經受得了「天磨」、「人妒」之類才能提升自己的道行，也才有能力真正救天下百姓於水深火熱。試想啊！一個自己沒有能耐、連「天磨」、「人妒」之類都應對不了的，怎麼會有能力去救天下百姓於水深火熱？怎麼會有能力去清空「地獄」?!

當了佛陀、菩薩，就應該待在寺廟裏、受人香火嗎？穿上和尚、尼姑的衣服，就一定是行佛法的人嗎？其實，並非如此！真正的佛陀、菩薩以及其他行佛法的人，一定是主動到眾生之間去，特別是去那些陷身於水深火熱的人們中間；因為，只有這樣的地方，是最需要他們的，才是他們救眾生於水深火熱之所在，也才是他們鍛煉自己、提升自己的道場。因此，我們應該到這些地方去尋找真正的佛陀、菩薩，找那些真正的行佛法之人；而不是在寺廟裏，特別不是在現在中國大陸的那些堂而皇之的寺廟裏。

當然，也不在「官場」裏、不在「商場」裏；在「官場」裏，「權力」為制高點；在「商場」裏，「金錢」為制高點；而真正講「信仰」的地方，「靈魂」才是制高點。「權力」為制高點的地方，有「權」就有一切，也就無所謂「真理」，因此才會發生「指鹿為馬」。「金錢」為制高點的地方，有「錢」就有一切，因此才會「有錢能使鬼推磨」。凡是「權」、「錢」氾濫的地方，群魔亂舞，難以找到佛陀、菩薩。但是，話又說回來，這些地方還真的需要佛陀、菩薩去拯救。

③「心清佛現」

而要解決「庸才」的「經不起折騰」、既喜歡在河邊走又怕濕鞋的這些問題，從根本上來說，得「清滌」自己的患得患失、妄想雜念，「揭開」自己「內心」的那些「遮蔽」，「回歸」自己「心靈」的「清淨」。《般若波羅蜜多心經》的一開始，就描述了觀自在菩薩這樣一個「照見」自己「內心」的「遮蔽」（「五蘊」）、「回歸」自己「心靈」的「清淨」（「空」、「無」）的修行歷程。

正所謂「水清月現，心清佛現。」我們只要遵照《般若波羅蜜多心經》裏的這樣一個修行歷程去做，我們就能心靈「清淨」、「自性」顯現，也就是「明心見性」，我們自己就成為了菩薩即「觀自在的『智者』」。

作為「智者」，如上所述，是嚴格區別於「庸人」和「庸才」的。

二、經文（第二段全文）：

舍利子！色不異空，空不異色；色即是空，空即是色；受、想、行、識，亦復如是。

前面那段文字，是描述菩薩的「心行」和與之並行、同步進行的「觀照」，屬於「行」，是「心路歷程」，是「身教」。從現在這一段經文開始，菩薩說法，屬於「言」，是「心聲」，是「言傳」；或者說，是講與「菩薩行」相關的「體悟」，是對上面「菩薩行」的解讀。而這樣的一種解讀，由觀自在菩薩自己在做。弘一法師說：從此「以下乃正說般若。皆觀自在菩薩所說，故先呼舍利子名」。

1、「體悟」源於自己的踐履，且不可「言傳」

不過，這些「行」和「體悟」，是可以說出來的嗎？能夠說得清楚、明白嗎？所謂「體悟」，是「如人飲水，冷暖自知」，只可「體會」、不可「言傳」，是不可以、也說不清楚明白的；一定要「說」，也只是出於「菩薩心腸」，給眾生以「方便說法」，是勉強而「說」之，不得已而「言」之。

所以，我們聽、讀佛經，應該感恩於佛陀菩薩的「慈悲」，傾聽他們的「心聲」；「聽話聽聲」，而無關乎喉舌、唇齒之間的「語言文字」。

再說了，這些體悟、這些證得，對於佛陀菩薩來說，是他們自己的；而對於我們，則都是別人的，不是我們自己的；別人的體悟、證得，只能作為參照，而不能代替自己的修行；真正的體悟、證得，只有靠我們自己的修行去得到。所以，應該向別人去學習，更要善於向別人學習；但不能實行「拿來主義」，不能把別人的照搬過來，即便是那些最好的東西如佛法，也是不能照搬的。

記住了上述幾條，在這些的基礎上，我們再來解讀那些「說法」。

2、「迷」時有「蔽」，「悟」則「空」

「五蘊」和「空」，究竟是一種怎樣的關係？

甚麼是色、受、想、行、識？總起來說，這些東西是人的物質、精神的基本方面，如果人「覺悟」了，色、受、想、行、識都構不成對其「心性」的「遮蔽」，當然就「空」；只有在人「迷」的時候，它們才會構成對人的自心、本性的種種遮蔽、覆蓋。

這些東西，有的是因人們世俗生活的正常需求而產生的；還有的，是因為人們對這些東西的過分追求而產生的。「色」代表了「外在物質」的，例如吃飯，應當尊重、感恩給我們飯吃的「衣食父母」，懂得吃飯只是人生存的某種需要，能提供人正常活動的能量就夠了；佛陀，就是這方面的榜樣。不過，有的人就比較貪，暴飲暴食，非吃到撐個半死不可，如此「暴殄天物」，這就太過份了，成了「罪過」。

「受」，是指「感受」、「享受」，例如「『受』苦」、「『享』樂」；常人好「樂」惡「苦」；然而，「苦」、「樂」在人生中難免，我們應該隨遇而安，「苦」不拒、「樂」不貪；但有些人就是不願意吃苦，只想享受。「想」，是被紅塵中的事物所「觸動」，產生了「念想」，有些「念想」是正常的；但不能「多想」，比方說除了老婆還想有個二奶、小三啊！個人資產到了千萬還想上億啊！這就是「多想」了。「行」，人若有了「念想」，往往就要去「做」，會落實於「行動」；但不能「妄動」，例如貪贓枉法甚麼的都不能做；做了，就「造業」，產生「業障」。在內心成「識」；「識」是指「識別」、「區別」；但是，不能把事物人為地進行割裂乃至二元對立。

3、「五蘊」與「空」的關係

講「色」、「五蘊」與「空」的關係，《般若波羅蜜多心經》分出了兩個層面，揭示了兩種境界的不同，即「二乘人」與修行圓滿的覺者之間境界的不同。我先講第一個層面：

(1)「舍利子」

舍利子，即舍利弗，是佛陀十大弟子之一，被稱為「智慧第一」。菩薩弘法，是因人、因時、因地的，時間、地點要合適，對話的人也一定要合適。當舍利子正「迷惑」於「五蘊」時，菩薩大喝一聲「舍利子」！這突然一「喝」，即刻打斷了舍利子的思路，破除了舍利子於「五蘊」的「迷惑」。正是菩薩開了「大乘佛法」棒喝之風。「般若波羅蜜多」就是這樣的一種圓滿的智慧，一定要找到適當的時機、對適合的人去講；時機不對、聽講的人不適合，就是「啐啄」不「同時」了，就會「對牛彈琴」了。因為，只有那些具有甚深智慧的人，才有可能聽得懂；而當這種人提問題的時候，就表明解決這個問題的時機已經成熟。而舍利子，正是這種適合的人。

弘一法師解釋說，舍利子是佛之大弟子。舍利，本是一種鳥的名字，人稱百舌鳥；舍利子的母親辯才聰明，就以這種鳥來做名字；舍利子，即因其母而得名。這種解釋，是依照了《法華玄贊》。還有人認為，舍利子是佛教中「有部」早期的代表人物；《般若波羅蜜多心經》把舍利子作為觀自在菩薩開示的對象，就是要指出舍利子「有」的偏頗，以彰顯大乘佛法之「無」。

有「問」，才有「答」。觀自在菩薩當機說法之時，舍利子是提問題的一方；菩薩和舍利子對話，就喊他的名字、喝醒舍利子的迷惑，菩薩開始說話，先講解「五蘊皆空」。

(2)「色不異空，空不異色」

講「五蘊」和「空」的關係，《般若波羅蜜多心經》經文以「色」作為「五蘊」的代表，先從「色」入手開講。「色」，在這裏是指「外部世界」。

「色」與「空」關係的討論，在這裏是針對舍利子亦即針對佛教中「有」部的，因為在他看來，「色蘊」是「真實存在」的。而在菩薩看來，終極的「真相」、一切的「本來面目」沒有分別，「色」、「空」無「異」，並且「色」就是「空」。

凡夫、迷者的問題，就在於「有分別」，「色」就是「色」，「空」就是「空」，「色」與「空」是可以割裂的，是一種二元對立的關係，甚至不可調和。菩薩說「色不異空」，就是要打破這樣的一些「割裂」、「不可調和」

和「二元對立」。

「色」，是失了「自性」或者說是「迷失了本性」，才因外「緣」而起的；如果，不失「自性」（即「本性」），就會依「自性」（即「本性」）而生，就不會因「外緣」而生，至少不會「滯留」、「執着」於「色」。「因無所住、而生其心」，「『無』住」就是「『不』着外緣」，「『不』着外緣」而「生」，就是「『依』自性（即本性）」而「生」。這裏的區別，就在於「自性」（即「本性」）的「迷」、「失」與「悟」、「未失」。這裏「不異」的關係，指的還是二者之間的，因為「有二」才有「異」或「不異」的說法。

不過，「色」身，皆因緣而聚，聚則「有」；緣盡即散，散則「空」；「空」則「無」；一個「緣」字，就把「色」與「空」、「有」與「無」牽連在了一起，二者沒有絕對的分離。「空」，不是「沒有」，而是「沒有分別」，「沒有分別」是「真實不虛」的。在這個地方，有人認為「異」也可以作為「離」字來讀解；所以說，「色不異空，空不異色」；也就是「色不離空，空不離色」。「色」、「空」，都因「緣」而聚散、有無、生滅，一會兒「聚」為「色」，一會兒「散」即「空」；這種變幻，甚至就發生在頃刻之間，且都不由自主；「即」色「即」空。

不「多」無「異」，因「多」而有「異」，「異」是「多」而非「一」；「一」是「相同」，「異」是「差別」、「區別」。「色」與「空」的關係，用兩個「不異」字來表述，說白了，這種境界還只能達到「覺『異』」、「見到『異』相」、未擺脫「差別」的階段，那還只是「二乘人」的境界；「二乘人」，有人認為，藉助於研習「四聖諦」，可以提升進入「羅漢道」。

也可以說：「色」，是我們平常「『肉』眼」所見；「空」，是菩薩的「『慧』眼」透過「色」蘊所見。也有人說：「色」的本質，是「空」；「色、受、想、行、識」，都本來就「空」，都只是「空」的現相而已。

南陽慧忠禪師說：「凡夫妄執自心，更於心外見色，不知色因心有，推心本無，色因何立？故云色不異空。

凡夫背心取法，將謂心外有空，不知空因心生，但悟自心無空，可得空色不異，故云空不異色。」（引自《三注般若心經》）

(3)「色即是空，空即是色」

「色即是空，空即是色」，這兩句話並不好懂；因為，對於這兩句話的理解，我們不能只是在語言文字的字面上，甚至不能只停留在讀經；而需要通過實修，達到「空」，才有可能真正搞得懂。「空」不是「思想」所得，而是由實修而「悟」的。

宗薩欽哲仁波切以鏡子裏的像為例：例如，你照鏡子的時候，鏡子裏出現了你的像；你看了，就知道鏡子裏有你的像；你要是不看，你也並不知道鏡子裏有你的像。這是你看的結果。這就是說，鏡子裏有沒有你的像，只是取決於你看了沒有。在這個意義上，「色」即是「空」。我對宗薩仁波切這個例子的理解是：看了，見到了像，就是有了「色」相；如果，你沒有看，就沒有見「鏡子裏的像」，就「不知道鏡子裏有你的像」，就沒有着「色」相，「心」裏自然也就沒有了「罣礙」，這就是「空」。

慧淨法師說：「二乘人滅色取空，不知空是自心，自心見空，空境是礙，礙即名色。菩薩了達色性自空，非色滅空，非是無色名空，非是因觀故空，非心盡故空，非新法故空，猶如龜毛兔角，本無體性，故色即是空。」（引自《般若心經疏》）這就表明：菩薩不贊成「色」「空」成為「二元對立」，它們不是那種「零和」博弈的關係，不是一個滅掉另一個。

「色」、「空」不二，即達成了「不二」，提升到了「不二慧」的境界，這是一種區別於二乘人的更高境界，是「不二智慧」的境界。而「色不異空，空不異色」裏面，仍然是一個離不開另一個，依然是「有二」的境界。即便是指出：它們相互之間，是一體兩面，是可以相互轉化的；能夠相互轉化，互相能夠包容，也還沒有達到徹底的「不二」。轉化，有許許多多種，各式各樣的，例如變換不同的角色，變動各方的位置，改變視角，放置不同的視域，等等。

更重要的是要體悟到：當體即「空」。「色」一旦出現，就有「空」在。

(4) 「不異」和「即是」分屬不同層面

讓我們再回到經文上來。關於這段經文，弘一法師認為，應該弄清楚「色」與「空」之間的「不異」和「即是」的兩層關係：「不異——粗淺色與空互較不異。仍是二事。即是——深密色與空相即。空依色，色依空，非空外色，非色外空。乃是一事。」

這就是說，「色不異空，空不異色」，講的是「不異」；「不異」，這是一種粗淺的比較；比較，是在兩件不同的事物之間進行的，此時的「色」與「空」還是「兩」回事。而「色即是空，空即是色」，則是甚深探究「色」與「空」的神秘關係；「色」與「空」「相即」，就是「一」回事。

這些差異，表明了修行所達境界的不同。

(5)「受、想、行、識，亦復如是。」

對於「空性」的解讀，不能僅止於「色蘊」；「五蘊」是個整體，不能只講「色蘊」。按照上面看待「色」與「空」的「不異」和「即是」這兩條原則：受、想、行、識「不異」空，空「不異」受、想、行、識；受、想、行、識「即是」空，空「即是」受、想、行、識。

至此，「五蘊」（色、受、想、行、識）「不異」、「即是」「空」，「五蘊」「皆空」。

(6)「當體即空」

何謂「當體即『空』」？在佛陀、菩薩他們看來：「色」，是緣起而生、緣盡則滅的，是無常的。這樣一種的變化無常、因緣生滅，就是「空」無自性。這種「空」，又不在「色」之外，也不在「色」「滅」之後，而是當體即「空」，就是：「色」一旦出現，就有「空」在。「空」並不在「色」之外；換句話說，「佛國」並不在「紅塵」之外，「極樂世界」也不在「娑婆世界」之外。

不但「色」與「空」的關係是如此，其餘的「受、想、行、識」和「空」的關係也是如此；「色」與「空」的關係說清楚了，「受、想、行、識」和「空」的關係也可以進一步去說清楚了。「色」既已如此，自然「受、想、行、識，亦復如是」；所有六根、六塵、六識，也都是如此。

需要特別指出的是，這裏的「六識」，標誌着一種境界；只有「超越」了這種「識」亦即可思可議的境界，才有可能提升到「智」的境界，正所謂「轉識成智」；在這裏，必須要實行、完成這樣的一種「轉」，使之「轉」

而能「成」。在這裏，如果可以把「識」看作是歐洲認識論的那種「認識」；那麼，我們必須得「打破」、「轉變」這種「認識」，使之成為「智慧」。這是兩種不同的層次與境界。

凡有「識」，即「不空」；「當體即空」，就是不思量、不推測、不議論，一步到位，「當下了悟」。「當下了悟」，就是在剎那間即領悟到其中的本來面目、返回本真。這樣的一種「當下」，就在「當下」這「一剎那」，既不會有「逗留」（參閱H．-G．伽達默爾）、也不可「延宕」（參閱J．德里達）。這樣的一種「了悟」，不是成為那種「已知」（參閱E．胡塞爾），而是一種從「已知」中得到的「解脱」。這兩點，在哲學上，既區別於H．-G．伽達默爾的對「已在」的「眷戀」，也區別於E．胡塞爾的對「已知」的「滯留」。

而問題在於：「空」也不能執着，還需要從「空」中解脱。有些人到了「空」的境界，就沒有能力再「超越」了；覺得已經很難得，很不得了、很了不起，就想停留於此；殊不知，到了「空」，那還只是「萬里長征走了第一步」，後面的路途還很遙遠，至少還要到「無」。

三、經文（第三段全文）：

舍利子！是諸法空相，不生不滅，不垢不淨，不增不減。

諸法「空」相，是說：一切法都並非「實有」，也就沒有過去、現在、未來，其本性為「空」。見「諸法『空』相」，就是「明心」；法無自性，皆由「心」生。

1、弘一法師說此處之「空」

弘一法師說：這個地方說的「諸法」和前面的「五蘊」，「無有異也」；他是說，「諸法」和前面所說的「五蘊」，在這裏是沒有甚麼區別的。不過，他特別提醒：「『空相』，此『相』字宜注意，上段說諸法空性，此處說『諸法空相』。所謂『空』者，非是『但空』，是諸法之『有』上所顯之『空』，是離空、有二邊之『空』。最宜注意。」

按照我的理解，「諸法」和「五蘊」之間，既沒有本質的差異；就「諸法」而言，「五蘊」只是「諸法」中的「一法」，這裏面就有一個「整體」和「部份」的區別。

當然，「整體」與「部份」，不是二元對立的，從西方解釋哲學的角度來看，是一種「互釋」的關係，「整體」可以通過「部份」來解釋，「部份」也可以藉助於「整體」來作出理解。

2、「是」，亦要關注

我來講講這個「是」字，「是諸法空相」這個句子裏的「是」，應該怎麼理解？當然，簡單一看，可以看成「這個」。不過，深入再看，也許還可以看出一些深意來。例如，其他佛經，一開頭都有一句：「如是我聞」，這裏「聞」的是「心聲」，這裏的「是」就是「本來如此」、「真實不虛」；而不是像有些科學家（如吉布森〈Gibson〉）所說的「世界是我們看上去的樣子」，換成聽覺就是：事情就是我們聽起來那樣。對於「如是」，在這裏，我想提一下的是，可以結合下面的「不異」、「即是」來講；或者說，「如是」，可以分為「不異」、「即是」兩個層面來講；也可以有一個從「不異」到「即是」的遞進。

「是諸法空相」的「是」，也正是「如『是』」中的「是」，是「本來如此」、「事實就是如此」；這樣來解讀「是諸法空相」的「是」，就更強調了：「諸法從本來」（《法華經》），「諸法空相」，絕非「人為」，既不是人的發明，也不是佛陀的創造。

了解這一點，非常重要！既然如此；那麼，也就是說，既沒有「生」；沒有「生」，自然也就無所謂「滅」。是「本來如此」，也就不能「垢」，也就無所謂「淨」。是「事實就是如此」，那也就不可能「增」，也無所謂「減」了。

「諸法」，也就是「萬法」（萬事萬物、一切法門）；一般人認為，「諸法」是「實有」。而在佛家看來，這些「法」，都是「因緣而生」，「因緣生法，是名『空相』」（《大智度論》第六卷）。另外，也就像我在前面講到的那個背漂亮姑娘過河的老和尚那樣，雖然在常人的眼裏，這姑娘確確實實漂亮；但是，對於有般若智慧的如老和尚這樣的僧人，這種漂亮並不能牽動、迷惑他那顆「清淨」的心。佛性，本無相可尋，不可名相，因此「諸法空相」。「空相」，勉強作為「萬法」之「名」，突出它的「空性」，體現「緣起性空」；「五蘊」「空」，代表了「諸法」亦「空」；「五蘊」「皆空」，都是「當體即空」，「諸法」自然也就無一不「空」了。

例如，生死，是一個「空相」，迷的時候以為「有」；以般若觀之，生死是「空」的。不是離開生死，然後有涅槃；而是，生死當下「空」，就是涅槃。在這裏，特別要注意，不是人死了、肉體消滅了，才會有「涅槃」；而即便是人還活着，瞬間頓悟、了生死，當下就是「涅槃」。這和古希臘蘇格拉底說的人必須死了肉體消滅了才能產生「智慧」，也大不相同。現代德國的M．海德格爾似乎也是這麼理解的，似乎樹木被砍掉之後，才有「空」；而不是樹木在時、樹木未被砍掉，就有「空」。

般若照見煩惱，本來是空；「照見五蘊皆空」，是明白了「五蘊」本來「空」；「五蘊」「空」、「諸法」「空」，一切都「放下」，就證悟菩提。眾生，也是本來「空」；所以，眾生只在「迷」、「悟」之間，「迷」為「眾生」、「悟」則成佛。就是說，因此「實無眾生得滅度者」，眾生只有「迷」、「悟」；要說「得度」，也是「自度」、「找回自性」。一切法，本來「空」；因此緣故，一切法從本以來，不生不滅，不垢不淨，不增不減。

「不生不滅，不垢不淨，不增不減」，有人說，這是「中道」。

3、「不生不滅、不垢不淨、不增不減」

這句話，被弘一法師區分出了三個層面，他解析說：生、滅，是「體」，垢、淨，是「相」，增、減，是「用」。

他還說：「菩薩依般若之妙用，既照見五蘊皆空，則無生滅諸相。故云『不生』等也。」也就是說，「照見五蘊皆空」之後，諸法從「有」顯「空」，就不再有「生、滅，垢、淨，增、減」諸相了，是為「諸法空相」。

其中的相互關係，他還作了一個圖表：「五蘊不空→執着我見→起分別心→生滅等相。五蘊空→不執着我見→不起分別心→諸法空相、不生不滅等。」

有高僧大德還打了一個比方，說：

甚麼是「不生不滅」？一切法不生，試問：水中月，有沒有生？無生。水中月，有沒有滅？無滅。水中月，無生無滅，一切法亦無生無滅。

甚麼是「不垢不淨」？再問：水中月，有沒有垢穢？無。污水裏，也有水月，但不被污水所染；清淨水內，亦有月，亦不染清淨水；所以說：不垢不淨。

甚麼是「不增不減」？大海一天兩次漲潮，海水不會增加；一天兩次退潮，海水亦不會減少。所以，眾生成佛時，佛性不會增加；未成佛時，佛性也不會減少；生淨土，佛性不會清淨；墮地獄，佛性不會染污。

在這裏，順便講講「三摩地」。我就來解釋一下，甚麼叫「三摩地」？梵語Samadhi，中文音譯為「三摩地」，又稱「三昧」；中文的意譯為「定」。何謂「定」？就是：心住於一境，而不散亂。據《雜集論》一卷十一頁記載：三摩地者，於所觀事，令心專一，為體；令心專一者，於一境界，令心不散故。通俗點兒說，就是：「專心」、「專注」，集中注意力、專心致志，「專注」於一種境界，而不分散注意力。

這樣的「專心」、「專注」，強調的是「專一」；但是，這樣的「專一」，並非「執着」。從學佛唸經的層面上來講，須唸到「能唸之心」和「所唸之佛」皆不可得，這個「能」與「所」皆「空」，才是進入了唸佛「三昧」。凡夫輪回有生死，佛性無生亦無死；而佛性，是高貴者不增，貧賤者不減的；甚至偉大如佛陀也不增，渺小如螻蟻也不減。這樣一種的「不生不滅」、「不增不減」，是「三昧」題中應有之義。「三昧」，也有解釋說：「就是那不生不滅，不增不減之處。」

四、經文（第四段全文）：

是故空中無色，無受、想、行、識；無眼、耳、鼻、舌、身、意；無色、聲、香、味、觸、法；無眼界，乃至無意識界；無無明，亦無無明盡；乃至無老死，亦無老死盡；無苦、集、滅、道；無智，亦無得，以無所得故。

上面那段經文，講述了「空」和「五蘊」的關係；又由「五蘊」擴及「諸法」，「放下」「五蘊」乃至「放下」「諸法」：不僅僅「無」凡人之法，也「無」聖人之法，乃至「無」菩薩、佛陀之法。「空」、「無」，是《般若波羅蜜多心經》這部經的兩個基本點；而「無」則化解、超越了以往的「有」，更凸顯了「大乘佛法」的本色。

1、「空」是「看破」，「無」是「放下」（了無罣礙）

從人的應對態度與方式的角度來講，「空」是對「五蘊」的「照見」，就是「看破」、「看透」、「看開」。《般若波羅蜜多心經》的本段經文，則開始從「空」轉向「無」，一連用了十六個「無」字；一口氣地「無」掉了那麼多的法：無「五蘊」，無「六根」，無「六塵」，無「六識」，無「十二因緣」，無「四聖諦」，無「六度之智」，無「所得」。

如果說，「空」是對「五蘊」的「照見」、「看透」、「看開」；那麼，「無」就是對「諸法」的「放下」，最終連「放下」也一起「放下」。

「赤條條來去無牽掛」，這就是「無」，自由自在。宗薩欽哲仁波切說：「有一天，你突然領悟到其實甚麼都沒有，那時你就自由了。」這就是那種「無」，「無」就是「自由」。只要你還「有」點兒甚麼、還覺得「有」點兒甚麼，就是還有「罣礙」，你是不可能「自由自在」的。

這是宗教層面的那種「自由」。可以借用這層意思來解讀I．康德所說的「自由」；不過，「自由」，需突破「『有限』理性」，擺脫束縛，了無牽掛。

(1)「無」與「空」的教義不同

按照索達吉堪布的說法，除了「空性」之外，還有更深層面的「光明」：「不管外在的器世界，還是你內在的心識，本體皆為空性，這是第二轉法輪的教義；而在本體空性的同時，有一個明清部份，這就是第三轉法輪的教義。」

在這裏，他根據「第二轉法輪」與「第三轉法輪」各自的「教義」的不同，對「空」與「明」再做出不同層面的區別。

「無」，應該屬於比「空」更高的層面。

(2)「無」進入了「無二慧」境界

這就是說，從破「『我』執」再到破「『法』執」，從「『五蘊』空」再到一切「『法』空」，從物質、精神到所有佛法乃至「般若」，也都被「無」了，「無」到一無所有、「無」可再「無」。這是一種從「空」提升到「無」，是修行進入的不同階段和境界的提升，由「無」而進入「無二慧」的境界，由此「超越」了「二乘者」的境界，區別開了佛陀、菩薩與「二乘」者的境界。顯然，境界的重要差異、區別，絕對不可小覷。佛陀、菩薩與眾生佛性無別，但覺悟程度、境界卻有不同。

有的解釋者，認為「空」、「無」並無「二」義，只是翻譯的不同；我之所以認為不妥，也正是居於上面這種的境界的「超越」。「無」是對「空」的進一步「超越」；對「空」有「超越」，有「提升」，也就不會執着於「空」，不着「空」見。這一點，對於《般若波羅蜜多心經》的整體理解，也是非常重要而不可或缺的。

這是一個重要轉折，值得我們用心體會；特別是要結合「無二慧」來細細體悟。「無二慧」，是在「菩提心」之上的修行的更高層面和更高境界。

(3)「無所不在」而又「一無所住」

這裏所說的「無」，不是「沒有」，而是「放下」！「五蘊」皆「空」，「五蘊」被「放下」了；那「五蘊」之後的「空」呢？也得「放下」！「四聖諦」、「五蘊」、「六度之智」、「十二因緣」、「十八界」等等法門都得「放下」！最後，連「放下」也「放下」！「放下」，就像登上「彼岸」之後的必「捨」舟楫。一切都「放下」了，才是徹底的「放下」，才能實現徹底的「解脫」。

這裏的「無」，也是強調佛性的「無邊」、「無量」、「無礙」，「無所不在」而又「一無所住」，「不被束縛」、「不受限制」、「不成罣礙」；又不是「無所事事」、「無所作為」，而是「無為而無不為」，更加「勇猛精進」，以「無限努力」、百折不撓地「自度」、「度他」。

2、「是故空中無色，無受、想、行、識」

「五蘊皆空」，有了「空」（「看破」、「看透」）而至「無」即「放下」，「放下」先從「五蘊」之「空」後開始：

「是故」，譯成現在的漢語，可以是：「因為這樣的緣故」；就是因為「諸法空相，不生不滅，不垢不淨，不增不減」，所以「空中無色，無受、想、行、識」。

「是故」，也可以說，是「如是」之「故」；正如「如是我聞」中的「如是」，完全是「本來面目」，不增不減。「空中無色，無受、想、行、識」，真實不虛。

(1) 由「空」向「無」的轉折

「無『色』」，便「身」空；「無『受、想、行、識』」，即「心」空。「『五蘊』皆空」，也就是「『身』、『心』皆空」。「身」空，「無『生老病死』」，即「無『色』」，便「無色」可得；「心」空，「無『生住異滅』」，亦「無『受、想、行、識』」，也「無『受、想、行、識』」可得。

「色、受、想、行、識」，是前面說的「五蘊」；這個「五蘊」，在前面說是「有」的；因為「有」這個「五蘊」，才「有」（即「需要」）「照見五蘊皆空」；從這樣一個層面上看，這種關係是因「有」而構成的。照見、看透「五蘊」，回歸「自性」。「有」轉「空」；然後，又從「空」到「無」，以至「空中無色，無受、想、行、識」，這是一個「五蘊」從「有」到「無」的過程；在這裏，凸現的是「無」。

⑵ 由「『破』我執」轉入「『破』法執」

由於這種「無」的介入和凸現，修行也就從「『破』我執」轉入了「『破』法執」；首先「破」的，就是「五蘊」法門；並從「五蘊」開始，「六根」、「六塵」、「六識」、「十二處」、「十八界」、「十二因緣」、「四聖諦」、「六度智」等等法門一路「破」去，勢如「破」竹。

法門，有八萬四千之多，用處何在？都是用來普度眾生的；眾生根器不同，修行的程度各有深淺，所適用的法門也就不同。法門，如同渡河的舟楫，為從此岸渡到彼岸；上了彼岸，舟楫怎麼辦？是「放下」，還是「帶走」？是「捨」，還是「執着」？當然是「捨」！「放下」！上了彼岸，已到目的地，難道你還要背着舟楫走路不成？

(3) 「無」就是「捨」，就是「放下」、「自由」、「自在」

「無」，就是「捨」、「放下」。「放下」甚麼？「放下」「有」乃至「空」！一個人，只有到了「放下」的時候，才知道自己過去的背負究竟「有」多少。「有」，在這裏是指甚麼？是指「法門」，所有佛陀演講、傳授的「法門」！佛陀說，他自己四十九年說法，其實甚麼也沒有說。這句話究竟是甚麼意思呢，我們可以理解為：首先，這些事情本身是不可說的，只是方便說法而已；其次呢，究竟說了些甚麼，佛陀說完自己就都放下了。他教導我們：佛法，既「非關文字」，還得「放下」；即便是佛陀所說，也必須「放下」，不能因為是佛陀所說的，就得「執着」！

「身」「空」，便「無」「色」；「心」亦「空」，便「無」「受、想、行、識」，「身」、「心」皆「空」；由「空」而「無」，進而達到「無二慧」的境界。實際上，就是因為我們的「身體」不「空」，才有生、老、病、死；「心」不「空」，才有生、住、異、滅。「身」、「心」裏面裝了這麼多的東西，我們人的「本性」、「自心」不堪重負，怎麼能不被遮蔽、不受障礙呢？不過，那也只是被遮蔽、掩蓋而已，而不可能被染污，也沒有增加或減少，甚至沒有生滅。把「五蘊」統統「照見」、「看透」，我們的「本性」、「自心」不就沒有遮擋了嗎！

也就是說，「『身』空」了，沒有了生、老、病、死；「『心』空」了，沒有生、住、異、滅；「身」、「心」兩「空」，進而提升到「法空」，既「破」我執、再「破」法執，法門全「無」（「放下」），即佛性現前。所以，學佛，其實是很簡單、很實際、很現實的事情，就是讓「身」、「心」兩「空」，「我執」、「法執」全「破」、全「放下」。

「無」，從中文的角度講，就是「放下」；從西文的角度來講，就是「自由（德文：Freiheit）」，是「擺脫」

了一切、了無牽掛。

「是故空中無色，無受、想、行、識」，是本經涉及「五蘊」和「空」的最後一句話；到此為止，本著對「照見五蘊皆空」的講解也就告一段落。「『破』法執」，首先「破」的，就是「五蘊」法門。從「五蘊」以下，弘一法師說，「五蘊」到「六根」、「六塵」、「六識」，都屬於「凡夫法」。首先，「破」的是「凡夫法」；後面再接着的，是「破」「二乘法」、「小乘法」乃至所有的菩薩、佛陀之法。

下面，講「六根」，把「凡夫法」講完。從某種意義上，也是進一步追究「五蘊」由何而生：

3、「無眼、耳、鼻、舌、身、意」

眼、耳、鼻、舌、身、意，稱為「六根」；這是人接觸外在世界的六種感覺器官。「根」，是「內在」的依據。聖一說：根，以「能生」為義，正如日常人們所說的「生根發芽」，極「滋生」之能事。比方說「眼根」，以「眼」見「色」：當眼看見色的時候，或邪視、或偷看，見美女而起淫心，於是便作業；又如眼見黃金而起盜心，以至於見名貪名，見食貪食，都是因為眼根而積業。這些感覺器官，引起了人們對外界事物的注意，就會「分心」，產生妄想妄念，以至妄為。

六根「空」，即是「不執着」、「清淨」；「空」，不是「沒有」；「無」，也不是「沒有」。比方說，天地之間，「空」嗎？「空」，但又是「空」而不空，因為其中「有」，「有」空氣、人群、萬物。就說空氣吧，「『空』氣」，顧名思義似乎一定是「空」的；然而，人的肉眼雖然甚麼也看不見，但空氣裏面還不是充滿了細菌之類嗎?!

「空」、「清淨」之後，而後才有「生」；就像一張白紙，有廣闊的創造空間，能畫最美的圖畫。聖一說：如來，眼根「空」，出生肉眼、天眼、慧眼、法眼、佛眼，五眼具足。所以，六根「空」，不是「沒有」；例如，眼根「空」，只是指不被「色」所「迷惑」而已，不「迷」而作業。耳根，也是如是，若不「空」耳根，一切是非、淫詞黃調，會趁機作亂，使人造業；鼻、舌、身、意，都是如此。六根不「空」，執着貪婪，作亂造業，即為六賊；所謂六賊為媒，自劫家寶，即劫去了真如佛性之寶。「空」六根，也就是「督攝六根」，使它們不再執着貪婪、為非作歹。

以般若觀照，見到諸法的實相是「空」相，是故「空」相中「無」眼、耳、鼻、舌、身、意；「空」，不是「沒有」，而是「不執着」、「清淨」。聖一多次強調：「空」，不作「無」解。他說的這個「無」，我理解是「空」之「無」，而「空」、「無」並不在一個層面上。

4、「無色、聲、香、味、觸、法」

色、聲、香、味、觸、法，是「六塵」；是相對於上面所說的「六根」的六種「外緣」、「環境」、事物，亦稱「六境」。感覺器官，加上這些外緣，人們往往就會實實在在地被污染。

所謂「塵」，就是污染物，例如房間不經常打掃，就會佈滿灰塵。這裏的「六塵」，是一些對人們「心靈」的「遮蓋」物；人的「心靈」、「佛性」，是不生不滅、不垢不淨、不增不減的，因此不會被染污；但是，有可能被遮蓋，人們本來清淨的佛性、本心弄不好會被遮蔽，猶如烏雲蔽日那樣。有的時候，眼染「『色』塵」，就會起「『色』念」、「『色』慾」，甚至成為「『色』狼」；耳聞「『聲』塵」，就會「聲」、「色」都「迷」，沉迷於「聲色」；鼻嗅「『香』塵」、舌嚐「『味』塵」，就會喜歡吃香喝辣；再如身着「『觸』塵」、意緣「『法』塵」，也都會迷惑「本心」、蓋覆「佛性」。

「六『根』」，生「六『塵』」；六「『根』空」，六「塵」「不生」，也跟着「空」；若「六『根』」取「六『塵』」，便是生死；若「六『根』」回光返照，返流全一，便是涅槃。所以觀自在菩薩，從聞思修，入三摩地。

「三摩地」，也有解釋說：「就是那不生不滅，不增不減之處。」與此相關的，在中國禪林中相傳着一個「那是一隻野狐狸」的故事：中國禪宗六祖慧能，有一個弟子，名叫南陽慧忠，是當時的國師。有位神通廣大的「大耳三藏」來到了京城，被傳得很神奇；慧忠國師便被人請去，請他試試這大耳三藏到底是真是假？有多大本事？見到大耳三藏，慧忠問他：「我的心在哪裏？」大耳三藏說；「你是一國國師，為甚麼在天津橋上看猴戲？」慧忠回答說：「對。」然後，慧忠入定了一回，又問：「現在我的心在哪裏？」大耳三藏說：「現在，在江邊看賽舟。」慧忠又回答說：「是。」接着，慧忠深入禪定後，又問：「我的心在哪裏？」大耳三藏回答不上來。慧忠說：「你這狐狸精！」便讓人把他逐出長安了。據說，此時慧忠的心在「三摩地」，就是在那不生不滅，不增不減之處；野狐的道行沒有那麼深，沒有「行深」至「般若波羅蜜多」、到達「不生不滅、不垢不淨、不增不減」之處，到不了慧忠的境界，所以既看不到也說不出（見《生死請柬》之第一章，敦煌文藝出版社出版）。

入「三摩地」是一個前提，即「返觀『自心』、『本性』」的前提。觀世音菩薩，就是在入「三摩地」之後，是用「『耳』根」，返聞、聞自性，以成無上道的。凡人「聽『音』」，「心」不「專一」；放任「『耳』根」去聽，聽到的皆為是非閒言，那一定會造罪的。然而，讓「『耳』根」返聞，遠離聲塵，則會令你成正等正覺。「『返』聞」，是「返回自身」，去「聞見『自心』、『自性』」；「『觀』照」，也是「回過頭來」去「看見『自心』、『自性』」。所謂「返」，就是「回過頭來」，就是從原來的「向『外』」、「面對『外在世界』」，轉而「向『內』」、轉「向『自己的內心世界』」。

聖一說，修行人一定要離六塵；「出『家』」，便是出「離『六塵』」；所謂出「家」，是出「六塵之家」，例如沙彌戒完全是出離六塵。持戒，就是要「出離紅塵」，做到一塵不染。

5、「無眼界，乃至無意識界」

眼識、耳識、鼻識、舌識、身識、意識、共稱為「六『識』」，上面這句話，省略了其中的四識，只說了前後二識。「無眼界」，是說「不設」眼識的「界限」、或者說不被眼識所「局限」，也不為「意識」設「界限」、或者說不被意識所「局限」；這「六識」統統「不設界限」，而且是超越了「六識」的「局限」。「六識」，是「六根」碰到「六塵」之後，所產生的種種妄想雜念。

這「六識」，加上前面所說的「六『塵』」、「六『根』」，稱為「十八界」；這「十八界」，「着相」就「『有』界限」；「『不』着相」，「『無』住」，則統統「『無』界限」、「『跨越』了界限」。「『無』界限」，就「『無』限制」、「『無』束縛」，就「得大自在」。「六『根』」在內，「六『塵』」在外，中間是「六『識』」；內依「六『根』」，外緣「六『塵』」，由「六『根』」、「六『塵』」的相互作用產生的「六『識』」。這三個「六」，構成「十八界」；「六『根』」合「六『塵』」，則為「十二處」。

「六『塵』」，惹「緣」；「六『根』」，有「覺」；「六『識』」，起「分別」。但是，「六『根』」，無分別，如眼見物，有「覺」，看到有東西，但不會分別長短方圓，而是由「眼識」產生分別；耳根，只能聽到聲音，但不能分別是男聲、女聲、風聲、雨聲等，而是由其識即「耳識」去分別。

眾生不肯出離生死，都是因為留戀自己有六根、六識、六塵，在十八界內轉圈打轉轉。離十八界，一切皆無，所謂此無故彼無，即無眾生；十八界和合，即有眾生，故云此有故彼有；眾生本來空，若無六根、六塵、六識，哪來的眾生？只是眾生不肯把十八界放下，十八界蓋覆佛性，因此而處處被生死、六道輪回所束縛，無有了期。

人，這一輩子，都想有一個「安身立命」的地方。那麼，究竟何處可以「安身立命」呢？當個高官？成個億萬富翁？做個大師？這些，都是在做「加法」，似乎權位越「高」、財產越「多」、名望越「大」、想法越「周到」，就越能「安身立命」！安身立命就似乎越牢靠、越穩定！而按照佛陀菩薩的說法，其實這些都不是！恰恰相反，佛陀菩薩說的是：即便已經是高官、億萬富翁、大師乃至心裏有多少高見，也要把這些官位、財產、名望、高見統統都放下；就是說，把人世間的乃至身外心內的一切都放下，「一起放下，放到無可放之處」；「放下」，就是把所有的東西都「放下」、「放到無可放之處」，才算是「徹底放下」。這是要求人們做「減法」，不斷地「減」，乃至於「無」、「一無所有」。而執迷不悟的人，把「五蘊」、「十八界」都看作「有」。

6、「無無明，亦無無明盡；乃至無老死，亦無老死盡。」

弘一法師認為，以上，是「破」「凡夫法」；而從「無無明」到「乃至無苦集滅道」，則是「破」（即「放下」）「二乘法」。而這四句，事關「緣覺」；「緣覺者，常觀十二因緣而悟道」。有一種修行人，「因緣」而「覺」，所以稱之為「緣覺者」。

何謂「無明」?黑暗而不見光明。是「十二因緣」之一，其他「因緣」還有：行、識、名色、六入、觸、受、愛、取、有、生、老死。從「無明」一直講到「老死」，「十二因緣」就從頭講到尾了。

「十二因緣」，涉及兩個法門：流轉法門，還滅法門。流轉法，由「無明」至「老死」之世間法；還滅法，由「無明盡」至「老死盡」之出世法。據説，它們均為佛陀在菩提樹下悟道時所「觀」。「諸法空相」，也包括「世間法『空』」：「無無明」，「乃至無老死」；也包括「出世法『空』」：「無無明盡」，「乃至無老死盡」。流轉法：由「無明」緣「行」，由「行」緣「識」，由「識」緣「名色」，由「名色」緣「六入」，由「六入」緣「觸」，由「觸」緣「受」，由「受」緣「愛」，由「愛」緣「取」，由「取」緣「有」，由「有」緣「生」，「生」緣「老死」。

「十二因緣」，還關係到人的「前世」、「今生」和「來世」，人的「生」前到「死」後的流程。

「緣覺」者，是從「十二因緣」上「悟道」的，由「因緣」所生法而「覺悟」；而本段經文，就是要「破」對這「十二因緣」的「法執」，讓他們明白：「十二因緣」法不可執、不可得。「二乘人」，就是「緣覺」者；「小乘」人，是「聲聞」者；「大乘」者，是「佛」、「菩薩」。本部《般若波羅蜜多心經》，為「二乘人」、「小乘人」開示，提升他們的境界，促其「破執」，達成「徹悟」。下面，對「十二因緣」略作解釋：

「無明」：不明白，糊塗，處在黑暗之中。「行」：由「無知」而導致「妄行」、「造業」。「無明」與「行」，被認為是「過去所作之因」。

「識」：業識，根據前世的業去投胎，不同於「五蘊」中的「識蘊」。「名色」：投身母胎，胎相初成，只具「色蘊」，受、想、行、識諸「蘊」尚未起。「六入」：「五蘊」慢慢具備後，「六根」逐漸長成，即「六根」；眼、耳、鼻、舌、身、意。「名色」、「六入」，都在胎兒期間。

「觸」：「六根」「接觸」「六塵」。如胎兒初生，接觸「外在世界」。「受」：接觸「外在世界」後，產生「感受」，如「苦」、「樂」。從「識」到「受」，被認為是「現在所受之果」。

「愛」：貪婪。「取」：追求，索取。「有」：「業」的形成。「愛」至「有」，被認為是「現在所作之因」。

「生」：生，即「受生」，承受因果之報。「老死」：諸根衰敗，即「老」；身壞命終，即「死」。「生」、「老死」，則被認為是「未來所受之果」。

由「識」，聖一講到了人的出生。他說：有了「識」，「業」牽「識」走去投胎；「識」與父精母血，三緣和合而成胎，是為名「色」。「色」是父精母血，自己的「識」是「心」，「心」有其「名」而無作用，所以稱為「名色」；「名色」七日一變，四十九日後有五個胞：即頭、雙手、雙腳，十個月後六根成熟，六根有入六塵的功能，故稱為六入。小兒出生後，與六塵相觸，所謂六入緣「觸」；觸境，有苦有樂，屬「受」，故「觸」緣「受」；受是果報，受果報時心生繫着，故受緣「愛」。愛其常離，愛合愛離而生「取」，取即作業；若依理而取屬善業，若非理而取屬惡業，故取緣「有」，有即業；有業，故有「生」；「生」，故有「老」、「病」、「死」憂悲苦惱。

(1)「無無明，亦無無明盡」

南陽慧忠禪師說：「迷人執有五蘊、十八界障覆，本性不睹光明，故名無明。性這本心，根塵本空，意識無用，有何障礙？故名無無明。塵境是有，即有可盡；本來是無，將何可盡？」（引自《三注般若心經》）

人生，乃是這些因緣所生。有遮蔽、被覆蓋，不能清楚明白地顯現出來，黑暗而不見光明，就是「無明」。

正如上面所講的：眾生，放不下十八界；不能放下，於是堆積越來越多，遮蓋也就越來越嚴重，佛性就被覆蓋；佛性被覆蓋，佛性因此不明，這就是「無明」。但是，這一點似乎又經不起推敲；因為，正如慧忠禪師所言，如果本來就是空的，就沒有甚麼「障礙」可言了，也沒有甚麼「可盡」了。

「『無』無明」，也就是「破」「無明」；「破」「無明」，並不難，千年暗室、一燈即明，關鍵在於這「一燈」。關於「『破』無明」，有一個「先『破』無明」還是「先除」「習氣」的說法；有人認為，宗下從第八識入手，即先「『破』無明」；而教下則從第六識下手，「先除習氣」。

「無明」，與「真如」相關。《楞嚴經》中有經文說：「真如不守自性，一念不覺，而有無明。」何謂「真如」？「真如」，是梵文的譯名，意思是：真實無妄，不動自在；不生不滅，不垢不淨，不增不減，自性清淨。中文意思相近的詞，還有：「如如」、「無為」、「實相」、「真實」、「真性」、「法性」、「佛性」、「性空」等。

據《大乘百法明門論》疏：「法性本來常自寂滅，不遷動義，名為真如。」《大乘起信論》曰：「一切法從本已來，離言說相，離名字相，離心緣相，畢竟平等，無有變異，不可破壞，唯是一心，故名真如。」《禪源諸詮集》諸序：「心真如是體，心生滅是用。只說此心不虛妄故云真，不變易故云如。」

「真如」，每一個人都有、本來就有；「真如」，一定要守住自性。所謂「守住」，就是「八風吹不動」，任何東西都不能「動搖」。關於「八風吹不動」，還有這樣一個傳說故事：

宋朝大才子蘇東坡，有一天，他做了一首詩，非常得意，就急忙叫書童乘船從江北瓜州去江南，送給金山寺的佛印禪師看。他的詩是這樣寫的：「稽首天中天，毫光照大千；八風吹不動，端坐紫金蓮。」佛印看後，在上面即批「放屁」二字，即着書童攜回。東坡一見大怒，立即親自過江責問。而禪師則早已煮好茶在那裏等候；面對蘇東坡的責問，佛印微微一笑，說：「既已『八風吹不動』，怎又一『屁』打過江？」東坡一聽，頓然無語，自嘆修為遠不及佛印。何謂「八風」？稱（誇獎）、譏（冷嘲熱諷）、毀（惡意中傷）、譽（歌功頌德）、利（利誘）、衰（唱衰）、苦（增痛苦）、樂（添快樂）。佛印批「放屁」二字，是「批評」，最多也只是「嘲諷」而已，僅為「八風」之一；蘇東坡連「一風」都受不了，還談甚麼「八風吹不動」啊?!

然而，對於凡夫來說，在這「八風」面前，往往不能守住自性，往往雜念叢生而「妄動」；而「不動」即「靜」即「空」，「動」則生「業」，有「業障」肯定會「無明」。由「無明」緣「行」，「行」緣「識」，「識」緣「名色」，「名色」緣「六入」，「六入」緣「觸」，「觸」緣「受」，「受」緣「愛」，「愛」緣「取」，「取」緣「有」，「有」緣「生」，「生」緣「老、病、死，憂悲苦惱」，這就是十二因緣。若以般若智觀：「無明」滅，則「行」滅；「行」滅，則「識」滅；「識」滅，則「名色」滅；「名色」滅，則「六入」滅；「六入」滅，則「觸」滅；「觸」滅，則「受」滅；「受」滅，則「愛」滅；「愛」滅，則「取」滅；「取」滅，則「有」滅；「有」滅，則「生」滅；「生」滅，則「老、病、死，憂悲苦惱」滅。十二因緣「空」，可以證辟支佛果；若以般若觀照諸法的實相，不但無無明，無世俗之人的無明，亦無辟支佛的無明盡。

辟支佛，是辟支迦佛陀的簡稱，又音譯作鉢羅翳迦佛陀。是指前生雖然曾種下因緣，但此生卻生在無佛之世，無師友教導，而以智慧獨自悟道，為觀察十二因緣，進而得到證悟而解脫生死、證果之人。因此，也被稱為「獨覺」或「緣覺」者。

(2)「乃至無老死，亦無老死盡」

從「無明」至「老死」，正好為「十二因緣」畫了一個圓圈，走了一個周遭，周而復始。以至於「無」世俗眾生的「老、死」，亦「無」辟支佛的「老、死盡」。以般若觀一切法，可以「超越」世間法「無明」；超越世間法，就是「無明盡」。

這裏順便談談「死亡」與人「覺悟」的關係。人，只有面臨死亡乃至經歷了死亡，才有可能知道甚麼是死亡，才能真正「了生死」；人生的整個生、老、病、死，都是一個正常人的必經過程，都是親身經歷之後才能「了」。「一旦無常至，方知夢裏人」；許多人，只能在「死亡」來臨、「瀕臨死亡」的時候，才會突然「驚醒」，「明白」人生不過是「南柯一夢」。西方的一些哲學家也認為，只有「死亡」，才有可能讓人擺脫「肉身」的束縛，獲得「心靈」的「智慧」。

一切法「空」，「空」相，便是「清淨」相。在「清淨」相內，六根「清淨」，故無眼、耳、鼻、舌、身、意；六塵「清淨」，無色、聲、香、味、觸、法；六識亦「清淨」，即眼識、耳識、鼻識、舌識、身識、意識都「清淨」，無眼界乃至無意識界；無明「清淨」，故「無無明」；無明盡亦「清淨」，故「無無明盡」；老死「清淨」，「無老死」；老死盡亦「清淨」，故「無老死盡」，不再糾纏於「老死」。

7、「無苦、集、滅、道」

「苦」、「集」、「滅」、「道」，是佛教中的「四聖諦」；弘一法師認為，這事關「聲聞」，「聲聞者（聞佛聲教），觀四諦而悟道」。「聲聞者」，即「小乘」人；「二乘人」，也就是「緣覺」者，例如上面剛才提到的辟支佛。

他還認為，這四諦「亦分二門，前二（屬）流轉（法門），後二（屬）還滅（法門）」。他說，這四諦，前二諦（「苦諦」與「集諦」）構成「流轉」：「苦諦」為「果」即「生死報……世間苦果」，「集諦」為「因」即「煩惱業……世間苦因」。後二諦（「滅諦」與「道諦」）構成「還滅」：「滅諦」為「果」即「涅槃果……出世間樂果」，「道諦」為「因」即「菩提道……出世間樂因」。「若行般若者，世間及出世間法皆空，故經云：『無苦集滅道』。」

「諦」，是「真實」，「真實不虛」。這「真實不虛」，是從覺悟者的層次上來講的；因為，只有覺悟者，才有可能看到「真相」；而未覺悟的眾生，因為他們被「五蘊」、「無明」所遮蔽，所以看不到「真相」，見到的只是「假相」，那些被遮蔽之「相」。

「苦」、「集」、「滅」、「道」這佛教的「四聖諦」之間，究竟是一個甚麼關係？我覺得慈誠羅珠堪布講的相對通俗易懂些，他在《慧燈之光》中講，這裏講的是兩對「因果」即輪回和涅槃這兩對「因果」：輪回的「因」，是「集」諦；「果」，是「苦」諦。涅槃的「因」，是「道」諦；「果」，是「滅」諦。他還例舉了彌勒菩薩在《寶性論》中的比喻：就像一個人從生病、看病、吃藥、康復這麼一個全過程，分成四個階段；任何一個人，從得病到痊癒，都得有這麼四個階段。生病，知道得了「病」，就相當於「苦諦」；得了「病」，就得去看「病」，找出「病」因、「病」根，就相當於「集諦」；對症下藥，就相當於「道諦」；藥到病除，就相當於「滅諦」。據説，古代印度的醫生通常也是這麼給病人看病治病的。

據説，這「四聖諦」，是佛陀第一次説法的時候所宣講的。「苦」，是眾生現實生活的現狀，是他們應有的果報，並例舉了「苦」的種類；「集」，是「苦」之所以產生的根源，其根本的原因在眾生自己；「滅」，既然「苦」的狀態、根源都已經清楚，那就要下決心去擺脱、去息滅；「道」，就是：最終在實際行動中得出一條能夠解脱「苦」的可行的、行之有效的正確路徑，持續踐履之，一直到達彼岸。

聖一則認為：「四聖諦」，不是辟支佛道，而是羅漢道；世尊的《四聖諦》，是給「二乘人」開示的，是給他們指明了「羅漢道」。顯然，根據聖一的解讀，「羅漢道」要比「辟支佛道」高一個層面。《般若波羅蜜多心經》則是要進一步深入「菩薩道」，似乎比「羅漢道」又高了一個層面。

甚麼是「二乘人」？「二乘人」的修行，因「緣」而「覺」，只能達到「覺『異』」，「見到心的異相」。在與「二乘人」的區別中，聖一又講了「菩薩」：與「覺『異』」的「二乘人」不同的是，「菩薩」「覺『住』」而「無住」：「菩薩進一步覺『住』相；覺住，無住；迷時，便有住相；覺時，則無。例如，作惡時，是迷；覺時，便不作。不修善，是迷；一覺，便修善，則無迷。所以，覺住，無住——覺『住』時，一切不住；一切不住，便是真心；有所住，便是妄心。」

下面，參照一些高僧大德的講法，我再分別來講解「四聖諦」：

(1)「苦」

「苦」，即所謂人生八苦。講的是被動的「可覺、知性」：是指眾生本不知「苦」，如來示「『苦』相」，為的是讓眾生「覺察」到「苦」、「知道」「苦」。

眾生的果報完全是「苦」的；在現實生活之中，眾生生、老、病、死再加上天災人禍，都是「苦」；即便貌似「樂」，「樂」壞「苦」生、「樂」極生「悲」，也還是「苦」，是「『壞』苦」；享禪定之「樂」，也是無常，屬於「『行』苦」。因此，三界中有「『苦』苦」、「『壞』苦」、「『行』苦」，是名「三苦」；另外，還有「八苦」：生、老、病、死、愛別離、怨憎會、求不得、五陰熾盛苦等。「五陰熾盛苦」：「五陰」

即「五蘊」（就是色、受、想、行、識）；「熾盛」兩字，是形容「火勢很旺」。總起來講，那些「五蘊」不空的人，很容易走火入魔，就像火上澆油那樣。

這些「苦」，你都應該「覺察」，都應該「知道」。覺「苦」，生、則無生；覺「苦」，住、亦無住；覺「苦」，滅、而無滅。覺「苦」無生，何來有「苦」？所以說，「此是苦，汝應知。」

⑵「集」

「集」，即所謂聚散無常。苦從何來？是人自己招惹來的。名「『集』諦」，「集」，即招感（召集、招惹）之義。人人都有貪、嗔、癡三煩惱，由三煩惱作殺、盜、淫、妄等業，由業而招感上述八苦；苦是果，煩惱業是苦因。

「集」，講「了斷性」。知道了「苦」之因，你就應該去「了斷」。「集」，是煩惱，煩惱可以斷，如何斷呢？一定要「覺」，「覺」集無集，即斷集。所以說，「此是集，汝應斷。」

⑶「滅」

「滅」，即所謂生滅涅槃。就是：通過修行得道，得以破除「五蘊」、「無明」。有了「苦」、知道了「苦」的原由，就要下決心、堅持去超越、脱離；懂得「超越」、「脱離」的人，就不是凡人了，而是聖賢啦！「超越」、「脱離」的根本的辦法，就是去「滅」掉苦因苦果；因此，稱之為「『滅』諦」。

「滅」、「亡」，是相對「生」而言的，無「生」即「滅」；「苦」，從此而不「生」，就是「苦」盡，就是「寂滅」；「寂滅」，就是「無生亦無滅」。沒有了「煩」、「苦」、「災」、「難」，也就沒有了對它們的「滅」，就是「涅槃」。

「滅」，講的是「可證性」。知道了「超越」、「脫離」，自己就要去「證」、「親證」。如何「證」呢？苦因苦果「滅」了，這個「滅」因生而有，無生則無滅，生滅「滅」已，「寂滅」現前，這就是「證」。

(4)「道」

「道」，即是得道成佛。是解脫「滅」諦的路徑，是治療生老病死的處方。「四聖諦」中，「道」諦是佛教徒最重要的修持。「道」，講的是「可修性」。如何才能「滅」掉苦因苦果？「滅」苦因苦果，需要「修」道。「『道』諦」，是「無漏」法；「修」無漏法，「不漏落」生死。

甚麼叫「無漏」？「無漏」是相對於「有漏」而言；「漏」，是「漏洩」的意思；有貪、嗔、癡，造成種種「煩惱」，就是有「漏」。而沒有「煩惱」、「垢染」，就是「清淨」，就是「『無』漏」。

「道」，按照慈誠羅珠堪布的說法，共分為五：資糧道、加行道、見道、修道和無學道。無學道，是成佛之後的，所以並不在修學之列。資糧道、加行道，屬於凡夫道；此時的修行人，還沒有成聖成佛。見道、修道，此時的修行人已經是聖者菩薩了。

甚麼時候算是進入了資糧道呢？資糧道，是修行人首先要進入的學佛階段。對於小乘修行人來講，具備出離心是關鍵；而對於大乘修行人而言，則必須具備菩提心。如果沒有出離心、菩提心，就還沒有或者不能進入資糧道。

甚麼時候算是進入了加行道呢？如果，密宗的修行人在菩提心的基礎上證悟大圓滿，從見解方面來講，就已經進入加行道了。顯宗則認為，在資糧道的時候雖然有修行，但仍以積累資糧與聞思為主；當對修行有一定的體會，對人無我、法無我的空性有一定修證經驗的時候，就進入了加行道。

甚麼是見道？是真實的證悟。修道，證悟見道或一地以後反覆修持的過程。從二地到十地，修道共分九個層次。

知道了「道」，就應該去「實修」。「道」，可以「修」，也是「修」出來的；例如：持戒，則有戒；不持戒，則無戒。修定，則有定；不修，則無定。斷惑，則有慧；不斷，則無慧。所以説，「道」是「修」出來的，你應該去「修」。「道」，是道路；道路，是通向某種目的地的。「道」的「實修」，需要以證悟空性的般若智慧為目標，堅持正確的方向，腳踏實地，安住於修行，一步一個腳印，修持、提升我們自己。

「道」諦，就是通向證悟空性的般若智慧之路；而只有證悟空性的般若智慧，才可能斷除無明，其他的佈施、持戒之類都不能斷除無明；無明，是輪回最終的源頭。

(5)「苦」、「集」、「滅」、「道」總起來講

聖一又總起來講《四聖諦》：認知「苦」諦，斷除「集」諦，獲取「滅」諦，都要依賴「道」諦。

「苦」，我已「覺知」，不用更知；「集」，我已「斷」，不用更斷；「滅」，我已「證」，不用更證；「道」，我已「修」，不用更修。何以不用更知、更斷、更證、更修呢？因為，如來了悟「四諦」的真實之理：

例如「苦」，是有為法；「有為」，不離三相：生、住、滅；如來悟「苦」的生相不可得，悟「苦」的住相不可得，悟「苦」的滅相不可得；若悟到「苦」的生、住、滅三相皆不可得，「苦」當體即「空」；「空」，就是「苦」的實諦之理，是名「『苦』諦」。

「集」，也是有為法，不離三相：煩惱有生耶？悟，則無生相可得。煩惱有住耶？悟，則無住相可得。煩惱有滅耶？悟，則無滅相可得。如是，「迷」時，見有煩惱生、住、滅可得；「悟」時，煩惱生住滅三相皆不可得，當體就是「空」，此是「集」的真實相，故名「『集』諦」。

「滅」，又如何？有「生」，則有「滅」；「覺」，則無「苦」生，亦無「苦」可「滅」；寂滅現前，就是「滅」的真諦。如來說「滅」，因「『苦』滅」而見諦；見諦時，無「苦」無「集」，故無「滅」。

「道」，又如何呢？例如修戒、定、慧之「道」：戒，有生耶？戒無生相。戒，有住耶？戒無住相。戒，有滅耶？戒無滅相。戒、定、慧，無生、住、滅三相可得；無生、住、滅三相，就是「無為」法；戒、定、慧，當體即空。「道」，即是空相；修，即無修；故云此是道，我已修，不用更修。六祖云：「心地無非自性戒，心地無癡自性慧，心地無亂自性定。」此是戒、定、慧的真理，「道」的真諦。

在諸法的空相、實相內，無凡夫「苦」、「集」之法，亦無賢聖「滅」、「道」之法，故謂「無苦、集、滅、道」。

有人說，《四聖諦》是整部阿毗達磨的精髓；而在《般若波羅蜜多心經》中，觀自在菩薩從根本上動搖了阿毗達磨的理論基礎，從而也糾正了他們的以知識的獲取為目的的修行路向。

8、「無智，亦無得，以無所得故。」

「世俗利益」（如「權力」、「錢財」與「名望」等）的「獲得」，靠「世俗」之「智」；「知識的獲取」，也是世俗之「智」，並非「般若」之「智」。「『般若』之『智』」，是修行的一個高端層次，是「菩薩境界」。弘一法師解析說：「大乘菩薩求種種智，以期證得佛果。故超出聲聞、緣覺之境界。」也就是說，「求般若之智」，才能超越了小乘、二乘，進入了大乘境界。「聲聞」，為「小乘」境界；「緣覺」，為「二乘」境界。《般若波羅蜜多心經》引導着修行者一個境界一個境界地提升，達到「菩薩境界」。

無論是「世俗利益」的「獲得」，還是「知識的獲取」，要在「得」，「得」是世俗之「智」的本質；《般若波羅蜜多心經》就是要破這樣一種的世俗之「智」，並進而提倡「般若」之「智」，也因此而強調「無得」。所謂「無智」，就是要「去掉」「小聰明」；「去掉」了「小聰明」，就不會再計較「得」、「失」啦！也就「無得」啦！

弘一法師進一步解讀：「所謂『智』者，用以破迷。迷時，說有智；悟時，即不待言，故云『無智』。所謂『得』者，乃對未得而言。既得之後，便知此事本來具足，在凡不減，在聖不增，亦無所謂得，故云『無得』。」這就是說，在「智」的層面上，仍有「迷」、「悟」之分以及「得」、「捨」的區別；「迷」時，「『有』智」；「悟」時，「『無』智」。就「智」而言，「得」，是相對於「『未』得」來講的；「『未』得」時，「『求』得」，這裏就有一個「得」不「得」的問題；「『既』得」之後，恰恰明白了：「本性」具足，也就不存在「增」、「減」、「得」、「失」的問題。因此，「得」，事實上是「無所得」。

(1)「無智」

舍利子屬佛教的「有」部，他們非常重視世俗「智」即「知識」的獲取。而觀自在菩薩則明確無誤地告訴了他：「空性」中並無修證「四聖諦」所需之「智」，這就是「無智」。再說了，「所謂『智』者，用以破迷。迷時，說有智；悟時，即不待言，故云『無智』。」

這個「無智」的「智」，則是指「六度之智」；「六度」，也就是「六波羅蜜多」，為菩薩能修，是「菩薩行」，以進入「菩薩境界」。「六波羅蜜多」：佈施、持戒、忍辱、精進、禪定、般若。「無」這「六波羅蜜多」之「智」，「智」亦「清淨」，是為「『無』智」。

「智」全「清淨」，萬行（包括求所得的行為）也「清淨」，有何可得？一無所得！故「『無』得」；出世間法「清淨」，是為「無得」。

(2)「亦無得」

弘一法師說：「所謂『得』者，乃對未得而言。既得之後，便知此事本來具足，在凡不增，在聖不減，亦無所謂得，故云『無得』。」

所謂「無得」是：既無能得的主體，亦無可得的客體，還無求所得的行為。在這部《般若波羅蜜多心經》中，不光是「無『言』」、「無『思』」，最後連「行」都「無」了，都「放下」了，一無所有，就是徹底的「無」。

這是「菩薩法門」，菩薩以「六度」為「智」，皆是「斷惑」；在未證得一切法寂滅以前，要以「智」去「斷惑」，這樣的一種「智」一定是「不惑」的，不「迷惑」於任何東西的「獲得」。更何況，一切法本來寂滅，無「能得」之「智」，無「所得」之「法」；亦無「能修」之智，無「所修」之法。若見有能、所，是生滅心；不見有能、所，即寂滅心；所以說：無智，亦無得。

(3)「以無所得故」

弘一法師說：「『以無所得故』一句，證其空之所以。」對這裏的「無」與「空」的關係，他也有一個說法：「以上經文中，『無』字甚多，亦應與前『空』字解釋相同。」對於這個說法，我並不贊成。

我覺得，在《般若波羅蜜多心經》之中，從「空」到「無」有一個明顯的轉折；這個轉折表明，這是破除世俗之「智」的最後關頭，昇華到一個更高境界。所以，我把「空」解讀為「看破」，把「無」解讀為「放下」；「看破」了的，未必能「放下」；「看破」了的，未必真「悟」；真正能「放下」的，才是真「無罣礙」，才是真「悟」。

(4)「無智，亦無得，以無所得故」總起來講

至此，「凡夫法」、「小乘法」、「二乘法」都破盡；超越「知識」，超越「得失」，進入「菩薩道」；俗人以為修成「菩薩道」必有所「得」，「空性」也就成為了修行最高成果，這仍是「世俗之智」。「大乘佛法」

講究徹底的「破」、一路破盡而「一無所得」。「破」盡，然後全都「放下」；真正的「放下」，是「『皆已』放下」、連「放下」也「放下」。

「無智」，既破「世俗之智」，亦無能證之「智」；「無得」，既「捨」了「世俗之得」，亦無所證之「得」。此處，是講：「智」、「得」之「能」、「所」皆「無」，最終「一無所得」。

這段話，通常是把「以無所得故」和上面的「無智，亦無得」聯繫在一起講的。也有分開來，把「以無所得故」和「菩提薩埵」結合起來講的，例如聖一的講法。

聖一說：悟一切「『心』空」，名為「菩提」；了一切「『法』空」，名為「薩埵」。「心」、「法」皆「空」，「心」、「法」一如，「空」而無「得」，並無「能得」、「所得」；以「『無』所得」故，即是「菩提薩埵」。不被束縛，不受限制，無為而無不為，得大自在。

五、經文（第五段全文）：

菩提薩埵，依般若波羅蜜多故，心無罣礙；無罣礙故，無有恐怖，遠離顛倒夢想，究竟涅槃。三世諸佛，依般若波羅蜜多故，得阿耨多羅三藐三菩提。故知般若波羅蜜多，是大神咒，是大明咒，是無上咒，是無等等咒，能除一切苦，真實不虛。故說般若波羅蜜多咒，即說咒曰：揭諦、揭諦，波羅揭諦，波羅僧揭諦，菩提薩婆訶！

弘一法師總結說：「『以無所得故』已前之經文，皆從般若之『空』一方面說。依此空義，於常人所執着之妄見，打破消滅一掃而空，使破壞至於徹底。」在他看來，對「空」與「無」的「解釋」是「相同」的，因此對二者不作分別；與「空」是有區別的，不過不在「無」，而是在「不空」上面。

所以，他又說：「『菩提薩埵』已下，是從般若『不空』方面說，復依此不空義，而熾然上求佛法，下化眾生，以完成其圓滿之建設。」（《金剛經 心經 壇經》第一百三十一頁）

本段經文，是《般若波羅蜜多心經》的最後一段，是講：菩薩與諸佛「依般若波羅蜜多」修行以及所達到的境界，以及「般若波羅蜜多」究竟是甚麼。換句話說，只有真正修行到了「究竟涅槃」和「阿耨多三藐三菩提」，才有可能真正明白那「般若波羅蜜多」究竟是甚麼。這裏，既涉及到應該如何修行與修行應當達到的高度，還涉及到對「般若波羅蜜多」的「顯」說和「密」誦。

下面，講講按照「般若波羅蜜多」來修行以及達到的兩種境界：

1、菩薩和諸佛的修行與境界

先說「菩薩」的修行與境界：

(1) 菩提薩埵，依般若波羅蜜多故，心無罣礙；無罣礙故，無有恐怖，遠離顛倒夢想，究竟涅槃。

從《般若波羅蜜多心經》一開始，就講「菩薩行」、「行深般若波羅蜜多時」，經過內「觀」而「照見五蘊皆空」，自性清淨，**「心無罣礙」。這是菩薩按照圓滿大智慧修行後所進入的境界。**

何謂「罣礙」？聖一舉例：例如，眼珠與眼白相合，是為無罣礙；而眼睛與沙子不能相合，是為罣礙。又如，皮與肉相合，是為無罣礙；肉中有刺，則有罣礙。

聖一解讀說：「罣礙」者，是因為與般若心不相合的緣故。般若心是「空」，若一切法「有」（即「不空」），「有」與「空」不能合便有「罣礙」；若一切法「空」，法「空」與般若心「空」相合，便無罣礙。所以，一切法空即般若，般若即一切法空；般若與一切法空打成一片，即一切法空不礙般若，般若不礙一切法空。猶如《大悲咒》放在心內，「空」，所以不會有礙《楞嚴咒》；《楞嚴咒》在心內，也是「空」，此空、彼空，「空」與「空」合，無有罣礙；假如，有一法不空，便有「罣礙」。

六祖慧能在世時，有一僧名法達，來頂禮六祖，但是頭不到地。六祖見狀，想：這個人心中必有一物。法達說：「我誦《法華經》，已有三千部。」他自滿了，自以為「有」了，他的意思是：已讀《法華經》三千部，何必叩頭到地？這就表明：這所誦的三千部《法華經》，擱在他心裏、放不下來，已經成了他的負擔、罣礙。

世間法不空，與般若合不來，便有罣礙；出世間法不空，與般若合不來，亦有罣礙。若世間法空，出世間法亦空，與般若空相合便無罣礙；無罣礙，就沒有甚麼好擔驚受怕的，則無有恐怖。恐怖，也包括前面已經說到的，有憂患、焦慮之意：如眼內有沙，若不除去眼睛便（難受甚至）會瞎；眼瞎，就是一件可怕的事情；眼內無沙，便不會擔心眼睛會瞎。又如，肉中有刺，若不除去，則有潰爛成瘡的擔心；凡夫，有生死的害怕；二乘人，有沉空滯寂的害怕。要是有一法放在心內，不能空，此一法便讓你生死犯難了。

過去，有一位金碧峰，他一入空定，無常鬼就找他不到了。無常鬼便請土地公幫忙，土地公告訴他：「金碧峰甚麼東西都可以空，惟有一水晶缽他最愛，你們倆一變作老鼠，把玩他的水晶缽，他就會出來；你們拿着鎖鏈，等他出定時，就可以鎖住他。」金碧峰入定時，身體空掉，但在定中聽到老鼠把弄水晶缽的聲音，他立即出來，並且大罵：「誰人碰我的水晶缽？」無常鬼立即去鎖他。金碧峰知道是自己受水晶缽的罣礙，讓他被無常鬼找到；於是，求情許他延期七日。無常鬼走後，金碧峰立刻把水晶缽打爛，然後入定；臨入定前，在牆上寫下四句偈：慾來找我金碧峰，猶如鐵鏈鎖虛空，虛空若然鎖不得，莫來找我金碧峰。

世間法不空，與般若有罣礙，等於眼中有沙，認生死輪回為實有；出世間法不空，與般若亦有罣礙，等於肉中有刺，認化城為寶所，故有凡夫生死，二乘涅槃的顛倒夢想。

上面，我們提到兩個詞「化城」和「寶所」，在這裏略作解釋：「化城」，源於《法華經》中的一個佛教故事。傳說，釋迦牟尼與一弟子下鄉佈道，忽為山險所阻。這時，弟子飢渴難耐，坐地不起。釋迦牟尼佛手指前方，說：「前有一城，速去化齋。」弟子頓為振奮，迅速前行。其實，這個所謂的「城」，實乃佛祖點「化」而成；所以，稱之為「化城」。這個故事，有一點兒像《三國演義》中曹操的「望梅止渴」。當大部隊飢渴難耐、前進乏力的時候，曹操舉手一指，說：你們看呀！前面不是一大片梅林嗎！眾將士一聽，頓時口舌生津。

另外一個詞「寶所」，佛教語，是「藏珍寶之所」的意思，喻指涅槃，那種自由無礙的境界。《摩訶止觀》卷一中說：「界內小道，極在化城，故為細；界外大道，極在寶所，故為麤。」聖一在這裏，講的就是這個意思。

我們接着往下講：凡夫生死，有四顛倒：一、身不淨，計為淨；二、受是苦，計為樂；三、心無常，計為常；四、法無我，計為我。此是凡夫的顛倒相。

二乘人的涅槃，亦有四顛倒：一、看不淨，不見法身淨；二、看苦，不見寂滅樂；三、看無我，不見自在我；四、看無常，不見佛性常。是為二乘人的顛倒夢想。

大乘佛教認為，辟支佛是緣覺乘的最高果位，但並未達成覺行圓滿、無上正等正覺。緣覺乘（雖然生於有佛之世，但沒有直接聽聞過佛陀教說，而是獨自觀察「十二因緣」等法理而覺悟）和聲聞乘（直接聽聞到佛陀教說，思惟修證苦、集、滅、道「四聖諦」而覺悟），合稱為「二乘」；再加上菩薩乘，總稱為「三乘佛教」。依照《法華經》的教義，所有的修行者都能成佛，雖然辟支佛與阿羅漢的覺悟尚不究竟，但只要他們繼續修菩薩行，終將也會成為無上正等正覺的佛。

所以，般若照見五蘊皆空，何止離一切苦厄；離一切苦厄，然後才見到諸法空相。五蘊空，色空，空亦空，一切法空，便是諸法的空相，亦是五蘊的空相。所以，先講度盡一切苦厄，後說諸法空相；若五蘊未空，即一切法不空，不但一切苦厄不能度盡，而且會生出恐怖及顛倒夢想，即凡夫認生死為真實，二乘人認涅槃為實有，悟道的人「生死涅槃等空花」，生死空，涅槃亦空。

關鍵還是在於有無得失之患，南陽慧忠禪師說：「心無所着，有何所求？心不可得，恐怖誰生？故云無有恐怖。」（引自《三注般若心經》）憨山德清禪師進一步挑明：「由心無罣礙，則無生死可怖」；「既無生死可怖，則亦無佛果可求。以怖生死求涅槃，皆夢想顛倒之事耳！」（引自《般若心經直說》）求「佛果」，亦是「有」的圈套。

以無所得故，菩薩證般若波羅蜜多；若有所得，便不能證般若波羅蜜多；證到般若波羅蜜多，見一切法即心，心即一切法。所以，心與一切法無罣礙，無罣礙便無有世間或出世間法的恐怖，既無世間凡夫生死的四顛倒，亦無出世間二乘涅槃的四顛倒，是為遠離顛倒夢想，究竟證大般若涅槃。

這就是「究竟涅槃」：心不可得，法亦不可得；心與法一如，俱無所得。菩薩依般若修行，心無罣礙，無有恐怖，遠離顛倒夢想，包括遠離求涅槃之佛果。

再說「諸佛」的修行與境界：

(2)、「三世諸佛，依般若波羅蜜多故，得阿耨多羅三藐三菩提。」

「三世諸佛」，按照圓滿大智慧修行，則達「阿耨多羅三藐三菩提」境界。由此可見，同樣是按照「般若波羅蜜多」來修行；但是，在能夠達到的境界上，菩薩和佛陀還是有區別的。

「三世」，是指「過去」、「現在」、「未來」。過去無明塵勞煩惱妄想空，是過去佛；現在無明塵勞妄想煩惱空，是現在佛；未來無明塵勞妄想煩惱空，是未來佛。以般若觀照，過去煩惱空，過去成佛；現在煩惱空，現在成佛；未來煩惱空，未來成佛。

三世諸佛，依般若波羅蜜多，無明妄想塵勞煩惱空，三世佛都得阿耨多羅三藐三菩提。阿耨多羅三藐三菩提，是梵語，意思是：無上正等正覺。菩提是最上，菩提是最平等，菩提是最真，故又稱為無上正真之道。

歸總起來，我們所說的諸法空相，無凡夫五蘊十八界之法，無聲聞苦集滅道四諦之法，無緣覺十二因緣之法，亦無菩薩能得之智、所得之法；總起來說，就是無小乘、二乘之法，匯三乘歸一佛乘，匯九法界同歸一佛界。

2、「般若波羅蜜多」之「顯」說：

所謂「顯」說，就是可以翻譯的，可以解釋、說明的。

現在，我們就來說說「**故知般若波羅蜜多，是大神咒，是大明咒，是無上咒，是無等等咒，能除一切苦，真實不虛**」這段文字。

之前的《般若波羅蜜多心經》文字，都是說「經」。而從這段文字開始，談論「般若波羅蜜多」則由「經」文轉為「咒」語；「經」文是「顯」說，「咒」語是「密」誦；從此，也就從對「般若波羅蜜多」的「顯」說轉向「密」誦。因為這段文字，即便是已經說「般若波羅蜜多」是「咒」了，但依然是在用「語言文字」來解釋、說明「般若波羅蜜多」；所以，仍歸入「顯」說。

這段文字，用極其概括的語言，給「般若波羅蜜多」以高度的評價，意圖說明它究竟是甚麼？它是一種「咒語」，這樣的一種「咒語」能夠除卻「一切苦」，「確實如此」，這已經是被菩薩、諸佛都體悟到和充份驗證了的。

弘一法師認為：「『是大神咒』者，稱其能破煩惱，神妙莫測。『是大明咒』者，稱其能破無明，照滅癡暗。『是無上咒』者，稱其令因行滿，至理無加。『是無等等咒』，稱其令果德圓，妙覺無等。」

這樣的一種「咒語」，可以稱之為「大神咒」，其「神力」強大，不可動搖；也可以稱之為「大明咒」，給修行者帶來無限「光明」；也可以稱之為「無上咒」，是其他任何咒語都無法「超越」的；還可以稱之為「無等等咒」，達圓融之極，無與倫比。

在這裏，我特別要說明的是：嚴格來講，從這段文字以上，都是在「顯」說「般若波羅蜜多」；這種「顯」說，也不是用概念、邏輯推理，而是以直接的體悟、較多以比喻的方式，用來形容觀自在菩薩的修行之高深。

3、「般若波羅蜜多」之「密」誦：

所謂「密」誦，是不可翻譯、不可解釋、說明的，不是可以靠「說」、靠語言文字說清楚、弄明白的。M．海德格爾的「Dasein」，如同H．-G．伽達默爾所解釋的那樣，就像在某個地方突然冒出來一個東西，一着急、一下子說不出來、說不清楚，就會喊：你們快看呀！那兒！這裏，沒有確定的語言，更沒有概念、邏輯。佛教所傳的「咒」，都是「密」誦。誦，往往不是喉舌、唇齒所為，而是發自心區。「咒」，只能誦讀，但不能解釋；「密」，不可「言」，但可「覺知」，更應持守。「密」誦，是在「顯」說的基礎上的，證悟空性，以達到「不二智慧」的境界。

按照夢參長老的說法：「所謂密宗，西藏教義，跟我們一樣的。不過，西藏的教義有系統，有顯宗的次第，就是菩提道次第；有密宗次第，最後還有圓滿次第，圓滿次第到究竟，就是現前一念心。」「只要你把現前一念心掌握明白了，時時對治煩惱，時時消滅煩惱，降伏煩惱，斷煩惱，你就成佛了」（參：《我給大家略說密宗次第》）。重要的是：要把握好「現前一念心」。

有人說：咒語，是一種聲韻、頻率、共振。透過這種共振路徑，我們的意識可以和宇宙意識能量接軌。當咒的能量轉動的瞬間，我們的生命便有了活潑、美善的驅動力。能量的碰撞、轉換，自然不能完全離開心靈的互動，心性是人的動力、生命力之源。

還有人說：想呼喚宇宙大能場，領受不可思議的生命神奇力量嗎？想增長智慧、美善，創造幸福、圓滿一切所求嗎？要做到這一切，沒有比唸誦咒語更快捷、更簡單，也更具有威力了。專注的念力加上咒語，能為你開鑿出一條靈性秘徑。

而毋庸置疑，「密」誦是不可思議的，自然也就不能翻譯。它發自「內心」，是一種「心聲」，是「現前一念心」，是「心靈」的「自動」、「震撼」與「互動」。修行，最重要的就是：事事處處「關『心』」，讓「心行」到甚深圓滿之處。

依「般若波羅蜜多」修行，佛得菩提，菩薩證大涅槃；所以，「般若波羅蜜多」是：「大神咒」，神力最大，能度眾生成佛；「大明咒」，光明最大，能破除眾生的無明煩惱，「無上咒」，般若最上，更無有上；「無等等咒」，「般若」是佛母，出生一切佛，無一法能與祂相等。

「能除一切苦」：依「般若波羅蜜多」修行，越出三界火宅，遠離生死輪回之苦。「真實不虛」：即心即佛，真實如是，絕非虛妄。

按照弘一法師的解讀，「能除一切苦」，是般若之「用」；而「真實不虛」，為般若之「體」。

聖一說，《般若波羅蜜多心經》有「顯」說，也有「密」說。所謂「『密』說」，即是以咒語的形式出現，咒語的「『密』說」，往往是一句或幾句聽不懂的語言（形諸於文字，則成語音的紀錄）；既然聽不懂，就不可能染着語言（與文字）之相，不會執着於追究語言（與文字）的意思。這樣一種的「不染語言文字之相」、作為「語音記錄」的「密」誦，發自「心區」，是一種「心聲」。

「般若波羅蜜多」咒語的音譯是：揭諦揭諦！波羅揭諦！波羅僧揭諦！菩提薩婆訶！

而其原文，按照淨慧長老所傳，是這樣唸：Gadi, Gadi! Basha, Gadi! Bashashang, Gadi! Bodi, Shooha!

《解深密經》這部經，是佛陀自己整理出來的，講「空性」真理。這部經，突出了「密」；這裏所說的「密」，是指釋迦牟尼佛講經有深刻的隱秘的含義，這些含義深藏在話語的後面，是話語本身不能傳達的；但是，修行到一定程度的人，對這些含義是可以去「覺知」與「體悟」的。

所謂「密」，就是不能解釋，也沒有人能夠解釋；如果有解、能夠被人解釋，那就不成為「密」了，沒有「密」可言了。「密」，如人飲水，冷暖自知；講不出，解不來，唯有體悟、自知。

佛門中，有很多人依「『顯』教」修行；亦有依「『密』教」修行，「『密』教」傳授「『咒』語」，例如「大悲咒」、「楞嚴咒」乃至「般若波羅蜜多咒」等等。

對「般若波羅蜜多咒」的意義，宗薩欽哲仁波切如此比方解釋說：你從來沒去過北京，你就想去北京，這就是第一個「揭諦」；第二是確信有北京，這就是第一句裏的第二個「揭諦」；到第三個階段，你雖然還沒有到達北京，可是已看見了北京，就是「波羅揭諦」。而第三句「波羅僧揭諦」，就是你已到達北京，去過北京了。這本來是一個實證的過程，不能用語言來解釋的。

聖一與不少高僧大德心生慈悲，都在努力將「般若波羅蜜多咒」的意義簡捷明瞭地說出來；下面兩種，比較而言，我更傾向於最後那個解說，因為它特別突出了「放下」。他們說：

揭諦揭諦——去吧！去吧！
波羅揭諦——到彼岸去吧！
波羅僧揭諦——大家一起登上彼岸！
菩提薩婆訶——共證菩提！

放下！放下！
把一切都放下！
連放下也都放下！
即證菩提智慧！

後記：「讀經」與「談心」

讀了上面《般若波羅蜜多心經》這部佛經，在傾聽觀自在菩薩和舍利子的「對話」中，我們觀照到了觀自在菩薩在經裏所傳授的他自己的修行的心路歷程。從這裏，我們領悟到：度己、度人，得深入到「心地」上、「靈魂」深處，並藉助「互動」、「對話」即「談心」來實現。

事實上，「讀」《般若波羅蜜多心經》也是一種「對話」，一，是傾聽觀自在菩薩和舍利子的「對話」；二，參與他們的「對話」。通過「對話」，產生「心靈」的「碰撞」，重振我們的「心」、「性」。在中國的話語裏面，「對話」就是「談心」。「讀」《般若波羅蜜多心經》，就是傾聽觀自在菩薩和舍利子的「談心」、並參與他們的「談心」。

我們正是通過這樣的「談心」，深入「心靈」深處，找回「自性」，重建「自在」。特別是在天災人禍突降之時，往往天下大亂，根治的辦法就在「人心」；在這種時候，調理「人心」、找回「自性」是最重要的。

這樣的一種對「自性」的尋找，不靠「理性」，而往往要靠直接的突如其來的「覺悟」；如有神助，因此得在「宗教」、「信仰」的層面。

一、「讀經」作為「讀心」、「談心」

我們現在處於末法時代，高僧大德、善知識越來越少了，很難碰得到，從他們那裏學習已經不大可能。那怎麼辦？直截了當：「讀佛經」！那佛經怎麼讀？要説清楚「經」應該怎麼樣「讀」，那首先得弄清楚一個問題：「經」是甚麼？而這樣的一個問題，又會產生不同的問法。例如，按照M．海德格爾，這個問題的問法，就是：「經」「意謂」着甚麼？「經」在「説」些甚麼？「『説』些甚麼」，就不同於「『是』甚麼」；「『是』甚麼」的問法，是「邏輯」層面的問法；而「『説』甚麼」的問法，是「語言」即「口語」的問法。這兩個問法，提升到哲學的層面來看，涉及到「真理」的表述與展現，「口語的『真』」嚴格地區別了「命題的『真』」。

更具體一點説，是「經」在對你「説」些甚麼？正在對你「説」的甚麼，如果你「聽」而不「聞」，那你根本就沒有在「讀」，儘管你是在裝模作樣、搖頭晃腦地捧着經書念念有詞；只有你真的「聽」到了「經」在對你「説」些甚麼，乃至你和「經」一問一答、進行「對話」、「談心」，這才算是真正在「讀」。

而我的問法又有不同：「經」的「説」，是「話」在「説」？還是「心」在「説」？這種問法，又顯示了與「『語言』的問法」的嚴格區別，進行的是一種在「心靈」層面、而非語言層面的「對話」方式。

1、是「心」在「説」而不是「話」在「説」

有些人認為，「經」在「説」的是「話」；「經」作為一本「書」，我們「聽」到的是「話」、「看」

到的是「字」。這就是說，我們把「經」看作是在「說『話』」、「書寫」，把「讀『經』」看作是「讀」「經」裏的「話」、「看」「經」裏的「字」；這樣，「讀『經』」，就是「讀『話』」、「識『字』」。這使我聯想起M．海德格爾說過的：「說『話』」，是「話」在「說」。

不過，按照中國的傳統說法：「言，心聲也；書，心畫也。」（揚雄：《法言》）這就是說，無論是「語言」還是「文字」，都是「心」的產物。也就是說，「經」作為一種由「心」發出來的「聲音」，那就是「心」在「說」，而不是「話」在「說」。是「心」在「說」，那麼「讀『經』」也就是「讀『心』」，而不是「讀『話』」、「讀『字』」。這樣一來，我們在「讀『經』」的時候，是「讀『心』」，就要在「心」上下功夫，而不是在「語言文字」方面下功夫了。

與此同時，還有另外一種「心聲」，即佛經裏流傳着的佛陀菩薩的「心聲」，以及讀者從自己「心」裏發出的「心聲」。我們作為「讀者」，這樣的一種「心聲」，更值得注意。觀音菩薩「聽」海，是在「聽」「大海浪潮的聲音」麼？不是，是「聽」他自己此時此刻從「內心」發出的「心聲」。達摩「觀」壁，是「觀」山中的「洞壁」麼？也不是，是「觀」此時此刻他自己從「內心」發出的「心聲」。每一個讀者都會有自己「讀『經』」的「視角」、「眼光」、「心得」，都會發出自己的不同的「心聲」。重要的是，就是這種不同讀者的不同「心聲」；能發出「自己」的、「不同」的「心聲」的，就是一個有「心」、有「主見」的人，具備了「自己作主」的必要條件，就有一個「主人」的模樣。有「主見」的、能夠「自己作主」的、能發出「自己」的、「不同」的「心聲」的人，得是一種「精神獨立」、「思想自由」的人，自然也是一種獲得「言論自由」的人，享受着「心靈」發聲的「自由」。

所謂有「主見」、「自己作主」的有「心」人，就是那種「摒息諸緣，不生一念」而又「返觀自心」得見「真相」

的人，就是一個「覺悟」的人；這種人的「心」說，是那種「純潔」的、「真實」的「心」在說，說的是「真話」。同時，有「主見」、「自己作主」的有「心」人，又不是那種被別人隨意可以干擾乃至左右的人。這樣的一種人，按照J．杜威所說：「是個人對自己思想信仰的結果負完全責任，不怕權威，不怕監禁殺身，只認得真理，不認得個人的利害。」有這樣的人在，就有「真理」，社會就有「公平」、「正義」；一旦沒有人敢對自己的思想負責任了，只認得個人利害了，哪還會有甚麼「真話」、「真理」？

在我們中國的日常生活中，「談『話』」往往會被提升為「談『心』」的。打個比方，就像是找到一個喜歡的人和他「聊天」。和喜歡的人「聊天」，真心相待、說真話，越聊越高興，越聊越投機，越聊越深入，就會「產生『心靈的碰撞』」，激發「心靈」的「力量」，成為一場「促膝談心」！正是這樣的一種「心靈的碰撞」，使得「聊天」、「對話」進入到了「心靈」的層面乃至人的「靈魂」深處；在人的「靈魂」深處，觸及人的「性命」的根本，從而使對話者獲取對「性命」的發自「內心」深處的「體悟」。說到底，「人」的所有活動，也只有達到了「心」的層面，才真正算是「人」的；沒有達到「心」的層面，就不是「人」的，只是「動物」的；「動物」有「心臟」這種器官，但沒有「人」那樣的與「靈魂」相關的「心」。我們在談的「讀經」等等，都是「人」的活動，就必須在「心地」上下功夫。啟動「心靈」、觸動「靈魂」，也正是我們「讀經」的根本所在。

「讀經」，也必須在「心地」上下功夫；在「心地」上下功夫，就必須「有心」、「用心」、「專心」，懷有一顆真實、坦誠、潔淨的「心」。因此，所謂「讀『經』」，就是發起「真心」，聆聽「心聲」，觀察那顆「跳動的心」，洞悉其「心路歷程」。在這個方面，現在有許多人推崇「讀心術」；其實，能否「讀心」、是否「讀懂」了「心」，根本不在於「術」，「術」往往凸顯的是「伎倆」，從而遮蔽或損害了其用「心」的「真實」、「坦誠」、「潔淨」。懷有一顆「真心」、始終「勿忘初心」，就是「真心」、「初心」在「做主」，這就是堅持「主人」的姿態，而不會淪為「奴才」。我們之所以要讀佛經，最最重要的正是：讓我們每一個人當家作主，當好自己的家、做得了自己的主，從而在根本上改變了現實生活中的「為奴」狀態，不作「權」與「錢」的「奴隸」。一個「自己當家作主」的人，都有一顆「真心」、「純潔的心」。

堅持由「真心」、「初心」來「做主」，由這樣一顆「真心」所「說」出來的「話語」，因為是排除了各種各樣的「功利性」以及附加物的，就一定是「真實」的、「素樸」的、「純潔」的，具有一種特別的「純正性」，也就根本不會出現「奴才」相。

當然，也會有人認為，人們的「說」、「寫」，其實是沒有「內容」的，並沒有表達「甚麼」，「甚麼」也沒有，最多也只是「說」出的「聲音」、「寫」下的「痕跡」而已。從這樣的一層意義上，佛經也可以說是「甚麼」也沒有表達，充其量也只是發出了一種「聲音」；但至少，這種聲音純真、坦誠，傳遞着友善、美好，觸動着溫暖着人們的「心靈」。

2、讀經須在「靈魂」的層面

真正的藝術乃至宗教的活動，都產生於此，產生於那顆「真心」、「純潔的心」。

有人問一位詩人：為甚麼寫詩？詩人回答說，是為了把他心中浮現的特別想法和形象記錄下來。一位畫家也贊同這種說法，並且補充說，記錄的也是曾經打動我的某些景象（摘自《約翰．雅德理：優秀的水彩畫具有一種燦爛奪目的光感》）；這樣的一種「光感」之所以那麼「燦爛奪目」，正是因為她發自內在的「心靈」。難能可貴的是，發出了自己「心靈」的「光明」。吳冠中的一位法國老師對他說：「藝術有兩路，小路藝術娛人耳目，大路藝術震撼人心。」「走『心』」、「動『心』」、「震撼人『心』」！這是藝術的正路。而對於吳冠中，「藝術」猶如「宗教」：真正的「藝術只能在純真無私的心靈中誕生」（《吳冠中與朱碧琴：從萍水相逢到一生一世》）。不過，他也說：「藝術探索感情的奧秘」，「表達」「隱藏在裏面不知道的感情」，「傳達」「你感情深處的秘密」（柴靜：《回憶吳冠中》）；這又把「藝術」拉回到「感情」的層面。

詩、畫是如此，佛教經典更是如此，一是「打動」，二是「記錄」；把「打動」了自己「內心」的東西「記錄」下來，這是對自己「真情實感」的一種珍惜與肯定，正是這樣一種的珍惜與肯定而不是其他的甚麼造就了藝術家。所不同的是，詩、畫「記錄」的是「打動」自己的「形象」，在「情感」的層面，在「激情」甚至「慾望」的層面；而佛教經典「記錄」的是超越世人「慾望」的「心性」本身，則在「靈魂」的層面。誠然，無論是詩、畫中的「形象」，還是佛教經典中的「心性」，都常常不過是日常生活中的凡人小事的一種「昇華」而已。

一九二四年五月一日，泰戈爾曾在清華大學演講過一場，徐志摩做的翻譯，講演中泰戈爾對學生們講：「你們的使命是在拿天堂給人間，拿靈魂來給一切的事物。」其實，佛陀正是這樣去做的也正是這樣去教導人們的：「拿天堂給人間，拿靈魂來給一切的事物。」這正是佛教經典的根本點！這是救助人們的根本點，也是人們自救的根本點。正是因為人世間是「地獄」、「他人是地獄」，「地獄」磨煉了我們、給我們增添了力量，使我們能夠為人們創造出「天堂」，以奉獻給人們；也正因為人們貪圖「權」、「錢」而丟掉了「靈魂」，而需要我們為人們召回「靈魂」。要想讀懂佛教經典，就得抓住這個根本。

重要的是：我們「心靈」的被「觸動」、我們「心靈」力量的被「激發」。「對話」、「談心」，就是要「喚醒」、「激發」我們自己的「『心靈』的『力量』」；這樣的一種「力量」，是我們本身的一種與生俱來的、是「自強」、「自癒」和「再生」的「力量」。而「對話」、「讀心」、「談心」，也是向對方「傳達」這樣的一種「力量」，促成「『心靈』的『碰撞』」，觸及到對話者自己「心靈」、「靈魂」的「深處」。這樣的一種「觸及」，換一句我們熟悉的話來說，就是「在靈魂深處爆發革命」，由此在人「心」的層面上凸顯「人性」的根本，從而使人「洗心革面」，從根本上「改變」人生。而這樣一種的「改變」，是從每一個人自己的「內心」引發的，且必須依靠自己，由「『自己』作主」，任何別人是作不得這個主的。

3、對話是兩顆「心」的碰撞

進行「對話」、「讀心」、「談心」，通常至少有「『兩』個」人；把這種「對話」精神貫徹到底，去看待一個人的「自言自語」，其實也是一個人和自己內心的「談話」，就像是兩個人的「對話」那樣。這就產生了一個根本點，人與人的「互動」、「互助」、「互補」是不可或缺的，是人生之必須。「心聲」，往往也是「『兩』種」，是「『兩』種」不同的聲音才會產生「共振」，是「『兩』種」不同看法在進行「交換」、「交流」，是「『兩』顆」不同的心在「跳動」、在「碰撞」。這樣的一種「碰撞」，不是「爭辯」，不是「爭」個「你錯我對」，更不是「爭」得「你死我活」；而是「互補」是「交融」，以克服「對話」雙方的各自「局限」，達至「圓融」，進入一種「新的高度」以獲取「真理」。

(1) 不能「按照人家的規則進行遊戲」

也正因為是「『兩』個」、「『兩』種」、「『兩』顆」，而且「不同」，才有可能形成「共振」、「互動」、「交流」、「碰撞」。這就區別於「獨白」、「一言堂」；「獨白」、「一言堂」，只准發「『一』種」相同的聲音，只准表達「『一』種」相同的看法，因而構不成真正的「共振」、「互動」、「交流」與「碰撞」。有的時候，即便是「兩個」人或者「兩個以上」的人在一起說話，如果說的是「同一種」聲音和看法，那也構不成真正的「共振」、「互動」、「交流」、「碰撞」的；然而，每一個人假如都有「『一』種」自己的看法，經過「交換」，則有了「『兩』種」的看法了；再加上在「『兩』種」看法基礎上如果能形成一種「新」的「共同」的看法，那就是「第『三』種」看法了。這「第『三』種」看法，則是「新」的，完全是「對話」的產物。

所以，在「對話」或者在讀《般若波羅蜜多心經》的時候，我們一定要堅持自己的看法，發出自己的「心聲」。這也是每一個人的責任、權利與自由。「對話」的能夠正常進行，一方面不能「自卑」，不能認為「規則是人家定的，得按照人家的規則進行遊戲」，被別人牽着自己的鼻子走；另一方面，又不能由自己一家來制定「規則」、迫使其他人都來遵守，那就會剝奪了他人的思想言論的自由，侵犯了他人「自己做主」的權利，把他人當作了「奴隸」。一個人不能甚麼都自己說了算，自說自話，以為真理只在自己的手裏。合法的公平的遊戲規則，則應該是共同創造的，並須共同遵守。

(2) 通過「體悟」進入「性命」的「最深維度」

這些「互動」、「交流」以及「『新』看法」的產生，都是出於「對話」各方自己的「內心」，那種「內在」的「心靈活動」與相關的「感受」、「體悟」。一談到「感受」、「體悟」，就有「感官」的成份在；而「感官」的成份，往往是一種「心」、「身」的結合體，而不只是單純的「精神」的或者是「物質」的了。在本著中，讀者會在其他部份看到我對「心」的解讀，它不是「純精神」的，結合現代科學技術的新成果，所要說的「心」一定是與「身」融為一體的。我們的研習佛經，之所以要結合靜「心」先靜「身」、修「心」先修「腿」等等，表明了與「心」相關的「感受」、「體悟」，根本就不是「純粹精神」的，也不局限於「精神」。「感受」、「體悟」，又不同於「思想」、「意識」，更與「概念」、「邏輯」之類無關；不是來自「知識」的「傳授」與「積累」；甚至與「語言文字」都沒有任何關係。特別重要的是，通過這些「感受」、「體悟」，能夠讓人進入「性命」的「最深維度」，「看清」「性命」的「本來面目」，在「現象」中直接「洞悉」「性命」的「終極本質」、「性命」之「根本所在」。這裏，需要強調的是，「體悟」這兩個字用得非常好，含有「身」、「心」雙重元素，體現了「身」、「心」在這裏的「交融」、「會通」。因此，作為「心」的哲學，本來就不是、不應是也不能是「『唯』心」的。

儘管不「『唯』心」，但得「『有』心」、「『用』心」、「『動』心」，在任何人的活動中突出「心」。我們所說的「讀經」，也應如此；「讀經」，就是這樣的一種「兩個」人的「兩種」看法在「互動」、「交流」的「對話」、「兩顆」心的「碰撞」；所謂「談心」，就是「兩顆」心的碰撞，「兩顆」「赤誠」的心在碰撞，以「心」對「心」，真心誠意，乃至「心心相印」。一定要達到「『赤誠』的心」的維度；達不到這樣的維度，就不可能實現「心」的真實「遭遇」、以「心」對「心」、「心心相印」。而這樣的一種「談『心』」，是發自「內心」的，進行的是「心靈」的互動；這樣的一種「心靈」的互動，超越了一切功利，也必然是超越了「語言文字」和「心思」的層面的。這一點，正是我要強調的與H．-G．伽達默爾的「『對話』哲學」的一個區別。他比較重視在「語言文字」特別是「口語」和「心思」的層面上的哲學解讀的「求新」發展。「說」「話」，「說」的往往是「舊」「話」、「過去」的「看法」；然而，「說」着「說」着，因為對象不同了、情景變化了、現實發展了、問題更新了，又會冒出「新」的「話」與「新」的「看法」。就是在這樣的一個意義上，「對話」、「談心」是「增殖」的，能夠促成「新生」、「發展」，甚至構成「存在」的「增殖」。這樣的一種「話語」、「心意」的「新生」，恰恰是H．-G．伽達默爾的「『對話』哲學」所特別關注的。

(3) 與「『活着的』哲學家」直接「對話」的重要

一九八七年，我和德國解釋哲學家H．-G．伽達默爾在火車上意外相遇後進行的那次「對話」，我是「掏了心窩子」的；他有沒有掏心窩子，我不大清楚，但至少他是很有興趣的，並進行着積極的「互動」；我感覺到，他也是有所「動心」的，所以他主動提出給洪堡基金會寫信，邀請我去海德堡大學他那裏做解釋哲學的研究工作。到海德堡大學以後，在和他多次訪問和對話過程中，我感覺到他思想敏捷，能及時捕捉新發現、抓住契機、迅速擴大戰果，也目睹了他的口若懸河、大口吃肉、大口喝酒、開懷大笑、跛腳拄拐而不失穩健，感受着那種別樣的充滿了活力的生命。他二十歲出頭就得了嚴重的脊髓灰質炎，經歷了兩次世界大戰，竟活了常人無法企及的一百〇二歲，足見其生命力的雄健和頑強。

我們兩個人之間面對面「對話」，這種兩個當事人的直接參與，是雙方都主動的且彼此「有好感」的兩顆「心靈」的直接「碰撞」，是無需「仲介」的，是沒有「時空」的「距離」的；這樣的一種相互關係，就不再是「我和您」，更不是「我和它」，而是「我和你」。只有做到兩顆「有好感」的心的碰撞，才有可能形成「我和你」的親近關係。這顯然是在讀經時是少有的，但也是讀經所應努力達到的；讀經，畢竟是與年代久遠的死去的最有「智慧」的人「對話」，多少有一點「時空」的「距離」。所以，在這裏我特別要向大家提倡和「『活着的』

哲學家」直接面對面的「對話」、「談心」；因為只有這樣，才有可能「活生生」地直接感受到對方「生命的活力」甚至「心靈的搏動」。由此，我也才真正理解了H．-G．伽達默爾的「『對話』哲學」，以及柏拉圖所記錄的蘇格拉底和弟子們的哲學「對話」。因為，這樣的一種「對話」，是與最有「智慧」（梵文「般若」意義上的「智慧」）的人的「直接」的即「無距離」的「對話」；這種人「智慧」越高，就越「簡單」越「素樸」越「真實」，言傳身教也就越坦誠越直接。因此，他的「言行」，並不需要複雜的思考與引經據典的解釋，就可以直截了當地「理解」乃至「頓悟」；這樣的一種「言行」，只是那種簡單明瞭的自然而然的讓人感到舒服的「觸動」與「喚醒」，而不是強制的填鴨式的「灌輸」。

而在這樣的一些「對話」中，特別引起我注意的是：「對話」中「心靈碰撞」的「發生」；正是有了這樣的一種「心靈碰撞」，「對話」就必然從「思想」、「語言」的層面提升到「心靈」、「靈魂」的層面；只有到了「心靈」、「靈魂」的層面，才到達至高的境界與維度。這樣，哲學就不再僅僅是「思想」的、「語言」的，而且是「心靈」的、超越「語言」與「思想」的了，哲學的「超越性」在這裏就體現為對「思想」和「語言」的「超越」。這自然也是對「頭腦」的超越，而目前人工智慧的研究則明顯地表現出受「頭腦」以及「思想」、「語言」的局限。哲學的研習，應該突破「思想」、「語言」的局限；這樣而形成的哲學，就超越了H．-G．伽達默爾、M．海德格爾的哲學乃至西方其他的「思想」、「意識」與「語言」的哲學。所以，我把與H．-G．伽達默爾的這次意外「遭遇」和「對話」、「談心」，看作是我哲學生涯的「拐點」。也因此，我就特別重視和思想家、哲學家們的面對面「接觸」與「對話」、「談心」，也就有了我在《文匯報》的《筆會》中回憶朱光潛、賀麟、錢鍾書、金克木、宗白華、李可染、任繼愈等人的文章。

有了和「『活着的』哲學家『對話』」即與最有「智慧」的人的「對話」的體驗，我懂得了「真正的『活』

的對話」是一個甚麼樣子；「真正的『活』的對話」，一定是發自「內心」、是「心靈」的「互動」、「碰撞」！也因此就能更好地「觀照」經書中的「心行」、「聆聽」經書中佛陀菩薩的「心聲」，進行和佛陀菩薩的一場「心靈」碰撞、觸及「靈魂」的「對話」。正是在這樣的一場「對話」中，我受到「激勵」，我「心」中那種與生俱來的「自癒」、「自強」和「再生」的力量被「喚醒」、「激發」，我「性命」的巨大活力被「調動」。我們讀經，就是要找到這樣一種我們自己「心」中與生俱來的「自癒」、「自強」和「再生」的力量，依靠我們自己的這種力量，依靠我們「心」中的這種「自家寶藏」。在這裏，我們能依靠的根本是我們自己，而不是別人，甚至連佛陀菩薩也不是。靠我們「性命」的巨大活力和這樣一種「心」中的「自癒」、「自強」和「再生」的力量，把目光轉向我們自己、轉向我們自己的「心靈」、「靈魂深處」，靠自己的力量改造、修復、強大我們自己。由此，我們可以看出，讀佛經，佛陀菩薩所作的引導，實際上是在幫助我們走好自己的人生道路；重要的，是那些我們自己「心」中已然存在的，經佛陀菩薩的點撥而讓我們自己感覺到了（如自身已有的佛性）。讀佛經，不是為了去讓我們自己成為佛陀菩薩，而是找回我們那個「真實的自己」，成為我們自己。

由此可見，學習哲學，最佳途徑莫過於和真正哲學家「對話」、「一起生活」。也只有真正的哲學家，其「生活」、「說話」才會有哲學的意味。而這樣一些根本性的東西，在不是哲學家的身上是見不到的；就像現在許多的課堂上，講課的是哲學教授，他們會告訴學生老子怎麼說、孔子怎麼說、柏拉圖怎麼說、康德怎麼說，卻講不出他自己怎麼說；至於老子、孔子、柏拉圖、康德究竟是不是像他所說，那也只有天知道。這樣的一些哲學教授，充其量是一些抄書匠，只是抄一些哲學家說過的話來充數，甚至有的連抄書都抄不對。

4、靈魂須經「宗教」的洗禮

人的「靈魂」，只有經過「宗教」的洗禮，才有可能進入「浮華落盡，月色如洗」這樣一種「聖潔」境界。這樣的一種「境界」，藝術家也追求。畢卡索曾說：「藝術的使命在於洗刷靈魂中的灰塵。」他也是一位視「藝術」為「宗教」的藝術家。然而，從理論上來講，「藝術」和「靈魂」並不處在一個層面上。正如豐子愷提出的「人生的三層樓」裏所說，「藝術」，是和「精神」在一個層面上；而和「靈魂」處在另一個層面的，是「宗教」；所以，只有進入「宗教」的層面，才有可能觸及「靈魂」，並使「靈魂」「聖潔」。

《涅槃經》講：「有信無解，增長無明；有解無信，增長邪見。」在這裏，提出了「信仰」與「理解」要互補、圓通。H.-G.伽達默爾從藝術的角度提出了「理解」；而從佛教的角度來看，僅講「理解」是不夠的，需要有「信仰」的補充與提升。這體現了佛教不同於解釋哲學的高度。

我們經常講：人要有「操守」要能「持守」，「守」的究竟是甚麼？「守」的是「魂魄」！人若要能夠「守住魂魄」，就得有「信仰」，就得進入「宗教」的層面。宗教信仰，能夠使人「健魂強魄」，能夠使人真正強大起來，使人具有強健的精氣神，使人具有真正不可侵犯的軟實力。真正強大的人，常常被稱之為「無敵」的人；「強大」，並不是一味地「剛」，有時則是極其「柔弱」，「柔」才能「化干戈為玉帛」，才能夠「寬以待人」、「化敵為友」；「化敵為友」，則「敵」皆化為「友」而無「敵」，就真正「無敵」於天下。另外，正如佛陀一再強調的，能「往低處走」的人，放棄作眾生之「主」而主動為眾生之「僕」的人，才是真正的強者。

「宗教」，提倡「嚴以律己，寬以待人」，要對他人「寬容」。何謂「寬容」？把參差不齊的眾生都看作是「朋友」，平等相待，在其困難時及時伸出援手，是「有容乃大」；「寬容」，不僅僅胸懷「博大」，而且「強大」。

欺負他人，把自己作為「主人」、把他人作為下等的「奴隸」，或者把他人當作是你死我活的「敵人」，顯然是「容不得人」，是「心胸狹隘」，也是實際的「懦弱」。時代發展到了二十一世紀，「主奴」關係，在現實的生活中依然並不少見；在一個社會當中，一旦有了「主奴」關係，這個社會就不會有「平等」，也不會有「公平」、「正義」。在社會矛盾尖銳激化的時候，「敵我」關係也將陡然飆升。這樣的人生，是失道、寡助的；這樣生活着的人的心靈，也是孤獨而又殘缺的。

其實，即便他人是「敵」，也要積極去「化敵為友」，這才是把對他人的友善、寬容做到了極致，也才有可能從根本上解決我們的社會矛盾。事實上，「敵」，是人與人之間的「對『抗』」關係；「友」，是人與人之間的「對『話』」關係。而「對『話』」關係，才是人與人之間正常的「人際關係」，有了這樣的一種「人際關係」，這個社會才是「正常」的，也才可能是「健康」的、「長壽」的。在今天的我們現實生活之中，由於不少人崇尚「叢林法則」、提倡「鬥爭」與「對抗」，使得人與人之間尖銳「對立」。為化干戈為玉帛，建立一個和平的友善的互信的健康的人間生活環境，提倡和積極推進「對話」就顯得尤為重要了。

以上所說的「主奴」關係、「敵友」關係，都不再僅僅是個人的心靈的問題，已經擴及到我們的現實生活以及社會、政治等領域。而回到「靈魂」的話題，也只有把「對話」從「談『話』」的「語言」層面提升到「談『心』」的「心靈」層面，才有可能使得人與人之間有一個「心靈」、「靈魂」層面的「碰撞」與「溝通」，從而達到真正的相互了解，相互信任，相互友善。「溝通」、「理解」，不是僅在「語言」層面就能實現的；一定得提升到「心靈」、「靈魂」層面，例如中國古人講的「心有靈犀一點通」、「心心相印」。只有「心靈」、「靈魂」層面的「溝通」，才能實現「得道」、「得道」者「多助」；即便人生是殘缺的，但因有了他人的「多助」而完整；這樣的人的「心靈」，也因為有了他人「心靈」的互補而圓滿；人類因此而凸顯了其本來就有的完整性、整體性。所以，「對話」、「談心」，人與人之間「心靈」的溝通、互補、圓融，既滿足了當前現實生活的必需，也推動了哲學的發展。

5、「佛經」的被「遺忘」與「重讀」

我再講講：現在這個時候，我們為甚麼提倡「讀」佛經？簡單排列一下，主要的理由是：

一，世界進入二十一世紀後出現的種種危機，更發生了新冠肺炎等特大災難，人間處處是「『商』場」與「『戰』場」，而幾無「『道』場」，這裏存在最根本的是人的心靈、靈魂的問題，是人類精神文明的嚴重缺失；而這樣一種的心靈、靈魂、精神文明的問題，最終得在宗教的層面上來解決。身處這樣的一種「亂世」，從根本上來說是人們的「心」亂，因此人們呼喚佛教；而人們對佛教的呼喚，至少是在上個世紀的七十年代就已開始了。

二，在中國，曾經有一段時間，政治排斥宗教，視宗教為毒害、麻痹人的鴉片，宗教被強制排除在人們的信仰與日常生活之外。至少有半個多世紀，中國嚴重排斥宗教，缺失信仰。如何讓政治與宗教回歸正常的關係？如何使人們擺正政治與宗教的關係、使自己的生活處於正常的狀態？這也是我們現在提倡讀經、談論宗教的一個主要原因。

三，現在的有些中國人，依然特別地「嗜權」、「趨利」，有的甚至喜歡當強權者的「奴才」，而好「窩裏鬥」，「同室操戈」、「父子反目」、「兄弟鬩於牆」；由此而至的失魂落魄、信仰缺失、道德淪喪，在現實的中國越趨嚴重。佛陀所提倡的「人往低處走」、「潔淨心靈」以及佛陀所提倡的「化敵為友」，則被現在的許多人所不取，他們不願意走佛陀指引的道路，佛經也就沒有人去讀了，這自然有糾正的必要。

四，讀經，實際上涉及佛經在現實的社會生活中的話語權、解釋權，這事關宗教及其解釋者的地位與權利。而如何解讀宗教經典，其中還有解讀者的思想文化修養以及哲學的立場在；例如，宗教究竟是一個知識問題、理解問題，還是信仰問題？這就涉及到：是在認識論、解釋學的層面，還是在「神聖之維」，來回答宗教問題？「神聖之維」在哲學與文化中的缺失，是佛經在中國被不少人「遺忘」的一個重要原因。

(1) 在黑暗中活出光明

佛經被不少人「遺忘」，即便是在寺廟裏面，和尚也很少唸經（很少想去做自己「心靈」的主人），而大多在忙於做法事、斂財（甘願做權、錢的奴隸）。並且，即使有人「讀」，也沒有多少人是「用『心』」去「讀」的，至少是不「專心」的，不在「心地」上下功夫；更何況，佛經又常常被「讀」歪了。包括到廟裏做和尚，在有些生活極其貧窮的人看來，是「高攀」而不是「低就」，是嫌棄並為了能夠逃避、擺脫現實生活的特別是社會底層生活的貧苦與不堪；對於人世間的貧苦與不堪，已經很少人能夠投身其中與眾生共患難。如此等等，佛陀的教導，慢慢就被「遺忘」了。

但是，按照佛陀的教導，對於人的生活中的苦難、黑暗面，不能嫌棄、逃避，而是要坦然面對並且靠自己的力量去加以改變，這才是一種敢於擔當、「當家作主」應有的態度。換句話說，嫌棄、逃避，這不是解決貧苦與不堪乃至消除「煩惱」、「不快」的辦法；你嫌棄、逃避，但那些貧苦與不堪以及相關的「煩惱」、「不快」依然存在。而「煩惱」與「不快」在哪裏產生，就只能在哪裏解決；這又是你自己惹的「煩惱」與「不快」，也只有你自己才有可能去解決，任何人都幫不了你。如果人們能夠這麼去想，「心」裏也就「平靜」了；丟掉了妄想雜念，「心」也就「踏實」了。「心」一旦「平靜」、「踏實」了，也就有辦法了；而根本的辦法，不是逃避而是去「接納」，坦然地面對並接受這樣的生活，自覺自願地深入這樣的生活，並且在這樣的生活中「活」出「快樂」；也只有在這樣一種貧苦與不堪生活中「活」得的「快樂」，才真正地脱離「痛苦」、化解「悲傷」，才真正地迎來「光明」、「照亮」了「黑暗」。

我們是反對任何暴力的。不過，人這一輩子、人的成長發展，也一定要經受來自大自然、社會的暴力敲打的。從某種意義上説，沒有暴力也就無所謂和平，沒有「黑暗」也就無所謂「光明」；人往往只有在「黑暗」中，才會產生對「光明」的追求並且最終能夠爭取到真正的「光明」；人往往是在殘酷的現實之中，才有可能看到真正的「『性命』的『真相』」；人只有看透了殘酷、度過了黑暗，才有可能真正爭取到「光明」。正因為這種「快樂」、「光明」、「真相」如此難得，因此才彌足珍貴，才可以稱之為「真正」的「快樂」、「光明」。只有「真正」的「真實」的東西，才是最難得的，才是最珍貴的，才是值得爭取與持守的。最後，就會不管自己的生活是富貴還是貧苦、是一帆風順還是到處碰壁，都能寵辱不驚，都能「『快樂』地『光明』地『真實』地『活着』」。這樣的一種「真正」的「快樂」與「光明」，產生於人們的「內心」；換句話説，我們的「內心」變了，從「煩惱」、「不快」、「痛苦」變成「快樂」了，從「黑暗」變成「光明」了；因此，即便是生活在貧苦與不堪之中，我們照樣會「快樂」、「光明」。佛教的「修行」、「修心」，就是這樣的一種改變內心，從「煩惱」、「不快」、「痛苦」變成「平安」、「喜樂」，從「黑暗」變成「光明」。事實上，重要的就是這樣一種「內心」的改變。從根本上説，即便是成佛之後，也並不是在現實生活中再也碰不到「煩惱」、「黑暗」了；而只是再遇到「煩惱」、「黑暗」，就不再被「困擾」，能夠坦然面對、欣然接受、從容度過了。

重要的是，是「『內心』世界」改變了，而不是「『外在』世界」改變了；對待「『外在』世界」，重要的是「接納」，還不是「改變」；事實上，一個人是很難改變別人的，更不用說去改變全人類，最多就是改變一下自己；而一旦改變了自己，或許別人、環境等都會隨之改變。

(2) 佛教與儒家的不同路徑

活着，真好。特別是在突然面臨災難被置於死地之後仍然活着的時候，人就會感覺到：活着，真好！凡是人，都想「活下去」，而且盡量「活得好」、「活得長」；但是，他們的「路徑」有所不同。具有代表性的儒、佛、道，都是中國傳統思想文化的重要組成部份，但路徑不同。儒家重在為人世間建立社會秩序，崇尚「官本位」與「權威」，提倡「人往高處走」，鼓勵許多本在社會底層的人「拼死」爬出「底層」、逃離實際生活中的苦難，出將入相，成王敗寇；有成敗、分王寇，就一定是殘酷爭鬥以至你死我活的結果。這是儒家的人生觀與生死觀。

與儒家相比較，佛教則是「另類思維」，提倡走另一種「人生路徑」。佛陀以自己的切身經歷來告誡人們：人生道路，並不是「成王敗寇」，不為「錢」、「財」，也不為「成功」；而是要做比「錢」、「財」、「成功」更重要得多的事情，要堅守人的「心」、「性」。因此，佛教主張「不爭」，不「高高在上」，即便已在「高處」也要從「高處」走下來、「往低處走」，深入到眾生中去、成為其中的一員，真正經歷眾生的疾苦、艱難。苦難，往往又是人生不可避免的，人的做事往往因為人生不如意十之八九、經驗不足、能力不夠等等而失敗；這樣的苦難、失敗，就是人應該遭受並在遭受中成長，而不可逃避。人，應該樂於處下，而不是攀高。一個人也只有在一無所有、毫無依賴、毫無遮蔽的時候，才有可能遭遇並且由自己來直接面對諸多苦難；人也只有遭遇到了足夠多的苦難，一跌到底，才有可能「觸及靈魂」，才能「觸底反彈」，「激發」出自身的「潛在力量」包括那種「自強」、「自癒」和「再生」的能力，從而「洗心革面」，走出一條自己的人生道路。顯然，經歷這些「苦難」、「失敗」，是一個人「性命」的重要歷程。這是從「生命」、「性命」的層面上來看待「苦難」、「失敗」。只有當佛陀放棄了當年王子的身份和脱離了王宮的生活，放棄「高位」而「低就」，才能深入到眾生之中，由「強」變「弱」、成為一個真正的「弱者」；有了一個真正「弱者」的經歷，才有可能真正了解、懂得「弱者」，最終找到一條「適合」「弱者」的正確的人生路徑。一個人，也正是他處於身疲力竭、一無所有、毫無遮蔽的生死關頭，他自己的「本性」乃至「潛能」才有可能「被逼」充份暴露，才有可能「看清」自己，才有真正的醒悟，才明白了自己在極度貧困之後還能真正擁有些甚麼，獲得「褪盡浮華後的真實」。人生的「真實」，往往是在「褪盡浮華」之後。

可惜上面佛陀的這些做法與説法，在現在的中國，很少人願意接受。在一個「弱肉強食」的社會裏，許多人根本不願意乃至極其害怕成為「弱者」。今天，中國的不少人，一旦災難降臨，就搶先逃命；一些「社會底層」的人，也在「拼死」甚至不惜踩踏他人以爭先爬出「底層」，為的是能盡快逃離苦難與不堪；還有的人呢，大多在忙碌於升官、發財。那麼多的人都在拚命「往高處走」，自然也就沒有甚麼人願意去關注和研習「人往低處走」、自願成為「弱者」的佛經了。正因為沒有甚麼人去讀，我們才提倡；正因為許多人迷失了人生的方向，我們才呼喚人們「幡然醒悟」，去走佛陀指引的正確道路。

人們總是因為現實生活缺乏甚麼，才去提倡甚麼；當然，這也可以看作是一種「亡羊補牢」。

(3)「性命踐履」(吃苦了苦)與哲學

這也就是說，「讀」佛經的需求，首先是由我們現實生活中出現的問題所引發的，是根植於實際的現實生活的需要，這在前面已經講過；並且，也是根據我們生活的實際經驗的，是以我們深入現實生活的自己的親身經歷為依據的。二〇一八年二月一十八日，在談到讀經問題時，五台山妙江大和尚指出：讀經，要進到故事裏面去，做當事人、見證人，不要做旁觀者。他說得很對、很「智慧」，雖然他小學也沒有讀完，讀書並不多。能做到別人故事裏的一個當事人，有相同至少是類似的實際生活經驗，就能夠感同身受，比較容易理解。讀者自己的人生經歷非常重要，是他能否讀懂的必要基礎。

因此，我們對《般若波羅蜜多心經》的「解讀」、「理解」，不是作為以往的那種「哲學思考」與「理論研究」，而是作為一種全身心投入的那種「研習」乃至性命的「踐履」；我們的「研習」佛經，就是在進行這樣一種的「性命踐履」。佛陀之所以能夠「懂得」眾生、服務眾生，就是因為他首先放棄了王宮的生活、放棄了那種被人「服務」生活；而與眾生生活在一起，過着「服務」人的生活。既然選擇了這樣一條路，就得堅持到底。這樣的一種「性命踐履」之路，往往是很艱難的，必須堅持才能走到底的；這就要像一位老人所說：既然是自己選的路，就是爬也要爬到底。從哲學的層面上來看，這是一種關於「性命踐履」的哲學。人世間無常，本是苦的；作為「性命踐履」，那就要到苦中去，吃苦了苦；有了「苦」，怎麼「解決」？有「苦」，躲是躲不過去的，只能用「吃苦」去「了」、去「解決」。我的一位年輕朋友，他的師父是普陀山的惟法法師，惟法師從北京行腳去五台山，是一步一步走着去的，行程三百八十七公里共花了十七天。顯然，這是很辛苦的！現在交通這麼發達，坐汽車去不就得了？為甚麼還要自己走着去？非要自找苦吃？惟法師對此的解釋，就是：

吃苦了苦！

這從佛教的層面上來講，是「修行」。「修『行』」，既「修腿」又「修心」，「身」、「心」皆修，關鍵是「修『心』」。「修『心』」，是一種「『心』的『自強』、『自癒』和『再生』的活動」即「『心』的『自我運動』」；「自我運動」，就是憑藉自身力量（包括自己的「心志」，「自強」、「自癒」、「再生」的力量）的「運動」即「自動」；「『心』的『自我運動』」，有來有往、持續不斷，猶如「對話」、「談『心』」之一問一答。這樣的一種一來一往的「自我運動」，猶如海浪的追逐翻捲，自然而然，一種生命的自在狀態，本無目的，也沒有所謂的意義。從這一點上看，「談『心』」的「哲學」，就是這樣一種的「『心』的自我運動」、生命的「自在狀態」以及相關「體悟」的「對話」；是人與佛陀菩薩「心靈」的「對話」，或是人自己與自己「心靈」亦即「佛性」的「對話」。究其實，因為「佛性」就在自己的「心」中；人與佛陀菩薩的「對話」，所以在一定的意義上，也就是人與自己「心靈」的「對話」。

(4) 對「真實世界」的「天真的看」

我們回過頭來再講研讀佛教經典。在「讀」佛經的時候，讀者要「用心」、「專心」，其本人的「心」的「運行」、讓「心」「動」起來是最重要的；只有自己的「心」「用」起來、「動」起來，才有可能使自己和佛陀菩薩的「心」得以「碰撞」，從而產生「心有靈犀一點通」乃至「心心相印」。

在這裏，「看」與「聽」不只是不可缺少；並且，還得要「如是我聞」，要「如是地『看』」、「如是地『聽』」。特別是作為記錄者，得按照所「看」所「聽」到的那樣去「記」；這樣的「記」，恰恰又是以「看」

與「聽」為前提和基礎的。「心」的「運行」，是先於「看」與「聽」的；「看」、「聽」，又是「先」於「說」、「記」而「存在」的；這樣，「心」的「運行」就是一種「先在」，相對於「現在」，就是那種「曾在」。而在德語裏面，「先在」、「曾在」也就是那種「曾經」的「真正的存在」。現在的人們，即便已經無法「看」、「聽」到佛陀菩薩的親自弘法，也得要學會從已經「寫」成的佛經中「看」與「聽」出佛陀菩薩自己的「心行」、「心聲」來；這樣的一種「心行」、「心聲」，恰恰是佛經中「最初」的、「最真實」的東西。與此同時，也不要忘了每一個人自身固有的那些「最初」、「最真實」的東西。而正是這樣一些的「最初」、「最真實」的東西，才有可能形成人類一切活動背後的真正支撐和動力，因此就成為我們最需要關注的。

因此，在這裏需要強調：不能因為有了「佛經」的「寫」，而「忘記」了「佛陀、菩薩」的「行」與「說」；不能因為有了對「佛經」的「讀」，而「忘記」了對「佛陀、菩薩」的「心行」的「看」、「心聲」的「聽」，即「忘記」了那些「之前」的、「在先」的、乃至「緣始」的東西。從一定的意義上來說，「書寫」而成的「佛經」構成的「文字世界」，是一個「人為」的「世界」；不能因為有了這樣一個「人為的世界」，而「忘記」了原有的「天然」的「真實世界」即那種「性命」的「自在狀態」，「忘記」了原有的那種對「天然」的「真實世界」的「天真的看」。

往往正是因為人們「忘記」了這樣一種的「看」，就再也「看」不到那種「真實世界」，即那種「性命」的「自在狀態」，也就慢慢被假冒偽劣、被權力金錢「迷住」了雙眼，乃至「迷住」了心竅，從而導致了道德的淪喪、信仰的缺失。因此，要想解決道德淪喪、信仰缺失的問題，就得從那種「看」入手。

非常重要的是，《般若波羅蜜多心經》一開始就講的「觀」、「照」，是佛陀菩薩的那種對自己的「心路歷程」的「看」。這就提醒我們：我們在讀佛經的時候，不能不顧及我們自己讀經時候的「心行」、「心路歷程」。就是從我們自己的發「菩提心」起步，「照見」我們自己「五蘊皆空」，研習佛門「萬法」之後再隨即「放下」，最終我們自己的「真實世界」、「本來面目」得以顯現、一覽無餘。《般若波羅蜜多心經》教我們的，就是重建這樣一種「內在」的「看」（「觀」、「照」）的習慣，重建那種「心靈」的對「真實世界」、「本來面目」的「天真的看」，特別是對我們自己「內在」的「心路歷程」的「天真的看」。

這樣一種對「天然」的「真實世界」、「本來面目」的「天真的看」，可以稱之為與佛經相關的另一種現象學。這樣的一種現象學，歸根結底，強調的是：讓存在「『如其所是』地『顯現』」。不過，解釋哲學則加入了讀者的元素，形成了讀者與作品、作者的「對話」，強調了「理解的可能性」乃至「美的現實性」。根據佛經，我們在這裏進一步提出了「信仰」對「理解」的補充，把問題再提升到「神聖之維」。

(5) 溫故而知新

現在的「讀經」，也應該是向這樣的一種「天真的看」的「回歸」，而不應該是離這樣一種「天真的看」漸行漸遠。「回歸」「天真的看」以至「真實的世界」，即那種「性命」的「自在狀態」，是我們「解讀」佛經時，特別要關注的。這麼簡單一說，就可以「看」出在佛經的「解讀」之中體現着一條「光明」而又「純真」的哲學之路，一條「回溯」、「復歸」之路。這樣的一條道路，看起來是「回溯」、「復歸」，其實是一條「進路」，是「進道若退」。

人類的存在，由來已久了，思想文化也積累甚多；就像一個人歲數大了，一生經歷了許多的事情，年老時往往要「回首往事」。正是人生習慣的這樣一種「回首往事」，久而久之，形成了一種重要的思維方式即「溫故而知新」；所謂「溫故而知新」，就是「重溫」那種「曾經」遭遇的特別又是「被遺忘了」的「真正的存在」、看清「本來面目」，由此而沿着「真理」的道路繼續前進。這，可以看作是「進道若退」的另外一種表達方式。「重溫」，也就是那種「回憶」、「回溯」、「回歸」；我們今天在這裏提倡「重讀」佛教經典，「『重』讀」，就是「『重』溫」，「『重新』讀」，也就是「回過頭來」「『再』讀」；這樣的一種「回過頭來」「『再』讀」，有的時候恰如「驀然回首」，一定會有新的重要的發現，能意外找到「眾裏尋他千百度」也沒有找到的東西：「那人卻在燈火闌珊處」。由此可見，「『再』讀」是如此必須並且重要。當然，重讀佛經，所涉及的問題，並不僅僅是佛經本身的、某些個人的，而且還有社會的，首先是我們當前現在實際生活的需要。

通常，我們講一件事情，往往會從「曾經碰到的」或者「已經做過的」開始；這是一種「回憶」、「回溯」、「回歸」的走向，從現在「回憶」、「回溯」、「回歸」過去；而在這樣的一種「回憶」、「回溯」、「回歸」的過程中，也會記起、再現一些往往是已經被「遺忘」了的東西，以及使一些模糊的東西再清晰起來，例如M．海德格爾講的先於「邏輯」乃至先於「意識」的「存在」。按照佛經，就是「初心」這樣的一些「最初」的「真實」的東西。根據中國禪宗六祖慧能的說法，這種「最初」的「真實」的東西，就是「自性」（即「何期自性本自清淨！何期自性本不生滅！何期自性本自具足！何期自性本無動搖！何期自性能生萬法！」的「自性」）（參閱《壇經》）。

這樣一種的「回首往事」、「回歸曾在」，「回到」那些似乎相比於當前的「文明」要「野蠻」得多、卻又更加「真實」或更接近「真實」的世界，可以看作是一種跳出「人為的虛擬世界」、「回到」那「天然」的「真實世界」。這樣的一種「回憶」、「回溯」和「回歸」，顯然也是一條重要的尋找、接近、發現「真理」的哲學路徑。我們在研習《般若波羅蜜多心經》等佛經的時候，需要特別重視的就是這樣的哲學路徑。在歷史上，這樣的一條哲學路徑在前，而概念分析、邏輯推理在後，這是兩條很不相同的哲學路徑。概念分析、邏輯推理的哲學路徑，特別在自然科學的產生發展中形成與伸延；不過，自然科學發展到現在，似乎又在不斷地質疑、反省那種概念分析與邏輯推理的哲學理路。不知大家有沒有看過一部描寫印度偉大數學家拉馬努金事蹟的著作《知無涯者：拉馬努金傳》（已經拍成了電影）？在數學中，拉馬努金不同於通常的數學家，他不是採用概念分析、邏輯論證的方法，也根本不懂得甚麼是數學證明，而是通過直覺的跳躍來導出公式；他的這些公式，竟是吉祥女神在夢中傳授予他的（夢中參悟）。這樣的一種「神」的啟示、傳授與參悟的方式，為有信仰的人們所信奉，在拉馬努金身上，顯示了「信仰」對於數學的偉大力量，一種超越概念、邏輯與證明的力量。由此可見，包括對於數學、自然科學，「信仰」、「覺悟」仍然有着不可低估的影響力。

作為「回溯」、「復歸」之路，往往也是「來時路」；你現在要「出去的路」、「回去的路」，恰恰正是你之前「進來的路」、「來的時候的路」。能進來的路，往往也能出去；「出去的路」和「進來的路」，常常是一條路。對於人來説，是不能忘記「來時路」的；一旦忘記了，就會被「困住」出不去了，就不了「家」啦。人們之所以被陷於困境而不能自拔，往往就是因為忘記了來處、「來時路」。在這方面，也有一個故事，講的是宋朝一位高僧白雲守端開悟的事情。曾經有一段時間，他參悟不了「色即是空」；有一天夜裏，他坐在屋子裏，周圍一片漆黑，惟有窗戶紙因屋外的光亮而微微泛白。忽然，他看見一隻蒼蠅衝向窗戶，牠以為可以從這窗戶飛出去，但撞了幾次都沒有成功；最後，牠撞到了牠之前飛進來時的那條門縫，才飛了出去。白雲守端頓時大悟，寫下了這樣一首詩：「蠅愛尋光紙上鑽，不能透處幾多難；忽然撞着來時路，始覺平生被眼瞞。」

⑹ 找回「『最初』的『真實』」

「『最初』的『真實』」，就是六祖慧能所說的「自性」。所謂「自性」，是未被任何東西「污染」的，就是自己的「本性」；出自自己的「本性」做事，就是不刻意，不是故意做給人看的，例如做好事，就不是一邊做一邊唯恐別人不知道，而是默默無聞、不求聞達地發自內心地「自然而然」地去做。

由此，我們也可以導出一種「存在論」。因為，這些「最初」的「真實」的東西，雖然常常被「遺忘」，或者被「後來」的「添加」的東西所「遮蔽」；然而，也僅僅是被「遮蔽」、被「遺忘」而已，前面我已說過「遺忘」又只是一種「意識」問題而不是「存在」問題，並不因被「遺忘」、就「『不』存在」了，而是「無時無處不在」。這樣的一種常常被「遺忘」、被「遮蔽」的「無時無處不在」的「存在」，是一種「真實的存在」。那種常常被「遺忘」、被「遮蔽」的「初心」，才是「真實的我心」、「真正的自己」的，是「真實的存在」着的。

從「存在論」的角度，重要的是這樣一種「無時無處不在」的「存在」，是關於人的「初心」的「存在」，既有但無需時間的向度，又有亦無需空間的向度。這樣的一種「存在」，是一種「普適的存在」，具有對於具體時間與具體空間的超越性，強調的側重點與M．海德格爾的「此在（Dasein）」不同。

6、「經」要「讀」到「實」處（「直指人心」）

甚麼是「經」的「實處」？就是「經」中的佛陀菩薩的「心聲」，他們的「動『心』」之處、即所「記錄」

的那種發自他們「內心」的東西；也是那「引起」讀經者「內心」的「共鳴」之處，也就是讀經時的我們自己由「動心」而形成的「心路歷程」。

佛經中的「實處」，一定是佛陀菩薩的「動『心』」之處；正是這些「動『心』」之處，與讀經者產生了「心靈」的互動。究竟是否以及如何使自己「心動」？讀經者一定要「誠實」，「如是」去講，絕不能對自己說謊，自己騙自己；也不能騙別人，更不是為了討好佛陀菩薩。否則，就沒有資格做「修行者」。

「修行者」，一定要「誠實」，得是一個「老實人」、那種真正的「老實人」；只有這樣一種的「老實人」，讀「經」才能讀到「實處」。

(1)「活」在「經」中的「動心」之處

有了這樣「實實在在」的「動『心』」，「經」書才是「活」的，即使是「死」的文字也捆綁不住、掩蓋不住這樣一種「活」的強大的生命力。「活」的東西，事關「性命」，而「非關文字」；所以，我在這裏所講的，正是那樣一種不是在「語言文字」層面上的「性命」的哲學。中國傳統的「智慧」告訴我們：口是心非，是指嘴上說的和心裏想的不是一回事，而重要的是心裏怎麼想的，說話不能違心。與「心想」相比，「嘴說」的要服從「心想」的；而與流動的「口語」相比較，「文字」無疑是固定的、「死」的；因此，我們讀「經」，不能着眼於這些「死」的東西。如果，我們被這些「死」的東西遮住了眼睛（能被文字遮住的也只是凡胎之「肉眼」）；這樣，就是「讀『死』書」了。佛經，不是「『死』書」，而是「『活』書」，「活」就「活」在「經」中的「心動」、「心行」之處。當然，如果在讀經的時候，我們的「心」不「行」、不「觀照」，是不「動」的、是「死」的，那就是「死」讀書了。

為了便於理解上面所說的經書、語言文字與心的關係，我們不妨來看看中國禪宗六祖慧能的一個故事。當六祖慧能因接受衣缽而被追殺被迫隱居十五年（受了衣缽就了不起了麼？就沒有人敢傷害你了麼？不！現實恰恰相反！至少，在中國的國土上是這樣的）之後出山，來到法性寺印宗法師弘法道場，忽然一陣風吹動了旗幡。兩個和尚因此而發生了爭執：一個說，是風吹動了幡；另一個說，不對，是幡自己在動。慧能聽到後，說：「不是風動，不是幡動，仁者心動。」意思是說，不是「風」、「幡」這些「外物」在「動」，而是這兩個和尚自己的「內心」在「動」。這就是在提醒修行者：修行，就應該關注「心」、在「心」上下功夫，去「觀照」自己的「心」，而不是關注「外物」、不是去「看」「風」或「幡」，不要在自己「心」外的事情上下功夫。這就是說，佛學是一門「心」學；而那兩個和尚則把佛學當作是「物理」學、「氣象」學了，因為他們關注的是「風」、「幡」這些「外物」，那些「物理」、「氣象」的「對象」。請注意：這是佛學與科學哲學的一種根本性區別。佛學作為「心」學，就要在「心」上下功夫，要去與我們自己或他人的「心」、「靈魂」對話；與自己，是「勿忘初心」、「捫心自問」；與他人，則是「將心比心」、「心心相印」。在這裏，請注意：觸及了「心」，尚須「見性」，以至「明心」而「見性」。我們研習佛經就應該在自己的「心」、「性」上下功夫。「信心」，就是「相信」這顆「心」；「相信」了這顆「心」，做事就有了「信心」；而首要的，就是「相信」自己的「心」；連自己的「心」都不「信」，哪來的對他人的「心」的「信」?!

這樣的一種「『動心』之處」、「『信心』所在」，就是佛教修行所說的「發心」，讀經、修行的根本就是這種「發心」，以至「明心見性」，也正是我們前面所說的見到「真實的存在」、「真實的我心」、「真正的自己」。這樣的一種「真實的我心」、「真正的自己」，其實是每一個人本來就有的，就在我們每一個人的

「心」裏，可是不少人卻把這些都忘記了，或者「『視』而不見、『聽』而不聞」，非要在外面到處亂找；這正如人們常說的那樣：「騎驢找驢」，驢就在自己的屁股底下騎着呢，卻渾然不知、要到別處去找。越是離人「近」的東西，就越是「『視』而不見、『聽』而不聞」，這已經成了哲學家甚至是那些大哲學家的一大毛病，我曾以歐洲首位哲學家泰勒斯為例講過這種毛病。

「真實的我心」、「真正的自己」，這才是每一個人都要「覺悟」、「持守」的；只有每一個人都「覺悟」且「持守」了，才有可能在全社會「實現」。

⑵ 經的讀法、人的活法與心法

這樣的一種「實現」，不是用「文字」去「寫」，也不是靠「嘴巴」去「說」，而是靠「覺悟」的「持守」和「性命」的「踐履」。換句話說，是在任何時候任何情況下，即不管順境還是逆境、無論榮辱，都要「持守」與「踐履」；這種「持守」與「踐履」，也主要不在別人，而是在自己。這就有點兒像柏拉圖所說的「正義」和「正直」：

「正義和正直的東西，並不是一個人所有的與其他人相對立的東西，毋寧說，作為正義，是：每個人自身是正義的，大家在一起也是正義的。當一個人警惕另一個人並有所提防時，正義便不存在。但當每個人警惕他自己，保衛他內在體制的正直和正義性時，正義便存在了。」（《伽達默爾論柏拉圖》第五十七頁，H‧G‧伽達默爾著、余紀元譯，光明日報出版社一九九二年版）這就是說，「正義」、「正直」的前提是，首先自己自身具備，並且是自己警惕、提防自己而不是他人的時候，它們才會存在。所謂「存在」，不是靠「說」，不是靠「寫」，而是靠自己的「做」，靠自己通過對自己的「警惕」、「保衛」來「持守」。

我們不妨用這樣一個標準來「衡量」一下我們自己和我們所處的社會，看看我們的「存在」是否「真實」？我們的社會是否「正義」？這樣的「衡量」有很多種，也很不相同；可以用一套「真實」、「正義」的「理論」去「衡量」；但更應該到我們的實際生活中去檢驗，看看我們是否享有着「真實」、「正義」。其實呢，前面我已經說到的「同情心」、「菩提心」，就是基於對他人疾病、苦難的「憐憫」、「同情」，這是佛教所提倡的一種「正義」感。因此，我們可以依據一個人的具體行為，看他對別人的不幸遭遇是否有「憐憫」、「同情」，來判斷他是否「正直」、是否有「正義」感。「正直」、有「正義」感，在這裏，不是那種「語言文字」的表達，不是那種抽象的原則，也不是對這種抽象原則的遵守；而是一個人自發的甚至是本能地想都不想就產生的實際行動。這裏，顯然不是語言文字問題，不是理論問題；而是行為、實踐的問題。「行為」、「實踐」的問題，也就是「人」實際上怎麼「活」的問題。

話說到了這裏，「書」怎麼「讀」這樣一個的問題，就變成了「人」怎麼「活」的問題，「讀法」變成了「活法」。「活法」，是中國人一種「口頭」的「說法」，作為規範一點的說法或者「概念」，就是：「生活方式」、「存在方式」。不過，一旦換成了「概念」，那明顯就屬於「知」的領域，是作為一種「理論」，這就區別於「用」，而「用」是作為一種「踐履」的。然而，對於大多數人而言，關鍵在於「用」，「人」可以「不『知』」、但不可以「不『用』」，特別是「百姓」：「百姓日用而不知」。「百姓」重「用」，在這裏，「百姓」的哲學，可以說是一種「用」的哲學。換句話說，「用」，是區別於「思想」、「話語」的「實際的行動」；而「知」，則是把「思想」、「話語」變成「概念」、「邏輯」，形成一個「理論」的、「知識的系統」。例如，按照L．維特根斯坦所說的，哲學是進行一種「概念的考察」，只是對人們關於「現象」的「說」做「概念的考察」。這樣，區別於「用」的現象學，曾經有過這樣的一些「現象學」，一種是「現象」的「說」；另一種，則是對這樣的一種「說」，做「概念的考察」。

也有的哲學家認為，「理論」是人的「心」或者「思想」所賦予的；而作為「活法」、「用」、「踐履」，則是要去解決「生活中的問題」、提升「精神的境界」、在「靈魂深處爆發革命」的，它們的着眼點並不在於某事物的屬性、行動者的外在世界，也不停留在於人的「精神」、「思想」、「意識」的層面；甚至，還需要上升到行動者的「心靈」、「靈魂」層面，「實現」這樣一種「原初」的「心靈」、「靈魂」的「回歸」。這就是我在經的「讀法」、人的「活法」之外，特別要強調的「在靈魂深處爆發革命」的「心法」。在本著裏，這可以看作是我在《讀法和活法》一書之後的進一步的感悟，從「讀法」和「活法」之後又特別提出的「心法」。

當然，在這裏我並不想建立對這樣一種「回歸」的「審視」的、「監測的系統」；這樣一種的「審視」、「監測」之「系統」之所以不可能，是因為「回歸」是不可預測、不可設計的，是因為它是完全的不確定的。

回過頭來，現在我再講講「讀書」，談談「經典」的力量：

7、「真實的世界」不在語言文字裏

科學，講究「命題之真實」；藝術，崇尚「審美之真實」。這些「真實」，只是局限於其各自的領域，而且是僅由概念、邏輯或詩意的語言文字構成。它們之間雖有區別，但又都是那種局限於語言文字的「真實」。我們只有既超越科學又超越藝術，才有可能「看」到語言文字之外的「真實的世界」；而人生的「真實」、諸種事實上的「真實」甚至是宗教的「真實世界」，都在語言文字之外。追究「真實」到底，必然會超越M．海德格爾、H·-G·伽達默爾的那種語言文字之內的「藝術的真實」、「人文的真實」，儘管他們的這種「藝術的真實」、「人文的真實」是超越了科學的「命題之真實」的。

經典，口傳的，由「語言」所「說」成；書本的，則是由「文字」所「寫」成。總而言之，經典，是由「語言文字」所構築而成的「世界」。這一點，我們一定要有一個清醒的認識，不能把這樣一種的「語言文字的世界」當作是「真實的世界」；「真實的世界」，在「語言文字」之外。哲學，如果是探究「真實」的，就一定在「語言文字」之外，自然也一定在咬文嚼字的「學院」之外。

從這個意義上來解讀M·海德格爾所說的「語言是存在之家」，他所說的這種「存在」，因為是由「語言」所構成，就不是那種「真實世界」；因為「真實世界」，一定在「語言文字」之外。把「語言文字」作為「真實」事物之「家」，是一種「假冒」與「僭越」。

如果，有人把「語言文字」看得那麼重要；那麼，這些人難免就會成為一個「『造詞』家」！而現在中國的許多學者、教授的確都在忙着咬文嚼字、「造詞」，甚至「造」那些連他們自己都不懂的「詞」，以此來體現自己的「學問」之「有」、之「大」。我注意到，翻譯外國名著，竟給了許多人「造詞」的機會，他們並不着眼於這些名著所傳達的境界、學問或詩意，而是忙於「造」新「詞」。其實，這是一種「『偽』學問」，這是一種學術界的假冒偽劣。正因為有這樣的假冒偽劣出現，所以我們就更需要認真對待「語言文字」，防止它們的「僭越」。儘管，我們要想真正讀懂那些經典，「語言文字」的功夫是必要的；但是，卻不能僅在「語言文字」上下功夫，得有「真實世界」的洞見、得有「真實的人生經驗和體悟」、得「真正在靈魂深處爆發革命」才行。這樣一種「真實世界」的洞見、「真實的人生經驗和體悟」、「真正在靈魂深處爆發革命」，是第一位的，也是「語言文字」所局限不了的。

其實，「真實世界」是簡單樸素的；經典也因此是簡單樸素的；讀經典，而得見「真實世界」，就需要「化繁為簡」。

8、持守「簡單」——不要「人為地複雜化」

比方說，為甚麼要「讀書」？一碰到這種問題，人們常常不知道怎麼回答；可是，在剛開始「讀書」的時候，人的想法大都是很單純的，甚至沒有甚麼為甚麼的，不像後來那麼複雜，「書」是越「讀」越複雜的；任何事情，在一開始的時候，都是比較「簡單」的。最典型的，莫過於人的出生，根本沒有弄明白為甚麼「活」、怎麼「活」，就「生」下來了，來到了這個「一無所知」的世界上；而且，到一個人將「死」的時候，要去的也是「一無所知」的另外一個世界。再說科學，那些即便是看起來「偉大」、「複雜」的科學規律，有的時候往往產生於「簡單」的事實，例如I．牛頓就是因為見到蘋果從樹上墜落而得出了「萬有引力定律」。蘋果從樹上墜落，這是一件非常普通而又簡單的事情，幾乎人人都可能碰得到；而一旦讓偉大的科學家例如I．牛頓碰到了，就會從中發現偉大的科學規律。因此，我們要堅持「簡單」，從「簡單」而又「普通」的地方入手；即便碰到了「複雜」的問題，也要把「複雜」的問題「簡單」化。所謂「始終如一」，就是自始至終都要「簡單」，堅持「簡單」，持守「簡單」。「勿忘初心」，其中也包括「勿忘『簡單』」在內。

不過，隨着時間、年齡的增長，人們經歷的增多，事情往往是越搞越複雜了；複雜，有的時候只是因為「添加」了許多本來沒有的東西，而這些東西中其實許多又是本不應該「添加」的，是不必要的。一些哲學家，往往就是這樣一種喜歡「添加」的人，把簡單的事情搞得太複雜。據說，有一次英國大哲學家B．羅素在作報告，有一位老太太聽了一會兒就站起來對他說：你的報告很精彩，你是我見過的最聰明的年輕人了；不過，你把世界搞得太複雜了。這位老人的批評是很尖銳、很中肯的；其實，哲學思想是可以從「簡單」的事情中得出的，因此也能夠講得「通俗易懂」；更重要的是，要能和聽眾產生「心靈」的「碰撞」與「互動」。哲學修養如此之高的B．羅素，下了這麼大的功夫、費了那麼大的心思，結果是喪失了普通人應有的素樸、簡單，把本來簡單的事情複雜化了。而人們特別是哲學家應該做的，恰恰相反，應該如佛經提倡的「智慧」（即「般若」），區別於B．羅素這類哲學家的「聰明」、「複雜」，應該「簡單」、「平實」、如《般若波羅蜜多心經》般地「化繁為簡」，直截了當地去展示「心路歷程」以「碰撞」聽者的「心靈」。

就拿「讀書」來講，複雜的哲學家會從哲學分類的不同，去看待「讀書」問題。比方說，講「生命哲學」的人，會從「讀書」中扣問生命的意義，追究「生命的體驗」、「人生的走向」、人生與「生命的真諦」等等；或者，持存在論、本體論的哲學家看待「讀書」，則會探討「世界的本原」、「真正的存在」、「『存在』與『存在者』」等等。今天，我們一起來談論「讀書」，儘管依然是哲學的，但希望能努力擺脫那種複雜的狀況——特別是哲學家所人為造成的複雜化。所謂「人為地複雜化」，還包括人們給讀書「添加」的種種「意義」；去掉這樣一些「添加」的東西，就可以「回到」「讀書」「本來的樣子」、「恢復」其「本來面目」，也就是「回到」原初的「單純」的「真實」的狀態。「讀書」，就是「讀書」，不做「加法」；既不是給所「讀」的「書」增添甚麼，也不是給「讀者」添加些甚麼；而只做「減法」，例如去幫助「讀者」去「減」掉身外之物、妄想雜念，「找回那個真實的自我」，「做真正的自己」。以至到了最後，連「減法」也不做了，也就真正做到「不增不減」了。

把「讀書」問題搞複雜的，還有法國的著名哲學家、文學家J．-P．薩特，他寫過一本自傳性的書（《文字生涯》），書中描述了他讀書、寫書的一生，抒寫了他的心志及其心路歷程。他把自己看作是「讀書人」，他給「讀書人」添加了「救世」的「使命」，他說：「讀書人的唯一使命是救世。」他寫小說、講哲學，都是為了去「保護人類不滾入萬丈深淵」。然而，最後他發現：自己的這種「使命感」和畢生努力，既「荒誕」又「十足的瘋狂」，只能以失敗告終。以「成功」的期盼開始，而以「失敗」的結果告終，「終」與「始」如此相悖謬，這是許多「讀書人」常走的「荒誕」之路。究其失敗的根本原因，其實並不複雜，只是因為強加給了「讀書人」所承擔不了的「重任」，強加給了「讀者」所不堪重負的「社會責任」。人們喜歡給自己乃至身邊的事物強加「責任」、「意義」之類的東西，是人的不切實際，也是一些人的狂妄自大乃至瘋狂的表現。哲學上的「意義」論，就是這樣的一種表現；當然，也包括「玄義」論。探究「意義」論、「玄義」論的結果，它們最終都被「擱置」了，甚至可以說都被「拋棄」了，或者如佛經所言：「放下」。

其實，「讀書」就是「讀書」，是一件真實的事情，是實際發生的事情，該讀書的時候就讀書，如學生在學校；在學校，讀書不是為了考試、得高分；更不要給「讀書」額外附加那麼多的「責任」、「意義」，也不要讓學生去裝扮這樣那樣「讀書」分外的「角色」。「讀書」，最多也只是為了讓「讀者」「找回他那個真實的自我」，「做真正的自己」。因此，恰恰相反，需要「化繁從簡」、「見素抱樸」。而我們看待任何事物，只能「朝向真實事物的本身」，以他們的本身為根據，而不是去按照那些人們額外附加的東西。這樣的一種看事物的角度，是我從現象學學到的，也是今天結合《般若波羅蜜多心經》的解讀來加以發揮的。與此同時，J．-P．薩特的事例也已經提醒我們，「讀書」乃至「寫書」之類並不能拯救人類！我們如果能夠就事論事、腳踏實地，或許可以警醒我們自己？甚至我們能夠拯救我們自己？如果能，那又怎麼樣拯救我們自己？我們將在解讀《般若波羅蜜多心經》的過程中，把「拯救」轉向我們自身，共同來尋求問題的答案。

9、走出「專業化」、「精英化」

以往科學技術發展與哲學的弊病，除了「複雜化」，再就是「專業化」、「精英化」。

我來做這個講座之前，也曾有朋友提醒我：不要講得太專業。其實，當我被迫走出中國社科院哲學所之後，我所走的學術道路的「實際」，就是走出「專業化」、「精英化」；能否走出「專業化」、「精英化」，對於我們這些讀書人來講，重要的一點，就看你能否真正從「精英」生活轉向「百姓」生活。在二〇一〇年，我接受騰訊的訪談中，我曾經講過社會大致分為三個層面：社會高層如帝王將相、中層如精英、社會底層如百姓。哲學也因此有三個層面：權貴哲學、精英哲學、百姓哲學。走出「爭相當頭」的學府（走出中國社科院）之後，我是從高等學府的學者「往低處走」，成為平民百姓。這樣的一種「走出」、「往低處走」的人生經歷，使我對佛陀、中國禪宗六祖慧能的人生有了強烈的共鳴。我覺得，佛教（還有道家），是提倡並且實行「人往低處走」的；而儒家則恰恰相反，講的做的都是「人往高處走」。我這樣的一種生活實際，使我貼近了百姓生活，也接近了佛教。

我的這樣一種走出「專業化」、「精英化」的努力，至少在二〇〇四年出版的《道，行之而成》這本書裏，大家能夠看到。我已在努力地多從「非職業」的「非專業」、「非精英」的日常生活中提取生存經驗，並以日常生活的事例做哲學的討論，而且盡量口語化；已較少依據書生的生活方式，少用哲學的學院式的思路以及專業的術語。還有，就是在二〇〇九年出版的《讀法和活法》中，我用了第三章一個整章的篇幅，宣傳了慧能的「非精英」道路。在這個方面，讓我很受鼓舞的，倒是我發表在上海《文匯報》的《筆會》的一組文章。

在這組文章裏，我介紹了我曾經直接接觸過的幾位老先生，例如朱光潛、賀麟、錢鍾書、金克木、李可染、宗白華、任繼愈等（之前，我還在《讀書》上寫過洪謙、金岳霖）。這種介紹，每篇兩三千字，是「速寫」型的，畫龍點睛。朋友們告訴我：這些文章，有不少於十個次數被作為中學生的考卷，其中寫朱光潛的文章被用的最多。我一向有一個願望：我寫的哲學文章，要讓中學生能看懂。而中學生能看懂的，就不能太「專業」、太「精英化」。而我自己，就是從中學時代起喜歡的哲學。

其實，人們一直在努力於「往高處走」，「專業化」、「精英化」也因此成為必然。隨着社會的進入二十一世紀，自然科學發展的速度更快，社會分工與專業化的傾向也日趨嚴重，而隨之產生的問題也越來越多，解決「專業化」、「精英化」遺留的問題已經迫在眉睫。遺留的問題之一，就像比爾・蓋茨談到的：「如果創新憑藉市場驅動，我們都不關注不公正現象，那麼我們的重大發明將令世界的兩極化更加嚴重。」他發現，在一些國家，很多人連基本的生活都無法保障，更無法擁有世界平均水平的醫療條件；（因此）他呼籲（大學）畢業生們真正地與需要幫助的人接觸，用樂觀和同情引導世界變得更美好（二〇一四年六月十五日，比爾・蓋茨夫婦在斯坦福大學畢業典禮的講演）。去接觸需要幫助的人、用樂觀與同情引導世界，這樣的一種說法和佛陀的主張非常相似；這也證明了：現在世界的發展，有明顯重歸佛教的趨向，人們在呼喚佛陀，二十一世紀需要佛陀。

影響到哲學，一個根本性的問題，就是現在的哲學太脫離了「非專業人士」特別是那些「需要幫助的人」；哲學的研習，不僅僅成為學府「課堂」的、「黑板」的，而且成為「網絡」的，「虛擬化」了，就太脫離了貧困的人們，也脫離了人們具體的「日常生活」（吃喝拉撒睡之類）；因而，也遠離了人之初的「精神文明」，現在的種種「人文哲學」並不具有這樣的「精神文明」。而真正的哲學，一定是不能離開貧困的那些「需要幫助的人」們以及任何人不可或缺的「日常生活」的；這樣一種的「日常生活」，雖然是在人生的「低處」，卻又是在人生的「深處」；「低處」，往往即是「深處」。重要的是，能夠觸及這些「深處」；我們常說的「觸及靈魂」，當然也是應該被觸及的那種「深處」。而正是在這些貧困的「需要幫助的人」們以及每一個人都必須自己解決的吃喝拉撒睡之中，產生着多少與生存、性命攸關而亟需「實際地」解決的問題；這樣一些的「非專業人士」，他們也有太多的「人生困惑」需要去釋疑、解惑。他們這樣的一些「性命攸關」的艱苦與困惑，從根本上影響着我們的社會生活，影響着我們社會的走向；把他們看作是「低端人」，試圖一趕了事，只能使得社會的問題更趨嚴重。而佛陀走的那條道路，不是緊閉王宮、把自己鎖在宮中，而是走出王宮、到眾生之中，尋求一條能夠解決眾生困苦與困惑的道路；這就需要離開王宮的「高處」而「往低處走」，深入到眾生中去、成為他們中的一員，親身感受、體驗眾生的一切，全心全意地為眾生服務。脱離大眾，在學府或者王宮裏面，是根本不可能找出一條能夠解決眾生困苦與疑惑的道路來的。

真正的「智者」，真正能夠決定一個民族命運的力量，往往就在「眾生」之中。我覺得，即便是在民族、國家的一些「大事情」上、「大問題」上，最終還是平民百姓這些「小人物」、「非專業人士」說了算。在民主的國家，是這樣，例如英國的決定退出歐盟，最終都是平民百姓、「非專業人士」說了算，政治家、精英們說的就不能算了。在不太民主的國家，一旦平民百姓、「非專業人士」集體發話了、被迫發出最後的吼聲了，也是他們說了算，政治家、精英們也就無法掌控局面了。

我真正明白「非專業人士」問題的重要，是在我離開中國社會科學院哲學研究所之後。之前，我在德國海德堡大學H．-G．伽達默爾身邊學習解釋哲學時（一九八七—一九九〇），他經常提醒我：要多去咖啡館、電影院，接觸百姓，學習他們的語言。當時，我的理解是：要多學習老百姓的口頭話語。那時，我的着眼點是在「語言」上，只關注讓自己的哲學語言「口語化」；而不是「生活方式」的「轉換」。事實上，我應該更多的去關注「生存」與「生活方式」的「轉換」。

一九九〇年，我回國，回到中國社會科學院哲學研究所。七年後，因在研究室裏碰到的麻煩，最終我被迫辦了「離崗待退」的手續，離開了哲學所的工作崗位。當時，我只能這麼選擇，否則就得繼續屈從於打壓，也就有可能墮落為曲學阿世之徒。

我的「離崗」，也是一種「下崗」。這樣一來，我實際的「生存」、「生活方式」發生了變化；就是說，我不再是「職業」的哲學工作者，也離開了學府的「專業」工作。事實上，這反倒給了我一個機會，讓我再一次認真思考了「職業」與「專業」，審視一下這種「職業」與「專業」究竟值不值得自己繼續去從事。我想起有一位西方的思想家說過：從人類的「職業」分工伊始，問題的真正所在是「人類的不知足」。正是這樣的一種「不知足」，使得「專業」、「職業」的分工越來越細化、越來越複雜，人與人之間的人為屏障越來越多，人與人之間的距離越來越遠，兩極分化越來越嚴重。而且，也正是在「專業」與「非專業」、「職業」與「非職業」轉變處，更容易清楚地看到二者之間的明顯區別以及「職業」、「專業」的問題所在。也就是在這樣一個時刻，我進行的是一種「生存」、「生活方式」的轉變，而不僅僅是「語言」的即哲學的思維與表達方式的轉變。在這樣的一種「轉變」之中，我發現了許多被「職業」、「專業」所「遮蔽」的「素樸」的「真實」的東西；而這些東西，對於「人生」、「性命」而言卻是「根本性」的。相比較而言，社會底層百姓的那種「非專業」的生活，是「素樸」、「真實」的；而學者的「專業」的「職業」的生活，卻是「空中樓閣」、「象牙塔」，是人們人為地建構的一種「虛擬世界」，或者說是一種被「虛擬」化了的現實生活；人們應該「回歸」現實生活的「素樸」的「真實世界」，去直接面對、「觀照」這樣的一種「真實世界」。

作為「專業人士」的學者，要想讓你講的哲學，能夠被「非專業人士」接受、聽懂、認可，從根本上來講，就得改變學者自己的「生存」、「生活方式」，要像「非專業人士」那樣生存、生活；否則，他們就無法聽明白：你到底在講甚麼？我們曾經經常講，要做工人、農民的代言人；可是，你根本沒有工人、農民的生活經歷、沒有他們的那種「生存」、「生活方式」以及相關的切身感受與體驗；換句話說，你根本不知道他們是怎麼生活的、又是怎麼想的，你怎麼可能代言？你憑甚麼去代言？

「專業人士」（如學者、藝術家）和「非專業人士」（如工人、農民）之間，還有一個根本性的差別，那就是「專業人士」的「坐而論道」和「非專業人士」的「身體力行」。前者，只是在忙於「證明」、「解釋」些甚麼，引發「頭腦中的風暴」之類；而後者，則並不那麼在意「頭腦中的風暴」，而注重自己「現實生活中的實際改變」。至於我本人，至少是從一九九七年以來，我一直在進行着這樣一種從「職業」到「非職業」、從「專業」到「非專業」的身份轉變；應該說，現在仍在這個轉變的過程之中。我願意多接觸「非專業人士」、高興與他們在一起，從我個人的角度來講，這會有助於推進我自己的轉變。這是我自己的選擇，是我選擇了這樣的一種轉變；選擇了、轉變了，世界也就大不相同。換句話說，我選擇了一個新的「生活方式」；心想的事情不同了，人不同了，選擇的世界也就不同。

另外，還值得我們注意的是，「非專業人士」讀的「有字」之書乃至「經典」並不多，更多的是讀的「無字之書」，這也是值得「專業人士」深思與認真對待的。

10、「讀書」相關的幾個問題

同學們可能有些奇怪：「書」，從幼稚園、小學、中學一直讀到了大學，「讀書」還是個問題嗎？從哲學的角度來看，那些看起來不是問題、沒有問題的地方，往往隱藏着問題、甚至還是很重要的問題。一件事情，沒有被思考過，沒有被提過「為甚麼？」問題就仍處在一個潛在的階段；只是「潛在」，沒有想到、沒有「意識」到，而不是「不『存在』」。不知道同學們是否有過這樣的經驗：某件事情，本來自己覺得是知道的，是沒有問題的；但是，當別人問起來的時候，一下子卻回答不出來了、就成了問題。因此，我們常常要在那些似乎不是問題的地方再問上一問。胡適講過很多錯話，但是這一句講得還不錯：做學問，要在不疑處有疑。我們搞哲學，就要懂得在不疑處設疑，在似乎沒有問題處下問。

讀佛經，一定要讀「適合」自己的；化繁就簡，擇其要者；而且，要付諸實踐；以「出世的精神」，達到「神聖之維」。除此之外，一些世俗的讀書治學方法，也有相當的參考價值，例如黃侃的讀書治學方法。在這裏，我略舉幾條，並加上自己的理解，來與大家討論：

(1) 讀書，為獲取「精神食糧」

「書」，是每一個人一定要「讀」的，就像一個人必須要「吃飯」一樣。對於人來講，有兩種「食糧」，一種是「物質」的，再一種是「精神」的，書籍提供「精神食糧」。在這方面，人和其他動物的區別，就在於：動物不吃「精神食糧」，而人必須吃「精神食糧」；如果，一旦人不吃「精神食糧」了，久而久之，人就會退化為動物；在這個時候，人就失去了自我，沒有了那個「真實的自我」，人就不成其為「人」了。

現在，我們特別要注意的是，有不少人專門製造「精神垃圾」以冒充「精神食糧」，以毒害學生。教書的人得有學問、有知識，你沒有學問、知識，拿甚麼去教學生呢？可現在的課堂上，假冒偽劣滿天飛。

所以，從這個意義上來講，「讀書」，關係到「人」之所以為「人」的根本性問題；「讀」甚麼「書」、「書」「讀」得怎麼樣、「書」教得怎麼樣，代表着一個人作為「人」的素質、品格和精神境界的高低。

(2) 讀書，是為了追求「真理」（「真實」、「真實性」）

經典中，就有前人所認為的「真理」以及他們追求的路徑。追求「真理」，往往又是為了回答人們當時在現實生活中所碰到的問題、疑惑；「人生」究竟應該是甚麼樣的？我們從哪裏來？又往哪裏去？即便是那些放在任何時代都可以問的問題，在不同的時代也都有其側重點，居於不同的困境。正是這樣的一些問題和困境，觸動了人們的心靈、靈魂；問題，一定要是觸動了人們心靈、靈魂的，才是真正的問題；而對於問題的解答，也一定是能夠觸動人們心靈與靈魂的，才有可能啟發人們，去找到一條真正能夠走出困境的道路。

這樣的一種「真理」，雖然不是人們一眼就能看見的、是「隱蔽」的，卻就在人們現實的實際生活之中，甚至就在人們每一天必不可少的吃喝拉撒睡等等之中。問題出在哪裏，往往答案也就在哪裏。「真理」，事實上往往離人們很近很近；然而，離人們這麼「近」、也正是因為「近」，人們卻往往看不到。應該說，這也是人生中的一種「荒誕」：離人們越「近」的東西，人們越是看不見，而且看見了也不以為然。這樣一種的「荒誕」，從有哲學家的時候就出現了，例如被西方哲學史認為是最早的一個哲學家泰勒斯，他是以研究天文出名的。有一天，他被天上的星象迷住了，往後退的時候一不小心掉在一口枯井裏了。他的婢女取笑他說：天上那麼遠的東西你看得清清楚楚，腳底下這麼近的東西卻看不見？

所以，「真理」，事實上就在「真實」的東西之中，有時就在近處，就在我們身邊，就在我們的日常生活之中，一抬頭就能「看」見，一舉足就能「碰」到；遺憾的是，人們往往「視而不見，聽而不聞」。因而，他們從來就沒有掌握過「真理」。或許，「真理」根本不在人的手裏，而只在「真實」的事物中？

(3) 讀書，一定要「精讀」

所謂「精讀」，就是「讀」原著乃至「讀」元典，一字一句地認真去讀。教外國哲學的老師，就得能夠帶學生去「讀」該國文字的原著；不能帶學生去「讀」外文原著的，應該取消其教書的資格。「讀」原著，要「專心」，細細品味，讀透、讀懂一兩本「經典」；要「刨根問底」，根本點是要有「心靈」的「碰撞」。過去，講看戲，人們說：會看的看門道，不會看的看熱鬧。聽話聽聲，鑼鼓聽音。看書，也是這樣；這是一種中國式的特有「讀法」。為甚麼我提倡讀「經典」？因為，能夠稱得上「經典」的書，裏頭一定是有「門道」的；只有看清楚了裏面的「門道」，才能算是讀懂了「經典」。有了這樣的一個基礎，你再去看別的書，你就會關注並能看出來書裏有沒有「門道」；凡是有「門道」的，就是好書乃至「經典」，就是值得看的，否則就沒有閱讀的價值。

「經典」中的「門道」，是前輩在「經典」裏「說」的；這些「說」，事關先於我們的「存在」，是一種「已在」、「曾在」或者「潛在」，需要我們在讀「經典」時能夠「聽」出來。能夠從中「聽」出「門道」的「經典」，就是「適合」我們的、我們應該去「讀」的「書」。「讀書」，就是要「讀」適合我們的「書」，能夠讓我們「會意」、能夠和我們「心靈相通」的「書」。這非常重要，因為只有這樣，我們才有可能通過「讀『經典』」的幫助而「找回」我們自己「真實的自我」。

那有人就說了，陶淵明可是這麼主張的：「好讀書，不求甚解。」不錯，陶淵明是這麼說過的；但是，人們往往沒有注意他接着還講了另外一句話：「每有會意，便欣然忘食。」如果把這兩句話連起來讀，那前面那句，不就是說：沒有「門道」的書、不適合自己的書，不必太認真、仔細的看；而一旦碰到有「門道」的書、心靈相通的書，就得特別地珍惜，而且滿心歡喜以至於廢寢忘食。「讀書」的關鍵，並不在「理解」，「讀書」又不僅僅是個「理解」的問題，不能滯留於「理解」；而在「會意」。總體上來看，這段話，也在一定程度上體現了人們所說的那種「讀書自娛，忘懷得失」；這是一種非常難得的「讀書」的「真性情」、「真情趣」。

(4) 學習的關鍵在於「行」

「學問之事，有傳學，有行學。慾行其學者，未有不皇皇如也。」學習的目的，在於把所學到的東西付諸實踐，關鍵在於「行」；教學者，要以身作則去「做」，「身教」重於「言傳」，成為「榜樣」，「做」給別人看。「踐行」，一定要謹慎小心，如履薄冰，大意不得。

經典，一定要讀；但是，不能躺在經典上，靠經典吃飯，而放棄自身的努力，甚至試圖不勞而獲。這是一種懶惰、依賴、沒有自己的作為甚至是甘於為奴；與其如此，還不如沒有經典。如果自己的「自強」、「自癒」和「再生」能力的發揮，因經典的持有而被阻礙，那就乾脆放棄經典；不能因為經典的存在，而妨礙了自己的「自強」、「自癒」和「再生」能力的發揮。讀經典，只是為了能夠「激發」自己的「自強」、「自癒」和「再生」能力。

(5) 學者的「志氣」與「霸氣」

人們往往以為，學者首要的是「學問」，而有人則指出：「士以志氣為先，不以學問為先。」「學者可貧不可賤。」有「志氣」者，才有可能成「真學問」；在我們的實際生活中，遺憾的是，現在的不少文人既無「志氣」又無「學問」。

讀者應有的學養與霸氣：清朝學者王闓運有一副對聯，說出了湖南人對自己學術淵源的自信和湖南人的霸氣：「吾道南來，原是濂溪一脈；大江東去，無非湘水餘波。」特別是作為學者，不僅僅要學有淵源，而且還要有足夠的自信以大力弘揚之，這就需要霸氣。有霸氣的人，有骨氣，脊樑骨筆直筆直的。當然，講霸氣，是要有一些資本的，沒有根基、本事不大，就「霸」不起來；這種人倘若還要去稱王稱霸，一定是虛張聲勢，貽笑大方。

你們看看，我一口氣就講了這麼多，甚至我還能講更多。而如果死守這些東西，就成了條條框框，無論是自設的還是從別人那裏拿來的；這就是學院學者的毛病，儘管我離開學院了，但這種毛病並沒有改掉多少。即便是一些大的思想家、哲學家也是如此，喜歡把自己的學問歸結成幾條，把它們看作是自己的，以此來形成一個學派，例如R．笛卡爾的「我思故我在」，M．海德格爾的「以時間解讀存在」等等。都希望這類條條能夠「放之四海而皆準」，能夠解釋一切、把握一切。這類條條，現在的人們繼續在製造；其實，很多的道理，前人已經講得差不多了，還能講多少新鮮的（紀曉嵐、錢鍾書說過類似的話）?!所以，我也曾開玩笑地對朋友說：我寫的書，就像是和尚身上穿的「百衲衣」，東一塊、西一塊的，大多是從他人那裏採擷而來，只有很少是我自己的；我的努力在於，把這些東西經過「對話」、消化、吸收，而交融在一起。

這樣的一種消化、吸收以至交融，要努力成為一體，自然而然，了無痕跡。就像一個好的學生，真正學到東西之後，就會完全「忘記」，不「記得」那幾條幾條了；例如《倚天屠龍記》裏的張無忌學劍，學到的東西是一點一點的「忘」、最後全「忘」了，也就是融會貫通了。一個好的學者，在「專心」講學時，腦子裏也會一片空白，甚麼條條框框都沒有的。這也讓我想起佛陀所說，他講了四十九年佛法、八萬四千法門，其實甚麼都沒有講；講的時候，全神貫注，出神入化，哪還會有時間、精力去「記」到底講了些甚麼？真正看透了、領會了、理解了、融會貫通了，又怎麼可能仍然是那麼清晰的幾條幾條的呢？仍然是幾條幾條的，就說明沒有「消化」好，就像一個人的大便，如果拉出來的還能看出裏頭有番茄、黃瓜甚麼的，那肯定是「消化不良」。

不過，這樣一種的「消化不良」，只是「消化」能力不夠好，不能混同於有意的「剽竊」、「抄襲」。有閱讀能力、理解水平、寫作能力特別是有自己的學術主張的學者，是不必要也不屑去「抄襲」的。

11、「剛日讀史，柔日讀經」

曾國藩說：「剛日讀經，柔日讀史。」所謂「『剛』日」，即奇數之日，如今人的一號、三號、五號、七號、九號，等等。古人，則以「十干」記日；如甲、丙、戊、庚、壬五日居奇位，屬陽剛，故稱「剛日」。古人的規矩：「外事以剛日，內事以柔日。」（《禮記．曲禮上》）對此，孔穎達解釋說：「外事，郊外之事也。剛，奇日也，十日有五奇五偶。甲、丙、戊、庚、壬五奇為剛也。外事剛義故用剛日也。」這些說法，都可以從網上查到。

網上還說，南懷瑾對曾國藩這句話作了如下的解釋：「亢陽激揚，剛也；卑幽憂昧，柔也。經主常，史主變。故剛日讀經，理氣養生也；柔日讀史，生情造意也。有生有息，合乎天理，何樂而不為哉！」

重要的是，除了要注意「剛」、「柔」的區別之外，還不能忘記「剛」、「柔」的互補，而且更重要的就是這種互補。奇日讀經，發陽剛之氣；偶日讀史，盡陰柔之意。一奇一偶、一陽一陰、一剛一柔，是陰、陽交替，剛、柔並濟。所以，對於「剛日讀經，柔日讀史」這句話的理解，不僅僅要讀出「剛」、「柔」的區別，還要能看到「剛」、「柔」的互動、互補、互釋。

當然，每一個人根據自己的人生閱歷，可以對「剛日」、「柔日」與「經」、「史」的關係有不同的解釋。例如，馮友蘭就和曾國藩不一樣，他則說「剛日讀史，柔日讀經」。在李澤厚的家裏，可以看到馮友蘭送給他的一副對聯中的這段話。這是強調「『當』日」、甚至是做任何事情都要注意「陰」、「陽」互補，「剛」、「柔」並濟。

我更願意接受馮友蘭的「剛日讀史，柔日讀經」這個說法，是我自以為：它和我的實際經歷比較貼近。我的研習藝術哲學以美術史為基礎，是在我比較年輕的時候，血氣方剛，這是我的「剛日讀史」。而我的研習佛經，則是在年過甲子之後，是我的「柔日讀經」；換句話說，過了一個甲子，人老了，我更懂得了「柔」的重要，「上善若水」。不過，這樣一種說法，我自己聽起來都覺得有些勉強。我想要說的其實只是，人生要盡量去做到「陰」、「陽」互補，「剛」、「柔」並濟。我認為，「剛」、「柔」並濟的極致，體現在金剛石身上：剛，無堅不摧；柔，百折不斷。

有人曾這樣來評價蕭邦的演奏，說：「他的柔和彈奏是一種純粹的呼吸，他不需要驚天動地的強度來產生所需要的對比。」以其「超級輕柔」來達到最強效果；儘管極其輕柔，卻能使「鋼琴為最深情的生命而充滿活力：它在你的心中掀起了陣陣狂風巨浪」！這樣來解讀蕭邦，極有中國傳統文化的「柔弱勝剛強」的意味！究其實，「生命」的「活力」之表現，並不那麼「誇張」；「誇張」者，往往是底氣不足，甚至是為了掩蓋內心的「虛弱」。

讀書、著書立説，對讀書人而言，就是一種人生，體現着不同的人生特色。喬伊斯説過：「流亡，就是我的美學。」木心則説：「美學，是我的流亡。」（木心：《美學，是我的流亡》）究竟是因「流亡」，而成就了「美學」？還是由「美學」，而導致了「流亡」？大概也會因人而異的。

12、讓「讀書」回歸「見素抱樸」

再回過頭來説學生的「讀書」。學生的「本職」，就是「讀書」；講「讀書」，就是講學生的「本職」。學生，要把自己的主要精力、時間放在「讀書」上；而且，「讀書」之好壞，也體現着學生的「本事」，學生的「本事」不在別的地方（如「做官」、「賺錢」等等），而就在「讀書」上面。其實，在我看來，每一個人都應該有「本事」來做好自己的「本職」工作，例如農民的種田、工人的做工、軍人的打仗，學者的做學問等等；把做好自己的「本職」工作，作為一件份內的事情，看作是一件很普通的事情，形成着一種「平常」的心態。「平常」，就是「正常」。若遵循「責任倫理」，就像M．韋伯所説，「本職」就是「天職」，就是説，它雖然「普通」卻也「神聖」，足以在「世俗」中見出「神聖」、在「平凡」中見出「偉大」。學者就不能背離「學術工作」的「本職」，思想家、哲學家就是要從「本職」中見出「本色」，從「世俗」中見出「神聖」，從「平凡」中見出「偉大」；而不是背離「本職」奢談「本色」，脱離「世俗」胡説「神聖」，不做「凡人小事」而妄想「偉大」。

不過，有的時候，人們也會對「平凡」產生一種渴望。為甚麼呢？米蘭．昆德拉説：「我們常常痛感生活的艱辛與沉重，無數次目睹了生命在各種重壓下的扭曲與變形，『平凡』一時間成了人們最真切的渴望。」（《生命不能承受之輕》）「平凡」，本來是一種「很平常」的事情；但是，對於經歷過「生活的艱辛與沉重」的人而言，就成為一種「稀缺」之物；包括那些「生命在各種重壓下的扭曲與變形」了的高官、富商，往往也會產生對「平凡」的「渴望」，告誡其子女去做個普通人。從佛教的角度來看，從「平常」中見出的那種「心境」，被稱之為「平常心」；佛教，就是引導人們「做平常事」、「修平常心」乃至復歸「童心」。以道家來看，這就是「見素抱樸」（見《道德經》第十九章），以「顯現」未被污染的本色、「持守」不事雕飾的本質。從根本上來說，人們的「生活」，也是如此，「生活」就是「生活」，「如其所是」地「活着」，「簡單」、「平常」而又「樸素」。這也正是前面我們所強調的「簡單」化、「化繁就簡」、「見素抱樸」；無論多麼「偉大」的哲學思想、哲理，都可以從「簡單」的凡人小事中得出，也因此就能夠講得「通俗易懂」；大凡講得晦澀難懂的，往往是講者自己都還沒有搞清楚的，或者是偽裝「高大上」的。

學生在學校裏「讀書」，這「平常」又「正常」，是一種「常態」；當有那麼一天，學生不「讀書」了，那一定是「失常」了；「失常」，就是出事情了。例如，「五四運動」、「文化大革命」，學生都不「讀書」了，上大街遊行、搞大串聯，那就是因為國家出了事情、民族出了事情，出大事了。

很難要求每一個人一輩子都愛「讀書」，但總有一段時間應該是愛「讀書」的。在這段時間裏，「專心」做一件事，就是把「書」「讀」好。這樣一種的愛「讀書」，往往體現着「讀書」的「本色」。在當學生期間，「讀書」不僅僅是「本職」，而且也適合「本性」，會成為自己的一種喜愛、一種享受。我的愛「讀書」，突出是在人大附中上高中的時候；那個時候，不是被別人硬性要求更不是被強迫，而是全憑自覺，早早地來到學校花園裏，不是為晨練，也不是尋遊園之驚夢，而是為唸誦唐詩宋詞之類，獨樂其樂，樂此不疲。那個時候，「讀書」之情「不知所起，一往而深」；這樣一種的「一往而深」、「不知所起」的「讀書」之「情」，是「自發」（不是因他人、他物而起）的、「真誠」（不虛、不假、不偽）的、「素樸」（未被污染、不事雕飾）的，出自一種發自內心的「真性情」、「真情趣」，不帶有任何別的目的（不增不減）。不帶任何別的目的，就連「讀書做聖賢」（王陽明語）之類的目的也不帶，這樣才不會因讀書成績不好、考試分數不高而壞了心情，真正做到「此心不動」，也就不會弄虛作假，就會自由自在，由着自己的性子來。由着自己的性子來，雖然難免會出點兒「差錯」，然而正因為有「差錯」而更見「真實」。人之一生，難得、難能可貴的就是這樣的一種「真實」。「真誠」、「素樸」、「真性情」、「真情趣」乃至那些「差錯」，顯露的都是「真實的自我」。「真實的自我」的「顯露」，就是「本來面目」、「真理」的「顯現」，這不就是幾千年來思想家、哲學家們所夢寐以求的嗎？而就在「讀書」之中，就會有這樣一種的「真實的自我」的「顯露」，我們真正需要關注的就是這樣一種的「真實的自我」。我現在回過頭來想，人生一輩子，其實最難得、最重要的，就是這樣的一種「不知所起」的自發的「真性情」、「真情趣」，這樣一種「樸素」的「真愛」、「真心的喜歡和熱愛」，這樣的一種「真實的自我」的自然「顯露」。

這樣一種的「真情」的自然「流露」，是「心甘自願」、「情不自禁」的，而不是勉強、脅迫得來的，比如曾經有人提倡的那樣：錐刺股、頭懸樑（用錐子扎自己的大腿，把自己的頭髮用繩子吊在樑上），豈不是痛苦至極！這需要強迫自己、忍受巨大的痛苦，才能做到；這既不是出於「真性情」，也毫無樂趣。更何況，讀者和所讀的書二者也要處於一種適當的時候，正如佛教公案講的「啐啄同時」。孔子也講那種「適當的時候」，例如所謂的「五十以學《易》」，早了是不可以的；但佛教講的「適當的時候」，並不那麼「精準」，而只是一個「時」字，強調「適逢其時」。然而究竟是甚麼樣的「時候」「合適」？是既不可「預測」，又無法事先「設計」的，而且也不能「精確」表述。

「讀書」，需要能夠「靜」下來，往往需要「獨處」，追求一個「獨」字，就能給自己開闢一個「獨立」的境地。所謂「獨」，就是自己要和別的一些東西「保持距離」，比如權勢、錢財、名利、地位乃至一切「身外之物」

以及妄想雜念之類。隔離了上述東西，才有可能使自己的「心」「安靜」下來，排除一切干擾也才有可能傾聽到自己的「心聲」，會享有相對的「精神獨立」、「思想自由」。因此，在這樣的一個意義上，不但不要怕「孤獨」與「寂寞」，反而要追求、堅持「孤獨」與「寂寞」，因為就是在這樣一種的「孤獨」與「寂寞」之中，才有可能得到「精神的獨立」，展現自己「精神世界的充實」與「心靈的堅強」。所謂堅持「孤獨」與「寂寞」，就是「心」守一處，目不旁騖；而「精神的獨立」尤其重要。但是也要注意：所謂的「獨處」，只是排除一切身外之物、妄想雜念，並不是絕對的「『一』個人」，也不是絕對的「『一』顆心」；恰恰相反，往往得是「『兩』個人」、「『兩』顆心」，例如強者對弱者的「同情」，眾生的「心」與佛陀菩薩的「心」的碰撞、相通；即便就是「『一』個人」、「自言自語」的時候，也還是自己和自己心靈的「碰撞」、自己和自己心靈的「對話」。

所以，「讀書」，重要的是那顆「心」、「在心地上下功夫」，「心」要靜得下來，「心」要專用；這本身就很接近佛教的「修行」、「修心」。這就涉及到一個關鍵問題：「讀書」，讀的究竟是甚麼？讀的是印在書本上的那幾個字嗎？讀的是語言文字嗎？其實不是，恰恰要打破語言文字的局限，也不是「逗留」在語言文字的美妙之處，而是要透過語言文字，去觸摸其「背後」的作者的「心志」、傾聽書中的「心聲」；對於讀者本人來說，在「讀書」的過程中，也是着眼於自己「心靈」的變動以及和書中「心靈」的互動。

「讀書」，即便是那種普普通通的平淡無奇的「讀書」，有的時候往往會「心中一動」，會引起我們的強烈的「好奇」與激情，能夠讓我們有所「發現」，甚至會產生一種深不可測的「心靈」觸動與「神秘」的體驗，以洞悉人生、生命的奧秘。究其實，這種奧秘並不複雜，在「讀書」中，根本的就是「見素抱樸」。即便是讀了很多很多的書、做了很大很大的學問，也不要忘了堅持「素樸」，化繁就簡，保持單純、素樸的本色；換句話說，也只有保持單純、素樸的本色，能化繁就簡，才有可能做很大很大的學問，才能做出「真才實學」。人生的「智慧」，就在於會做「減法」，「化繁就簡」、「見素抱樸」。

這樣的一種「見素抱樸」，和歐洲上個世紀的現象學可以說是有異曲同工之妙。在上個世紀的歐洲，竟成為了一個被熱議的哲學話題，並在六十年代再次形成高潮，如我在德國研習的「解釋哲學」（我也稱之為：解經哲學），就是講「讀書」的，講「讀法」的，特別是對「經典」的解讀。「讀書」，由上可見，是一件「平常」的事情，只是一個學生的普通得不能再普通的生活事件，並不是甚麼「大事件」，更不是甚麼「驚天偉業」（例如拯救人類等等）；所以，對於「讀書」，不宜去作「宏大敍事」，而只能是對普通的凡人小事進行「日常生活的展現與描述」，以見出其「真實」。平淡無奇，卻不失充實，照樣可以豐富多彩、光彩奪目。

所謂的那些重要哲學話題，例如「何謂人生？」「何謂生命？」「何謂生死事大？」等等，被不少的文人墨客描繪得「很宏大」，搞得很複雜，甚至被說成千古之謎；其實呢，也是非常簡單的，在人們的日常活動中，都可以找到答案。在《我的信仰》中，A·愛因斯坦就曾經說過：這些問題，「不必深思，只要從日常生活就可以明白」。確實如此！即便是日常的不可缺少卻又常常不被顧及的如一呼一吸、一粥一飯、一言一行、一舉一動等等，都能讓我們明白許多重要的乃至深刻的人生道理。大家是否還記得小瀋陽是怎樣講人生、生死的？他說：「其實人這一生可短暫啦！眼睛一閉一睜，一天過去了，哈！眼睛一閉不睜，這一輩子就過去了，哈！」人生的短暫、生命的脆弱，那麼重大、深刻的道理，小瀋陽用眼睛一閉一睜這麼淺顯一例，就讓我們全然感同身受。

而人眼睛的一睜一閉，雖然每一天都要發生，卻往往不被人們所顧及，不被重視；更不會被想到，其中恰恰演說着重大課題：人生、人的生命、生死。一呼一吸、一睜一閉、一粥一飯、一言一行，吃喝拉撒睡，都是人們日常生活的實際組成部份，甚至是粗俗得不能再粗俗了；而正是這樣的一些非常實際、實用的甚至粗俗的凡人小事，卻又都關係着每一個人的生命健康乃至生死的大題目，確實「關係重大」。就像聖潔的荷花，必生長於淤泥；參天大樹，必深深扎根於黑暗的地下，都是一個道理。對於人而言，最大的事情是「生死」（「生死事大」），卻事實上要靠吃喝拉撒睡等等「小事情」來維繫，正是平民百姓這些「小人物」最懂得這些道理，也正是那些生活在生存線上的百姓最敏感的事情。禪宗公案中有一則講：有人請教趙州和尚佛祖西來意，趙州和尚站起來去茅坑，到了茅坑門口回過身來對來訪者說：像上廁所這種事情，都得自己去做（任何人不能代替）。趙州和尚在用「小事情」來講「大道理」，是要告訴他：一些日常生活小事，都得親力親為；所有的問題從根本上來講只能靠自己去解決。事情雖小，關係重大，其中的道理也大；既特別實際、實用，而又有着深邃的潛在與高度的超越；這就是凡人小事的兩重性。也正是這樣的一種兩重性，產生着哲學的話題，特別是成為了現象學的哲學話題。人們的日常生活，成為了哲學的主題。

E．胡塞爾創立的現象學，就是提倡思想家、哲學家們不要老是盯着「大票子」，而是要關注「小零錢」；換句話說，也就是關注日常生活，關注那些根本不起眼的凡人小事，進行「平常」的哲學思考與「日常」的話語描述，亦如M．海德格爾與H．-G．伽達默爾所提倡的那樣。哲學活動，完全可以「平常」地在「日常生活」中進行，而不必那麼「職業」、那麼「專業」。用這樣的一種哲學「眼光」來「看」「讀書」，我們可以看出，正是在這樣的一種「普通」、「平常」的「讀書」之中，形成着「潛在」的學生的基本「生活方式」與「存在方式」，影響並形成着學生的心理素質、思想境界以及人生道路。正因為「讀書」的「普通」、「平常」，有着前面所說的「真誠」與「素樸」，可以通過一種「平等」、「坦誠」、「無障礙」甚至是「生動活潑」的溝通，不僅僅「直接」、「真實」、「素樸」地顯現着自己的「存在」；而且，也呈現着一種與「真實」的、「美好的存在」的「同在」，也「享受」着這樣一種與「真實」的、「美好的存在」的「同在」。在這裏，我們發現：對於如「讀書」那樣最普通不過的一些日常生活事件，所進行的哲學思想與話語描述，也一定是「真實」、「直接」、「平常」、「素樸」乃至「生動活潑」的。從一定的意義上來講，對「讀書」的哲學思想與話語描述，就是「讀書」本身及其本色的一種「真實」體現和「自我顯現」。

還有，「解釋哲學」的所謂「讀法」，也回答「如何讀書」之類問題的。關於「讀法」，余英時認為：「中國傳統的讀書法，講得最親切有味的無過於朱熹。」朱熹在他眼裏，是一個把書讀得「親切有味」的人，雖然並不是「最」；其實，只要「書」能「讀」得「親切有味」，再來講「讀書法」，自然也會「親切有味」！余英時還告誡人們：「不要以為這是中國的舊方法，和今天西方的新方法相比早已落伍了。我曾經比較過朱子讀書法和今天西方所謂『詮釋學』的異同，發現彼此相通之處甚多。」（余英時：《如何讀書——做一個真正有知識的人》）余英時所說的「詮釋學」，就是我說的「解釋哲學」或「解經哲學」，西文的原文是同一個詞，只是翻譯成中文的不同。看起來，在涉及「讀書」的方法這個問題上，余英時也是比較重視「解釋哲學」的，並且還特別從這個角度推崇了「朱子讀書法」。

關於「讀書」，余英時講的比較細，他既講了「『怎麼』讀書」，還講了「『為甚麼』讀書」。究竟「『為甚麼』讀書」？他並不提倡當官；按照他的主張，正如他文章的標題所示：「讀書」，是為「做一個真正有知識的人」。所謂「真正有知識的人」，用一個現代的詞來表述，就是「知識分子」。在西方人的眼裏，「知識分子」是些「批判者」，是「從來不對現狀滿意的人」，包括對「現政府」，往往「持不同政見」、批評現政府；他們還把「知識分子」看作是「衛道士」，賦予維護社會良知和捍衛真理的重任。

不過，按照我的理解，「讀書」，事實上並不局限於「知識」的層面、「做一個真正有知識的人」；還可以在「審美」、「賞析」的層面，「做一個真正懂藝術的人」；也可以在「倫理」的層面，「做一個真正有道德的人」。而我在今天着重要講的，則又是另外一個層面，主要是在「宗教」的層面，「做一個真正有信仰的人」。總括起來講，「知識」，可以「認識」事物；「審美」，可以「欣賞」藝術；「道德」，可以「規範」人的行為；「信仰」，可以堅定人的「信念」、「純潔」人的「靈魂」。這些，都着眼於人自身的修養、境界，是有益於改變、提升人自己的修養、境界的；而不是着眼於身外之物以及如何獲取權力、錢財、名譽、地位的。

13、「讀書」不為「做官」、人生不被「規劃」

現在，我回過頭來再談談學生的為甚麼「讀書」。究竟為甚麼「讀書」？曾經有過各種各樣的說法。按照佛教的說法，讀書只是為了「修心」。我還贊成「腹有詩書氣自華」這樣的一種說法，「讀書」養「氣」、養人「浩然正氣」。

不過，從中國的歷史來看，在封建王朝的統治下，推行的是儒家主張的「學而優則仕」，「讀書」是為了「做官」；讀「好」了書，是為了把自己賣一個「好」價錢，當一個「大」官，出人頭地、光宗耀祖，這是不少「讀書人」的價值取向。還有，雖然不少人稱「為人民服務」；然而，一旦當了「官」，就要別人為他服務；「官」兒當得越大，為他服務的人就越多，就變成了「人民」為他「服務」。

「讀書」，就是為了「做官」。這是封建王朝為讀書人做的「人生規劃」。這樣一來，一個人的人生怎麼過？他自己說了不算，而是由政府說了算。教科書，由政府統一出，所有的老師講、學生聽，都是統一的課本。還有，就是「應試教育」，一切為了應付考試；考試，都要按照「標準答案」來回答問題。一切，都是被規劃了的，按照規劃來執行，而且只能服從。即便自己有所「規劃」，也得要「報批」、經有關部門批准才行；就像你現在要蓋一棟房子與做外觀設計，得先報規劃局批准。由此，讀書人的個性、一些與生俱來的天性就被抹殺了，例如人的單純、真誠、素樸；也扼殺了人的「自我設計」、「自我規劃」能力。而這樣的一些個性、天性與能力，是之所以能夠成為人才的基礎，是極其寶貴的，一旦被抹殺與扼殺，這個人就被毀了，只能成為庸人。由此培養出來的人，大都成為「順民」乃至「奴才」。

也因此，有史以來，讀書以當官，卻很少能成「王」的，因為「王」並不是讀書而成的。「劉項原來不讀書」，講的是中國秦漢之際；而事實上，中國的歷朝歷代，很少是「讀書」成「王」的；即便是到了現代，往往也是「槍桿子裏面出政權」。在專制的體制下，「官」即使位至「帝王之『師』」，也實為帝王之「奴」。只要還是那種「主」與「奴」的關係，「官」就只有一條出路，那就是：絕對「服從」於「聽命」於「王」。這就形成了「讀書人」與「王權」的基本關係。

現在，「權力」似乎越來越誇張，以至在我們實際的生活中，有人把「學而優則仕」這句話倒了過來，是「仕而優則學」，讀書好不好已經不重要了，有「權」就得；官當大了似乎學問自然就大，當了大官的竟可以由其秘書代替去讀博士之類，而且在提升學術職稱的時候還可以比別人優先。當然，包括在高等學府裏，還有「鬧而優則學」的，只要一個人蠻不講理、能鬧，職稱也能提得很快。這就是當今學府的現狀，看似荒誕滑稽，卻是我們身邊經常發生的事實。有些能鬧的人，甚至還會鬧到世界上去，例如部份「中國科學家」竟把信寫到諾貝爾獎評審委員會，説寧可不要這個諾獎，也不要讓屠呦呦一個人獨享。這些人，應該被釘在世界科學的恥辱柱上。當然，在中國，通不過有關院士評選的不光是屠呦呦一個人，還有袁隆平等等對人類作出偉大貢獻的一批人。這足以表明：中國的「知識分子從未像現在這樣墮落」！

也曾有人主張：大學生在學校裏，「讀書」的時候，應該努力去爭取「當頭」。例如，任繼愈曾講到：他的學界朋友馮友蘭就很推崇「老清華」原則，這個原則通俗一點說，就是「成者為王，敗者為寇」。成了，你就是學術界的頭；敗了，就甚麼也不是。任先生還覺得，這話在今天說來，還是有啟發的，特別是對在校的大學生說，告訴他們如何做學生。其實，用不着他們去告訴「如何做學生」，學生們早已在現在的清華大學奉行着「老清華」的原則。這個原則，強調的就是：「當官」比甚麼都重要，是第一位的。我在紀念任先生的文章〈蒼涼的回望〉（發表於二〇〇九年七月的《文匯報》的《筆會》）中，提到了他的這種說法。他主張的是「爭權」、「當頭」，把「權力」、「功利」等等「讀書」之外的事情當作是學生最重要的。在這裏，提出了一個「爭」的原則，一個「爭」而「成」而為「王」的原則，一個「當頭」的原則。而在事實上，一個讀書人，如果去當了「官」，就得說「官」話，而不能說「真話」、「實話」，學術就打了很大的折扣，甚至完全變了味兒；其結果呢，除了「官」，他們「就甚麼也不是」了。「做學問」和「當官」之間，在「真理」的維護與持守方面，看來確有不可調和之處。作為讀書人，何為「天職」？是「升官發財」？還是「研究學術」？當然要「以研究學術為天職」！所以，與上面所謂的「老清華」原則相比較，我還是贊成蔡元培的主張：「大學生要以研究學術為天職，不當以大學為升官發財之階梯！」當然，「以研究學術為天職」，但又不能受局限於「學術」，否則只是成為一個「專家」，如果沒有在「心地」上下功夫的話。例如，胡適本人也飽受「為官」之苦，最多也只能做做文化的普及工作；而在「學術」方面不能深入，僅就他所發表文章的哲學水平而言，就很難看出他是一個著名哲學家J·杜威的學生。

當然，官兒也得有人去做，政治得有人搞；否則，一個國家沒有人管理，豈不天下大亂？但是，第一，「做官」與「做學問」是兩碼事，兩套「本事」，兩種「路徑」，需要兩種「人才」。學術，不是政治，不能像搞政治那樣去搞，也不能提「為政治服務」的口號。第二，不能號召學生「爭官」、「當頭」，更不能像今天搞「全民經商」那樣去掀起全民搞政治、全民「當官」之風。「官」、「頭」，你設的再多，也是人群中的「少數」，真能當上的有幾個？所以，根本不應該號召大家去爭「官」、當「頭」。再說了，如歷史潮流，浩浩蕩蕩，順之者昌、逆之者亡，又豈是幾個個人（包括所謂的「偉人」）所能左右？國家、民族之命運，一旦面臨衰亡，即便像袁崇煥這樣的英雄，最終也回天無力，不能挽狂瀾之既倒！在學校裏，學生不好好「讀書」，去「爭」「當頭」，必然會出事；那就會充滿了「爭鬥」，那就會成王敗寇、既出「王」又出「寇」、鬧成「王」「寇」亂世；還會官兒氾濫，官位陡增，大地上烏壓壓一片，到處是官，到處是衙門，造成「官患」。

根據我有限的人生經驗，這樣的一種鼓吹「爭權」、「奪利」，以至「爭」到了「成王敗寇」的嚴重程度，而那些「爭者」只為名利而又毫無擔當，必然會發生許許多多的「損人利己」甚至「既損人又不利己」的事情。一些靠「爭」當了「頭」的人，也還會被他們所「爭得」的權力、名譽、地位所累所誤。通常，真正的讀書人知名節守本份，決不會拿自己的靈魂或自己的學問去做交易，換權、換錢；而願意出賣自己的，往往是自有所圖，絕不全是被迫無奈。所謂「自有所圖」，「圖」的究竟是甚麼？對此，畫家黃永玉也曾一針見血地指出：（他們）「為勢位所誤」！是為謀「勢位」、保「勢位」。不過，為這些，都是要付出代價的，不光是「名節」、「尊嚴」的代價，甚至是「生命」的代價。這不禁讓我想起了莊子關於「神龜」的說法：楚王派了兩位使者去請莊子出山為官，莊子卻對這二位說：「吾聞楚一神龜，死已三千歲矣，王以巾笥而藏之廟堂之上。此龜者，寧其死為留骨而貴乎？寧其生而曳尾於塗中乎？」（《莊子釣於濮水》）在這裏，不惜以「生命」的代價，來謀、保「勢位」，「為留骨而貴」，是「為勢位」、「為官」、「為錢財」所誤！這樣一種的為了滿足自己的「貪慾」、填一己的「慾壑」，是過去與現在那些爭權奪利的讀書人的致命病根，也是他們一生的悲劇所在。

事實上，這樣的一些人並不會得到他們投靠者的真正信任與賞識的。一個典型的例子，就是前面剛剛談及的胡適。據說，在公開場合，蔣介石對胡適非常客氣，封高官、賞大錢，不一而足。但是，在私底下，蔣對胡適的作為特別是人格卻十分鄙視，在蔣看來：胡適實為一個最無品格之文化買辦，他患得患失，不惜借外國之勢力，以自固其地位，甚至損害國家威信亦在所不顧，乃為害國家、害民族文化之蟊賊。蔣介石和胡適兩個人自編自演，堂而皇之，舞台也足夠大，演的似乎是一幕「正」劇，其結果卻成了「滑稽」戲，只是證明了（確切地說，是再次證明了）：這個世界，是多麼的荒誕！多麼的無聊！

當「學問」、「學術」被出賣的時候，就會產生捍衛的必要。而出賣「學問」、「學術」的、按照「官階」高低來作為衡量「學問」大小標準的人，是不會真正懂得「學問」、「學術」，也並不真正有「學問」、「學術」，否則也就不會去仰仗「金錢」、「官位」來為自己壯聲勢；真正的「學者」，是不會因為一時的「得失」、「榮辱」、「順逆」而「背叛」、「出賣」「學術」、「學問」的。學者，以「學術」工作為「本職」、以「做學問」為「天職」，就要堅持「學術標準第一」，這是「神聖」不可侵犯的。

在這裏，我要特別強調的是：自從「五四」以來，中國的讀書人中有不少是能夠不貪圖錢財或依附權貴，堅持思想解放，獨立思考，堅持做好本職工作，保持着讀書人、學者的應有本色。例如，魯迅、陳寅恪、梁漱溟等。這些是人生不被他人、政府規劃的人，因而也不會被錢財特別是權力所收買，自然也就難以收買得成。這樣一些「堅守」者，是中國學術界的「脊樑」，是我們後人永遠學習的「榜樣」。與此同時，還有不少的學者都在努力改變自己，使自己多一點學問、多一點骨氣、多一點擔當，堅持做好自己，在自己身上特別是「心地」上多下一點功夫、下好功夫。遺憾的是，隨着時間的推移，這樣一些老學者無奈被「自然淘汰」，而後繼乏人。

14、關鍵是要「管得住自己」

中國的古人說：「知人則哲，能官人。」（《書·臯陶謨》）這句話裏的「官」通「管」，有一種解釋是：「懂得」、「能識別」人，是「智慧」；有「智慧」，就能「管人」、「治理」社會。在這個意義上來講，「『哲』學」，就是「『智慧』學」、「『管人』學」。那麼，究竟甚麼是「管人」？應該怎樣「管人」？

「管人」，一定得「管得住」；「管」而不「住」，等於「不管」甚至「放縱」。所謂「管得住」，就是經得起任何誘惑，在金錢、權力、名譽、地位等等面前把握得住自己，不「被規劃」，不被收買；堅持自己的人生「自己作主」、「自己規劃」。這是一種「定力」，學佛、修行，修的就是這樣一種「定力」。「定力」與「自信」，不是通常意義上的「自以為是」；正如有人所指出，一定要把「定力」、「自信」和通常意義上的「自以為是」區別開來。通常的「自以為是」，是一種「自滿」，是對自己才能乃至所取得的成就等等的「評估過高」；這樣的一種「自滿」，往往並不懂得「自我」，甚至會因此而丟失掉真正的「自我」。但「定力」、「自信」不同，它們是不可動搖、堅定不移的，是寵辱不驚的，是建立在對「自性」的覺悟、「自製」的能力基礎上的。

在中國的很多人特別是「官」兒們看來，「管人」，是「管別人」的；而實際上，首先是「管自己」，得「管得住」自己，「管好」自己；「管得住」自己、「管好」自己，自己就「做得了主」，自己就是「主人」；「管不了」自己、自己「做不了主」，那別人就是你的「主人」、你自己就是「奴才」。所謂「管得住」，就是能夠節制自己的種種慾望，比方說物慾、貪婪、妄想雜念之類。「管」不住，就會放縱自己，無法無天，這就會出問題甚至出大災難；例如「『管』不住」嘴，「『貪』吃」，就會惹上二〇〇三年的「非典」、二〇二

○年的「新冠肺炎」，或成世界性災難。「管理」，是要有一套辦法的，比方說：明確底線，劃出紅線，制定規章制度，打造「籠子」等等。打造「籠子」的目的，就是要把種種慾望乃至一切已知、擁有都嚴格「管理」、「約束」起來，統統「關在籠子裏」。在古希臘神話裏，物慾、貪婪等等，本來是被「關在盒子裏」的，也許是現在人們的物慾、貪婪比過去多得多的緣故，「盒子」已經裝不下了，得改成「籠子」了、得「關在籠子裏」啦！不管是「盒子」還是「籠子」，是不能隨便打開的；可是，當年的潘多拉因為好奇，不聽囑咐，偷偷把盒子打開了，於是諸害氾濫，給人類造成了許多災難。這就是說，物慾、貪婪等等，必須要牢牢管束，不能放縱；一旦管束不嚴，就會釀成大禍。因此，絕不能像某些人的所作所為、把「改革開放」混同於「打開『盒子』」！作為個人，特別是「官」（尤其是大官），首先要能「管得住」自己，對自己要有節制、約束，管好自己；作為群體，要有組織紀律，能夠約束並能管住自己的成員。

不過遺憾的是，現在這個世界上，能管得住自己的人太少，而喜歡去管別人、甚至專管別人閒事的人又太多；而恰恰是那些管不好自己的人，又特別喜歡管別人。有些人，特別喜歡管別人，管一家人；管一家人不夠，還要去管一個群體的人；管一個群體不夠，還要去管一個民族；管一個民族不夠，還要去管其他民族乃至全世界……人人都去管別人，而不首先管好自己，那天下就會越管越亂；現實生活中的人們，之所以犯下這樣那樣的錯誤乃至罪惡，其根本原因就在於：沒能充份認識到、不懂得「管好自己」的重要。倘若，人人都首先管好了自己，別人也就用不着去管了，天下不管而治。在這個方面，我比較贊成老子，他的「無為而治」，應該就是這個樣子的。

只有那些能管得住自己的人，才有可能清除雜念乃至放下一切已知、擁有，清心寡慾，保持「心靈」的「清淨」，才有可能不斷「復歸」、永遠「保持」一種「赤子之心」。一旦保持了這樣的一種「清淨」的「心靈」，你就做成了最好的自己、最強的自己，你就會像一條牛那樣「吃的是草，擠出的是奶」，你的內心就會充滿慈愛與悲憫，你會為救蒼生而不惜赴湯蹈火。清心寡慾，就能「耐得住寂寞」，甘「坐冷板凳」，任憑他人爭名逐利、飛黃騰達而無動於衷，初心不改。

管得住自己、律己嚴，並不是叫你拔高自己、也不是叫你去攀高。過去，中國有一句話說：「人往高處走，水往低處流。」這句話似乎已經約定俗成，可細想起來，其實是有問題的；因為，「上善若水」，就是說：「最優秀的人」應該像「水」那樣，而「水」恰恰是「往低處流」的。因此，人，應該像「水」那樣，柔軟，處弱，不爭，隨物賦形，自然而然。事實上，往往不是「爭」者、「逆」者、「勝」者為「王」，而是「捨」者、「適者」、「剩」者為「王」；這樣的「王」，不憑王位、軍隊，是「素王」，是真正的為「王」者，大多是在無常的變化之中、在殘酷的競爭之中乃至歲月的變遷之中，能夠「堅持」下來、最終「存留」下來、「持續」地「發展」着。這個思想，中國的《道德經》講的很透徹。而且，佛教也講，佛教特別強調了親近眾生、「人往低處走」。

15、「以出世精神做入世的事情」

上大學，處於一個人生存發展的重要時刻，難免有競爭；所以，在這裏，我不絕對反對競爭；而且有的時候，在我們的現實生活中，一個人自己的生存所需的最基本的物質財富確實需要自己去努力爭取甚至是捍衛的。但是，一，競爭一定要合情合理合法；二，這樣一些的生存的基本所需，夠用就行了；不要多吃多佔，不要去侵佔別人的；更不能搞惡性的不正當的不擇手段的競爭，不能去幹損人不利己的事情。季羨林說，「幹損人利己的事是壞人，而幹損人又不利己的事，則是壞人之尤者。」（〈壞人是不會改好的〉）換句話說，即便是在求自己生存發展的艱難時刻，也不能「幹損人利己的事」，不做「壞人」。而一旦做了「壞人」，就很難「改好」。季先生說：「壞人是不會改好的。」對於這句話，有人說在道理上似乎講不通：「哪裏會有不變的人呢？」而且和佛教提倡的也不相符，佛教說是：「放下屠刀，立地成佛」（《五燈會元》卷五十三）！就是說，哪怕是殺了人、成了殺人犯，只要痛改前非，也能「改好」、也能成佛。但是，可以說，這只是一個「良好的願望」，一種「理想」的狀態；事實上，卻往往並非如此。和季老先生一樣，我自己也曾碰到有數的幾個「壞人」，也是「偏偏不變」的；最多，是在他們自以為得手之後，再對被傷害者「示好」一番，面帶笑容，皮笑、肉卻怎麼也笑不起來；這些人還會在公眾場合向你伸出手來表示友好。這種人的手，此時能去握嗎？而他們傷害別人的本性、手段則絲毫沒有改變，這是些死不悔改者。我的基本態度，對於此類，也是一個也不饒恕。

值得一提的是，我的進入中國社科院哲學所，一九七八年，正是中國改革開放的初期，思想界、哲學界發生了重大變化，對於以往不能懷疑的所謂「放之四海而皆準」的「真理」，也可以懷疑甚至公開批評了；過去所推崇、強調的意識的、思想的、理論的「主流」，也受到了挑戰。當時，我發表文章批評了那種流行的「教科書式的哲學」，針對它把哲學講成「辯證唯物主義與歷史唯物主義」、特別是把歷史唯物主義講成辯證唯物主義在歷史領域中的應用，我提出了馬克思的哲學是「歷史唯物主義」、堅持歷史唯物主義（一九八二年），以回歸馬克思的哲學基礎，恢復馬克思哲學的本來面目。由於過去在這個問題上的被誤導，我國在幾次美學大討論中，美學的「哲學基礎」問題一直沒有搞清楚。不過在當時，人們熱衷於「學術」的討論，比較尊重「學術」；而到了九十年代，不少人特別是那些不學無術者轉而去爭搶「改革」的「紅利」了。

以上這些，是從「入世法」、「世間法」來講大學生應該怎麼做。「積極入世」，大學生也不能例外；不過，這樣的一種「積極」，並非是指謀官發財這些方面。佛教，講的則是「出世法」；而「出世法」，又是建立在熟諳「入世法」、「入世至深」（例如「人往低處走」）的基礎上的。佛教，有兩點很重要：一，是提升「心」，降低「物」，特別是在「物慾」氾濫的時候；在「心」的維度上解讀「人」，突出了「人」與「動物」的區別；「動物」無「心」唯「物」。二，提倡「出世」，所謂「出世」不是逃離「人世間」，而是強調「入世」越「深」、「出世」越「透」，從「世俗」向「神聖」的提升。「出世法」，超越了人世間的法則，也超越了倫理學。對於「人」，佛教做了以上兩個維度的提升。這兩個維度的提升，既改寫了「人」學，也改寫了「神」學。因此，佛教的哲學能夠真正打碎功利主義、世俗倫理、科學至上乃至工具理性等等的桎梏。

「入世」法，是一種人世間的法則，往往是講「功利」的、講「實用」與「有用」的，與其相應的，是人的「理智」、「聰明」，而不是「智慧」（即「般若」）；涉及到「智慧」的，則是「出世法」。其實，「出世法」，依據的是人們最原初的也是最基本的最素樸的「心志」和「情感」，而正是這樣一些的心志、感情，才是人類的「持守」以及一切努力和創造的真正動力。重要的，我們真正需要的，就是這樣的一種「動力」。

我們是否也可以「以出世的精神」，來做在大學讀書這種「入世的事情」呢？我認為是可以的，至少可以一試。儘管這並不很難，但「出世法」是一種很高的要求。按照「出世法」，大學生又應該怎麼做呢？以佛陀本人為例，就是「往低處走」。這樣的「往低處走」，正如F．尼采以樹木來比喻的：「其實人跟樹是一樣的，越是嚮往高處的陽光，它的根就越要伸向黑暗的地底。」根伸得越深，樹幹長得就越是高大，越能接受更多的陽光。佛陀「放下」了王位接班人的身份與王宮生活；也就是說，他主動「放下」了已經得到的那些常人畢生為之奮鬥的想得到又很難得到的東西。他放棄了人們通常所認為的這樣一條「『成功』之路」，放棄了那些「成功者」所夢寐以求的「王」位。對於「權力」、「利益」，他所提倡並身體力行的是：不僅僅是不去「爭」自己本應該得到的，而且「放棄」全部自己已經得到的。對於人，這確實是一種很高的要求，一般人很難做到，難就難在人們的眷戀、放不下，對於「得」到的不能「捨」；人們通常都喜歡「攀高」而非「低就」。一般人，都喜歡當「羊群裏的駱駝」，喜歡凸顯自己，讓自己和眾人不一樣；而佛陀恰恰相反，是去和眾生融為一體，甚至把頭垂到地面來為眾生服務。佛陀提倡的是：放下身段、為眾生服務。為眾生服務，就得「往低處走」，到眾生中去；而提倡「人往高處走」者，崇尚當「官」者，勢必與「人民」拉開距離，甚至把「人民」作為對立面，或者是讓「人民」為他「服務」的，就像中國現在生活中的許多「官」那樣。我們提倡讀佛經，正是為了去醫治現實生活中的這些根本性的弊病。

其實呢，我們研習佛教經典例如《般若波羅蜜多心經》，就像是走在一條朝聖的路上；我們去跟這些「不爭」乃至「低就」的人在一起，以他們為榜樣，聽着「真言」、看着「真相」，感受他們的「溫暖」。降央卓瑪在《那一天》中唱的，就是這樣一種朝聖者的追求與體驗：「那一日閉目在經殿香霧中，驀然聽見是你誦經中的真言；那一夜搖動啊所有的經筒，不為超度只為觸摸你的指尖；那一年磕長頭匍匐在山路，不為覲見只為貼着你的溫暖；那一世轉山啊轉水轉佛塔，不為來世只為途中與你相見……」朝聖途中的任何的一言、一行、一事、一物，都能使人貼近並且感受佛陀菩薩的「存在」與「溫暖」；如果，我們在人生的旅程中，能夠時時感受到這樣一種「美好的存在」和「溫暖」，那就是一種與佛陀菩薩的「同在」。這是一種帶有「出世精神」的「存在感」，是與「真實」的、「美好的存在」的「同在」。我相信，這樣的一種「存在感」，和明星們所求的爭相在鏡頭上、媒體上出現的「存在感」，完全不同，不可同日而語。而且，佛陀所做的，即便是已經獲取的權力財富也都主動「放下」，「放下」所謂的「高貴」，而「往低處走」，深入「眾生」、與「眾生」「同在」，回歸「平凡」、「平常」，並且服務於「眾生」，甚至「把頭垂到地上」來服務眾生！我就想，如果一個人「遭遇」不公乃至被打擊，被迫放棄了一些本該屬於他／她的財產、權力、名譽、地位，這對他反而倒是一件好事，雖然是被迫「放下」、「低就」，但也能與「眾生」「同在」，回歸「平凡」、「平常」。

佛陀，是要「往低處走」，回歸「平凡」、「平常」，「五體投地」、親近大地母親、親近眾生；與此相反，中國許多人歷來主張「人往高處走」，所謂的「高處」就是稱王稱霸、出將入相，出人頭地，高人一等。現在的中國奉行「官本位」，再加上鼓勵全民「經商」，導致人們對升官發財趨之若鶩。在這樣一種的社會氛圍下，許多人都在「挖空『心』思」地「往高處走」，攀附權貴土豪。他們追求的不是自己的「真實存在」以及與「美好的存在」、與眾生的「同在」，而是放大、膨脹他們一己的帶有巨大泡沫的「存在感」。這是一群吃「權力」、「金錢」等長大的「怪物」，就像是電影《奪命三頭鯊》裏的那種吃垃圾長大的巨型鯊魚一樣，禍害着「美好的世界」，也禍害了自己。

在現在這樣的一個時代背景、社會氛圍下，來講「修心」、提倡學習佛陀的「人往低處走」，要求人們自覺「改轍」、「洗心革面」，我意識到有相當的難度。另外，就是對於年輕人，他們這樣的年齡，正是成家立業為個人為家庭奮鬥的時候，似乎不得不「爭」；如果是老年人，則可能有所不同，作為老年人，「爭」已是過去的事情，大都是光環已隱、鉛華也盡，去享受難得的悠閒與淡定了。不過，讓我沒有想到的是，今天居然座無虛席，你們還來了這麼多人聽我講「修心」！這讓我感到：對於講「修心」、提倡「人往低處走」、講「不爭」和「不屑爭」，許多年輕人至少是不牴觸的，而且是想聽一聽究竟的。

總起來來講，擺在在校大學生面前的，至少有上述這些的不同道路；同學們應該走一條適合自己的道路。那麼，作為「讀書人」（「學者」，也是其中之一），究竟應該走一條甚麼樣的道路呢？這需要慎重考慮與選擇。人在紅塵之中，當然要講「入世法」，甚至要熟諳「入世法」，才有可能在人世間生存下去；只有能夠在人世間生存下來，才有可能在人世間學佛、成佛乃至引度眾生。我今天要解讀的，是《般若波羅蜜多心經》，重點向大家提議的是一條帶有「出世精神」的路徑；不過，這應該是在熟諳「入世法」的基礎上的。我曾一再強調：入世深，才有可能出世透。成就這樣的一種「出世」，才不會高高在上，不會脫離現實生活，而會扎根於日常生活；既扎根於日常生活乃至污泥之中，又出污泥而不染。

我一向擔心我自己，常怕因為沒有吃過大苦頭而得不到大鍛煉、沒有大覺悟，入世不深而出世不透。通過誦讀佛經，學習佛陀的榜樣，我覺得，也並不是硬要為自己設置一條絕對苦難、絕對兇險的路徑去走，而要順其自然，自然而然。佛陀所走的道路顯示，經受「外在」的那些艱難困苦固然重要，而「內心」境界的提升最為關鍵，要不「爭」、不屑「爭」、不為「王」、不「當頭」地「往低處走」。這樣的一條路徑，不光是佛家提倡，道家也提倡，道家講「上善若水」，而「水往低處流」；也就是說，最高明、最智慧的人應該像「水」那樣「往低處流」、隨物賦形。甚至儒家，也有「天德不可為首也」（《周易》「乾」之周公象辭）的說法，並不一味提倡「當頭」。任繼愈、馮友蘭他們倆當時所處的年代，孔家之「店」似乎是被打倒了的，熱衷於「奪權」、「當頭」的人卻依然不減。在二十一世紀的中國，儒家又紛紛開「店」，出了許多「『新』儒家」；不過，「『新』儒家」，「新」倒是「新」，卻未必「真」。想當「真」儒家，也着實不易；你就是拿着放大鏡或者顯微鏡等各種先進裝備，也很難在現在的中國找到一個「真」儒家。假冒偽劣，在現在的儒學界，一樣地肆虐氾濫！

我從事哲學的研究，以為研習《般若波羅蜜多心經》也離不開哲學的視角，特別是離不開形而上學的那種「超越性」，關注那種「之外」的、「之後」的、「潛在」的乃至「被遮蔽」的事物。不知道是甚麼原因，我剛開始研究西方哲學，就喜歡形而上學；且不論我的研究始於美學、藝術哲學。我這樣的一種哲學傾向，在審閱我的論文《本體論意義上的新形而上學導論》的時候，就被洪謙先生一眼看穿。即便是講I．康德，我也是講超越性、講形而上學，從學科來看我所探討的哲學問題都在「物理學之外」；一路講下來，一直講到佛教的哲學，依然是一種「新形而上學的導論」。我所側重的也不僅僅是「物理學」的「背後」，而且是「藝術」的乃至「日常生活」的「背後」那些「潛在」的東西，以及宗教經驗背後的「心性」等等。佛教的「化繁就簡」、持守一顆「平常心」和道家的「見素抱樸」等等，都具有「超越性」。最終，這樣的一種「超越性」、「形而上學」，突破了諸多的框架和界限，「超越」了以往的「知識」、「審美」與「道德」，既「超越」了「物理學」以及「物理學之後」的「科學哲學」，也「超越」了「藝術哲學」、「倫理學」，成為進入「神聖之維」的「宗教哲學」。這樣的一種「超越」，也可以說是「越界」，例如大數據時代的「跨界」；大數據時代的「跨界」，為進一步的「超越性」的「形而上學」提供了更加雄厚、有力的技術支撐和理論準備；而數據之越「大」越「複雜」，也使人不得不化「繁」求「簡」，並且對於數據亦着眼於「用」，夠「用」即可，並非一味求「大」。

儘管如此，即便是講「超越性」，我依然十分謹慎小心，依然「有度」，不僅僅在學術、學問上；包括講「智慧」乃至「般若」也不能講過頭，當然更不能「做」過了頭；一旦過了頭，「過猶不及」，就會「毀」了「智慧」乃至「般若」。

16、「宗教」的「回歸」

話又說回來：哲學究竟是講甚麼的？有朋友說，哲學是「講『道理』」的，如科學哲學、認識論；也有的說，是「講『情感』」、「講『審美』」、「講『鑒賞』」的，如藝術哲學、美學；還有的說，是「講『道德』」、

「講『行為規範』」的，如倫理學。這些都對，就看你是選擇一種甚麼樣的「角度」與「維度」。

不過，哲學還有另外一個維度即「神聖之維」，我在這裏特別要提請大家重視的，就是講「修心」，與宗教、信仰相關，可稱之為「宗教哲學」或「信仰哲學」，也可以叫「神聖哲學」。這是我在哲學領域中的一種「宗教轉向」，或者說是「宗教回歸」，把被I．康德保留了地盤的又被許多哲學家擱置了的「宗教」再請回來，並在哲學中開出一個獨立的「維度」與「領域」。科學與知識、藝術與情感、倫理與道德、宗教與信仰這四個維度，分屬不同的領域，可以相互交集互補通融，但不能互相取代。「講『道理』」的，「理智」也許能懂，但不能靠「審美」去「理解」；以此類推。不同的問題，就有不同的問題域；解決問題，需要放對其領域，包括及時轉換其領域。因此，在這裏需要提出「領域的轉換」，包括「時間域」或「空間域」的「轉換」；有的時候，同一個問題放到不同的「時間域」或「空間域」就會出現不同的解法。這樣一種的說法，是現象學哲學、解經哲學的題中應有之義。

「神聖」這個維度，觸及「靈魂」；也只有觸及了「靈魂」，才夠得上「神聖」。「神聖」，所涉及的「出世精神」，「超越世俗」，體現了一種重要的「超越性」。研習《般若波羅蜜多心經》，哲學則需要從這第四個維度即「神聖之維」進入。在我看來，當前哲學的一個最根本的任務，就是着力拓展、提升我們思想觀念與心靈境界的維度；研習佛教經典，也正是有助於拓展、提升我們思想觀念與心靈境界的維度，特別是進入「神聖之維」。我正是基於這樣一種的看法，來和你們一起研習《般若波羅蜜多心經》的。

在「宗教」的層面來講「讀書」，又是「解釋哲學」不可或缺的，是其題中應有之意；因為「解釋學」這個外文詞的「詞根」是Hermes，Hermes本是古希臘神話中宙斯兒子的名字，他的任務就是把宙斯的話翻譯給凡人去聽，以傳達宙斯這個神的旨意；後來以此為基礎，形成了西方「宗教」典籍的解讀方法；再到了M．海德格爾、H．-G．伽達默爾的手裏，發展形成了「解釋哲學」的哲學學派。他們的這種「解釋哲學」學派，是一種「人文」學派，藉助歷史與文藝凸顯「精神」，受「思想」、「語言文字」的局限；而我在這裏提出的「宗教哲學」，關鍵在於「靈魂」，以「心」來突破「腦」、「思想」、「語言文字」等的局限。所以，我藉助於在「宗教」的層面來講「讀書」，是把他們二人的「解釋哲學」從「藝術」的層面再轉向「宗教」的層面；顯然，這對於「解釋哲學」來講，既是一種「轉向」，也是「回歸」。

「回歸」「宗教」，需要穿越「物質」、「精神」而至「靈魂」，需要長途跋涉、多層次的突破。一旦轉到「宗教」的層面，特別是「佛教」（如《般若波羅蜜多心經》、《金剛般若波羅蜜經》、《壇經》）的層面，就強調「出世的精神」、以「出世的精神」去做「入世的事業」。這樣的一種「出世」，並不是「離開世界」、「逃離現實生活」到另外一個世界去，而是身仍處於「現實的生活」但不再被其中的「不公」、「煩惱」、「痛苦」、「恐懼」等等所糾纏所限制所壓服，能夠自在自如地生活。這樣的一種「出世」，就不是建造種種「神壇」，把一些東西作為神聖之物供奉上去；而是恰恰相反，把它們從已經被供奉的「神壇」上拉下來，使它們不再高不可攀，而注重於在現實的生活中去踐行。

就「讀『經』」而言，哲學的着重點就會從「讀『書』」轉向「讀『心』」、從「談『話』」轉向「談『心』」；當然，這也是一種向「心靈」、「靈魂」的「回歸」。為甚麼這麼説呢？因為，「中國佛教」講的「修『行』」，實際上是「修『心』」，一日三餐、衣食住行等等日常生活與行為，在中國禪宗看來，都可以作為「修『行』」；這樣一些日常生活與行為中的磨煉與修養，都可以擺脱其世俗、猥瑣、無聊，而提升為「潔淨」的「修『心』」，猶如蓮花之變淤泥為營養、出淤泥而不染，純潔靈魂，進入「神聖之維」。其實，只要我們「用心」仔細地去「看」，這些日常生活與行為，本身就是「事事關『心』」的；老百姓知道錢的可貴、來之不易、一分錢要掰成幾份花（多重視「小零錢」啊！）；柴米油鹽醬醋，都事關「生存」、現實的「生存」狀態，「用心」對待，疏忽不得（現實「處境」影響着精神「境界」）；就沒有精英們那樣的「酒足飯飽」，那樣「宏大」，那麼關心「國事」。在平民百姓看來，管好一日三餐、管好自己，這既是「本職」，做人也就只需要這麼大的「本事」；他們自己立的規矩，也是「一日不作，一日不食」，自己一天不幹活，就一天不吃飯，不勞動者不得食；老百姓的生活就這麼簡單，因此他們的哲學也不複雜。這種體驗與感受，也只是處在貧困狀態的平民百姓才會有；像G．W．F．黑格爾那樣沒有過餓肚子的感覺、酒足飯飽之後才談哲學的哲學家，顯然是體會不到的。平民百姓的哲學家，一定是有過餓肚子的感覺的，從餓肚子的感覺中體悟哲學；而精英哲學家，則是酒足飯飽之後才談哲學的。他們有着各自不同的生活實際與感受、體悟的。所以，這一日三餐，事關人們「生存」的「根本」；在平民百姓那裏，凸顯的就是性命攸關的「生存」之「根本」。顯然，即便是「超越」的、「跨界」的哲學，也應到這裏來「扎根」，「根『深』」才能「葉『茂』」。

關於「讀書」，我們再換一個角度，試着下點「說文解字」的功夫。從一些字、詞的本身來看，「讀書」特別是「讀『經典』」，「語言文字」的功夫是必須要下的，而且得下夠、下足；但是，絕不能局限於此。即便是「語言文字」的功夫，也不僅僅是「技術」層面的；弄清其本意、讀出其「心聲」、「觸及靈魂」才是根本；因此，不是簡單的「意義」，不是表層、淺層次的；而是深層次的、多層次的，甚至是深不可測的「玄義」。從這樣一個角度來看，前面我所講到的「讀書」，涉及到了「愛」、「性情」、「用心」與「專心」等，這些字、詞又哪一個不與「心」相關?就拿「愛」字來說，本來是有「心」（愛）的，後來大陸搞簡化漢字，「愛」中間的那顆「心」竟被「簡」掉了！沒有「心」還是「愛」嗎?!不「用『心』」、不「專『心』」，還能「愛」嗎?!平心而論，我對中文拼音是比較贊成的，而對漢字的簡化則持批評態度。我接着再講「性情」這兩個字，這兩個字都有「忄」的偏旁，依仗的是有「心」；而「用心」、「專心」兩個詞，則一目了然，都凸顯着「心」。從字、詞的角度，「讀『書』」，也的的確確與「心」密切相關。「『讀書』，也是『心上行，事上磨』」。

還不僅僅如此，「讀『書』」是在幹甚麼？從根本上來說，是讀者在作品中去「觀看」「『心』行」、「傾聽」「『心』聲」，是讀者與作者、作品之間的藉助於語言文字的「談『心』」，「將心比心」，「心心相印」。這樣一來，看待「讀書」的側重點就不在語言文字上面，而在於「心」。因此，我們可以從歐洲「解釋哲學」的側重於「口語」（如M．海德格爾、H．-G．伽達默爾）或「文字」（如J．德里達），而轉向「心」、「心靈」，由此形成「談『心』哲學」；這樣的一種「談『心』哲學」，把中國佛學與西方當代的「解釋哲學」相結合，無疑會形成一種在哲學上不同於中國傳統「心學」的「新『心』學」。

17、為甚麼選擇解讀《心經》

在此之前，我選擇了讀《壇經》，並於二〇〇九年由中國社會科學出版社出版。選擇解讀《壇經》，是因為這部佛經是中國人講和記錄、出版的；我要解讀宗教的經典，首先是中國的，儘管我採用的「讀法」是德國的解釋哲學，並參照了法國哲學家E．列維納斯對猶太教經典的解讀。作為一個中國人，學到了外國的「讀法」，應該用來「讀」好中國的、本民族的「書」、「經典」；並且，在這樣一種對中國「經典」的解讀過程中，與外國的「讀法」進行互動、互釋與互補。

在解讀《壇經》的過程中，我了解到中國禪宗六祖慧能是受了《金剛經》（即《金剛般若波羅蜜經》）的重要影響的；並且，青海塔爾寺的楊嘉活佛、河北柏林寺的淨慧長老都曾先後鼓勵我去讀《金剛經》。因為我不懂梵文，讀不了梵文版的，只能讀漢傳的《金剛經》；讀不了「梵文」版，是語言文字能力不足；而讀「漢傳」版，卻反而突出了本民族的思想文化特色。在讀《金剛經》的過程中，又讀了漢傳版的《心經》（即《般若波羅蜜多心經》），頓然感覺親切了許多。

為甚麼覺得《心經》更親近？回想起來，可能有這麼幾點：一是我當時的哲學進路，正處於從「對『話』」深入到「談『心』」，正要為「思想」找個「家」；而《心經》突出的「心」，可以作為「思想」之「家」。二是我老覺得《心經》像是唐玄奘編寫、至少是他摘錄的，而不僅僅只是翻譯的，其中有比翻譯更多的「中國元素」。三是我認為：真理越純粹，表述就越簡潔；《心經》加上標題才二百六十八個字。四是就讀書本身來講，要「『少』而『精』」，要「簡單」、越「簡單」越好；最「簡單」的，往往是最「重要」的，最接近「真理」。還有一點即第五點，《心經》的哲學思想，很接近我在德國習得的「現象學」，「現象學」講「內在」的「看」，並且在「看」中「顯現」「本質」；《心經》即講對「心」、「心行」的內在「觀照」，在這樣的一種「觀照」中「見」出「本來面目」。當然，歐洲的「現象學」，未能像《心經》那樣進入到人的「心靈」、「靈魂」的深處。也因為此，我中斷了對《〈金剛經〉解讀》的書寫，開始解讀《心經》。

下文我再講講「心」與「世界」的關係。

二、世界「心」生及其「多樣化」

現在，人類進入了二十一世紀，進入了「大數據」和「信息社會」，我們的「世界」被遠遠地擴「大」了；根據量子糾纏（quantum entanglement），測量一個粒子就可以立刻確定另一個粒子的狀態，而不論這另一個粒子是在多遠的地方——哪怕是在銀河系的另一端；而且，它們倆之間似乎毫無關係。這就是說，我們的「世界」得被「擴大」、「大」到了我們這些身處地球的人根本無法想像的程度。不過，儘管如此，「大數據」、「量子糾纏」概念下的「世界」之「大」，依然取決於我們的「心」有多「大」。

不僅僅是「世界」之「大」，取決於我們的「心」；而且，「世界」之「多元」、「多樣」，也取決於我們的「心」。例如，佛教認為，有「三千大千世界」，所以有「遍觀三千大千世界」（《五燈會元》）的說法。還有，佛教又把「世界」分為「俗世」與「西方極樂世界」的「『兩重』世界」。

儘管「世界」是如此之「大」之「多元」、「多樣」；然而，佛教說，「相由心生」、「一切唯心造」。這就是說，從根本上來講，「世界」都是由「心」生的。有甚麼樣的「心」，就會有甚麼樣的「世界」。「內心」越「單純」，「世界」就越「潔淨」。

這些說法，都和我們常人的不同。用佛教的「心眼」看「世界」，就會引起我們對許多事情的懷疑，乃至對許多常識的懷疑：我們生活的世界，是真的嗎？我們眼睛看到的、耳朵聽到的，是真的嗎？

以上，便是簡要概括的佛教的「『世界』觀」。

1、覺悟之人，才有可能握有真理

「心」有多「大」，「世界」就有多「大」。一個人的「偉大」或「渺小」，從根本上來說，就取決於「心」，取決於「心」的「偉大」或「渺小」；「心」「偉大」，所做的「事業」就「偉大」，「人」就「偉大」；而「心」「渺小」，所做的「事業」就「渺小」，「人」也就「渺小」。特別是在面對的是「巨大」的困難、「強大」的敵人的時候，一個人的「內心」就必須足夠「偉大」、「信念」必須足夠「堅定」；並且，還有足夠的「自信」，以及具備相關的能力，才有可能戰而「勝」之。

而這樣的一種「內心」、「信念」、「自信」，「眼睛」（「肉眼」）是「看」不見的，「別人」更是「看」不見的，只有自己的「心」即「心眼」、「慧眼」才有可能「看」而「見」之。「智者，見禍於未萌」（《三國志之《魏書二十八》》）；這就是說，「智慧」意味着有人們常說的「先見之明」；一個人的「偉大」，就在於有這樣的一種「先見之明」；而這樣的一種「先見之明」，是先於「常人之見」，是「預見」，是「心見」；一個人的「信念」、「自信」，就是建立在這樣一種的「心見」、「先見之明」之上的。所謂「『先』見」，是「先」於「眾人」之「見」，往往是屬於「個別人」、「少數人」的；「信念」、「自信」，往往是屬於「個別人」、「少數人」的；「真理」，往往就在「個別人」、「少數人」手裏。儘管，每一個人都有可能握有「真理」，但前提必須是在「覺悟」了之後；只有「覺悟」之人，如佛陀菩薩，才有可能握有「真理」。所以，在這層意義上，只有「覺悟」之人，才有可能握有「真理」；佛教，指出了追求「真理」的一條重要途徑。追求至最後，連「真理」也捨，真正一無所有。

一個人的「偉大」、「強大」，關鍵是有「覺悟」、在於「心」，而不在於「身」、「物」。釋迦牟尼佛的真正「偉大」、「強大」，並不在於他曾經的王子地位、擁有的軍隊和財富，而恰恰在於他放棄了那些地位、軍隊與財富之後；看似一無所有，其實「內心」極其「富有」、「強大」。一個人的「內心」越「富有」、越「強大」，就越「自信」，就不需要多餘的「身外之物」，「生活」就越「簡樸」，自己的「生命」就會返璞歸真。

現今，很多人把人生看作是競技場，都在追求更快、更高、更強。實際上，釋迦牟尼佛的放棄那些已有的王子地位、軍隊與財富，根本不是比快、比高、比強；而是捨「富」返「貧」、從「高位」上走下來、與「弱勢」的眾生為伍，是「見素抱樸」。真正的「見素抱樸」，就是捨「富」返「貧」、棄「高」就「低」、遠「強」近「弱」。這才是佛陀所走的道路。

2、用「心」來看世界

馬克思曾經教導我們，研究社會、「世界」，要從「物」即生產力、生產關係這些社會的物質基礎入手；在馬克思經濟學與哲學思想的基礎上所發起的社會主義運動，曾波及全世界，也是「世界」上出現過的一個為數不多的「強」且「大」的運動。佛教，則是從另外一個角度看社會、看「世界」，即從人的「心」來看。佛教，是中國傳統思想文化的一個重要組成部份；在中國堅持馬克思主義，弘揚包括佛教在內的傳統思想文化，是題中應有之義。再者說，馬克思主義與中國大乘佛法宣傳的，都是勞動人民的思想，雖然不盡相同。

科學發展到現在，超越了近代歐洲科學的水平，超越了那種「心」、「身」作為「精神」、「物質」二元的說法。「心」不僅僅是「精神」的，而且是「物質」的；人的「『生』命」，因此就是中國人習慣所說的「『性』命」。「心」作為人的「生命」的動力系統，也是人的「生命」活動的指揮系統，是人的「自癒」、「自我修復」、

「再生」的力量源泉。

在理論上、哲學上來看，社會與「世界」是可以並且應該從不同角度去「看」的。如果，可以做一個簡單概括的話，我在歐洲學習到的是「看，只是看」；後來，又加上了「聽」。「看」，有從不同的「看」的角度、境域，就是現象學的「『多』視角」、「視域『轉換』」。打個比方，我們去看一個人的頭，至少可以從五個角度去看：正面（眼睛、鼻子、嘴巴）、左側、右側、後腦勺、頭頂。而且，一個人每次往往只能看一個角度，例如看着正面、就看不見後腦勺，看着左側、就看不見右側。所以，一個人想看全人的頭部、能夠整體地看一件事物，看的角度既不能是一個，又不能互相代替，而且得相互轉換，才有可能看到頭的全部、事物的整體。

要做到用「心」，就必須超越「腦」，超越歐洲至今局限於「腦」的科學、哲學的層面。所謂用「心」，就是要尊重自己「內心的意願」，明白自己要的是甚麼，聽從「內心的聲音」，找準自己的位置。用「心」來看「世界」，就會得出佛教講的「相由心生」、「一切唯心造」；換句話説，就人而言，「世界」與萬物，都是「心生」、「心造」的。因此，一個人「心」是「甚麼樣」的，「世界」就是「甚麼樣」的；「心」有多「大」，「世界」就有多「大」；「心」有多「美好」，「世界」就有多「美好」。既然，「心」是「甚麼樣」的，「世界」就是「甚麼樣」的；那麼，你的「心」光明，「世界」就不會黑暗；你的「心」乾淨，「世界」就不會骯髒；「心」安靜，「世界」就不會動亂。從這層意義上來講，這「世界」是你的，是你的「世界」，和你的「心」相關，與別人沒有一毛錢的關係。埋怨「世界」這不好那不好，與其從別人那裏找問題，不如從你自己身上、從你自己「內心」去找原因。

也因此，一個人自己「心」裏怎麼「想」的就怎麼「做」，「做」好你自己的事情，不必去管別人是怎麼「想」、怎麼「看」、怎麼「做」，不瞻前顧後，不左顧右盼，勇往直前。一個人如果身處黑暗的年代，又無依無靠，生存非常艱難；這個時候，意志薄弱一點的、惰性大一點的，稍有懈怠，就會被黑暗、苦難所吞沒。而有的人，會堅強地面對黑暗、苦難，知道自己沒有任何退路、必須一直往前走，並且從中開闢出一條生路；這是些真正懂得甚麼是「活着」、如何才能「活着」的人。所以，人要有一顆「平靜」的「心」，一顆「光明」的「心」；以「平靜」的「心」對待他人與世界，他人就是「平等」的、「友好」的，世界就是「和平」的；以「光明」的「心」看待他人與世界，他人就不會「陰暗」，世界就不會「黑暗」。

人生在世，就應該有「大」的、「美好」的「心願」，去創造一個「大」的、「美好」的「世界」。有一個「美好」的「心願」，看待「他人」就不會「狹隘」、「負面」，就一定是「讚美」的、「同情」的、「接納」的，而不是「貶斥」的、「厭惡」的。佛教，就是提倡那樣一種的「美好」的「心願」，提倡對他人的「同情心」，「接納」他人、即便他人已經病入膏肓。當然，這裏可以區分成兩個方面：一個是以甚麼樣的「心願」；另一個，則是創造甚麼樣的「世界」。這兩個問題，分屬兩個不同的問題域：一個是「做『甚麼』」、「做」甚麼樣的事情；另一個，是「『怎麼』做」、以甚麼樣的「心願」去「做」。有一種說法認為，對於一個人來說，「『怎麼』做」比「做『甚麼』」更重要。這當然是看問題的一種角度，在哲學上也可以看作是「視角」、「問題域」的「轉換」。比方說，我來你們這裏講佛經、講哲學，也有一個「『怎麼』做」的問題；我想，至少要做到更要做好四點：弘法、報恩、隨緣、放下。講佛經，只是為了弘揚佛法，做好「修『心』」，着眼於「潔淨」自己的「心靈」；知恩報恩，懷着「報恩」的心願，感謝佛陀、菩薩、眾生；放下一切「得失」、「成敗」、「榮辱」，最後連放下也放下。關於「隨緣」，我也講兩句；這次我能夠來你們這裏講課，完全是「隨緣」、因一條微信而起，意外而至；卻又非常圓滿。「隨緣」，往往是「意外而至」；由這樣的一種「意外而至」所形成的哲學思路，是可以突破「『意識』哲學」、「『已知存在』的哲學」，而成為一種「『非』意識」的哲學、「『非』已知存在的哲學」。到了這個份上，想不「超越」E．胡塞爾的「『意識』哲學」、M．海德格爾的「『存在』哲學」也難。

3、要學會謙遜

一個人的「心」是否足夠「大」，還取決於他的是否出於「公心」、是否順應了「民心」。我從網上看到，二〇一六年十二月一日英國《衛報》刊登了S．霍金的署名文章《這是我們星球最危險的時刻》，做出了一個「一生都活在特權的泡沫中」的精英的深刻的自我反省，值得所有的精英學習。他在文中指出：在最近的英國選民投票決定脱離歐盟、T．特朗普當選美國總統的事件中，明顯地體現出了普通民眾對國家領導人的罔顧民意以及對社會精英們自命不凡的不滿，這群被遺忘的民眾忍無可忍、發出了自己的聲音，從而推翻了那些領導人與精英的政治決定。面對這樣的民眾，S．霍金提醒那些政治領導人和精英們：「選民已經做出決定，現在最重要的是精英們對此應當作何反應」；「最重要的，是要學會謙遜。」看來，無論是國內還是國際，無論是在甚麼樣的體制下，國家領導人與精英們都有一個如何對待民眾的問題，一個眼睛能否往下看的問題，一個怎樣「接地氣」的問題，一個是否「學會」了「謙虛」的問題。

不能出於「公心」、不順應「民心」，則是出於「私心」、「歪心」。那麼，即使「創造」了「世界」甚至「擁有」了「世界」，也是不可能得「民心」的；不得「民心」，就不可能得「天下」。儒家亞聖孟子就曾尖鋭地指出：「不仁而得國者，有之矣；不仁而得天下者，未之有也。」中國的歷史證明：出於個人或者某些人的「私心」，也能奪取政權、建立王朝，「竊國」者也能稱王封侯；但是，這些人是「不得民心」的；不得「民心」者，政權就不可能穩固與長久。所以，從根本上來説，「創造『世界』」者的「居心」非常重要，不同的「居心」

便有不同的結果。當一個人懷疑某人做事的動機與目的的時候，往往會質問：「你『居心』何在？」

對於一個政權而言，「民心」很重要，得「民心」才有可能得到老百姓的信任和支持；從下面的孔子與子貢的一段對話也可以看出：「子貢問政，子曰：『足食，足兵，民信之矣。』子貢曰：『必不得已而去，於斯三者何先？』曰：『去兵。』子貢曰：『必不得已而去，於斯二者何先？』曰：『去食。自古皆有死，民無信不立。』」（《論語》）這段話的意思是說：一個政府的強大，得靠三條：糧草充足，兵馬強壯，老百姓信任。而在這樣的三條之中，老百姓對政府的信任是最最重要的；一個政府的威信、信用，對於老百姓來說，有的時候比對他們自己的性命還看得重；老百姓信任你，即使沒有兵馬、糧草，哪怕是豁出性命，他們也會全力支持你，你政府就不會垮台；如果老百姓不相信你政府了，你就是有再多的糧食、兵馬，即便把你自己武裝到了牙齒，也是站不住腳的。現在的世界，奉行「叢林法則」；因此，各國政府似乎都把糧草、兵馬放在了第一位，並因此而爭奪乃至戰爭不斷。照此發展，世界的前途令人堪憂。

對於一個個人來講，要「知足」、「有夠」，清心寡慾，而不「貪多」、「求全」。因為正像弘一法師所說：「修己，以清心為要。」「物忌全勝，事忌全美，人忌全盛。」由此可見，做一件事，首先要弄清楚是「為了誰」；其次，萬事不可「求全」。這兩點很重要。這是從「世間法」的層面來講。

4、人生的根基

下面，我再從「出世法」的層面來講。佛陀本人，是非常敬重「民心」、「民意」的；他放棄王位、家庭以及一切財富，身無分文，靠乞討為生，把自己的生存完全交給了眾生；他敬重眾生，每次都事先沐浴更衣、不分貧富貴賤地挨家挨戶、「把頭垂到地上服務眾生」。現在，中國的一些人的看法與做法卻根本不同，他們爭着去當官乃至當大官、賺大錢，是讓人民與人民幣為他們服務。

佛教的經典認為，幹「入世的事業」，不光是「心」要「大」、應該出於「公心」、符合「民心」；要做到「此心光明」，一生光明磊落，這就得有相應的「出世的精神」。沒有「出世的精神」，一個人的「『怎麼』做」、「做『甚麼』」都還是屬於「世間法」的層面，哲學上都還屬於「倫理學」的範疇。「出世的精神」，就是不貪圖、不眷戀人世間的一切，放下人世間的一切；能夠放下一切，「心」裏就沒有污垢、不被污染與遮蔽，「心」就是「潔淨」的、「光明」的。放下一切，當然包括放下「恐怖」，就是《般若波羅蜜多心經》要求人們做到的「心無罣礙」、「無有恐怖」。而在現在的現實生活之中，人們會有各種各樣的「恐怖」，例如失業、下崗、失學、無錢看病甚至無辜被投入監獄等等；因此，人們的正常生活乃至最基本的生存受到威脅，生活在「恐怖」之中。人們因「恐怖」而往往「說謊」，到處是假話、大話、空話、正確的話，就是沒有「真話」、「實話」，製造出了一個「說謊」、「假話」的世界。正是這樣一種「假」的世界，掩蓋住了「真實」的現實。要想恢復現實的「真實面目」、生活在「真實」的現實之中，就得拒斥「謊言」、「假話」，提倡「說真話」。

一個敢「說真話」的人，得是沒有「恐怖」的人；而沒有「恐怖」的人，恰恰是那種既不為獲取也不懼失去任何的名利地位的人。一個有「恐怖」的人，是膽小怯懦的人，往往會藉助外物例如財物名譽地位等等來「壯膽」。《金剛經》說：「不應住色生心，不應住聲香味觸法生心，應無所住而生其心。」也就是說，不應靠色聲香味觸法等等來「壯膽」；「心」的「生」「相」、「造」「世界」，本來就是沒有任何的貪圖、眷戀的，不是為了自己，既不為獲取也不懼失去任何的名利地位等等。一個人「心」裏沒有任何的貪圖、眷戀，就也沒有「恐怖」，他／她對「世界」上的一切也不會產生任何的貪圖、眷戀或者「恐怖」；一個人的「心靈」境界是甚麼樣的，他看事物、做事情就會是甚麼樣的。他「心」裏是佛的境界，他看任何人都是佛；反過來，如果一個人的「心」是魔鬼的，那他看別人就都是魔鬼。

「無所住」，而「此心光明」。所謂「無所住」，似乎就是：「突然之間，不知身心所在」。要實現「此心光明」，根據王陽明，至少得做到兩條：「超脫『得失榮辱』」，「化解『生死一念』」；「超脫『得失榮辱』」相對比較容易，而「化解『生死一念』」、「渡過『生死難關』」則很難；而佛教的「修行」，恰恰着重於後者。也只有事實上能夠「化解『生死一念』」、渡過「生死難關」的人，才有可能真正觸摸到「生存的真實性」與「人生真諦」。

究竟怎麼樣可以實現「此心光明」？「此心」何以「光明」？我們不妨「尋根究底」，再從人生的「根本」、「根柢」上來探討一下。牟宗三在討論「學問最原始的意義」的時候，曾經說過：這種關於「人生根柢的事」，「不是知識的事」。我贊成它「不是知識的事」，但我更願意從佛教而不是儒學的角度來探討「人生根柢」；佛教講「人生」，既不是在「科學」，也不是在「人文」，而是在「宗教」的領域裏。

「根柢」二字，就是借用「樹木」來比喻「人生」的。在「樹木」與「光明」的關係上，曾經有哲學家、思想家討論過，例如F．尼采、M．海德格爾。「人」的「根」如「樹」，在「下」不在「上」；而且「人」的「根」要像「樹」一樣，要「伸向黑暗的地底」；人「越是嚮往高處的陽光」，自己的「根」就「越」是「伸向黑暗的地底」。事實也是如此，「樹」的「根」扎得「越『深』」，根深葉茂，「樹幹」就長得「越『高』」乃至「高聳入雲」，就能享受着毫無遮擋的「陽光」。M．海德格爾也講過「樹木」與「陽光」的關係；不過，他認為：應該把多餘的「樹木」砍伐掉，騰出一片「空」地來，這樣「陽光」就可以「照」進來。對於他們兩個人的不同說法，我比較贊成F．尼采的，贊成靠「樹木」本身的力量，把「根」扎到「黑暗的地底」，以此使自己「高大」，自己去衝破遮擋獲取「陽光」。這也符合佛陀的教導，他教育我們要把自己的「根」伸向社會的底層去，甚至一直走向在社會最黑暗的地下深處，扎根「黑暗」而獲取「光明」，正如荷花之根植於「污泥」而更加「皎潔」。

而很多人卻記住了「登高望遠」，只想「攀高」而忘記了「就低」；而「真相」，往往隱藏在「黑暗的地底」。事實上，人往「低處」走，扎根於「黑暗的地底」，才有機會看到人世間的「真相」，才有可能成為一個了解「真相」、把握「真理」的人。正如楊絳所說：「惟有身處卑微的人，最有機緣看到世態人情的真相。」而且，人往往是在自己最落魄、處於最低谷的時候，「本性」才會暴露無遺，從而看清自己。楊絳接着說：「一個人不想攀高就不怕下跌，也不用傾軋排擠，可以保其天真，成其自然，潛心一志完成自己能做的事。」留在「低處」，就能「保其天真，成其自然」，人也成為一個「真人」了；也只有「真人」，有着一顆「真心」，才有可能「識」得「真相」、「獲」取「真理」。人們誇一個人，常說他「底氣十足」；所謂「底」，是物體的最下部位，「到底」就是「到」了事物的「最低部位」；要想做到「底氣十足」，那就得往「低處」走，「扎」到「底」。

在「低處」、在「底部」，往往潛藏着「最強大的生命力」，既為我們發現、挖掘這種生命力提供了最佳機緣，也是我們增強自己生命力量的最好場所。誠然，在「低處」、在「底部」，有「殘酷」、有「血腥」、有「黑暗」，我們就要不被它們嚇倒，不因此傷感、消沉、絕望，而是接受種種磨煉，克服諸多苦難，增強自己的生命力量。另外，在「低處」、「身處卑微」，人往往會被人瞧不起，遭欺負，受屈辱，就會更多更深親身感受到世態炎涼；與此同時，這樣的一種人，在欺負和屈辱中習得了應對的智慧與能力，能容他人之不容、忍常人所不能忍，就會鍛煉成常人難有的肚量、膽略、智慧與能力。能容常人之難容、忍常人所不能忍，對別人心中不會有芥蒂，從而化敵為友，也就不再有敵人；一個心中以至事實上沒有敵人的人，一定天下無敵。

再看看我們這個二十一世紀，這個世界挺黑暗，這個世界裏的人很不幸。就其問題和不足的方面而言：與高新科技迅猛發展的同時，社會問題也是越來越嚴重。而在我們中國，高科技、工業化相對於西方發達國家是一種「遲來的愛」；然而，這種「愛」既來得「遲」又越發「蠻狠」，把許多中國人強行「禁錮」於「高高」遠離「地面」的各種各樣的「鋼筋水泥」之中，強使人既遠離了「土地」又與自己的「同類」咫尺天涯。一個具有標誌性的現象就是：高樓大廈林林總總，然而家家都安上了防盜門，把自己禁錮其間形同坐牢，鄰居之間老死不相往來。關於這個世界的「疏遠」、人情之「冷漠」，木心先生曾用「舉目無親」這樣一個詞來描述，他還黑色幽默了一下：既然「舉目無親」，就「決定概不舉目」（木心：《上海在哪裏》）！「不舉目」，人們就得「低眉」過日子。不過，有些人，「低眉」時間長了，忍不住就要「揚眉」而「舉目」；他們一旦「揚眉」、「舉目」，就要鬧事，若是關公那種類型的，更會去殺人。這就會使得這個本在「自相殘殺」的世界更加「相殘」不斷。

在一個人與人之間極其「冷漠」乃至「自相殘殺」的社會裏，最受傷害的是農民。有一篇文章說：「全國都在任意宰割弱勢的農民、吃農民、坑農民。」「中國農民是生活在當今社會最低層的弱勢群體，是連小蝦米都能將其作為任意盡享的口中美味！」甚至這樣說：「我眼前浮現的分明是一片混亂、人相食、餓殍遍地、流離失所的情景，隨時都可以發生，並且已經不可避免。」這一切，看起來、聽起來有點兒似乎聳人聽聞，我們卻不妨視之為警鐘的敲響！現在的中國，依然「農」是「天下之大本，民所恃以生也」（《漢書》之《文帝紀》），是立國之「本」，豈容輕易動搖！作為「智者」，在「根本」的問題上絕不含糊，能洞察事物的「根本」，有「先見之明」，即便是「危機」潛伏於「未萌」、「無形」之中，也能「秋毫不爽」。正所謂「明者，見危於無形；

智者，見禍於未萌」（《三國志》之《魏書二十八》）。

碰巧的是，M．海德格爾也曾談到過工業化所造成的人與人之間的（特別是都市和鄉下的）「疏遠」：現代化的「都市社會面臨着墮入一種毀滅性錯誤的危險」，都市人「和農民的生活盡量疏遠」，儘管有着「假冒的對『鄉下人』的關心」；這樣的一種「疏遠」，實質上是一種對「原始單純的生存」的「疏遠」。而在M．海德格爾看來，哲學家應該「將我們整個存在拋入所有到場事物本質而確鑿的近處」，把自己的「思想深深扎根於現實的生活」，「扎根於這裏的農民幾百年來未曾變化的生活的那種不可替代的大地的根基」，並且讓「自身的存在整個融入其中」。然而，工業化、都市化不僅僅造成了人與人之間的「疏遠」，而且造成了人與其本來面目的「疏遠」：「在公眾社會裏，人可以靠報紙記者的宣傳，一夜間成為名人」；但其結果呢？恰恰是因屈從於媒體或讀者的需要，「一個人本來的意願被曲解，並很快被徹底遺忘」。放眼望去，只有黑森林才是一塊未被污染的「淨土」，他認為黑森林的那位八十三歲農婦的「記憶，勝過任何國際性報刊對據說是我的哲學思想的聰明的報道。」（M．海德格爾：《我為甚麼住在鄉下？》）

現在這個社會貪污腐敗、假冒偽劣、坑蒙拐騙盛行，使得我們的生存世界越來越糟。之所以這樣，按照M．海德格爾的說法，就是因為離「扎根於這裏的農民幾百年來未曾變化的生活的那種不可替代的大地的根基」越來越遠了。在中國，也有這樣的一種「不可替代的大地的根基」，這樣的一種根基在中國至少有幾千年以上的歷史了。顯然，追溯這樣的一種「根基」，也就成為我們「根治」中國乃至世界的現代「病」的一種重要途徑。在追溯「根基」上下功夫，就得擺脱現代人的一些不良理念和生活方式，不把自己當做商品並追求「利潤最大化」，不迎合潮流、不攀比而做最適合自己的事情，敢於面對現實，無論現實生活是多麼地不盡人意乃至殘酷無情，不管時間是怎樣地蹉跎、空間是如何地扭曲，都能真實地一步一個腳印地活着。

這些，正是M．海德格爾的「回溯『根基』哲學」的現實意義所在。

5、「心」的「光明」與「禪定」

有人說：當過去的思想停止，未來的思想還未生起。當中的間隙，延長它，就是禪定！這裏，我所感興趣的是說：「思想」並不是「禪定」，「禪定」恰恰出現在「思想」停止時。從中，我們可以找到一些佛教禪宗與M．海德格爾哲學「思想」的關聯。

有趣的是，過去禪林裏盛行的棒喝，就是在師父大聲呵斥、迎頭一棒之下，弟子的思路被突然打斷，此時這個弟子腦子一片空白，有的竟會在空白之際頓然有所悟、豁然開朗！正是這樣的一種「間隙」、兩「有」之間的「無」，產生着「禪定」。

「禪定」，「空」、「五蘊皆空」、萬般皆空之後的簡單純樸泰然自若，又是艱苦努力克服重重困難之後的結果，正如蕭邦對李斯特彈奏的評價那樣：「簡單純樸是我們的終極目標。當一個人征服了所有困難以後，當他彈奏了大量再大量的音符以後，只有簡單純樸才會將這所有的魅力融合在一起，使其成為藝術至高無上的最終回報。」

而「禪定」的形成，儘管與「『不』思想」有關，但不一定就是「端坐」不動；其實，行走坐臥、衣食住行、挑水砍柴都可以是「禪」。虛雲大師也特別強調：「靜坐宜取乎自然。身體有病，宜適當調養，不必勉強支持，修行用功不拘於行住坐臥也。」「悟道不一定皆從靜坐得來，古德在作務行動中悟道者，不可勝數。」「靜坐，不過是教行人返觀自性的一種方便方法」。（見《虛雲老和尚談靜坐法要》）

「心」的「光明」，有的時候就是「靈光一閃」，稍縱即逝。那樣的「一瞬間」，是常態，常人也會有；修行的人有所不同的是，就是能夠及時「捕捉」住，並能「堅持」、「延長」這個「一瞬間」；而這樣的一種「捕捉」、「堅持」、「延長」，並不是「刻意」所得，而是自然而然、自然形成。修行的人，能夠把這樣的一種「瞬間」加以「延長」並且「整合」起來，心心相契、莫令間斷，即可成就。就像是聚沙成塔，是用一點一點的細沙不斷地積累而構成一座美麗的護法沙畫壇城；或百衲成衣，是用一塊一塊的布料拼綴成一件莊嚴的袈裟法衣。「心地」「光明」而「性」自「現」，就能「見」「性」於無形，從而達成「明心見性」。

三、適者生存

「生存」，是人生的重大課題，既是我們在日常生活中必須應對的，也是哲學必須面對而不能迴避的。在人們的生死存亡之際，「生存」的維護就成為第一要務；把「生存」作為第一要務的哲學，凸顯了「生存」的「現實性」、「真理性」。

而當科學失控走向反面乃至危及人們生存的時候，就像英國S．霍金那樣的當代偉大的科學家，在這種時候，也就「不談科學，只論生存」啦！哲學家們也會嚴厲批評科學以凸顯「生存」以維護「生存」，確保「存在」；而嚴厲批評「命題的真理性」以凸顯「生存的真理性」，就成為當時哲學家們的一個首先任務，例如F．尼采、M．海德格爾等等。

1、從小處、實處着手

一個社會的基礎，恰恰又是平民百姓，是那些「小人物」；作為社會的基礎，「人物」雖「小」，但其「份量」很「重」、「業績」也十分「偉大」。因此，「小人物」往往能成就「大事情」。人的「生存」，和人們的日常生活、切身的性命體驗密切相關，看起來似乎都是「小事」，卻非常重要、不可或缺；正因為其「不可或缺」，而且成就「偉大」，儘管看起來「小」。人們決不能低估或者忘記這樣一些不可或缺的東西，而這樣的東西就在人們的日常生活之中，在凡人小事之間，與生命攸關。所以，人們應該重視、關注這些「小事」，認認真真地、

「專心」地去做好這些「小事」。可是，人們卻往往因為其「小」而不當回事，掉以輕心。比方說：「呼吸」，人的生命就在這一呼一吸之間，人最不能缺乏的就是這個「呼吸」；這是每一個活着的人幾乎在每一分鐘都要做的，卻有許多人活了一輩子不知道也沒有想過要知道「呼吸」究竟是怎麼回事，很少人對此有足夠的重視和關注。更有甚者，以為其「小」，而肆意破壞之傷害之；例如，人的「呼吸」，最需要的就是「新鮮的空氣」，然而在眼下的中國，忙於種種的「偉大」事業如工業化、現代化等等，把空氣給嚴重污染了；北京等地區常常有嚴重的霧霾，嚴重地影響着人們的生命健康。還有，就是吃、喝、拉、撒、睡，每一個人每天都得做的，而且必須親力親為；這些，又有多少人給予足夠的重視與關注了呢？

現在，滿世界的假冒偽劣，食品安全問題防不勝防，生存環境污染日趨嚴重，人為地製造出了多少災難與痛苦。很多的東西，你不願意看到，但又不能不關注；這些，是每一個人的「生存」之必需，是人的「生存」最基礎、最平常卻又根本少不得、錯不得。我們必須改變基本的觀念、思路與方法，把所謂的「小事」提到議事日程上來，關注「小人物」，從「小事」着手，「專心」於做好這些「小事」。也因此，得有關注這些「日常小事」的哲學。歐洲的現象學，就是這樣一種哲學。

作這方面的討論，會涉及到三個問題域，即人與自然、人與人、人與自己的「內心」；在這裏，我將分別加以討論，但重點在第三個領域。我的這種討論，是對現象中一種「原已存在」的「真」進行既非自然科學亦非人文的解讀。

2、重在適應自己的內心

過去，我們學習歐洲達爾文《進化論》的時候，聽到過一句名言：「物競天擇，適者生存。」在自然界，物種特別是生物與自然環境之間進行着競爭，實行的是一種「優勝劣汰」。事實上，生物沒有能力對於自己的生存世界做根本的改造、讓生存環境來適合自己；為了不被淘汰，就得去適應自己的生存環境。這就提醒人們，對於自然界、人類的生存環境，不是人力所能強求的。

這樣一種的「適者生存」，包括人對自然環境的適應，是強調大自然在根本上是不能違抗的，只能去適應。事實上，很多的事例已經證明：「人定勝天」之類的說法，是人的一種「無知」者的「無畏」；如果再對大自然橫加掠奪與破壞，推行弱肉強食，那就不僅僅是「無知」、而且是「無恥」了。

在人與人之間，也有一個「順應」的問題。按照佛教的宗旨，不是弱者「順應」強者，而是恰恰相反，是強者應該「順應」弱者、為弱者「服務」，要像佛陀那樣「把頭垂到地上服務眾生」。除此之外，對於弱者當然還有一個「引導」的責任；不過，這樣的一種「引導」，是「引導」眾生的思想進入他們自己的軌道；而不是像有的人解讀的那樣，把老百姓的思想納入領袖所設定的軌道。

我今天在這裏要講的「適者生存」，不是指人與自然的關係，也不是指人與人之間的關係，而是指人和自己「內心」的關係；人有與自然、人與人、人與自己「內心」這樣三種關係，都有一個怎樣相互適應的問題。現在，我就講講人對自己「內心」的適應問題。在各種各樣的「適應」之中，人對自己「內心」的適應是最重要的。我們人的「做事」，就是就本人而言要「做『最重要的』事」；至少是「先」要做好「最重要的事」；如果連「最重要的事」都沒有「做」好，即便是做好了別的甚麼事情也是捨本就末。

即便是「交朋友」，也有其「最重要」的方面。莊子說：「相視而笑，莫逆於心，遂相與為友。」（《大宗師》）這裏講的是「交朋友」，「交朋友」得「不違心」、心裏「不牴觸」、「不彆扭」而且還「高興」；「不違心」、心裏「不牴觸」、「不彆扭」，就是「莫逆於心」，就是「適應自己的內心」，讓自己高興。其實，做其他的事情，也都需要「莫逆於心」，「適應自己的內心」，讓自己高興。人們「不高興」、「不快樂」的根本原因，就是「違心」了；一旦「違心」了，是怎麼樣也「高興」不起來的，是不會有「愉快的生活」的。「愉快的生活」，是「順心」的自然結果；「『順』心」，才能「自在」。

其實，這類問題，儒家也曾談及。例如孟子說：「無為其所為，無慾其所慾，如此而已矣！」然而，這是說起來簡單、道理很簡單；而做起來，卻並不簡單。在我們的實際生活當中，有許許多多的生存問題需要解決，要求一個人完全不顧及自己在生活中的物質、精神方面的實際需求，這幾乎不可能；但是，不能因生存問題而「違心」，更不能為了這些實際需求而出賣自己的「良知」乃至「靈魂」、丟掉自己的尊嚴，以至依附他人、被他人所豢養、為他人賣命、為虎作倀。總之，命是自己的，要自己作得了主、管得住自己，要知道自己甚麼事情是可以想的、可以做的，甚麼樣的事情又是不能想的、不能做的；決不能放縱自己的私慾、為所慾為。衡量能不能想、能不能做以及是否放縱的標尺，就是我們每一個人的「心靈」、「良知」。

所以，佛教經典例如《般若波羅蜜多心經》就特別強調「修『心』」、「找回『自性』」，要把持好自己的「心」、「自性」，把保持「心靈」、「自性」的「潔淨」看作是最最重要的。佛經所指引我們的，就是：人要找回「初心」（最初的那顆沒有絲毫被污染的潔淨的心），按照自己「真實的內心需求」去生活，而不能「違心」（違背自己的真實意願）地去生活；「順心」（順應自己的內心），而不要「違心」。佛經所說的「降服其心」，就是要我們「祛除妄想雜念」、不做「違心」的事情，重新回到自己真實的內心意願，按照這樣的真實意願去生活、做人、做事。「祛除妄想雜念」、不做「違心」的事情，自然也包括學佛唸經不是為升官、發財、求子、多福等等，而只是在「心地」的「潔淨」上下功夫。不在「心地」的「潔淨」上下功夫，還修甚麼佛啊？重要的是：我們要從自己「心靈」、「靈魂」的深處着手，真正看清我們自己的本來面目，弄明白我們人生、生命、生活的根本，走一條適合自己的健康成長的道路。

我想強調的是：人生苦短，短短幾十年，卻有太多的不順、無助、無奈，這些都是現實存在而無法改變。那怎麼辦呢？實在無法改變外在世界、無法改變別人，就不如改變自己，從改變自己做起，以這樣來堅持人的「『改變』的初衷」。不錯，人來到這個世界上，是要「有所作為」的，要去「改變」一點甚麼的。如果說，這種「改變」也可以看作是人的一種「初衷」、並且是需要堅持的話；那麼，倒不如先去「改變」自己。這樣的話，人的作為「初衷」的「改變」，不就堅持下來了嗎？雖然改變的對象有所不同。所謂「『改變』自己」，就是「『管住』自己」，既不「屈從」他人也不「放縱」自己。人，不能「違心」，不能「苟且」地「活着」；「屈從」於他人的淫威，偷安保身，是一種「苟且」；「放縱」自己，只顧眼前一時痛快，事實上也是一種「苟且」。回歸「潔淨」的「心靈」，就是「順心」，就是「勿忘初心」，就是「真實」地「活着」。我們一定要明白：自己究竟「適合」過一種甚麼樣的「生活」？究竟「適合」做一些甚麼樣的事情？「適合」自己真實的「內心」，就是「明白」地「活着」，就是「道法自然」、「自然而然」，就是最好（善）的。做事情，又不要「刻意」，不「勉強」自己去做甚麼事情，特別不去做「違心」、「苟且」乃至「墮落」的事情。「勉強」自己去做事、去做「違心」、「苟且」乃至「墮落」的事情，實際上是一種「不健康」的「生活」、一種「不快樂」的「生活」；「違心」地生活，那就是「苟活」，就不是人應該有的那種「生活」。

「順心」，就是「順遂心願」；顧及「心願」，就是「有心」、「用心」。「用心」、「有心」，就給人的這樣一種「生命」，加上了「心」，凸顯了「心」對於「生命」的重要；加了「心」的「『生』命」，也就成為了「『性』命」。這樣的一種「『性』命」，就和普通動物「無心」的「『生』命」區別了開來，真正體現了人的「『生』命」的固有本性。「有心」的「生命」，就是「有人性」、「有尊嚴」的「生命」；「有心」、「有尊嚴」的「生活」，才是真正「人」的「生活」。其實，在複雜、無常的現實生活之中，能夠不必看別人的臉色行事、不受外界的影響，「順遂」自己的「心願」做自己「想做」的事情，哪怕是做最不起眼的凡人小事，那也是最大的「成功」。「小」事，往往能成「大」功。一些平淡無奇的「小」事，在特定的歷史時刻，竟會改變一個人人生的走向，甚至會改變一個民族的命運。

3、學府需要的是「學者」而不是「犬儒」

哲學，本來是「頭腦中的風暴」，不僅僅是「思想的解放」，更是「靈魂深處的革命」。而且，提升到「神聖的維度」來看，有關的哲學體悟，是一種對「自性」的覺悟，寵辱不驚，也不挾學術的才能、成就以自重。能這樣去做的，才是持守了「哲學」的「本色」、「哲人」的「本份」，才有可能成為真正的「學者」甚至「大師」。而這樣一種的「大師」，謙虛、內斂、低調，本不在乎名譽地位；即便已是名噪一時，往往仍會懇請人們：「切勿以為我是大師！」（法籍波蘭畫家巴爾蒂斯語，他被畢卡索稱為「二十世紀最偉大的畫家」）

但是，現如今，在中國，真正的「學者」乃至「大師」已經很少有了，那些自詡為「哲學家」的也沒有幾個是真正懂哲學的了。所謂的「學府」，也早已變成「『官』場」、變成「『商』場」，多的是「權」、「錢」之奴，多的是「犬儒」。對於讀書人，中國過去有「腐儒」的說法，是批評他們的迂腐不明事理。而稱之為「犬儒」還成為了一種「主義」的，本來是指古希臘的一些哲學家；有人說，他們是「真理的看門犬」；有人說，他們不重視世俗生活，過得非常窮酸，像「流浪狗」。也有人把現在中國的一些對別人的不幸麻木不仁、不伸援手而只顧保全自己的人，那些「精緻的利己主義者」，稱之為「犬儒」。還有的，是指像哈巴狗那樣的，被圈養的，只認世俗功利而不知廉恥的對主子搖尾乞憐對弱者狂吠亂咬的文人，形為儒、實乃犬。現在的許多文人，本有其功名利祿之所好；正因為有其所好，才有人投其所好，而且投之才會有效。所以，不少學府裏的人，在權力、名利面前，一個個斷了自己的脊樑。學者的清高、學者的自尊、學者的人格、學術的尊嚴等等，在權力、名利面前，竟是如此地不堪一擊！正因為此，才有人大聲棒喝：「挺直脊樑，拒做犬儒！」真正的大師，於學術之外，心無旁騖，不追名逐利；否則，學術就不純粹，就沒有了純粹的學術。沒有純粹的學術、學術水平不高，何以成大師？搞學問的，可以做「大官」，他甚至可以官至部級，但絕不是大師；你從他的做事方式便可看出，「官」氣十足。在不尊重學術、不能堅持學術標準第一的地方，被標榜為大師的，其實不過是「犬儒」而已。

中國的文人，濫竽充數的多，所以他們的「遮羞布」也多。現在的中國，博士學位等等，也就成了許多文人的「遮羞布」，正如錢鍾書所一針見血指出的：「一張文憑，彷彿有亞當、夏娃下身那片樹葉的功用，可以遮羞包醜，小小一方紙能把一個人的空疏、寡陋、愚笨掩蓋起來。」

因此，在當前，我們有一個重要的任務，就是呼喚真正的大師，把他們樹立為榜樣。我說的「真正的大師」，首先是「真正的學者」；「真正的學者」，不靠「遮羞布」，不謀求功名利祿；因此，在學府裏，「真正的學者」只是「做學問」、寫「真正有學問」的書。而現在，許多人不擇手段地謀學位、職稱，爭着做「官」，而不認真「做學問」。我們的學府特別是高等學府，其「天下」，一定得是作為「百姓」的「學者」之「天下」；「學者」，是真正有「學術」的人，即便作為「百姓」，也自有其尊嚴與人格；只要「學者」這些「百姓」不失其應有的尊嚴與人格，不被「那隻大手」掌控着他們的身家性命，學府就一定不會「亡」、「失」「天下」！

從這個意義上來講，所謂學校、學府，本來應該是「『道』場」，是宣講、學習天下至「道」的地方，而與功名利祿無關。可現在的中國，許多地方早已面目全非，早已變成「名利場」、「商場」，成為謀官發財的場所。學府當前的時弊，是太突出了「『權』術」，而不大顧及甚至貶斥「『學』術」；奉行「官本位」，嚴重的時候，學府的「官」與「學者」的關係竟變成了「主」與「奴」的關係。實行「『官』本位」，「『學』府」也就成了「『官』府」，是「衙門」；「衙門」，是出「官」的地方，不會出「學者」。許多的讀書人把爭奪「官位」，看作是自己巧取名利的捷徑，趨之若鶩，做個基層小官就可以任意欺壓普通學者；得個「官位」，自以為就可以坐穩自己的「奴才」位置，享受被圈養的「特權」。

「官本位」猖獗的地方，「官位」竟成為「學術」水平高低的標誌，「官位」越高竟意味着「學術」水平越高；而這樣的一些人，一旦權力在手，因為似懂非懂「學術」往往信口雌黃、指鹿為馬，並且肆無忌憚地打壓真正的「學者」，以顯示其學術水平之「高」。這樣的一些人，其學術水平，連二三流都算不上，儘管頂着「博士生導師」等等的桂冠。那些真正的「學者」，之所以遭受打壓，也僅僅是因為他們不追隨「官」兒們的信口雌黃、指鹿為馬，不屈服於「官」兒們的強權，而堅持「學術標準第一」。事實上，我們的學術界還真的虧了有他們這樣的一批「學者」，有這樣一些堅持「做學問」的人；他們不光是能夠與強權抗爭，而且能夠寫出一流的「學術」著作。

其實，思想、學術的獲得，是需要付出辛勤勞動的，要能堅持、持守學術標準，要有「學術」的「自信」與「定力」，而且還得有一些天份。然而，這樣的一種辛勤、持守、「自信」與「定力」特別是天份，能有的人並不多；這樣的一種辛苦，亦非人人都願意而且能夠付出的；學者那種長期「坐冷板凳」的甘於寂寞、持守，更是很少人能夠做得到的，特別是在「一切向錢看」、假冒偽劣氾濫的時代。所以，想得到真正思想、學術之果的讀書人雖然也有，但自以為混個學位、職稱就是學者以冒充思想者、學者的讀書人卻是越來越多了。

先天不足，後天失調。這些就是現在許多讀書人的悲劇所在，即便是進了中國的高等學府，也不會有根本的改變。影響大師出現的主要原因，外在的例如上面這些；而內在的原因，則是主要的，主要在學者自身，不在別處。不要過於埋怨環境。再惡劣的環境，也阻礙不住大師的出現；甚至恰恰相反，環境越惡劣，受到的磨煉越多；磨煉越多，入世越深，悟道就越透徹；跌得越低、越慘，反彈力就越大、越強；大師的成長往往也需要世事的磨煉，成就於患難之中。而且，真正的大師現在也是有的，特別是在實際生活中我們能夠碰到。不過，真正的大師往往是「隱」形的，不顯山不露水，樂在民間；因為，他們不願意被圈養，更不願意被供奉於廟堂；再加上層層的被遮蔽，也有一時被埋沒的。那些樂意被圈養的，只能成為「犬儒」、奴才；在很長的一段時間內，樂意被圈養的人多，所以大師就少。在我看來，這是中國缺少大師的一個根本性原因。

現在，最最需要我們去做的，正是如何去發現這些真正的大師，弘揚他們的精神；而不是糾纏於揭發那些假博士、假教授、假大師。過去，陳寅恪就曾這樣做過，他為此提出了標準也樹立了榜樣，王國維就是他竭力要樹的榜樣。他「認為研究學術，最主要的是要具有自由的意志和獨立的精神」，而且得「一脫心志於俗諦之桎梏」；後邊這一句「一脫心志於俗諦之桎梏」，凸顯了對「神聖的維度」的訴求，強調了要有「出世的精神」例如具有佛家精神（這一點過去沒有引起足夠的重視）。具體而論，他「認為，王國維之死，不關於羅振玉之恩怨，不關滿清之滅亡，其一死乃以見其獨立自由之意志。獨立精神和自由意志是必須爭的，且須以生死力爭」。（《獨立之精神，自由之思想》）如何評價王國維？陳寅恪不去計較外在的條件，不多考慮個人恩怨、政府管理的成敗；他要強調的是王國維本人的「獨立精神和自由意志」，讚揚王國維的那種堅決捍衛「獨立自由之意志」甚至不惜以死明志的精神。在這裏，再一次涉及到了「生死」問題。

顯然，「獨立精神和自由意志」，是要靠學者們去「持守」與「捍衛」的。這樣的一種「持守」與「捍衛」，除了要有「『出世』的精神」之外，還得要有「『入世』的本領」；既要面對讀書人自己的問題，又要面對人們常說的體制與社會環境等原因。專心做學問的學者，「入世」的能力大都相對要弱許多。

從學者「入世」的角度，他們碰到的常見的麻煩，在下面的兩個方面：一，是「小鬼」，俗話說「閻王好見，小鬼難纏」。其實，經常找百姓麻煩、欺壓百姓的往往是「小鬼」，因為他們也就只能欺壓百姓、拿百姓出氣；其他人都比他們位高權重，他們又豈能、豈敢去太歲頭上動土？當然，他們畢竟是「小鬼」，權力、能量都有限，只要百姓敢於反抗、和他們較量，在一個正常的社會環境裏，他們十有八九是要落敗的。二，是社會上的一些人，一旦涉及利益，往往是很容易被挑動的，如在「文化大革命」之中。在這裏，我要特別提到那種「垃圾人」，是社會的一些「垃圾」。相比於西方的學術界，中國學界的「垃圾人」特別多，可能是不懂學術甚至不為搞學術而混進學界的人也特別多的緣故吧。雖然，在中國，「垃圾人」的問題以前也有；但是，近些年來，人們開始比較頻繁提及「垃圾人」；看來，這類人大有繁衍的趨勢。限於本書的篇幅，這個問題不深入展開了。

4、「道高一尺，魔高一丈」

學府裏的種種弊端，在我們的學術生活中，確實存在，也是必須去清除的；儘管如此，我們不能忘記：重要的是先「做好自己」。否則的話，社會就不會有進步，百姓還是那樣的百姓，而任何人的重新掌權，就像中國的王朝更迭那樣，舊的王朝被推翻了，新登基的卻又是換湯不換藥。

伴隨王朝更迭的，就是在中國的人們特別是文人的那種：「我們極容易變成奴隸，而且變了之後，還萬分喜歡」（魯迅：《燈下漫筆》）。變成奴隸，如有憋屈、痛苦、掙扎，那還算有點兒人性；當了奴隸還萬分喜歡的那種，實際上已經是奴才了，奴性十足而人性全無。沒有出息的中國文人，即便是進了高等學府，許多人依然經常處在兩種狀態：一種，暫時做穩了奴才；另一種，想做奴才而不得。能暫時做穩了奴才的，畢竟是少數；而大多數則是想做奴才而不得，想做奴才而不得者雖然也要發發牢騷甚至鬧事的，然而鬧事也好發牢騷也罷，無非是想引起「朝廷」的注意，以爭得做「奴才」的一席之地而已，一旦做了「奴才」也就不再鬧事了，但會欺負弱者。這些人欺負起比他們「弱」的人來，那可是不擇手段，極其無恥又殘酷。

因此，要想「做好自己」，就不能與「奴才」為伍。其實呢，中華民族有自己的脊樑，有一些極其優良的傳統，例如中國神話中突出的那種傳統，例如《愚公移山》、《大禹治水》等等書寫的那種傳統：一旦碰到障礙或大難來臨，那些中國人不靠救世主、也不靠神仙皇帝，而只靠自己，靠自己的力量堅持不懈地去搬掉障礙、排除萬難。現在提倡重溫學習中國的傳統思想文化，重要的就是去重溫去學好這一點。

然而，不管是「心魔」還是外在的「魔」、「邪惡勢力」，清除他們，實際上並不那麼簡單。譚嗣同曾經說過：「道高一尺，魔高一丈；愈進愈阻，永無止息。」（《仁學》）這是改革者、行「正道」者的經驗之談。「道高一尺，魔高一丈」這句話，原意是：「魔」，往往比「道」還厲害、猖獗；修「道」取得的任何一點成就，都會遭到「魔」的更加瘋狂的反撲。參照以死相殉的變法者譚嗣同的切身經歷，對於這段話，我想做這樣的解讀：行「正道」、「改革」是很艱難的，「改革者」的每前進一步，必然會遭遇邪惡勢力的瘋狂反撲；「改革者」越進步，「邪惡」的勢力就越加阻撓、破壞，它們一刻也不會停止；「改革者」是剛剛起步、相對弱小，而邪惡勢力相對強大、往往又很囂張，甚至有的時候能壓倒「改革者」的一方。所以，

「改革」、「做正義的事業」，一定要有足夠的精神準備，一定要有堅定的信念、做堅持不懈的努力；特別是在取得了一些成績之後，要想到將可能會遭遇更加嚴重的阻撓和破壞。在這樣的時候，「改革者」必須越是艱險越向前，否則就會前功盡棄。其實，做任何事情特別是做好事、善事，在自己相對弱小的時候，往往會遭遇邪惡勢力的橫加阻撓、破壞、瘋狂反撲，甚至因此而失敗於一時。有些天真的人以為，你做好事、做善事，那大家還不得都熱烈歡迎哪！肯定是全力擁護和支持了！怎麼還會有人反對、破壞？從道理上講，是這樣；但從事實上來看，往往相反。只要你做出了一點成績，就會有人嫉妒你、打壓你、造謠中傷你；其實，正是因為你有了成績，才會有人打壓、造謠中傷。因此，最好的辦法，就是不要理睬他們，走自己的路。這樣的一條路，實際上就像我在《解讀〈美的現實性〉》中所説：「與神同修，與魔共舞」。沒有「神」，也就無所謂「魔」；戰不勝「魔」，也成不了「神（佛）」。堅持這樣去做；並且，敗得起，不懼打壓，不畏艱險，不怕失敗，越挫越勇，才是人的生存之道。

做真正的學問，也是如此。我也相信，在學術尊嚴的捍衛和學術標準的堅持方面，總有一些學者是能夠不懼打壓、敗得起、越挫越勇、越是艱險越向前的，以至獲得最後的勝利。越受痛苦，覺悟越高；越經磨難，成就越大；成就越大，越遭人妒，甚至天妒；在世上，一個人不遭天妒，已經是夠幸運的了。他們既不會被權勢所壓倒，也不會被金錢所收買。儘管他們有這樣那樣的不足與缺點；但是，他們有一顆潔淨、堅強、勇敢的「心」，這顆「心」有着「天生」的「自強」、「修復」和「自愈」能力，這樣一種「自強」、「自愈」能力一旦被激發，甚麼樣的失敗、創傷都能自己「挽救」、「修復」。

5、做個自在開心的「野孩子」

有些想做學問的學者，出於無奈，被迫離開學府。儘管這是出於「無奈」，與「主動」放棄「特權的泡沫」不同，但往往有異曲同工之妙。真正做學問的人，在學府裏憋屈、無奈，曲折生長；而在學府之外，他們則自由自在，就像是逃出籠子的鳥兒，「野蠻生長」（借用了馮侖的話），成了開心的「野孩子」（借用了黃永玉的話）！離開學府，再去做的事情就不是被分配的「職業」，而是自己喜歡的「事業」。與其在那些糟糕透頂的學校、學府裏被打壓，倒不如走出去「野蠻生長」。

「野孩子」，這個詞，我喜歡。所謂「野」，是「老天爺」賦予的，是「天賦」，自然符合人的「天性」，而不是別人甚至也不是自己能夠「強制」的；「野」了，很多東西你「不在乎」了，這些東西也就無法左右、控制你了。有人說，人的天賦集中體現在兒童時期，「三歲看大，七歲看老」；所以，得從兒童抓起，加以關注與保護、發揚；成年之後，要注意「復歸」於兒童。兒童，憑興趣做事，講的就是「自己喜歡」，無功利，不世故；事實上，人就應該這樣去做事，無論是畫畫、搞電腦還是做學問。所謂「『野』孩子」，是「自然生長」乃至「野蠻生長」的孩子，生動活潑，個性突出，思想自由，也很簡單；若是「自己喜歡」，就誰也攔不住。有人說：「小時候，幸福是很簡單的事；長大了，簡單是很幸福的事。」保持一生「簡單」，就是「幸福」的人生。

有把藝術家比作「雞」的，我覺得也可以這麼來比學者；「野蠻生長」的放養的學者，生的「蛋」（作品）營養豐富且是「綠色食品」，人們愛吃；而我們的高等學府裏教授、博導滿天飛，他們「飛」得很高，卻大多是不下「蛋」的「雞」，他們或者是霸佔別人的窩把別人的「蛋」冒充自己的，或者乾脆製造「假蛋」。正因為此，老百姓對待學者、藝術家，有點像在菜市場買菜，喜歡買那種「綠色」、「野生」的了；而不喜歡那些「圈養」、「溫室」的；自然也更討厭那些劣質的蛋、假蛋。老百姓很希望，即便是幼稚園裏，孩子們上學之初，也應該給他們配備最好的老師，那些有真才實學的老師；而在假冒偽劣氾濫的時代，這種希望則幾乎是一種奢望。

回過頭來，我們再說「走出『學府』」。事實上，告別「坐而論道」乃至告別「學府」的「生存競爭」，也有不同的去向。例如，現在有些提倡中國新儒學的人，他們的走出「學府」，是為了進入「政府」，要搞出一種「政治儒學」、為王者師，讓儒家的政治理念成為現在中國執政者的「安身立命」之地。這可以說，是一種「向上」的進路、更加「政治」的走向。我的走出「學府」，顯然不是這種「取向」，不是「向上」、而是「向下」，自我「邊緣化」，至少首先不是「政治的」，而是真實「生活」的，是一種「存在方式」、「生存方式」的改變。

學者們的做學問，靠作品說話，不靠學位、職稱，也不靠是否有人追捧。一定是自己的創作，而且出自自己的真實感受與體悟；出於「真愛」，對「學術」、「學問」的「愛」是「真誠」的、「單純」的、「素樸」的，出自一種「真性情」、「真情趣」。人生一輩子，其實最難得、最重要的，就是有這樣的一種「真性情」、「真情趣」，這樣的一種「真愛」，完全是自己「喜歡」、心甘情願；不是「被迫」，不懷其他目的，不戴任何面具。在學問這方面，做得比較好的當代人裏面，我特別推崇屠呦呦，她默默無聞地獻身於科學研究，只是為了治病救人，根本沒有想去拿甚麼獎，也根本不是為討領導的喜歡；即便是拿了諾貝爾獎之後，也沒有太當是回事，更不作為進身之階，毫不張揚，依然埋頭於科研工作。她身上，確有一種真正學人的樸素、自信、低調、謙虛、從容與風骨，這在追求名利、急功近利的人身上是難得一見的。

走出學府、不求名利，固然是一種「放下」；專心於學問、科研，也凸顯了學者的本色。不過，從佛教來看，對於從事學問、科研，也要有一種「出世精神」，不能太「執着」，也是該「放下」的時候就「放下」。人，這一輩子，總想有一個「安身立命」的地方。那麼，究竟何處可以「安身立命」？顯然，既不是當個高官，也不是成個億萬富翁，而且連學術的成就也不應該是。作為學者，就要連學術成就也統統都「放下」；甚而至於把人世間的乃至身外心內的一切都放下；「一齊放下，放到無可放之處」，才算是「徹底放下」。這樣的一種「徹底放下」，目前我還沒有做到；我最多像是一個開心的「野孩子」，沒有了學府的「束縛」；但還是熱衷於學術的研究，希望在學術方面不斷有新的成就，在這個方面還有一些「執着」。我曾以為，這似乎並不與佛教的宗旨有太大的矛盾；因為，中國禪宗有一個「百丈清規」，提倡「一日不作，一日不食」。這就是說，人只要「活着，總得做一點甚麼力所能及的事情，自力更生，自己能夠養活自己，才有資格生存於世。而且，要把做這種事情，看作是自己的「天職」，「天生我材」的必須，得全力以赴去做好。但是，我後來明白：就「安身立命」之地而言，佛教更突出的是「無」，徹底的「無」，「一無所有」的「無」；而不是「有」，包括了「學術成就」那樣一種的「有」，更何況我目前的「有」還不只是這些，在許多方面還是「塵緣未了」。一個人只有當他／她把最愛的、最寶貴的東西都「捨得」「放下」了，才算是真正地「放下」了、「一無所有」了，才算是真正找到了「安身立命」之地。

6、異質的存在

所謂「學府裏的惡性的『生存競爭』」，其中一個原因就是學府裏的把「職業」當做「飯碗」。所謂「職業」，在現在的中國，就是「飯碗」，要靠它「吃飯」；如果，這樣一種的「飯碗」，不是「按需分配」的，在僧多粥少的時代，有些人就會沒飯吃；因此，也就免不了產生「爭奪」。

我的走出學府，一個重大改變就是：擺脱了學府的那種「生存競爭」；與此同時，哲學的工作，從「職業」變成「事業」、從「專業」變成「非專業」；換句話説，就是不再把「研究」、「寫文章」當做「飯碗」，從它們那裏討生活。倘若還是把「研究」當作是「飯碗」，那就難逃「生存」之所迫，甚至難以擺脱「爭名奪利」所致的沒有底線。「學者」在學府裏，是靠舞文弄墨「吃飯」；一旦走出學府，舞文弄墨就不是「職業」的了，就不把舞文弄墨當「飯碗」了、不再作為「謀生」的手段了。這個時候，倘若一個人還想舞文弄墨，就或出於精神的需要，或出於靈魂的安寧；那就和「吃飯」、「飯碗」無關了，自然也就遠離了爭奪名利地位之類了。所以，要想從根本上讓「學術」的研究、著述遠離爭奪名利，就不要把它們和「吃飯」、「飯碗」混在一起；或者，他們的「吃飯」已經不是問題了，例如，一些哲學家提倡酒足飯飽之後再去搞哲學，也許就有這樣的意思。

其實呢，學術工作乃至文藝工作，生產的是「精神」的「食糧」，滿足的是人們「精神的需要」；這樣一種「精神」的「食糧」，往往源自於創造者個人獨特的生活閱歷、他們各自的「心路歷程」，書寫的是他們各自不同的「性命體驗」。而這些，各有特色，往往又都是很難比較與評比的，是不能用一個統一的標準來考量的。當然，論價來銷售、出賣這樣的一些「食糧」，如同出賣「精神」與「靈魂」，是十分荒唐可笑的！從事「精神」的、「心靈」的工作，是不能「標價」、也不可以「待價而沽」的，更不應該酬予高薪、授予高位，乃至委員、將軍滿天飛，把學者、文藝家淹沒在權勢、金錢、名利等等大潮之中。面對這樣的現實，真正的學者、文藝家，就應該像范雨素（打工妹作家）那樣：「能在災難、侮辱、誘惑、和名利的潮水襲來的時候波瀾不驚，安之若素。」或者，像范雨素這樣身居社會底層，在他人的欺淩、生活的污泥濁水中長大，就會做得到如弘一法師所言：「持身不可太皎潔，一切侮辱垢穢要茹納得；處世不可太分明，一切賢愚好醜要包容得。」正是那些的災難、侮辱或者名利、誘惑等等的不斷襲擊，才有可能造就一個人的忍常人所不能忍、克服常人所不能克服的困難而成長壯大，以至成為中國人的脊樑。所謂「波瀾不驚」、「安之若素」，就是在歷盡榮辱之後的那種「寧靜」、「潔淨」與「素樸」。

過去，也有提倡學者、文藝工作者下鄉下廠體驗生活，多少也能向工農大眾學習到一些東西；然而，他們的身份則還是學者、文藝工作者，身份沒有根本變，生活的實際狀況沒有大變，生存方式沒有變，立足點、思想感情等等不可能有根本的變化。他們畢竟是一些靠說話碼字吃飯的人，而工農大眾大都像范雨素那樣：根本就不靠也「不相信文字能改變生活，習慣了靠苦力謀生」。這是存在於學者、文藝工作者與工農大眾之間的一個根本性差別，以至形成了社會的不同階層。對於那些靠文字吃飯的「另一個階層的人」，范雨素「和他們沒有共鳴，我也壓根不理解他們在想甚麼」。她還說：她作為社會「底層群體的一員」，「我不喜歡那種作家，以高高在上的筆法寫底層」；「怎麼可以這樣寫啊！他真的比我們高貴嗎？」顯然，那些特別是那些自以為高人一等的學者、文藝家是沒有資格作為工農大眾的「代言人」的；因為，他們在根本上沒有過工農大眾的生活，並不了解工農大眾的思想情感、習俗文化、語言等等，怎麼代言？要想取得「代言人」的資格，就必須改變身份、職業，改變生活的實際狀況，改變生存方式。反過來，也是一樣：一個原來是平民百姓的人，後來成了文人、藝術家或者官員，他／她的生活方式變了、身份變了，也就不能再代表平民百姓了。現在的范雨素，難能可貴的是，她仍然堅持原來的生活方式，而不願意陷入媒體颳起的「沙塵暴」，她不習慣被大家的過於「關注」。

我想，即便是佛陀本人，他如果依然是王子、生活在王宮，他就是想去解決眾生的生老病死的問題，也找不到正確的適合於眾生的路徑。一個「高貴者」，怎麼可能有「卑賤者」的感受與體悟？怎麼可能找到能夠解放「卑賤者」的路徑？只有當他擺脫了王子的身份和脫離了王宮的生活，深入到眾生之中，由「高貴」變「卑賤」、成為一個真正的「卑賤者」，才有可能最終找到相關的正確路徑；這就是為甚麼他處於身疲力竭、一無所有的生死關頭，忽然醒悟，才明白了貧困之後他還能真正擁有的是甚麼！才知道眾生皆有佛性，只是迷、悟的區別！實際的生活狀態、生存方式，影響甚至決定着人們的思想情感、看待問題的角度、視野以及表達方式；其中，當然也包括對哲學思想的影響。明白了「一貧如洗」之後「靈魂」的「潔淨」，才有可能真正做到「可貧」而「不可賤」。這是我走出學府之後的一個帶有根本性的覺悟與體會，這些覺悟與體會在我的《讀法和活法》（二〇〇九年）一書中可以醒目地看到；當然，在《道，行之而成》（二〇〇四年）中也能看到一些。這裏，有我生活方式的改變、哲學思路的改變，以及表達方式的改變。

平民百姓，不同於「職業」的學者、文藝家，是一種「異質」的「存在」、一種「邊緣的存在」。在他們中間，有世界上「最弱」的「弱者」。在他們身上，我們可以看到：這樣的一些「弱者」，是怎麼「生存」的！他們靠的甚麼？他們幾乎沒有任何身外之物，只有靠他們自身的頑強的生命力，自身的「自強」、「自癒」能力；而且，他們的這些力量竟是驚人地強大！外國的哲學家講的「他者」，我想把它換成另外一個詞：「異質的存在」，以凸顯社會階層的不同。可以說，「職業」的學者、文藝家與平民百姓，是兩種不同的「存在」。這樣一種的不同，有點兒類似於莊子所指的那兩種不同的龜：那些追逐名利的學者、文藝家，就像是願意作為「標本」被供奉於廟堂的，以屍「骨」為「貴」；而平民百姓則樂意嬉戲於泥潭，以「性命」為「重」。另外，學者、文藝家追求的是「知」，那種「職業」的「知」；而平民百姓則重在「用」、那種「不知」的「日用」（「百姓日用而不知」）；這樣的一種「日用」，是既包括「用力」也包括「用心」的，他們之所以勝過讀書人，就在於既「用力」又「用心」；讀書人往往強調百姓的「用力」而忽視其「用心」，則是一種偏見；而且，讀書人往往把自己的「用腦」誤以為是「用心」。自然，這些都只是在世俗的層面上來講；超越世俗，就得從「日用」提升至「無用」；「『有』用緊張」，「『無』用從容」；超越世俗的「日用」，就是「無用方得從容」（借用陳道明語）。有的時候，習慣成自然，因「日用」而成習慣，「用」也就成了「無用」之「用」，如庖丁之解牛。

平民百姓的「生存」與「存在」方式，非常突出的一點，就是他們在實際生活中：常常處於一種無奈、無助的狀態，甚至一無所有，是一種「無」基礎上的「生存」與「存在」。有了苦難，往往沒有人幫助；正是這樣的一種無奈、無助，才逼出了自己的「潛能」。他們「身心」的被「傷害」，缺醫少藥，也常常只能靠一己「天生」的免疫力、抵抗力、生命力自行「康復」，靠「自癒」，靠「自強」；這完全是「全靠自己」型的。正是這樣的一種狀況，使得他們不得不挖掘並且只能依靠自身「潛在」的「自強」、「自癒」力量；生命力的強弱，就體現在這樣一種「自強」、「自癒」能力的是否強大。他們任何的收穫，無論巨細，都必須自己先付出辛勤勞動，甚至狠下「苦力」；例如農民，他們真正懂得「盤中餐，粒粒皆辛苦」，都是自己在辛勤勞動之後才有可能獲得的；從而養成了吃苦耐勞的精神。他們知道，不勞動者不得食，從不幻想不勞而獲；任何的投機取巧、偷奸耍滑，都會導致地裏長不好莊稼，就會得不到糧食，就會沒有飯吃。因此，他們也從不糊弄自己；他們懂得：必須吃苦耐勞、只有吃苦耐勞，才有可能收獲糧食、有飯吃；所以他們願意吃苦，由此而認為「吃苦是福」。我有時候竟認為，中國大乘佛法是中國農民的宗教。因為，中國佛教提倡「吃苦是福」、在心「地」上下功夫、「一日不作，一日不食」等等；這些，都是農民特別能有的感受與體驗。而現在中國高等學府裏不少的人，四體不勤、五穀不分，就不會懂得這些。其實，做學問也一樣，得「靜」下「心」來，靠自己的努力，靠自己辛勤去做，而其他東西都是靠不住的。學者的本職是做好學問，學術上任何一點的進步都是刻苦鑽研的結果，是沒有捷徑可走的。然而，他們之中的不少人企圖不勞而獲或者少勞多得，喜歡投機取巧、偷奸耍滑；例如研究外國哲學的連外文的工夫都不願意下，不能讀原著；結果是假冒偽劣盛行，既糟蹋了學術，也糟蹋了他們自己。

作為平民百姓的哲學，也就不同於「職業」的哲學，可以說是一種「異質」的哲學，至少是一種並不按照「哲學的教科書」來理解和書寫的「哲學」，而主要是根據自己的生存實際、「事上磨煉」和「心地上下功夫」來進行解讀的哲學，是一種「自強」、「自癒」、「再生」的哲學。另外，關於哲學的作為「職業」，在大學裏、學府裏，那就是唸着教材、寫着黑板、講着別人的生活與語言（如老子、柏拉圖等人的）。這是一種書齋、「象牙塔」中的學者生活。而告別「職業」的生涯，就是告別教材、告別教室、告別黑板、告別老子、柏拉圖，不再講別人的生活與話語，不再用專業的學術的語言文字；而是「回到」自己的生存實際，踐履生命，基於自己吃苦耐勞的體會與感受來講話，用的是日常生活的話語。我在H．-G．伽達默爾身邊的時候，他經常提醒我要多去咖啡店、電影院，可惜當時我並沒有去琢磨更深的意義，這只是到了回國後我離開學府的時候才真正懂得；而且，我體會到，只有真正離開了大學、學府的「職業」的生涯，才有可能真正懂得。就像二〇一七年二月份我在長沙講演時，一講到「非職業」、「非專業人士」，一位剛剛退休的女士對這個詞就有切身的感觸，她比在場的其他人更明白「職業」與「非職業」、「專業」與「非專業」之間實際存在的區別究竟在哪兒。實際的生活、親身的經歷，能教會你更多的東西。一個人只有真正走出「空中樓閣」，腳踏實地，作為平民百姓去扎根於現實的吃苦耐勞的實際生活，才有可能接到「地氣」；像農民那樣天天下地、在地裏勞作，才有可能「接地氣」。由此，我們所需要接觸到的百姓生活與語言，也就不再僅僅是咖啡店、電影院裏的了，而是一些社會底層百姓的在「靠苦力謀生」的艱難困苦之中的了；也因此，才有可能真正「讀」出：他們的「生命是一本不忍卒讀的書，命運把他們裝訂得極為拙劣」。藉助於此，我們也就更加理解了：佛陀他成佛之前當年只是到王城外轉一圈，雖然能看見一些眾生的疾苦，但並不能真正了解眾生；只有放棄王室生活、走到眾生之中去，和眾生打成一片，才有可能真正了解眾生。

退出學府、走出書齋之後，我離「地」就近了，接「地氣」了。這從另外一個層面上來講：在學府之外，我可以更多地接觸到那些本來就「在低處」、處在社會底層的平民百姓，並欣賞像范雨素那樣的「底層文學家」的作品，向他們學習。這是一種「回歸」，向人們生活與寫作的「原生態」的「回歸」；就像是現代的人們走進人跡稀少的深山老林，看到懸崖峭壁上頑強生長的小樹山花，是那麼的不避風雨，潔淨自在，光彩奪目。這樣的一種美、潔淨自在，是花房、溫室裏不可能有的。和這樣的人們相比較，我明顯看出自己身上的「不乾淨」、所受「污染」之多。那些老百姓呢，他們幾代人同住一間房子、甚至有的人家根本就沒有自己的住房！看到這些，我頓時感到自己是那麼的「不知足」，也產生了一種不由自主的「歉疚」：我們的同胞中竟然有那麼多生存艱難的人，自己卻似乎從沒有注意到過！在這樣的百姓面前，讀書人的面具，被摘下了；妝，也被卸掉了；讀書人的醜陋、「不知足」、好名利、虛偽等等諸多本性一下子暴露無遺。而且，平民百姓是「貧而不賤」；「學者」更應該向百姓學習，要像他們一樣「可貧不可賤」。接近乃至投入百姓的生活，有利於看清楚讀書人的本性、看明白讀書人和平民百姓之間的差距，特別是素質的差距。當然，地處「底層」，難免有許多的「污泥濁水」乃至「極度的骯髒」；「污濁」、「骯髒」，甚至使人往往不可忍受，但又是「底層」的生活難以避免。而他們卻能夠不避這樣一些的「污濁」、「骯髒」、生存條件的極其惡劣，而又能習以為常、「貧而不賤」，就像「出污泥而不染」之荷花。

對於「社會底層」的平民百姓來講，被歧視、受侮辱還不是家常便飯？他們沒有靠山，毫無遮蔽，也沒有退路；然而，又「能在災難、侮辱、誘惑、和名利的潮水襲來的時候波瀾不驚，安之若素」。這一點，正是「社會底層」的平民百姓與其他階層不同的地方，也是他們最了不起的地方。再說了，他們本來離「地」近，就不那麼怕摔跤。為甚麼呢？因為離地面近，「有個好處就是，摔也摔不到哪兒去」（黃永玉語）了。在一個不正常的社會環境之中，一個比較正常的人難免會碰釘子、受委屈；更何況，即便是在正常的社會環境裏，若想成就一番事業者，是沒有不摔上幾跤的。再從根本上來說，人，是大地的兒子，本應該和大地多接觸，只有腳不離開土地、站穩了腳跟，才會有源源不斷的無窮力量充實自己，使自己不可戰勝。注意：腳，決不能離開地面；倘若，腳一離開大地，就有可能失去生命。這也正是古希臘神話以地神蓋婭的兒子安泰為例所告誡我們的：安泰因為他腳踏大地，所以一向戰無不勝；一旦他被赫拉克勒斯舉到空中、被迫腳脱離了地面、失去了生命與力量的源泉，就會不敵而死。釋迦牟尼是主動放棄王子的地位、權力、財富，走到百姓中間，接地氣；而那些被打壓的人，雖然是被動接觸地面，但同樣會接到地氣，也會產生智慧和力量。這也是一種「殊途同歸」！

有了這樣的一些磨煉、閱歷、體悟，再去讀到中國禪宗六祖慧能的《壇經》和漢譯的《金剛經》、《心經》，讀這些提倡「人往低處走」、不怕磨難、而又不避「污泥濁水」的親近底層人民的以及講底層人們體驗的著作，就會對底層人們的那種「接地氣」的「生存」方式、「存在」與「存在感」感同身受；這和「精英」們的喜歡「特權的泡沫」與那種時不時要在媒體上露露臉的廣告式的「存在感」、這樣一種戴着形形色色面具的「高調登場」全然不同。在二〇〇九年出版的我的《讀法和活法》這部著作裏，推崇的正是慧能所代表的社會底層人們的那種「生存」、「存在」與「存在感」；並且，和德國的M．海德格爾、H．-G．伽達默爾的那種「精英」的「生存」方式、「存在」與「存在感」進行了比較，差別一目了然、不言自明。這樣一比較，學府裏的大多數人應該算是中國的「精英」，而並不是「平民百姓」；雖然他們在現如今的體制裏，「政治面貌」大多是「群眾」；但是，這些「群眾」卻不同於「平民百姓」特別是那些「不識字」者，總是「高高在上」的。自然，在「平民百姓」看來，他們和自己並不是「同類」，是「另一個階層的人」，「和他們沒有共鳴」，「也壓根不理解他們在想甚麼」。

在這裏，我需要特別強調的是：講《壇經》的慧能，是一個「不識字」（至少是識字不多）的樵夫；這樣一種在社會底層生活的人，正像范雨素所說「是靠苦力吃飯的，不靠寫文章謀生」，他們的「生存」「非關文字」，這可以看作是對「非關文字」的一種絕妙解讀。他們的生存、生活「非關文字」，由此而形成的「哲學」，也是一種「苦力哲學」，是「非關文字」的哲學。他們是當時社會現實生活的「親歷者」，說出來、寫下來的，也都是他們自己的親身經歷與切身體驗；之所以說出來、寫下來，也不是為了謀「飯」吃，而只是「要做點和吃飯無關的事，滿足一下自己的精神慾望」。這樣的一種「寫作」、哲學，與「吃飯」無關；而是發自「內心」的，是「精神的慾望」和「心靈」的需要。這樣的一種哲學，既是「生存」的而且特別是「心靈」的；更確切地說，不是「吃飯」（「和吃飯無關」）的，而是「精神」的「滿足」。

講《金剛經》等佛經的佛，曾是王子的釋迦牟尼，後來決心身入眾生、與眾生同甘共苦，採取了與眾生同樣的「生存」方式、「存在方式」，過眾生的「日常生活」。在這樣的「日常生活」之中，能夠「見素抱樸」，就是在「日常生活」中，能夠「顯現」出那種「入污泥而不染的本色」、找到那種「未經雕琢的本質」。那些「一日不作，一日不食」者，常常於柴米油鹽醬醋、一日三餐都會遇到困難，一點兒「小」事往往會影響到「生存」乃至「性命」而「事關生死」，他們的日常生活是最有「性命感」、「存在感」與「危機感」的，是最「接地氣」的。這顯然不同於R·-P·薩特「精英」們在咖啡店裏的那種日常生活，以及相關的「存在方式」與「存在感」，他們是「離地」的不「接地氣」的、冒着「特權泡沫」的。《壇經》以及相關的中國禪宗，強調了社會底層人們的「日常生活」，突出了在吃喝拉撒睡的「日常生活」中「修行」、進而「修心」，也是基於其「生死事大」。佛教中，這些中國獨樹一幟的思想文化傳統，應該得到我們應有的重視與解讀。我解讀佛經，之所以選擇從《壇經》開始，這是一個根本的原因。對於我們從事哲學、佛學研習的現代人而言，最重要的不是忙着改造他人、改變外在的環境（雖然這方面的改變也是必要的），而是「潔淨」內心、在自己的「心地」上下功夫。

其實，這也因為我不懂梵文。不懂梵文，也沒有當地人的生活，我沒有資格去研究梵文版的佛教經典。所以，我的解讀佛教經典，是漢人著作如《壇經》以及漢譯的佛教經典如《心經》、《金剛經》，承續的是漢傳佛教的法脈，自然也包括在這些經典中流淌着的中國人的血脈、生存方式、思想文化傳統、語言文字等等。且不說，佛教究竟是產生在中國還是印度、尼泊爾，目前尚有爭議；如最近，在四川廣漢古蜀國遺址發現佛像等實物，屬於中國的伏羲時代，時間要遠遠早於釋迦牟尼佛；也有人認為，釋迦牟尼不是佛教的創立者，他只是佛教的傳播者，也就是說，佛教的創立是在釋迦牟尼佛之前；等等。《壇經》，作為唯一一部不是印度佛陀菩薩所講的而是漢人和尚講的，卻也被榮列為佛教經典的「經」；講者慧能是一個生活在中國「社會底層」的平民百姓，而不是像佛陀那樣出身於王宮、貴為王子。這就形成了一種不同於印度佛教的中國佛教模式。慧能現身說法，突出顯示了所有人在「靈魂」深處的、在「本性」上的平等：「人雖有南北，佛性本無南北；獦獠身與和尚不同，佛性有何差別？」（《壇經》）

「處在底層」的人們，生存在「生活的底線」上，很困難乃至危險；因此，生存能力得「足夠頑強」才行。相比較，他們容易「知足」（只求溫飽而已），「不貪」（也沒得可貪），也就沒有必要、也沒有精力時間去「偽裝」；他們「真實」、「單純」、「素樸」，顯示着生活、生命的本色。其實，「人往低處走」，作為「精英」，就是去衝破「特權的泡沫」，摘除包裝的面具，脱去所有的偽裝，就是「回歸」生活、生命的「真實」、「素樸」，「真實」、「素樸」地「活着」。哲學，是朝向「性命」的「真實世界」的，也是一種基於「真愛」的「智慧」，是一種「脱去偽裝」、「做減法」、「放下」的「智慧」。身在低處的人們，縱然有實際生活中如柴米油鹽等等諸多的需求，卻不會有很大的權慾財慾，都不妨礙對他人的「同情」、「友善」，都會對他人講「真心話」、以心換心，更不會因一己的權慾財慾而傷害他人。而有權勢有錢財有知識的人，恰恰是因為這些人喜歡「爭奪」，過多地注意「有」的爭奪或維持，而被「遮蔽」了「良知」、「初心」；與他們相比較，「處在底層」的人們恰恰是因為沒有那麼多的「有」而不至於「遮蔽」了「良知」、「初心」，為人處事都不忘「從心地上下功夫」。

其實，真正的學者做「學問」，若出於「真愛」、「真性情」，就得「從心地上下功夫」。在學府，做學問得「專業」，得有師承、繼承學統，甚至得有必要的語言文字的功底（這些對於現在學府裏的許多人竟是一個問題）；但是，僅僅這些是遠遠不夠的，還得有生活的歷練、性命的切身體驗乃至真正的「心靈」的碰撞、「心心相印」。換句話說，重要的，既不是語言文字方面的功夫（這種功夫儘管是必要的，如作為研究者必須能讀懂原著），也並不是專業知識（作為一個門類的專家，這種知識是硬體，不可缺少）；而是在它們之上、在它們背後的「生活」的「歷練」、「性命」的「切身體驗」乃至「心靈的碰撞」與「靈魂的觸及」。回過頭來，再看看那些高等學府裏的「教授」、「博導」之類，以學術之外的雞鳴狗盜取勝，勝之不武；更荒唐的是竟然在語言文字、專業知識的方面也經不起推敲！更可笑的是，甚至抄書也抄不對！恰恰是因為他們如此地「沒手段」，才「不擇手段」；越是這樣，爭奪得越是激烈！他們之中的有些人，卻依然沉溺於「特權的泡沫」之中，對內部是寸權必奪、寸利必爭；在百姓面前，則趾高氣揚，自命不凡；實際上是色厲內荏，也是心虛所致。這樣的一些人，我不屑為伍。

7、不違心、不苟且、不墮落

在我經歷了「不得不『放下』」之後，再次讀到了佛陀的事蹟，覺得僅僅做到「不得不『放下』」還相差甚遠。佛陀在他成佛之前，就做到了相對「自覺」的「放下」，如一開始就主動「放下」了王子的地位、王宮的榮華富貴、嬌妻幼子的溫暖家庭等等。「覺悟」就從這裏開始，就是這樣的一種「自覺『放下』」、「往低處走」乃至「順應」弱者、為弱者「服務」。

最近，還有朋友問我：你這樣選擇，後悔嗎？我說，我不後悔。真的不後悔！其實呢，開始的時候，我是被迫無奈，而不是主動選擇；最終，似乎還是有點兒被迫選擇，但正因為是這樣才有了現在的我。不仰仗權勢，不依靠學府的牌子、職稱之類，單憑學問、學術行走於學界乃至民間。我努力在堅持的，就是走一條維護學術尊嚴、堅持學術標準第一的「不違心」、「不苟且」更「不墮落」的哲學之路。

「適者生存」，如前面所說：「順心」，就是出於「真愛」，不「違心」、不「苟且」、不「墮落」。其中，也包括把人世間的學術之外的名利地位看淡；因為，這樣的一些名利地位的取得，在現實的中國，你甚至是要付出人格的慘重代價，這是根本不值得的，也是真正的學者所不屑為的。所以，真正的有學問的學者，往往不是名利地位的追求者，更不是名利地位追求的成功者；事實上，對於名利地位的追求，往往會影響到一個人的不說「真話」、「實話」，而要說一些「官話」、取悅「權勢者」、「錢財者」的「話」，這往往是有損於「堅持真理」的，有害於真正的學術研究的。凡是名利地位追求的成功者，這些人往往離「真理」、「學問」、離「真正的學者」相差甚遠；他們的門前車水馬龍，來交往的絕不是學問，而是功名利祿。

一個「真正的學者」，用不着拉大旗作虎皮，用不着以頭銜、官位來增加其權威性。一個「真正的學者」，也並不需要很富裕的生活，更不需要名譽地位，只要能夠維持生存與研究就可以了；不過，決不能沒有「學者」的自尊、骨氣、志氣與人格，絕不為五斗米而折腰。事實上，當你沒有官位、沒有錢財、沒有頭銜，而仍然有人來找你，這就證明人們不是來求官發財，而是你真的有學問，這才是學者的真正價值的體現。一個「真正的學者」，應該像楊絳先生那樣「不」與人「爭」乃至「不屑」與人「爭」，對人的身外之物、慾望做減法、而不做加法。佛教的「修行」，一定不能帶有世俗功利的目的，甚至不是為了健身、祛病或者得到神通、練就功夫，不是功利地考量成敗、得失、取捨，也不是那種世俗的修身養性；而是超越世俗生活的那種入靜入定，明心見性，超越常人的世俗境界。作為學者的我們，之所以學習佛教的「修行」，雖不是為做「信徒」，卻也有助於自己清除許多妄想雜念、身外之物，成為一個「真正的學者」。

除了社會上的「官本位」，在現在的大學裏面，還流行着一種如陳道明所說的「有用強迫症」：所謂「有用」，不是指「知識」的，而是指「門路」、「功利」方面的；這方面「有用」，就「學」；「無用」，就棄之不顧。「有用」的老師，他家的門檻被踏破；「無用」的老師，碰到了連個招呼都懶得打。一切都以這樣的「有用」為標準，人就會活得越來越累，人就會變得越來越勢利，親情、友情、師生之情就越來越淡漠，身上的人味就越來越少。追求這樣的「有用」，會得「強迫症」；不如選擇「無用」，「無用方得從容」。

而事事時時處處去「爭」，其中還有一個重要的原因，就是因為「不自信」，不知道、不珍惜「自家寶藏」；而這樣的一種「自家寶藏」，從根本上來說，是「爭」不來、也「奪」不去的；「自家寶藏」越是豐厚，越是「自信」，越是有「真愛」，就越是「不違心」、「不苟且」、「不墮落」，就越是「不爭」、「不屑爭」。人太忙碌於外在的東西，往往會忘記內心、忘記那些最珍貴的「自家寶藏」。

8、積極面對，不逃避

不爭；但也不逃避。人，生活在現實的社會裏，不如意之事十之八九，你一件都躲不掉。信了宗教、進了教會、佛堂、深山老林就能躲掉了嗎？我相信這樣的一種説法：即使你進了像梵蒂岡這樣一種全世界教徒的聖地，也照樣有爭鬥、腐敗、亂倫、迫害、暗殺等等，甚至比人們的世俗世界更加肆無忌憚，更加血腥殘酷。

所以，宗教、教會、佛堂，本來就不是避難所。如果，你把它們當作了避難所，那你就大錯特錯了。就像《巴黎聖母院》所描述的那樣，吉普賽姑娘埃斯蜜拉達僅因她的美貌，而遭殺身之禍，無處躲藏，敲鐘人卡西莫多把她藏進巴黎聖母院避難；聖母院本來是一種避難場所，卡西莫多也以為這裏可以讓埃斯蜜拉達躲過一劫；但是殘酷的現實粉碎了他們的迷夢。事實上，只要有人的地方、奉行「叢林法則」的地方，根本就不可能有甚麼「避難所」。

佛陀的成佛經曆，也是在告訴我們：不要高高在上、養尊處優，以為這樣就可以躲掉那些人間疾苦了嗎？或許，在王宮裏，你可能看不到民間疾苦；然而，這些民間疾苦依然存在。正因為它們存在，所以我們必須關注。真正的關注，是我們放棄那些安樂窩、避風港，也不是把人們拉進這些安樂窩、避風港，而是自己投入到眾生中去，直接面對現實的生老病死等等一切苦難。因此，人世間的災難、痛苦我們是必須經歷的，也只有在這樣的一種經歷之中才有可能過真正的人的生活，在這樣的一種經歷中成長強大。沒有這樣一些的磨難、痛苦，即便你繼承了王位，享盡人間的榮華富貴，你也感覺不到真正的幸福與快樂。當你剛直接面對災難、痛苦的時候，你就處在那種手足無措、無法逃避的狀態，你只能接受；當然，也正是因為無法逃避並且接受，你才有可能親身經歷、切身體驗、了解這些苦難，學會如何面對和積極應對。

勇於面對，善於應對，這只能是經過與苦難的接觸、周旋才可以學會的。在接受、適應而不是逃避苦難的過程中，我們不僅僅學會了應對苦難，而且還學會了改變我們自己乃至改變世界。甚至可以說，苦難越是深重，覺悟就越是徹底，克服苦難的本領也就越是高強。佛陀給我們引領的，就是這樣一條的人生與「覺悟」道路，佛陀也被稱為「覺者」。

9、生與死——置之死地而後生

講「適者生存」，講「生存」，就不能不講「死亡」。人有生、老、病、死，可見「死」是人生的一個重要組成部份。人總是要死的，或早或晚而已，不可避免，即便壽長如烏龜、王八可活千年乃至萬年，也終究難逃一死。「生存」，通向的就是「死亡」；「死亡」，是人世俗「生存」的終點。在「生」與「死」之間，還有「老」、「病」之類，人生無常、多舛，人的智慧、能力又很有限，吃苦受難也在所難免。如果我們從一開始就明白了人生是「苦」的、人是要「死」的，生活就變得簡單多了，人也會變得勇敢、坦然得多；既然不可避免、在所難免，那就不必「怕」，「怕」也沒用，不如坦然對待，還會讓自己的人生增添幾份「大丈夫」氣概。從「死亡」去看「人生」，知道「人生」之「有限」、「死亡」之「難免」，也就更會珍惜「性命」，好好地「活」在「當下」。

「人生」，不能不珍惜。有人說：「好好活着，因為我們會死很久很久。」我想再往裏面加幾個字，以強調因為「活」的短暫而懂得珍惜並快樂地「活着」：人生只有一次，既短暫又無常，那就要懂得珍惜並快樂地活着，因為我們會死很久很久。所謂「懂得珍惜並快樂地活着」，就是即便「在痛苦的世界裏」也能「快樂地活着」；或者，猶如巴金所說：「在薄情的世界裏深情地活着。」這是一種非常重要的「生死」觀。這樣的一種「生死」觀，強調對「活」的珍惜與快樂。

還有一種「生死」觀：「沒有極致的痛苦體驗，就不可能有極致的涅槃。人生是一個修行的道場，要麼循環沉淪，要麼浴火重生，苦行亦可化成樂修」（宗薩欽哲仁波切）。換成中國的成語，那就是：「苦盡甘來」，「置之死地而後生」。在這裏，強調了「活」的艱難、痛苦，而正是這樣的一些艱難、痛苦讓人們得到快樂、重生。

當然，現實生活十分煎熬甚至使人感到生不如死的時候，人們往往會「想」死；因此，在談及「死」的時候，往往取某種「嚮往」的態度。例如，章詒和說：「死很幸福」，「這個世界不值得留戀」。在悼念陳小魯的文章裏，羅點點援引了王朔的一句話：「要是真有那邊兒，說不定不錯，至少比這邊兒強。」（《送別小魯》）

佛教認為：「生死事大」。而「生」與「死」是「一體」的，不能分開去講。或許，只有當你面對「死亡」甚至經歷過「死亡」之後，你才真正明白何謂「生死」。而這一點，你只有通過切身經歷才有可能覺悟，也只有你自己的切身經歷才有可能告訴你。佛陀是他在讀萬卷書、行萬里路之後，一無所獲、身疲力竭、奄奄一息，身處「生死之際」，坐在菩提樹下仰視星空，才最後「頓悟」、「覺醒」的。在人的生命旅程之中，總有一段時間是非常無奈、無助的與極其絕望的，似乎人生已經走到盡頭，這個時候的人往往不堪一擊；而人的「生命力」所在，也就是要在這樣的一種時候，在「極脆弱」處顯「堅強」，能夠把自己平時覺察不到的那種潛在的「天生的」智慧與能力發揮「到家」，以順利渡過「生死」難關。身處「生死之際」，要讓自己最大限度地調動自己的智慧與能力，以渡過難關；這樣一種的對自己智慧與能力的最大限度的調動，就成為你自己的一種寶貴經驗與財富，能夠幫助你從此以後去承擔任何風險、戰勝任何苦難。

而人的「覺悟」與否，也就在「生死」之一念。王陽明曾言：「自計得失榮辱皆能超脫，惟生死一念尚覺未化」。他明確地把「生死一念」與「超脫『得失榮辱』」區別成兩個不同層面，強調了「生死一念」對於「覺悟」的重要。為了能夠「化」這「生死一念」，他造了石墎，「日夜端居澄默，以求靜一」；以「靜坐」的方式，「靜」下「心」來，以「化解」「生死一念」。

王陽明的「靜坐」不同於他人，一是端坐「石墎」，身處模擬「死地」；二是當時王陽明所在的龍場，「在貴州西北萬山叢棘中，蛇虺魍魎，蠱毒瘴癘」（以上，見王陽明《年譜》）；這樣一種險惡的生存環境，顯然是一塊「死地」。王陽明自選此地而處，就又有「置之死地而後生」的意味；而他又是一個傑出的兵家，懂得拼死以求生、絕地逢生、以解脫「生死」難關的重要和必要。在實際生活中，碰到了困境、險惡，如果當事人有一種「大不了就是一死」的想法和決心，那麼任何困難就都不在話下了，「死」也就不可怕了。這樣，「生死」難關，不就渡過了嗎？「生死一念」，不就化解了嗎！有王陽明的這種意志與精神，二〇二〇年爆發新冠肺炎就能成為我們極好的鍛煉機會。

從上述角度來看待佛教的「修行」，就有了兩個層面：一是「超脫『得失榮辱』」；二是「化解『生死一念』」，渡過「生死難關」。因此，僅僅做到「超脫『得失榮辱』」，是遠遠不夠的；必須進而「化解『生死一念』」、渡過「生死難關」。僅就「化解『生死一念』」而言，從「證悟」來講，道家也有去亂葬崗子，找一個墓穴，和死人住在一起，以此獲得「死亡」的體驗與覺悟，過「死亡」的難關。這樣的一種「死亡」體驗，帶有「模擬」的色彩；而中國禪宗六祖慧能則不同，得衣缽後被追殺，隱居獵人群中十五年後才出來弘法，他在實際生活中親歷了「死亡」之威脅並成功渡過了「生死難關」。置之「死地」，往往能夠刺激出一個人極度的生存智慧與能力，使其頑強地生存下去；而置之「死地」而「『不』死」，則足以證明生命力的極其「堅強」，不可戰勝。對於「修行」來説，「生死事大」，必須改變常人的「貪生怕死」，才有可能渡過「生死難關」。這樣一種的「渡過『生死難關』」，就是一次人的「身心的『重生』」。

通常，人是貪生的，許多的思想家、哲學家都去提倡養生尋求長壽之道，這也是人之常情。只是，在講養生、長壽的時候，不要忘了：正是因為人是會死的、最終是要死的，人有生就會有老、病、死，所以才需要去講養生求長壽；如果，人是不死的，那還需要去講養生求長壽嗎？就沒有這個必要啦！人終有一死，就要珍惜性命、善待死亡，但不要怕死。

因此，就要懂得「死亡」、尊重「死亡」、坦然面對死亡，學會從「死亡」來看待「生存」。這和儒家的「未知生，焉知死」的思想相反，恰恰是「未知死，焉知生」。是首先真正敢於「面對」着「死亡」，才有可能真正「知道」甚麼是「生存」，「懂得」「人生難得」；才會珍惜「生命」，才會「從容」面對「死亡」，不至於在「死亡」來臨時手足無措、驚慌失態。常人最大的痛苦與恐懼，是「死亡」；惡人常常用來嚇唬別人的，也是「死亡」；一個人一旦不怕「死」了，也就沒有了根本的痛苦與恐懼，也就「置生死於度外」了，也就能置之「死地」而「『不』死」了。

「怕」死的病人，或者希望病人「多活」的家人，往往會千方百計地「延長」其「生命」，為此而不惜在病人身上做「過度的治療」；然而，這些「過度治療」無疑是對病人的「折磨」、是在增加他的「痛苦」，這樣的一些「折磨」與「痛苦」，常常使病人生不如死而且最終死得毫無尊嚴。人生，要有「尊嚴」、特別是面對「死亡」的時候；而實際生活中的人，往往不顧「尊嚴」。要「死」的人，讓他／她「死」得有「尊嚴」，讓人有「尊嚴」地「死」去；這是臨終關懷的根本點。窮人，往往因為貧困，而「死」得沒有「尊嚴」；富人，竟因為錢多「過度的治療」也失去了「尊嚴」。但是，對於一個人來說，最重要的是：「生」、「死」，都要有「尊嚴」。這樣的一種「生死觀」，應該讓所有人都知曉。

其實，人——不管是多麼「智慧」的人，對於「死亡」也只能做到：「死亡」一旦來臨時，能夠「不驚慌失措」、「從容」面對；而最好是，順其自然，安詳、無痛苦、「有尊嚴」地走完其人生。從根本上來講，對於「死亡」，人是很難真正「懂得」、「知道」的；因為只有「經歷」過、「體驗」了，人才會真正「懂得」、「知道」；而一旦「經歷」、「體驗」了「死」，人也就已經「死」了、「不存在」了，雖然他知道了自己是怎麼死的，但已經死了而無法親自去告知別人：自己是怎麼「死」的了。所以，「死亡」以至「生存」，對於人的那個非常有限的「人生」來講，是很難做到自己真正「知識」然後能夠告訴別人的。因此，我們是很難在「知識」的層面上去討論清楚的。

所以，需要有其他的層面，例如「宗教」、「信仰」的層面。聖一法師說：「菩薩覺住無住，所以不住生死，不住涅槃；若住佈施，不能修持戒；若住忍辱，不能修禪定；菩薩如是無所住，六度萬行齊修。」就佛教而言，重要的是「『覺』生死」而「『不住』生死」，在「死亡」面前能夠「自勝」。

四、忍者無敵，剩者為王

人生短暫而又無常，應該分秒必爭，並且力爭成功；有成功墊底，底氣就足。然而，又不能急於求成、急功近利。實際上，由於人的知識、能力有限，還有諸多人所不能預計、不能掌控的因素在，人生不如意者十之八九，往往失敗居多；許多人忍受不住失敗的痛苦與煎熬，以至行百里者半九十，堅持不到最後。

現在的大學生和他們的家長，都很性急、沒有耐心，急於求成。例如，前腳剛剛邁進大學的校門，後腳就忙着找門路託關係、籌劃着畢業以後的去向、工作。這哪還有心思讀書啊?!他們上大學、找工作，凡事都要搶在別人的前面，唯恐落後、被剩下。有不少的人，這樣的去搶、爭往往還是不擇手段的。而靠不擇手段所得到的東西，怎麼可能長久呢?怎麼可能不為此付出慘重的代價呢?現如今社會上的人，大都渴望成功、急於成功，攀附「成功者」，千方百計尋求「成功秘笈」，甚至連談戀愛都要有「秘笈」、「方略」。其實呢，這樣一些的道路，必然是「失敗」之路，往往既丟掉了人格，又荒廢了學業、事業。

還有一些人，也想「成功」，但是不願意花「成功」的力氣，不願意下「成功」的功夫，而只願意憑空享受「成功」的果實，坐享其成。所以，想「成功」的人很多很多，而走真正「成功」之路所需的功夫卻沒有多少人捨得去下，這些人並沒有也不願意去走真正的「成功」之路。「成功」之路，並不是鋪滿鮮花的寬闊平坦大道，而是需要親自披荊斬棘的甚至是在沒有道路的情況下去開闢出一條道路。這不僅僅需要勇氣、毅力，還要有相應的智慧與能力，耐得起疾苦，也花得起時間。

耐得起疾苦，既要耐得起天災人禍，又要耐得起內心的煎熬；人在最難過最絕望的時候，挺一下，也許就熬過來了;忍耐至最後,一切都因忍耐而度過了,希望就出現了。在這裏,重要的是能夠戰勝自己;有人說「勝人者力,自勝者強」,只有能「自勝」者,才是真正的「強者」。「好好活着,活着就有希望」,「就有無限的可能」(陳忠實語)。更重要的是,「一切苦厄」「度」過之後,「活下來」之後,還「剩」下了甚麼?如果一個人還能「剩」下尊嚴、人格、骨氣、生命力,這樣的「剩」者就是真正的「勝」者,「剩」者為「王」。

1、衡量成功的標準

誠然,人也並不都是如此急於求成。我在上海曾經見到過一位老人,九十四歲了,還能自己爬樓梯,能吃能睡,活得健康、心情舒暢。他說,他在單位上班的時候,一些人喜歡爭,爭職務、爭工資、爭住房。雖然他有很大的貢獻、很深的資歷,卻「讓」而「不爭」、也「不屑爭」;他的態度是,那你們爭去好了,反正我不跟你們爭。他一直住着那套小房子,工資也很少長,更別提升職務啦!結果呢,那些爭的人,雖然爭到了職務、工資、房子,卻早早就離開了人間,而他現在還活得好好的。我聽了,當時心頭一震!後來,我身邊那些爭的人也先我而去,加深了我的感悟。再一細想:這是「剩者為王」呀!一般人都認為,「爭」而「勝」之,「勝者為王」;其實不然,「爭」而「勝」者,很辛苦,往往機關算盡,身心透支,即便「勝」了、「成功」了,早就是遍體鱗傷,身心疲憊,早夭者、暴斃者甚多,顯然是「爭」得太辛苦、身心不堪重負的結果。

這也關係到我們究竟應該怎麼樣來看待一個人的「成功」與「失敗」?褚時健走出監獄的時候,已經七十四歲了,吃了那麼多的苦頭,身心備受摧殘,歲數又那麼大了,可以說是從峰巔跌到了谷底;但他毫不氣餒，白手起家、重新創業，又打出了一片新天地。王石在談到褚時健的時候，引用了第二次世界大戰的英雄巴頓講的話說：「衡量一個人成功的標準，不是看這個人站在頂峰的時候，而是看這個人從頂峰跌落谷底之後的反彈力。」在軍事上，講究反擊能力、特別是戰略的反擊能力；比方說，在核武器時代，有的時候有些人會先發制人，狂轟濫炸一陣；這個時候，問題的關鍵則在於：那被轟炸的一方，還有沒有還手的能力？有還手能力，就能反敗為勝。具備反彈的能力，是需要經過跌落谷底的鍛煉的；沒有跌落谷底的磨煉，反彈能力也就無從說起。跌落谷底，才有絕地的磨煉；絕地的磨煉，就不僅僅有體能的考驗，還得有觸及靈魂的拷問，從而獲得身心全面的昇華。從這樣的一個層面來看，委屈、磨難、失敗，往往是一個人成長、由弱變強的必須。真正的「希望」，必然經過「絕望」，並產生於「絕望」，是「絕望」鍛煉出的「希望」。

事實上，佛教無論成敗。如果一定要講甚麼是「成功」的話，那絕不是「物質」方面的，如財富、地位、名譽、子女等等；也不是「精神」方面的，如美感、愉悅之類；而僅是「靈魂」方面的，如「不染」、「聖潔」等等。有關「靈魂」的方面，僅僅與「覺悟者」的「奉獻服務」相關；而真正的「奉獻服務」，是絲毫無關「收穫」，也無所謂「成敗」。

2、「你沒有遲到，只是活在自己的時區裏」

在我們的現實生活中，有些人老是「『心』急」，總擔心自己的腳步慢，落後於別人，再加上體制的原因，所謂一步跟不上、步步跟不上；因而焦慮、不安，以至越忙越亂，在忙亂中匆匆度過一生。

為有助於解除這類煩惱，我們不妨讀讀網上那篇題為〈你沒有遲到，只是活在自己的時區裏〉的文章。文中舉了一些大家都熟悉而且也比較典型的例子，比如：「奧巴馬五十五歲就退休了，但是特朗普七十歲才當上總統」。這樣的例子告訴了我們一個道理：「在這個世界上，每個人都有自己發展的時區；你身邊有些人看似走在你前面，也有人看似走在你後面；每個人在自己的跑道上、在自己的時區裏奔跑，不要羨慕別人，不要嘲笑別人，他們在他們的時區裏，你也在你的時區裏。人生就是等待正確的行動時機；所以，放輕鬆，你沒有落後，也沒有領先。你就在當下，在你的時區裏。」

我覺得，用上面這段話，有助於我們理解佛教的「當下」，「當下」就是本人的「時區」、「時機」；我們每一個人都有適合自己的「時機」、「時區」，並不是別人「有」、而自己「沒有」，只是「到」的「時候」不同，「時候一到，一切都報」。因此，不能「『心』急」，而是要能「靜」下來，「放『輕鬆』」，「耐心」等待。

孔子，根據他自己的人生經歷，也曾給人們劃出過一種人生發展的「年齡段」、「時區」，例如：十有五而志於學，三十而立，四十不惑，五十而知天命，六十耳順，七十而從心所慾、不逾矩。有人根據大畫家齊白石的一生，也劃出了一張「時區」表：三十歲，而立之年，才改行學做畫匠；年過半百，「北漂」；五十八歲，始成名，但並不富裕；六十七歲，方在北京站穩腳跟；七十八歲，第十二次當爹；八十三歲後，仍謀三婚；九十多歲，還想娶二十二歲的小女子為妻，還要開創新畫法。通過齊白石的事例，作者告訴我們：人生並沒有所謂「普適」的正確的時間做正確的事情；人若活在自己的節奏裏，每分每秒都是黃金時區。

當然，時不我待，需要抓緊；但是，不能「『心』急」。根本點是在於：等得起，耐得住寂寞，「靜觀其變」，把握好「時機」、找準「時區」；把握「時機」、找準「時區」，其中很重要的一點就是要「『耐心』等待」、把握住「『自己的』性命節奏」。把握好自己性命的節奏，那每分每秒都是黃金時區。在這裏，有「分秒」這種「時間」與人「性命」的關係。很多人都珍惜自己的「性命」，卻很少人關心「當下」、「分秒」的「時間」；殊不知人的整個「性命」不就是由「當下」、「分分秒秒」組合而成的嗎?!佛教突出了「當下」，以「當下」來解讀「性命」，構成了「當下」與「性命」重要關係，這也是一種用「時間」去解釋「生存」、「存在」。

3、命運從不公平

人們呼喚「公平」，就因為現實生活的「不公平」。有的人在實際生活中碰到了困難，受到了委屈，就抱怨命運對自己不公。其實呢，在人的社會裏，命運從不公平；比方說，同一父母所生，有男有女，有高有矮，有胖有瘦；有的習武，有的能文。天生的不公平。如果換一個角度去看，這是不拘一格呀！老天爺就是「不拘一格降人才」的。

所謂不公正的待遇，現在如果只是級別低一點、工資少一點、房子小一點等等，這和過去就很不一樣啦！其實，人生本來就不易，一個人只要能活得下去、能做自己喜歡做的事情，就已經是最大的幸福了，其他就不那麼重要了。

事實上，遭遇不公正的人，往往是有一些特長、特立獨行的人；這種人往往成為嫉賢妒能者的打擊對象，目的是試圖擾亂其正常生活，阻礙其才能的正常發揮。開店的大都是武大郎，個子高的店員受打擊就在所難免。所以，這些有特長、特立獨行的人要想能夠發揮好自己的一技之長，就得能經受起無端的騷擾、打擊。有才能的人，往往倍受騷擾、打擊，所以就得特別能抗騷擾、不怕打擊；可就是有的時候他們又特別的脆弱，正所謂「嶢嶢者易折，皎皎者易污」。

話又說回來，一個人不能受委屈，不能承受不公正的遭遇，不能承受失敗等等，也只能證明這個人的不夠自信、脆弱、不堪一擊、無能耐，這是無法在複雜的甚至是殘酷的現實生活中生存下去的；特別是在盛行弱肉強食、「叢林法則」的社會裏，遭遇不公、受委屈往往是家常便飯。在這一點上，你還不得不感謝那些欺負、打壓你的人，正是他們磨煉了你的「忍耐」，使你變得受得起「委屈」、經得起「失敗」、打而不「垮」。

4、大難不死，逆向生長

在有的家長看來，自己的孩子不能受一點點委屈，他們甚至喜歡在外人面前炫耀：我們家的孩子，在家裏不受半點委屈！家庭，往往可以成為「溫室」；而社會，則是一個風雨交加的世界，有的時候只能「野蠻生長」、「逆向生長」。其實，人才，往往不是被捧成的，而是被打壓而成的，甚至是大難不死而後成。有的時候，受一點委屈，對年輕人是一個很好的磨煉，也便於在社會上受到委屈的時候能夠正確對待、平安渡過。世事無常，在現在的人類社會中還盛行弱肉強食、「叢林法則」的時候，遭遇不公、受委屈往往是難免的；既然難免，就不僅僅要學會面對，而且要善於應對。

在這種時候，就需要我們能夠忍受、能夠忍耐，而決不能「小不忍」亂了我們的「大謀」：恪守道德底線、堅持正確的人生方向、做好自己的事業。不過，強調「道德」，不是自甘軟弱乃至怯懦，不能成為自己軟弱乃至怯懦的遮羞布。聲張「道德」，有的時候是弱者的一種虛弱的抗議，根本不足以阻止強梁者的邪惡，因為強梁者根本不懂得也不講「道德」。

能忍受、能忍耐，是一種大本事、大智慧。中國有一個詞，叫「能耐」，也是「有本事」、「有擔當」的意思；能否「忍耐」，是一個人有無「本事」、能否「擔當」的一個重要標誌。大事，並非常人所能「擔當」；一個人若想成就大事，就得能超乎常人、忍常人所不能忍，這樣才有可能在極其複雜兇險的環境中生存（或者說「剩」）下來、發展成長。這樣，忍者便是無敵。久而久之，忍者就不僅僅沒有了對手，而且不再把對手作為對手。忍，本身就有「寬容」的意思；「寬容」、「大度」，才是真正的「強者」。

否則，嶢嶢者易折、皎皎者易污，是很難長久的。一個人的成長、成熟，要經得起世事的磨煉、時間的考驗；這就需要一個較長的過程，需要人有頑強的精神、健康的體魄，甚至是活得長壽。所以，我們說：剩者為王。

事實上，不管是「適者生存」還是「剩者為王」，都有一個「時間」的指標，每一個人都有自己的「時間點」、「時間段」。所謂「適者」，就有一個「時機」即「時間」的「機遇」，「時機」的「恰當」。在甚麼樣的「時間」點、「時段」最合適？「剩者」，也是如此，忍耐到「幾時」？甚麼樣的「時間」點，才是出頭之日？由此看來，這樣的一種「『時間』的指標」，是根據「適者」、「剩者」來確定的；「適者」、「剩者」的任何變化，會影響到「時間」的變化。比方說，「適者」、「剩者」應該堅持自己的路徑、持守自己的信念，而不受外界任何人、事的影響，從容而「不亂方寸」、始終如一。另外，也要看他們是否有高度的警覺，能夠及時把握「時機」。總起來說，一個人從生到死不過百十來年，在歷史的長河裏面就是一眨眼的工夫，極其短暫；然而，人生無常、坎坎坷坷、苦難重重，着實是一種煎熬，往往度日如年；只有能夠熬過去的人，才是真正的「強者」。正是在這樣的一種意義上，可以說是「剩者為王」。

不過，所謂能忍耐，是有底線的，那就是不失人生的底線，不失人的固有尊嚴與人格；換句話說，在任何情況下，人能否「活着」當然很重要；但是，人不能為了「活着」而「屈從」、「降服」。「天下」，是百姓之「天下」；只要百姓不失其尊嚴與人格，就一定不會「亡」、「失」「天下」！凡是強制剝奪百姓尊嚴與人格者，將必「亡」、「失」「天下」！讓百姓沒有「天下」的統治者，其統治絕不會長久，必「亡國」！

在這裏，我必須強調的是，能夠真正承受委屈與不公正的人，其實並不一定都是那麼「強大」的人、那麼經驗豐富的人、那麼聰明過人的人。甚至，他們看起來是有那麼點「愚」、有點兒「弱」，究其實則是單純、質樸，是「大智若愚」。他們不是沒有失敗過，甚至是經常被「打『敗』」，但絕不會被「打『倒』」，「大難」而「不死」。他們堅韌不拔，是經常輸、但輸得起、但永不屈服。打而常輸、又打而不倒，這是得以能「剩」的「剩者」高貴的品質。內心的「素樸」（人之初都有的）、對這種「素樸」的「持守」，勇敢而又堅持不懈地「持守」，也是我們最珍貴的最值得珍惜的「自家寶藏」。

五、珍惜「自家寶藏」(西安與中國傳統思想文化之寶藏)

我們為甚麼要讀《般若波羅蜜多心經》?也是為了提醒我們珍惜「自家寶藏」。「人所以愚癡、愚昧，就是因為不能認識般若，不能認識自己的本來面目。」人們經常幹那種「騎驢找驢」的事情，明明「驢」就騎在自己的屁股底下，卻不知道「驢」在哪裏?還到處去找「驢」。明明「般若」、「大智慧」就在自己「心」裏，卻不知道、認不得，還到處到外面、到別人那裏去找。國內外都有不少經典的故事，講某個人不遠萬里、歷盡辛苦去尋找「寶藏」，轉了一大圈，回到原地，才發現：「寶藏」就在原地!捨近求遠，人們經常有這樣的迷誤；儘管智者們一而再再而三地點撥人們，人們依然一再迷誤其中。

巴西作家保羅·柯艾略在他的《牧羊少年奇幻之旅》中講了一個少年尋寶的故事：西班牙牧羊少年聖地牙哥做夢，兩次有人在夢中告訴他埃及金字塔下面有寶藏；他決定去尋寶，於是賣掉了羊群，漂洋過海、又穿越大沙漠，遭遇飛來橫禍乃至墜入痛苦的深淵，終於來到了埃及金字塔，卻被告知這裏根本沒有寶藏；而寶藏恰恰就在他原來牧羊的地方。從夢想到現實，得有一個實現的過程，這個過程總是那麼艱難困苦、迂回曲折，又是從原點出發、最終又返回原點；看起來似乎有些荒誕，而這卻是人們必經的過程，有了這樣一個過程並且堅持走好走到底，才有可能真正找到寶藏。

那麼，究竟甚麼是「自家寶藏」?在《般若波羅蜜多心經》中，集中展現的是：佛在心中，不從外求。提倡自我「觀照」、自我「修心」、實現「空」、「無」，通過這樣一種的自我「修心」，進行自我「學習」、自我「療治」、自我「修復」、自我「還原」、自我「潔淨」、「自癒」和「自強」；人的「再生」、「新生」，就是得益於這樣的一些自我「學習」、自我「修復」、「自癒」、「自強」。這些，是「自家寶藏」的主要內容。

這樣的一種「自家寶藏」，一定是自己歷盡千辛萬苦「修」來的。而現在，流行的一句話則是：只要錢能搞定的事情，都不是難事。許多人都以為用「權」、「錢」就能去搞定事情，就特別看重「權」、「錢」；所以就忙於升官、發財，以至於整個神州大地，熙熙攘攘，不為錢來，便為權往。可是，佛教認為，「自家寶藏」既不是「錢」，也不是「權」；而是人們自己的那顆「潔淨的心」。這樣一顆「潔淨的心」，又只能是歷經千難萬險，乃至「從百死千難中得來」（王陽明語）；必須「直接面對」、「親歷」「百死千難」，只有能夠「經受」並最終「克服」「百死千難」，才有可能「維護」與「持守」。世界上的許多事情，只有「直面」、「親歷」，能夠沉着應對，最終度過難關；並且要有一顆「明亮的心」，才有可能真正地「看明白」、「懂得」。與這樣一顆自己的「心」相比，「錢」、「權」真的是靠不住的、也不重要了。官當大了，又怎麼樣呢？官當「大」了，正如蘇東坡所體悟的那樣「高處不勝寒」；更不濟的，一如當今中國的一些高官，已有多少鋃鐺入獄甚至命喪黃泉！錢掙多了，又能怎麼樣呢？有些企業家雖然腰纏億萬，卻丟掉了自己的健康乃至性命。

佛教經典中的哲學，也是我們中國人的「自家寶藏」，就拿禪宗來說吧，有那麼多的禪宗公案具有極豐富而又機智、生動活潑的人生智慧。我在這裏僅舉一例：趙州和尚有一次外出，路上碰到一位婆婆。婆婆問：「和尚住甚麼處？」這似乎是在問：和尚，你「住」在哪裏呀？「住」在甚麼地方？這話，平常人聽起來，挺普通的，就像路上碰到甚麼人，問「你從甚麼地方來呀？」「你要去哪裏呀？」要是平常人回答，就會直接回答「我住趙州觀音院。」可是，趙州和尚不這麼回答，他說：「趙州東院西。」平常人一聽，「東院」就是「東院」、「西院」就是「西院」，怎麼還有一個「『東』院『西』」呢？聽不明白！可是那位婆婆聽明白了，沒有問題了，因此「無語」。趙州和尚回到寺院，想去考考其他的和尚，看看他們是否能懂，就問寺院眾僧這句話裏的「西」

究竟是哪個「西」呀？有的回答，是東西的西字；還有的回答，是棲泊的棲字。趙州和尚批評說：「你們也就是個鹽鐵判官罷了！」和尚們還是沒有聽明白，就問：「師父憑甚麼說我們是『鹽鐵判官』啊？」趙州回答說：「因為你們都只識個字。」這個禪宗公案是在告訴我們：禪宗話頭，雖然是用語言文字來表達的；但是，它絕不只是語言文字的功夫，不能在語言文字上做文章，不是按照概念、邏輯來判斷，也不是司法判案（依據某個法律條款來判斷）。「非關文字」，既然與「文字」無「關」，那它又是甚麼呢？在佛教中，重要的是語言文字之外的佛法的弘揚，「精神境界」、「心靈」、「靈魂」的碰撞與互動。那位婆婆問這麼一句「和尚『住』甚麼處？」，這可以瞞過普通人的耳朵，卻瞞不過得道高僧趙州和尚；趙州和尚一聽，「『住』甚麼處」，這不明明是在考驗、勘測我趙州的修為境界嗎！為甚麼這麼說呢？因為《金剛經》裏明明說「不應住色生心，不應住聲香味觸法生心，應無所住而生其心」。這裏，《金剛經》突出強調的是「不應住」、「應無所住」；所以，不能回答確定的「『住』處」，而回答的是「趙州東院西」，不執於「東」、「西」，「東」、「西」不定，不定就是「不住」、「無所住」。趙州和尚的這樣一種回答，超越了語言文字的局限。從這個公案來看，歐洲哲學特別是偏執於語言或文字的解釋哲學等等，則形同於「鹽鐵判官」，都想為人們制定一些固定的思想方法與標準答案。中國佛教則恰恰相反，它打破一切條條框框，以開闊眼界、提升境界。

現在，二十一世紀，是一個既是「全球化」又是「碎片化」、「速食化」的時代。這樣的一個時代，是歷史的必然，有其科技等等方面的先進性；與此同時，也帶來了一些弊病。弊病之一，是一些中國人忘了自己是誰了、不知道自己是中國人了。與「清淨」、「純潔」的真實「心靈」相區別，人的「內心」往往還產生一些「妄想雜念」；在「妄想雜念」的干擾下，人產生的一些所謂「愉悦」、「興奮」，則是「不健康」的。例如像在座的學生們，有的從小就喜歡吃麥當勞、肯德基，是喝可樂長大的，還有被強迫去學英語、鋼琴，住的也往往是歐式建築。西安、北京這樣的中國古都，還好一些，還有一些中國式的建築、園林，而其他的一些城市例如上海、深圳等等，在那裏，除了大多數的人是黃皮膚、黑眼睛之外，從頭（頭髮被染成黃色、紅色甚至是綠色）到腳（穿各種各樣外國品牌的鞋甚至掛着腳鏈），你就看不出他／她是中國人，你就根本感覺不到你是生活在中國。這是講我們的「外在的世界」。再講人的「內心世界」，崇洋媚外，嚮往美國、歐洲的生活、他們的生活方式，欣賞他們的文化藝術，信仰基督教，等等。不少人，已經根本不認識自己了，不知道自己是中國人了。

顯然，對於我們在座的（包括我自己在內）來說，面臨的一個重要而又迫切的任務，就是：重新認識自己，多問問「你是誰?」弄清楚自己是誰?努力做好中國人。做好中國人，就從認識、珍惜中國人的「自家寶藏」做起，就要從打破許多中國人以為自己在物質、精神方面都特貧乏居然不知道甚麼是「自家寶藏」的這種愚昧無知着手。

世界，需要「光明」，連西方的思想家都認為「光明自東方來」；更重要的是，不僅僅「太陽」的「光明」，是從「東方」升起；而且，「心」的「光明」，也是「東方」的佛教所突出提倡。

看起來，在西安乃至中國的西部，重新認識自己、了解「自家寶藏」相對比較容易。首先，「一方水土，養一方人」。這黃河的水、黃土高原的土，養育了你們這一方人；有了這樣的水土、人，才有了中國的西部文化。正因為此，這個地方精神、物質的財富，歷來都很豐富。聽說，前幾年，在西安城下隨便挖挖，就能刨出幾塊金磚來，就是價值連城。這裏，更有過伏羲的先天易、周文王之後天易，樓觀台的老子講經，法門寺佛指舍利，神仙輩出的實修聖地終南山，還有特別是大秦、大漢、大唐文化，等等。有這麼多的「自家寶藏」！有物質的、有精神的，有外在的、有內心的。而最最重要的，是「內心」的，就是今天我要講的《般若波羅蜜多心經》中所說的那種「心」，就是「五蘊皆空」之後的我們每一個人「清淨」的「心」。「心」，是佛法的根本，「一切唯心造」；「慾得淨土，當淨其心」。

比起別的地方的中國人來，你們又從小就生活其中，更多地被它們潛移默化。我想：你們生活在「自家寶藏」中間，就一定知道去「珍惜」、去「發揚光大」。

六、科學與宗教

科學與宗教，曾經被看作是對立的；西方的宗教教廷，曾經不擇手段迫害過科學家；後來，人類又進入了科學的時代，一些人褒「科學」而貶「宗教」，就提出了「以科學代宗教」，侵佔了「宗教」應有的地盤。喪失了「信仰」、沒有了「敬畏」，科學、知識、理性就沒有了「約束」，使人們產生了「致命的自負」與「狂妄」，自以為天下第一、無所不能，試圖干預、征服一切。依仗科學、知識、理性而對自然界掠奪、對人類社會干預，人為地造成了自然界生態的嚴重破壞，也為人類自己帶來了深重的災難。不懂科學、知識、理性的「有限性」，而造成了「知識」膨脹之後的「狂妄」、「無知」、「無畏」。這也讓人們清醒地認識到，僅靠科學、知識、理性，人類是不可能充份認識自然界、人類社會的。

人們終於認識到，對於自然界、人類社會，人竟還是那麼的「無知」；離弄清自然、人的「終極意義」還為期甚遠。人們的認識，往往有這樣一個過程：無知——有知——無知。無論甚麼時候，對外界、自己都所知甚少；難能可貴的是，要知道自己很「無知」；而自以為「自己知道的很多」，恰恰就是一種「無知」的表現；處於「無知」、不懂「節制」而放肆「蠻幹」，則是一種「無知」者的「無畏」。這還僅僅是在「認識」層面的；如果發展到「道德」的層面，這種「無畏」就會惡性發展為「無恥」，貪污腐敗、假冒偽劣、謀財害命，無惡不作。在這樣一種頭腦膨脹、忘乎所以的時候，人們特別需要給自己敲響警鐘。而對於這類問題的解決，既不能頭痛醫頭、腳痛醫腳，也不能僅停留在「認識論」、「倫理學」的層面。

事實上，宗教的作用，就是「提醒」、「警示」，恰恰是一種對人們「知識」的「局限」和以往的這些治療方案提個醒，做出警示。有了這樣一種的提醒與警示，人們就不再會有那種「無知」者的「無畏」乃至「無恥」；相反，會「知道」自己的「缺陷」，產生一種對「未知」的「神秘」之物的「敬畏」，以及「好奇」、「追尋」。正是基於這樣的一種「缺陷」認知、對「未知」的「神秘」之物的「敬畏」、「好奇」，人們仍在不斷地「追尋」。以至於哲學家們在不斷「轉向」，例如「現象學的神學轉向」。

與此同時，人類進入二十一世紀，科學在相對論、量子力學的基礎上又有了長足發展，特別是信息化、大數據等等，科學顯示了更多的是與宗教的相容與互補。再例如相互關係與因果關係問題，因果關係成為相互關係的一個部份；量子糾纏，在數量、範圍等方面更加拓展了相互關係。因為本書篇幅有限，而且也太「專業」，我就不多講了。

我們人的思想觀念的組成結構，我認為可以分為四個版塊：科學、知識，藝術、情感，倫理、意志，宗教、信仰。各自有它們自己的分工、領域、功能，相互不能取代，但可以相互補充。傳統的哲學，通常分為三個版塊：科學、知識，藝術、情感，倫理、意志。這可以德國古典哲學的I．康德為代表，不過他也沒有絕對排斥宗教，而主張為宗教保留地盤。從科學的立場來看，科學排斥迷信，但不排斥信仰。

可以說，人類進入二十一世紀之後，在各個領域的變革進行得更加迅猛、勢不可擋，而作為信仰的宗教顯示出越來越重要的作用，它不僅能夠為人們的走向未來提供堅定信念，而且還為有着不同信仰的人們的全球化新生活築牢基礎。

七、歷史與宗教

藉助於歐洲歷史的獨特性，正如H．-G．伽達默爾所指出的那樣，M．海德格爾把此在的歷史性作為存在的主導問題來進行探究，從而使得其具有了一種存在的性質，而突破了真理的被科學、命題的局限。M．海德格爾藉助於此在的憂慮結構的分析，突出了此在的歷史性這樣一種存在的時間特徵。M．海德格爾是「重『歷史』」的，H．-G．伽達默爾區別於前者是「重『藝術』」，而在我看來，現象學可以再向前走一步：「重『宗教』」，以「『宗教』哲學」探究「『啟示』現象」。

在此在的歷史性這樣一種存在的時間特徵方面，M．海德格爾強調了現在與過去的關係，從現在向過去的回溯，「現在」與「過去」的解釋學循環。看待現實生活中所正在發生的事情，人們也常常取一種歷史的角度。而歷史本身，即是「已經發生」的事情，譜寫的是「過去」的故事。但是，現實地「現在」生活着的人們，是面向「未來」的；這與「注重『過去』」的歷史觀，有明顯的不同。因此，即便是回溯「過去」，也主要是為「溫故知新」，以「過去」為鑒；特別是通過這樣一種的「回溯」、「溫故」而引起警覺：不能依賴「過去」，因為以往的模式，已經很難解決「未來」的問題。

如果說，「過去」、「現在」是「此岸」；那麼，「未來」則是「彼岸」。佛教着眼於「彼岸」，給世人描繪了一個「極樂世界」，給人們以「未來」的希望。不過，現實的生活，有足夠的理由讓人們悲觀。例如，世界進入了二十一世紀，數據處理、演算法將代替人的思維，人工智慧將代替人腦去決定未來的走向；每一個人都在竭力競爭，以免落後挨打，或陷於「無用」而被淘汰被拋棄；人類已經創造的大規模殺傷性武器，稍有差池，就足以使人類陷於毀滅性的災難；還有新冠肺炎等等。這些新挑戰，都給人們以巨大的壓力，足以讓現在的人們焦慮與憂鬱。人們期望有一個安全、美好的「未來」。

從「現在」到「未來」，這裏面當然有一個如何從「此岸」過渡到「彼岸」的問題。這裏，講「過渡」，有沒有一個「時間」和「空間」的問題？不過，佛教的「時間」，至少不是西曆、陰曆紀年的那種，不講哪年、哪月、哪日；也不是時鐘的那種，精確到幾分幾秒。在這裏，就涉及到「時間」究竟意謂着甚麼？「時間性」又究竟意味着甚麼？對於佛教的從「此岸」過渡到「彼岸」，如何從中讀出「時間性」？

正是在這些方面，佛教是不講「精確」的「可計算」的「時間」的；也不講「歷史」的，至少為我們提供的是那種不同於「歷時」的視角和視域。無論如何，宗教又是一種不同於近代科學的彼岸形態，能夠提出新的「存在」問題，且又不同於「歷史」，也不同於「藝術」。

八、美育與宗教（宗教在社會變革中不可取代的偉大作用）

H．-G．伽達默爾認為，歷史性的生存方式並沒有囊括一切，而着力於區別M．海德格爾的那種「歷史」的視角，通過各種各樣的探索把注意力轉向了「藝術經驗」，從「藝術」這種區別於近代科學的彼岸，來提出存在問題。「藝術的經驗」，在他的解釋哲學中起着決定性的、甚至是左右全局的重要作用。

在「藝術」、「美育」和「宗教」的關係上，還有一種看法認為，美育可以取代宗教。在學習近代德國哲學家I．康德和F．席勒思想的基礎上，蔡元培引進了F．席勒的「美育代宗教」的哲學主張。在《美育書簡》中，F．席勒揭示了感性與理性、物質與精神諸方面的種種割裂；要想改變這樣一種狀況，只有藉助於「審美」，使分裂的各方得以和諧統一，從而使分裂的人性得以修復。而無論是I．康德還是在他的哲學基礎上突出強調了「美育」的F．席勒，都試圖在自然科學影響的範圍內去解決所出現的種種社會與相關的思想理論問題。

和其他許多受近代科學思想影響的人一樣，蔡元培也把宗教看作是絕對排斥自然科學的並與之對立的；又鑒於自然科學的過度擴張已經造成了許多社會的和思想的問題，他們轉而求助於「藝術」、「美育」，提倡「陶養感情」。就是在這個方面，即所謂「鑒激刺感情之弊，而專尚陶養感情之術，則莫若捨宗教而易以純粹之美育」。

有人替蔡元培「以美育代宗教」的主張作辯解，認為蔡元培所提出來的「以美育代宗教」裏面的「宗教」，其實不是指我們現在所謂的佛教、基督、伊斯蘭等宗教，而是以孔子為代表的封建儒家禮教，維護封建統治的三綱五常、等級制度之類。時值新文化運動之際，國人亟需破除舊觀念建立新思想，所以蔡元培提出了以美育代宗教的思想，因為美育相較於封建儒家思想有其自由性、進步性、普及性。不過，這樣的一種辯護，認為蔡元培要用「美育」來取代的只是「儒家禮教」而非「宗教」，缺乏事實的根據。

以上這些，已經有不少的人談及；今天，我要突出講到的，是：工業化時代的出現，並非自然科學一己之功；人們（特別是那些反對宗教的人們）可能沒有想到也沒有看到的是，宗教在其中竟然居功甚偉；宗教在社會變革中這樣的一種不可取代的作用，即便到了二十一世紀，仍然不可低估。

在北京，我最近參加了一個讀書群，叫「一起讀·哈耶克」，主講的老師有復旦大學韋森教授等。裏面，有不少人是強調制度改革的，並因此而推崇英籍奧地利人F·哈耶克（Friedrich August Hayek，一八九九—一九九二）的思想理論。改革開放一開始，中國的一些學者就注意到F·哈耶克並進行翻譯介紹。中間大概有十年左右的時間，沒有多少人談論他了。最近，又有人在議論了：今天，為甚麼要再讀F·哈耶克？在目前中國社會轉型的關鍵時刻，讀F·哈耶克的意義又在哪裏？

韋森教授還提了這樣一個與我們企業家有關的問題：為甚麼建議企業家讀F·哈耶克呢？他自問自答：中國的企業家都是當今社會的精英（另一群精英在政府部門的各界領導崗位上，並沒有在大學），除非這麼一批中國社會的精英有現代社會運行的基本理念了，中國的社會轉型才會成功，才會不走或少走彎路。都要懂得現代社會良序運行的基本原理。那麼，甚麼是「現代社會」？韋森教授定義為：其實質是「自由社會」。人類的現代思想，其實質就是「自由社會之理念」。

而正如韋教授所指出的，「最早的自由主義理念來源於基督教」，「孕育了現代自由主義社會的理念」的「不僅僅是基督新教」還有「天主教」的思想家們。在這一方面，韋教授提到了英國的有基督教思想背景的J·洛克（John Locke，一六三二—一七〇四）以及他的《政府論》，其中闡述了自然權利，他認為，政府只有在取得被統治者的同意，並且保障人民擁有生命、自由、和財產的自然權利時，其統治才有正當性。如果缺乏這種正當性，人民不同意，就有權去推翻政府。並且指出：「如果任何人憑着自己的權力，主張有權向人民徵課賦稅而無需徵得人民的同意，他就侵犯了有關財產權的基本規定，破壞了政府的目的。」這一點，是從一二一五年《大憲章》到一六八九年《權力法案》的基本思想，也是現代社會運行的根基。

由此可見，對「政府權力加以限制」，並不是哈耶克的新發現。而這個問題的提出，也並不基於「權力必然導致腐敗」、「執政者一定作惡」，即不在於執政者的倫理觀、價值觀如何；而在於人類社會良序運行的必須。

F．哈耶克突出了；「如果嚴格地只去做那些對具體的他人明顯有利的事情，並不足以形成擴展秩序，甚至與這種秩序相悖。市場的道德規則使我們惠及他人，不是因為我們願意這樣做，而是因為它讓我們按照正好可以造成這種結果的方式採取行動。擴展秩序以一種單憑良好的願望無法做到的方式，彌補了個人的無知，因而確實使我們的努力產生了利他主義的結果。」

韋森教授下面的這個強調，我認為非常重要：「這也說明，現代社會或者說現代自由社會的基本理念，並不是哪一個思想家獨立苦思冥想的結果，而是整個社會演進和無數思想家共同溝通和對話的結果。」

我想進一步強調的是：現代社會包括現代中國社會的基本理念的產生與形成，絕不是少數人、也不只是精英們的事情，必定是中國全體人士（中國各個階層、各行各業的人士）共同努力、不懈溝通與對話的結果；當然，其中不能少了宗教界人士。

受基督教影響並對新教改革做出重要理論總結的經濟學家、社會學家、政治學家和思想家，還有德國的M．韋伯（Max Weber，一八六四—一九二〇）。其實呢，哈耶克本人是奧地利人，雖然他後來在一九三八年入了英國籍；這類人為數不少，特別是在二次世界大戰前後或期間，例如哲學家K．波普爾（Karl Popper，一九〇二——一九九四）。他們的身上都有着深厚的奧地利血統和學統、思想文化傳統。我的學習路徑和知識結構，是德國大陸系列的，而不是英美系列的。因此，就這些問題，我想給大家介紹一下韋伯：今天，因為時間關係，我側重介紹與韋伯的代表作《新教倫理與資本主義精神》相關的一些思想理論。

馬克思把資本主義的出現，看作是社會生產力和生產關係發展的必然結果；比方說，恩格斯曾經指出，新教是資本主義經濟改革在意識形態方面的反映。M．韋伯則把工業化的出現、資本主義的產生，歸功於宗教改革中新教倫理，即新教倫理的「理性」化的「天職」和「禁慾」精神。甚至有人認為，M．韋伯的《新教倫理與資本主義精神》這本書，其動因正是出於對恩格斯這種觀點的反對和批評。

這似乎形成了這樣一個問題，即資本主義的出現，究竟是「物質」的因素在先？還是「精神」的因素在先？贊成「精神」在先的人，還有認為：看起來，似乎並「不理性」的宗教信仰，卻在人們的世俗生活中，轉化為他們的經濟生活的「理性」化和生產活動的規範化。

和M．韋伯同時的法國社會學家E．涂爾幹（E. Durkheim，有人譯為杜凱海姆）相比較，有人認為：E．涂爾幹的研究始於哲學，而M．韋伯則是從德國歷史學派的問題出發的，始於一種歷史研究。正是在這樣的一種研究之中，M．韋伯關注着精神倫理。《新教倫理與資本主義精神》這本書（二〇一二年出的一個比較新的中譯本），也正是從歷史的事實着眼，從歷史事實出發，提出問題、回答問題。例如：「商業領袖、資本所有者以及高級熟練工，甚至還包括現代企業中受過高等技術和商業訓練的人員，絕大多數都是新教徒」（轉引自A．吉登斯的《資本主義與現代社會理論》第一六一頁，上海譯文出版社二〇一三年版）。

接下來，我再簡略介紹一下：甚麼是歐洲的宗教改革？

歐洲的宗教改革，德國是由馬丁．路德（Martin Luther，一四八三至一五四六）開始的。看事情、研究問題，一定要抓住它的基本面、根本點。那麼，甚麼是宗教改革的根本點？

我以為，至少要抓住以下幾點：

一、宗教改革，改變了以往的宗教生活。過去，宗教活動僅限於在修道院和教堂裏面。修道士在修道院裏，是與世隔絕的，不承擔現實生活中的世俗責任與義務的。宗教改革，是讓宗教及其信仰，走出修道院、走出教堂，走向社會、走進人們的日常生活。「舊時王謝堂前燕，飛入尋常百姓家。」

二、人們的世俗生活，就被賦予了宗教意義，人們在現實生活中的責任和義務，被看作是神、上帝的「召喚」。這樣一來，也隨之改變了原有的「禁慾」觀念。「禁慾」本來是宗教的戒律，是修道者必須遵守的一種戒律。修道者因此而變得不食人間煙火，與人類社會的世俗生活隔絕。通過宗教改革，那種不食人間煙火的「禁慾」苦修，就變成了在現實的世俗生活中的「理性」創業。

三、這樣一種「理性」的創業，也改變了對金錢、財富的看法。經商、發財，不再低人一等，也不一定使人必然變得勢利，貪圖享受，驕奢淫逸，腐敗、墮落。物質財富，是人類生活之必須。因此，應該提倡並鼓勵人們努力工作、積極創業、增添財產。必要的經濟生活、物質財富的創造與合理的資本積累，乃至有節制的不悖教義、不悖道德的消費，都是人類正當的行為，而且是人們應盡的社會職責和義務。

四、你要進入尋常百姓的生活，那你說的話就得讓百姓能夠聽得懂。這就有一個語言的問題。過去的宗教經典，用的是拉丁文，那只有專職的牧師才能讀得懂。馬丁．路德就把宗教典籍翻譯成了德文，這樣，德國的百姓都能讀得懂，都能直接讀。從而，使得宗教經典直接走向民間，直接接觸尋常百姓。

五、語言，是思想的必要工具，思想是依靠語言來進行的；沒有語言，是無法進行思想的。現在，《聖經》，有了德文的版本；改變了語言，也必然改變了思想；從而，神的旨意通過德語的流傳，出現了新的《聖經》版本，有了許多新的信眾乃至教派。

這樣做，具有非常重要的哲學意義：（一）宗教經典，可以不是一種語言的，可以有不同的語言版本的。（二）這進而表明，宗教經典不是封閉的、而是開放的；不同的人、不同的民族，可以用自己的語言、自己的思想來解讀。

舉例來說，馬丁．路德把《聖經》翻譯成德文以後，出現了這樣一個詞：Beruf。這個詞，是由 rufen 這個動詞變化而來的，原來的意思是「召喚」。而 Beruf 通常是「工作」、「職業」的意思。這樣一來，人們的日常「工作」，就可以理解為：聽從一種「召喚」；那麼，從西方宗教的角度來解讀，「工作」、「職業」，就是上帝、神的「召喚」。所以，有人就乾脆把 Beruf 翻譯成「天職」，是神、上帝所吩咐、命令的。在這裏，「工作」、「職業」這種本來是「世俗」的事物，就被賦予了「出世的精神」。

剛才我提到了「天職」概念，我在這裏再稍作解釋。關於「天職（calling, Beruf）」，作為一個概念和範疇，前面我們已經講到，它是馬丁．路德在宗教改革中藉助於德文提出的。M．韋伯也認為：它是在宗教改革時期出現的。而在這之前，沒有在基督教或者天主教等文獻之中出現過，也沒有這樣一個概念甚至是它的同義詞。「天職」，強調的是一種責任、服從乃至為此而獻身的精神。而宗教改革中的「天職」，是上帝的「召喚」、「命令」，教徒必須絕對服從，把自己的所有言行、世俗生活統統置於新教倫理、信仰、義務的約束之下。由「天職」而發展並完成了一種新的禁慾主義，M．韋伯稱之為「新教禁慾主義」。

再一個是「禁慾」，這個概念大家比較好理解，就是要求對自己的慾望進行約束，不能放縱。其實，對於西方的許多教職人員乃至神父主教，這方面也都是一個問題。大家看過《巴黎聖母院》這個電影嗎？那裏面的神父色慾太嚴重，想霸佔艾絲美拉達，虧得卡西莫多千方百計地保護她，神父才沒有得逞。

經過馬丁．路德的翻譯，《聖經》就變成了德國人的了，是德意志民族的語言和思想的了。就像《金剛經》被譯成漢語之後，就變成了中國漢族的語言和思想的了。在這裏，我為甚麼突出漢族、漢語呢？因為，在漢譯版的佛教經典中，已經融入了重要的中國元素，這一定要引起讀者的重視；另外，在中國還有藏傳版的佛經，是藏族藏語的。

通過上面對馬丁．路德的宗教改革和F．哈耶克、M．韋伯等人思想理論的簡略介紹，我們可以看出，這些經濟學、社會學家的思想理論淵源裏面，有着濃厚的宗教特別是歐洲新教的影響在。不過，F．哈耶克他們對問題的討論，主要還是在「現實」的「世俗」的層面；而停留在「世俗」的層面，又不能求得對這些問題的徹底了解和解決。對於這些問題的深層次探究與解決，就必須超越「現實」的「世俗」的層面，進入一種「超越現實」的「超越世俗」的層面與世界。在這一方面，中國佛教提供了一個重要途徑；也許，英國的著名歷史學家A．湯因比看到了這樣一個途徑，所以他強調要依託中國的「大乘佛法」去解決世界二十一世紀的社會問題。

一九七三年，他明確而又堅定地指出：「解決二十一世紀的社會問題，惟有中國孔孟學說跟大乘佛法」。當時，中國的文化大革命還沒有結束；在這樣一個特殊的歷史時期，還能這樣高度看待和評價中國思想文化並寄予厚望，實在是難能可貴。當然，在這一方面，推崇佛教的不光有人文學者、歷史學家，還有許多的自然科學家。例如A．愛因斯坦，就佛教以及佛教與科學的關係，他講過許多肯定的話，有一段是這樣說的：「如果世界上有一個宗教不但不與科學相違，而且每一次的科學新發現都能夠驗證他的觀點，這就是佛教。」（《愛因斯坦文集》第一卷）

為甚麼說：A．湯因比和他們不同，是在試圖衝出俗世？因為，他把二十一世紀解決社會問題的希望寄予中國大乘佛法。中國大乘佛教，是想在俗世之外、在人們的現實生活之外，建立另外一個「天國（如西方極樂世界）」；在人們的「世間智慧」之外，提倡一種「出世智慧（般若）」。按照這樣一種的理解，解決二十一世紀人類社會的問題，就得要有超越人們所處現實生活的「出世的精神」、「出世的智慧」。也只有具備了這樣一種的「精神」、「智慧」，才有可能把自己的社會工作看作是「天職」，才有可能從根本上認清自己的「責任」、履行好自己的「職責」；而且，也不會再受自己的諸種「俗事」與「世俗」「念頭」的干擾；由此，也才有可能超越那些「世俗」的認識論、生物科學理論，不為它們所累。

佛教所提倡的，最根本的就是「『出』世間」；對於處理「世間」的事務，也得要具備「出世的精神」，用「出世的精神」來做「入世的事情」。而「『出』世間」的一個重要標誌，就是放棄自己的思想念頭當然也包括放棄上面我提到的那些學者科學家的那些思想「念頭」。

而世人們的迷誤，「被自己的念頭所編織故事套住」，就在於他們的「作繭自縛」。對真理的追求，就不能「作繭自縛」！熱愛、追求真理，這個哲學的永恆主題，就需要從科學、藝術拓展到宗教特別是佛教的領域。事實也已經證明，真理的追求、熱愛，僅在科學領域裏面，是不能窮盡的；即使在歷史的、藝術的領域，也還不能窮盡；一定要再進入宗教特別是佛教的領地。

九、信仰與迷信

H.-G.伽達默爾把I.康德哲學的主要問題「認識何以可能?」改成了他的:「理解何以可能?」I.康德是在「科學」的層面上提出自己「認識」的問題的;而H.-G.伽達默爾則是從「藝術」的層面上提出「理解」的問題的。與二者不同的是,「信仰」在「宗教」的層面。

1、「信仰」了才能「理解」

這個問題,如果再被拿到「宗教」的層面上來回答,就完全不同於「藝術」層面的了。就「宗教」而言,「理解」不再是第一位的了,第一位的是「信仰」;二者的關係,也不是「理解」了才「信仰」,而是「信仰」了才能「理解」;有的時候,「信仰」了,否則決不會「理解」。聖安瑟倫早就說過類似的話。其實,老百姓也經常說些類似的話,例如:被人誤解的時候,別解釋,信你的,不用解釋;不信你的,解釋也沒有用。這就是說,「信任」,比「解釋」重要。由此可見,宗教「信仰」的重要,人與人之間「信任」的重要。

這是我們從哲學的不同立場、層面來看待「信仰」問題。提出「信仰」的問題,是對H.-G.伽達默爾的哲學立場進行的一種轉換,是從「理解」轉向「信仰」,從「藝術」與「情感」轉向「宗教」與「信仰」,從「藝術哲學」轉向「宗教哲學」。

信仰與迷信,是兩回事,不應該也不能混同。就上面已經講到的來說,信仰,是精華,是對「未知」的「神秘」之物的「敬畏」；迷信，是糟粕，是妄想雜念，是「無知」以及「無知」者的「無畏」。信仰，亦如有人所說，是對那些曾被「證明」的但已經過了時的「所謂真理」的懷疑；沒有這樣一種「懷疑」精神的人，是不可能追求「真理」的。而迷信，則是抱住過時的結論不放，甚至把假的信以為真的。

迷信，就是相信「救世主」，相信「避難所」，是把神、佛當作「救世主」，把宗教、教會、佛堂當作「避難所」，以為靠他們就可以躲避得了苦難、苦難就會離自己而去。世俗之人，一般都有這類的迷信，雖然程度不同。這也是人通常都有的一種依賴性。這樣的一種依賴性，嚴重的時候，會因為這樣一種的依賴別人而喪失自己。

2、「相信上帝，忠於自己」——信仰只是為了回到真正的自己

「相信上帝」，則是一種「信仰」。這樣的一種「信仰」，雖然不能證明，但確信上帝的「存在」，甚至「無處不在」。「相信上帝」，又是為了「提升」、「堅定」自己。有媒體介紹了美國總統特朗普母親的一個人生信條：「相信上帝，忠於自己。」她對「信仰」定位很準；就是說，「信仰」是堅定、持守自己，絕對不能因為「信仰」而「出賣」自己。中國，曾經出現過一種「信仰」，要求信仰者為了這樣的一種「信仰」而出賣自己，出賣自己的父母，出賣自己的老師，等等。事實上，「信仰」只是為了「提升」自己、「回到」真正的自己、「忠於自己」。

當然，「信仰」既不提供「救世主」，也不提供「避難所」；而只是為我們增添勇氣和信心，這樣的一種勇氣和信心，首先就是破除上述的依賴性與迷信的；同時也使我們學會直接面對苦難、應對苦難，堅定地去克

服苦難。當我們真正面臨苦難與凶險，而無人伸出援手、無處可以躲藏，呼天天不應、求地地不靈，正是這個時候，我們才會真正感到誰也救不了我們、誰也靠不住，也才會真正明白：從來就沒有救世主，也不靠神仙皇帝；也沒有「避難所」。即便我們信了神、佛，進了教會、佛堂，也沒有辦法逃避人世間不如意的事情；那些不如意的事情，只有靠我們自己一件一件地去應對、克服。只有在這樣一種的一件一件的面對、克服之中，我們才堅定了自己的信仰；我們真正的信仰，正是由此而來。就像路的存在，是對堅持前行的人來講的；只要你堅持往前走，就會有路；沒有路，也會開闢出一條新路；路，要靠自己去走出來。堅持前進的人，一定有路，一直在路上。有信仰的人，就是前行者，是一直在路上的人。何謂信仰者的「存在」？「在」路上。

3、信仰是「內心的光明」

再進一步說：信仰，是一種「光明」，那種不同於「外在陽光」的人的「內心的光明」。正像萬物生長需要「太陽的光芒」那樣，人的成長也離不開「內心的光明」。靠自己「內心的光明」，是一種智慧、甚至可以說是超級智慧即「般若」；是相信自己的力量，不靠救世主、不靠神仙皇帝。這樣的一種堅定的、不可動搖的信念；是人能夠歷經千辛萬苦而越挫越勇的精神支柱。心裏跟明鏡似的，就不會犯迷糊，就知道自己是誰，就知道自己該幹甚麼、能幹甚麼。有信仰的人，能夠「明白」自己，知道甚麼是「適合」自己的，能夠「自重」、「自尊」，並「尊重」、「同情」他人；也只有那種能夠「自重」、「自尊」的人，才有可能真正「尊重」、「同情」他人。

這樣一種的對自己力量的「相信」、越挫越勇的「堅定」，是靠自己在事上磨煉、靠自己生命的踐履來得到和被驗證的，是「做」出來的，而不僅僅是「想」到與「說」到的。所以，「信仰」是「做」出來的、是性命的「踐履」，只有從「做」所得到的「信仰」，才是「真實」的「信仰」，才是值得提倡的。

與此同時，在對待別人的時候，有信仰即「內心光明」的人，懂得謙虛，同情、友愛、尊重別人。《易經》中第十五卦，是「謙」卦，地山謙，坤上艮下，地下有山。有多大的學問、多大的財富乃至多高的官位，都不外露、不張揚，居功不傲；甚至是更加謙和忍讓、友愛尊人。

宗教信仰，是把人世間曾經出現過的那種「內心光明」的、懂得愛、為人們創造美好與和平的人神聖化了，提升到「出世」的層面；並讓人們向他們學習，與他們為伍。「物以類聚，人以群分」；人，要知道應該和甚麼樣的人在一起，要和「內心光明」、潔淨、有正能量的人在一起。這樣的一種人，能夠做到像佛陀那樣：不光是和眾生融為一體，而且把頭垂到地上服務眾生！

迷信的人，是一種「內心黑暗」（心靈被污染、光明被遮蔽）、行為不端的人；他們不知道「自家寶藏」、不知道「真我」，換句話說，不知道自己是誰；不知道自己是誰，這是一種地道的愚昧無知，卻往往自以為是。何謂「不知道自己是誰」、「真我」？比方說，你如果去問一個人：你是誰？這個人會回答：我是張三。其實，張三，只是他的姓名，是「名」張三，「名」並不是「實」。更有甚者，他甚至回答：我是王部長，我是李教授，等等。而「部長」、「教授」只是一個人的職位、頭銜。只知道自己的姓名、職位、頭銜，不知道「真我」，就證明此人並不知道他「自己是誰」。這也是一種以「不知」為「知」；應該說，世人大都是處在這樣一種的「無知」狀態。世人往往這樣地以「不知」為「知」來糊弄別人，也糊弄着自己。只有「靈魂」「淨化」的人，才有可能「知道」「真我」；也正是因為此，世人們必須「在靈魂深處爆發革命」。

更可怕的是：無知者，往往無畏，乃至無恥（正如現在很多人所指出的那樣）。迷信，是一種盲目的追隨、追求與屈從，是相信外物、外在的力量；是急功近利、貪得無厭；是稍為得利得勢，就驕橫跋扈、為非作歹；而在困難、危險面前，又患得患失、貪生怕死。這是些人類最可怕的事情。犯宗教迷信的人，為了升官發財、多子多孫，而到教堂、寺廟裏去燒香磕頭，求神拜佛，不僅僅是對和尚、道士、神父的賄賂，而且污染了環境。

十、導向性的八個問題

佛陀說法，是兩千多年前的事情了；兩千多年前，歷史書上稱之為「古代」；因此，從一些人對歷史的分段來看，佛經是「古代」的經典。僅就其從梵文譯成漢語的部份而言，也有很久的年月了。對於古代的經典，除了語言文字方面的差異，還有時間的距離、人的社會環境、生活方式、生存經驗與心靈境界等等的迥異。

看待是否「年輕」這個問題，也是有不同的角度的。通常，我們看待比自己「晚」出生的人，稱之為「年輕」人。不過，倘若從時間與歷史的角度來看，「早」於我們兩千多年，也可以說是比現在的我們「年輕」兩千多年。那個年代乃至更早時代的人，沒有現代意義上的科學、技術、專業之類，憑藉的更多是人的天生的自然能力，人類更多還是一個自然的物種。隨着科學、技術、專業之類的產生發展，人的非自然的能力、人為、人工的因素迅速增強，將逐漸成為人類生活中的主導力量。我們可以把這些，看作是兩種不同時代的劃界。進入近現代以後，科學取代了宗教、知識代替了信仰，甚至把宗教信仰視為迷信；科學、技術、專業左右着人類的生活，改變了人類以往的生活方式和精神境界。這也是我們現代人與佛陀時代的生活方式與精神境界的重大差距，也因此需要藉助於學佛讀經來澄清並彌補這些差距，以幫助我們解決現實生活中的導向問題和實際問題。

從總體上看，「年輕」、年少的人，比較接近自然，「人為」的因素相對少，思想相對單純，心靈也相對「潔淨」、「光明」。我們現在的試圖糾正科學技術的偏頗、失控、惹禍，很重要的一點，就是提倡「回歸『自然』」、「回歸心靈的『潔淨』」，重新「年輕」或者如老子所言的「復歸於嬰兒」。所以，誦讀、研習佛教經典，學習佛陀菩薩，可以說是在走一條「回歸」的路、「回家」的路、重新「年輕」即「復歸於嬰兒」的路。

這樣一條「回歸」的路，西方的思想家們也一直在提倡着，一九九四年二月二十八日至三月一日，J·德里達等當代歐洲的一些著名哲學家聚集在意大利的卡普里島，進行了那場被H·-G·伽達默爾以該島命名的關於「宗教」為論題的對話。對此，我曾概括過：「首先，現實生活中究竟面臨着甚麼樣的重大問題？讀過《宗教》這本書之後就會明白，這些歐洲哲學家之所以坐到了一起，是因為當時在世界上所發生的一些大事，這些事情十分重大，而且事關當代人的生死。被現實生活中這樣一些大事所觸動，由此而引起了他們的普遍關注、思考與討論。」

「概括起來，在當前全球範圍內有兩件大事：一，是『戰爭』，是迄今為止尚未結束的世界範圍內的『戰爭』，如中東仍在繼續着的戰爭；這些『戰爭』的根源，被與會者歸結為『宗教』的問題；因此，被稱之為『宗教戰爭』。二，是『工業化』，是『工業化』、科技化所產生成果及其弊病，也被導源於『宗教』。因為，在他們看來，這兩件大事都與『宗教』有關；所以，他們就以『宗教』為論題展開了討論，論文的結集也就以《宗教》為名。」

「其次，應如何來研究、解決上述的問題？他們的這場討論，不是做概念的、文字的遊戲，而是着眼於對那些在當前的現實生活中所發生的問題的解決；正是因為現實生活中出了問題，需要回答和解決這些實際的問題，才在『宗教』的層面上來進行討論。」（以上摘自《現實的問題和佛教的發展》）為解決現實問題，而追根溯源。

通過宗教，我們能追溯到些甚麼呢？回過頭來，我再講講佛經。僅就心靈境界的不同而言，讀了佛經之後，我明顯體悟到：佛陀菩薩的心靈，是那麼的「潔淨」；他們又是那麼重視、珍惜自己心靈的「潔淨」。而這種「『心靈』的『潔淨』」、「光明」，正是我們現代人所缺失的，是不被現在的中國人所重視、珍惜的；「一切向錢看」，貪污腐敗、假冒偽劣滿天飛，謀財害命、為一己私利而不擇手段等等，歸根結底，都是由那種內心的「被污染」、「不乾淨」造成的。清除那些內心的「被污染」、「不乾淨」，「回歸」「『心靈』的『潔淨』」、「光明」，這正是現在我們誦讀研習佛經的現實必要性。不過，在我看來，除此之外，也不能因噎廢食，應該承認科學、技術、知識、財富等等的發展增長，是不可避免的甚至是人類發展的必須；然而，關鍵是發展增長要適度，而且相應的弊病也要能夠及時發現並得到有效診治才行。

佛陀菩薩教導我們：為求心靈的「潔淨」、「光明」，道路其實是十分簡捷的，不必繞道而行的；也就是説，直接從自己身上去求，在自己的內心去求，就在你自己的心中，就在於你自己的能否「覺悟」。「潔淨」之「道」，也不是專屬於任何個人的，不只是高僧大德這類人的，也不只是佛陀菩薩個人的；因為，「條條大路通羅馬」，從這個意義上説，「道」是每一個人都可以找得到的，因此是所有人都可以有的。不過，「覺悟」，總是有先後早晚的，佛陀菩薩比常人「覺悟」得「先」、「早」；「覺悟」得「先」、「早」的，即成為後人的榜樣。

可是，常人雖不喜歡卻又往往繞道；不必繞道，往往是在繞道之後才知道的。這一點，在和法國當代思想家、漢學家弗朗索瓦·於連的對話中，我們進行過具體的討論（參見《思考他者——圍繞於連思想的對話》，北京大學出版社二〇一一年版）。而常人的「覺悟」，往往也需要有一個過程。當佛陀還是王子的時候，也曾經「讀萬卷書」、「行萬里路」，遍訪名師，乃至苦行，卻一無所獲；最後坐在菩提樹下，才幡然醒悟的。這也表明，只要我們身上一「有」尚存，就不會醒悟；因為，這一「有」，就成「遮蔽」，就有所「蘊」而不得「空」。人，很奇怪，依賴性很大，但凡手裏「有」那麼一點點東西哪怕是一根（救不了命的）稻草也會死抓住不放。只有真正一無所有了，一無所靠了，才有可能幡然悔悟。只有到了一無所靠的時候，人才會「死」心，也才會有「活」路；也許，這也是一種置於「死」地而後「生」吧！是因為所有其他道路都行不通了，才能找到真正要走的路；其實呢，路就在腳下。「苦海無邊，回頭是岸」；「岸」的顯現，就在那一「回頭」。我在這裏講佛經，是針對那些需要有這樣一個過程的朋友們的；讀佛經，至少有助於我們了解前人的生活經驗與心靈境界，了解前人的「甚麼叫心靈的潔淨」、「如何找回心靈的潔淨」。

作為「回頭」、「回歸」、「回家」，除了上面説到的之外，還包括從「部份」回歸「整體」。按照古希臘柏拉圖的説法，人本來是一個球形的整體，因為犯了錯被神一劈兩半、分成男女，從而產生了對另一半的追求；這樣的一種追求，是為了從「部份」重回「整體」。這樣的一種「部份」，是一種「殘缺」；對另一半的追求以期「完整」，則是對「殘缺」的「彌補」和「修復」。而這樣的一種「彌補」和「修復」，是通過對另一半的追求即「愛」來實現的。這樣的一種對「殘缺」的「彌補」和「修復」的意願和能力，是一種「本能」，是人與生俱來的，是「天生」的。

以「愛」來「彌補」和「修復」人的「殘缺」、「不足」以及「局限」、「無知」等等，這是一種「『愛』的『智慧』」。由此可見，「愛」可以做的事情很多，「愛」以「情感」的樣式出現，但可以做到「理智」等等無法實現的東西，這也可以看做是「愛」之所以「超越」「理智」、「彌補」「理智」不足的地方。也因此，知道本身的「不足」、「缺失」、「局限」等等並且「彌補」之，是對「理智」、「知識」的一種「超越」。「愛」，源於人的「『心靈』的『潔淨』」、「光明」；「『心靈』的『潔淨』」、「光明」，助長着人們的「愛」。人的生命與健康發展，由「愛」而形成一種良性循環（「輪回」）；也由此，形成一條佛教「修行」、「度」和「輪回」的路徑。

在具體解讀、研習《般若波羅蜜多心經》的過程中，我們會碰到以下這些問題：這部經的精要與在佛經中的位置？佛經給我們指引的是一條甚麼樣的道路？怎麼樣來看人生？確立一種甚麼樣的哲學維度？等等。

1、《般若波羅蜜多心經》的精要與在佛經中的位置

佛陀講經的「時間」、「年代」，並不是我們的西曆西元幾幾年或中國農曆甚麼年，而是按照佛陀講經四十九年中的不同階段來劃分的，通常依次分為五個時段：一、華嚴時；二、阿含時；三、方等時；四、般若時；五、法華涅槃時。這次，我要講的《般若波羅蜜多心經》，屬於第四個時段即「般若時」；佛陀在這個時段講的經，最重要，是「根本」，猶如「樹根」：「餘經猶如枝葉，般若猶如樹根。」（《大般若經》）「樹根」，需要「扎」得「深」，根「深」葉「茂」。

除了鳩摩羅什把這部經的書名翻譯成《摩訶般若波羅蜜大明咒經》之外，從唐玄奘開始，大多譯成《般若波羅蜜多心經》。這部經，我們用天台宗智者大師創立的「五重玄義」的方法來解讀；「五重玄義」，是指釋名、顯體、明宗、辨用、判教相。

所謂「釋名」，就是解釋書名；本書名是《般若波羅蜜多心經》。對這部經「釋名」，本著有專門一章《〈般若波羅蜜多心經〉的書名解讀》，這裏再略說一二。有人說，這部經的書名，是以「法喻」做名字的；所謂「法」，是指佛陀所說的「法相」即「般若波羅蜜多」；所謂「喻」，則是指對經文中「要義」、「精髓」的「比喻」，「心」就可以看做是一種「比喻」。弘一法師認為：「『心』，有數釋。一釋『心』乃比喻之辭，即是般若波羅蜜多之心。（心為一身之必要，此經為般若之精要。）」；「《心經》雖二百餘字，能包六百卷《大般若》義，毫無遺漏，故曰『心』也。」（李叔同解析《心經》，上引李文均出自此書）。「般若」，有六百多卷的《大般若經》在講，而《般若波羅蜜多心經》則用二百六十個字濃縮了佛陀所講「般若」的「核心」，提煉了觀自在菩薩修行的「心得」，以形成了這部《般若波羅蜜多心經》。總起來講，這部經講述的

是觀自在菩薩修行的「心要」，是如何度過生老病死世間苦海、到達出世的極樂彼岸的「根本大法」。當然，這只是關於《般若波羅蜜多心經》的一種說法。

另外一種的說法認為：這部經之所以被稱為「『心』經」，並非比喻，而是因為這部經是觀自在菩薩的現身說法，講述自己的「心行」、修行成菩薩的「心路歷程」，以及與這種「心行」、「心路歷程」相關的切身「體悟」的。我更贊成這後一種說法，並且在解讀《般若波羅蜜多心經》的過程中，證實了這種說法。

我之所以贊成這樣的說法，是因為有助於凸顯《金剛般若波羅蜜經》的「總骨」。虛雲大師曾經明確指出：「如《金剛經》須菩提請佛說：『云何應住？云何降伏其心？』佛答他說：『因無所住而生其心。』這一句是《金剛經》的總骨，假使把這句領會了，一卷經文也就明白了。」（虛雲：《〈金剛經〉的總骨》）所以，把握了《金剛般若波羅蜜經》有關「心」的這兩句話，就抓住了《金剛般若波羅蜜經》的「總骨」，也就把握了《般若波羅蜜多心經》的精髓。在這裏，我想強調的是：「降伏其心」，包括讓自己胸懷「謙虛」，「放下身段」，懂得「尊重」、懂得「敬畏」、特別是對「弱者」的「敬畏」；有「敬畏」，自然就會「尊重」；不「尊重」弱者，哪會有心懷「天下」?!從另外一個角度來看，「強者」必須「尊重」「弱者」，因此有人說，不尊重弱者，強者永無寧日。而且，不尊重弱者，豈能成為強者?!這一點，我在解讀《金剛般若波羅蜜經》時已作細說，這裏就不再贅述。

所謂「顯體」，是指「顯示」這部《心經》的「體」。請參看本著中有關「性」為「體」、「心」為「用」的探討。

所謂「明宗」，是「澄明」這部《心經》的「宗旨」。請參看本著中有關「空」、「無」的探討。有人認為，這部《心經》是「空」宗；然而，談「空」，不能止於「空」，還要提升至「無」。

所謂「辨用」，是「辨清」這部《心經》的「作用」、「效用」。破除一切「煩惱」、清淨「我心」、「度一切苦厄」，即為《心經》之「作用」、「效用」。按照H．-G．伽達默爾「過去」和「現在」的「共時性」與解釋學的「同一性」思想，談論《心經》的「作用」，當然不能忘記「歷時」的「歷史效用」即「歷史」的「影響」和「作用」。到了二十一世紀，我們再讀二千多年以前的佛經，中間跨越了這麼長的時間，「歷史」的「作用」與「影響」不容低估。

所謂「判教相」，是指佛陀講經的因時施教、對機說法。具體點說，就是「判斷」這部《心經》所對應的眾生「根性」與觀自在菩薩應佛陀之請講經說法的「恰當時機」，「確定」講經說法的相應「時段」。比如，我在本著中講到的聽這部《心經》者應在發「菩提心」的基礎上；而觀自在菩薩講這部《心經》，是在佛陀講經說法的「般若時」，等等。

2、佛經指引的路徑：從「『人』性」提升到「『佛』性」

梁漱溟曾有一個世紀之問：「這個世界會好嗎？」其實，這個問題，差不多已經被問了幾千年，而且世界上無數的聖人智者、志士仁人也在找各種各樣的救世良方並為改變這個世界奮鬥了幾千年，結果呢？結果非常令人失望，是悲劇性的，這個世界並沒有變好，卻似乎越來越壞。為甚麼？因為，有一條是任何人至今沒有找到良方以根治並能去改變的，那就是世人的「慾壑難填」。中國漢代一位歷史學家叫司馬遷的，這是一個喜歡說實話、連當朝皇帝都不怕得罪的人，他這樣總結道：「天下熙熙，皆為利來；天下攘攘，皆為利往。」「夫千乘之王，萬家之侯，百室之君，尚猶患貧，而況匹夫編戶之民乎！」（《史記．貨殖列傳》）顯然，「趨利」，是中國人的一種本性。連「千乘之王、萬家之侯、百室之君」尚不知足、都在哭窮，人的「慾壑」怎麼可能有被「填」滿的那一天？這些人一直在台上，上樑不正下樑歪，世人的「慾壑難填」、患得患失，是世界不能變好甚至越變越壞的根本原因。

這樣一種「趨利」的人，卻沒有想過要改變自己；迄今為止，他們似乎都只想去改變世界、改變別人。而真正需要改變的，則是他們自己。針對世人的迷誤，佛陀明確指出：不如調過頭來，去試試改變自己。而如果，每一個人都能改變自己，做好自己；每一個人都好了，世界還能不好嗎？

改變自己，就是回到原初的自己。人之初，人剛來到這個世界，赤條條一無所有，又是沒有是非的，沒有分別心的。按照《聖經》的說法，只是當夏娃吃了智慧樹上的果子之後，才有了分別心，才需要遮掩之物。沒有分別心，就是「佛性」；有分別心，則是「人性」。修行，就是反其道而行之，從「『人』性」回歸「『佛』性」。

佛陀，親力親為、現身說法，為世人樹立了一個榜樣：放下、捨棄已經得到的王子地位、王宮生活以及妻兒財產等等，不僅僅是不去「逐利」、「爭權」，而且還把自己已經得到的一切（有許多是世人夢寐以求而不可能得到的）都放棄。佛教，也為世人提供了一條改變自己、並最終能夠改變世界的道路。在佛教看來，要「做好自己」，僅在「做『人』」的層面，是不夠的；還要提升到「作『佛』」的層面。讀《般若波羅蜜多心經》也好，讀《金剛般若波羅蜜經》也罷，一定要明白自己追求的是甚麼！

中國禪宗六祖慧能的《壇經》，一開始就把六祖慧能的追求說得清清楚楚。慧能到了黃梅寺，拜見五祖弘忍，「五祖問能：『汝何方人，慾求何物？』能對曰：『弟子是嶺南新州百姓，遠來禮師，惟求作佛，不求餘物。』」說得多麼清楚明白啊：「惟求作佛，不求餘物。」「佛」，是何方神聖呢？是「覺悟者」。「作佛」，就是「做覺悟的人」；甚麼是「覺悟者」？就是那種能夠放棄貪慾不孜孜以逐利的人。

再從哲學的角度來看，「做『人』」即「做世俗的『人』」，是人世間的事情，哲學上屬於「倫理學」；而「作『佛』」，即超越了世俗、超越了人世間，不是世俗的「人」的事情，而是「佛」即「神」的事情，理論上屬於「神學」或者為區別於中世紀而稱之為「神聖學」。所謂「神聖」，是常人做不到的，且事關「信仰」，具有「神秘性」、「宗教性」。

現在，仍有不少人把佛經看作是教育人們「做『人』」、「做『事』」的「道理」，是講世俗「倫理」的，甚至有人認為和物理學一樣是講「科學」、「知識」的。當然，佛經中不乏講「知識」的、教人做好「入世」的事情的地方；不過，從根本上來講，對於佛教而言，重點既不在「世俗世界」，也不在「知識」、「倫理」乃至「情感」諸方面。佛教認為，人們現實的「世俗世界」，是被世人創造出來的，是假相，是虛幻的，是無常（不確定、不穩定）的，是斷裂的，是碎片（例如閒置的電影膠片，靜止時，一個畫面與一個畫面是割裂的）；它是如此虛假、無常、荒誕不經，讓人迷惑不解、無所適從。它不是真實的「存在」，而只是一種符號、人為的符號；因此，它沒有起源，而只有因緣。所以，對於人們現實的「世俗世界」，我們不能進行「真理的訴求」，乃至「歷史」的「追究」。人們現實的「世俗世界」，是人們的作繭自縛、自設牢房（就像現在人們安的防盜門與鐵柵欄那樣），使他們自己被禁錮於假相、虛幻、無常乃至恐懼而不能自拔。這樣一種不能自拔的人，只有「絕望」、沒有「希望」，沒有信仰，沒有「靈魂」，形同「行屍走肉」。沒有信仰，沒有「靈魂」的人，是一種「絕望」的人。

佛教，給人們以「希望」，是一種「召喚」、一種「招魂」、一種「喚醒」，召喚世俗的人們打碎自縛與種種禁錮，重新回歸自己的「內心」，重獲「性命」，重建「性命」的「自在」與「自由」。「希望」、「信仰」，是一種「方向」、「信心」，讓人有所期盼、「希望」，但不是「確定」的「存在」，僅僅指向一種「存在」即那種「自在」。倘若，人們想看見「真相」、追求「真理」，就必須撥開現實的「世俗世界」（即那種「皆為利來」的世界）的迷霧，不受其束縛與迷惑，轉向自己的「內心」；在人的「內心」，才有「存在」即「潛在」、「自在」，也就是說，一種早已「存在」，但尚需發掘和「覺悟」；從而看到「真相」，建立「信仰」，重獲「自信」。「『潛』在」、「『自』在」，具有「神秘性」；正是因為它具有「神秘性」，才進入了「宗教」與「信仰」的領域。也因此，它並不提供「確定性」，依然是「不確定」的。也並非那種「在場」的「『現』在」，雖然具有某種「現實性」，但並不可能完全「現實化」；完全的「現實化」，就成了人們的「現實的世俗世界」那種東西了，就會成為假相、虛幻。也因此，「修心」所達到的「適當境界」也是「最高境界」的時間，也是「不確定」的；所以，《心經》講「行深般若波羅蜜多時」，這個「時」是「不確定」的，不能被「量化」、「鎖定」為何年何月何時。這個「時」，強調的是「因緣」，而不是「起源」。從轉向「內心」至看到「真相」的全過程的整體，這完全是一種「修心」的活動；這樣的一種活動，是「內在」的，屬於「內心世界」的；「內心世界」的活動，「真實」而生動活潑，既不確定，也絕不可能是抽象的、思辨的、概念的、邏輯的。

佛經，主要教育人們如何從「『人』性」提升（亦即「回歸」）到「『佛』性」、作境界維度的提升，而沒有一絲一毫的「世俗念頭」；或者說，是如何從自己的「內心」中除盡「世俗念頭」而回歸「潔淨」、找回「佛性」。在這一點上，讀經者不能有一絲一毫的迷誤。在這裏，我要特別提醒的：現在的提倡研習佛教經典，是針對二十一世紀的人們的「信仰缺失」的；所以，我們的着重點，是如何去重建「信仰」、恢復「信心」，重在「修心」；為此，我們既不必過於關心俗世事務、身外之物，也不必糾纏於思辨的思想問題以及如何做人的倫理學等等問題。

《般若波羅蜜多心經》告訴我們：佛教，首先改變自己，學會以「心」為根本、並通過「心」以及「心」

之「行」，以「心」印「心」。《淨土經》云：「是心是佛，是心作佛。」把「佛」與「心」緊密聯繫在一起乃至二而一了。從宗教的層面上來看，歐洲的宗教改革，撇開了傳教士，讓「人」直接讀《聖經》，以找回「人」與「神」之間的直接聯繫；佛教，提倡「眾生皆有佛性」，就把「神」（即「佛」）與「人」自己直接聯繫起來了。佛經，着眼於在人的「內心」找回「『佛』性」，並發揚光大之。

對於佛經的解讀，也形成了一些具體的方法。僅就中國傳統而言，就有如隋朝的天台宗智者大師提出了「五重玄義」，確立了一種解讀佛經的方向和路徑；「五重玄義」，因其簡明扼要，曾在中國佛教界廣為流傳，儘管在中國還有佛教不同流派的其他解讀方法。

「五重」，比較好理解，就是指從「五」個「層面」來解讀，這五個層面包括「釋名」（解釋這部經的書名）、「顯體」（由「名」到「實」，「循名責實」，顯示這部經的「體」）、「明宗」（明瞭這部經的「宗旨」）、「辨用」（辨別這部經的「效用」）、「判教」（判斷這部經是怎麼適「時」而講、講的是甚麼「法門」）。「玄義」，是指經文中隱含的深刻的「真言」、「要義」、「潛在的意義」和「精髓」，區別於那些語言文字層面的、表面的「意義」。這兩部份總起來講，就是：把每部經文，從五個層面去立體式地互有交集地對其「要義」、「潛在的意義」和「精髓」進行發掘、梳理、再現、傳播。

3、「兩」重世界

在佛教中，提出了「兩」重世界，「『佛』世」即「『佛』的世界」（如「西方極樂世界」）和「『人』世」即「『世俗』世界」。如果，我們把「『人』世」看作是「『此岸』世界」；那麼，「『佛』世」就是「『彼岸』

世界」。佛教提倡對「彼岸」的關懷。

佛教主張，雖然每一個人在世俗社會裏的實際處境、身份各有不同，但人人都有「佛性」，正所謂：「一切眾生皆有佛性，本來不生，本來不滅，只因迷悟，而致升沉。」若「迷」，即「沉」於「人世」、「紅塵」、「世俗世界」；若「悟」，則「升」至「佛的世界」。

「佛的世界」，是「本來不生，本來不滅」的，所以是「自然形成」的，不是也不可「人為」的，而且就在每一個人的「心」中，並不遙遠。不過，即便如此，如果一個人「迷誤」，就會視而不見聽而不聞。關鍵在於人的「覺悟」，「覺悟」了則一目了然、立地成佛，佛陀本人就是這樣的一個「覺悟者」。這樣的一個「佛的世界」，在每一個人的「心」中。從這樣的一個角度來看，「佛的世界」是一個「信仰」問題。

然而，如果換一個角度，從「政治」的角度來看，「世界」就是一種「王國」了，就有一個「誰」來管理、統治的問題了，就會產生「『神』權」與「『王』權」之爭。塵世的統治者，對宗教採取甚麼樣的態度，是容忍還是排斥，往往與當時的宗教是否妨礙其行使權利、是否與其爭權有關。在這樣的情況下，就不再是「信仰」問題，而是「政治」的問題了。

4、人的「三性」

這裏，我再講講人與自然、人與人、人與自己「內心」的三重關係。人與自然的關係，與人的「自然」屬性相關；例如，餓了想吃、渴了想喝、睏了想睡，暑天怕熱、冬天怕冷，等等。人與人的關係，與人的「社會」屬性相關；例如，父母、兄弟、姊妹、夫妻、子女，師生、朋友、同事、同學，還有富人與窮人、貴人與賤人，等等。而人與自己「內心」的關係，則超越了「自然」與「社會」的物質的世俗的層面，達到「出世」的境界，便進入了「神聖之維」；例如，宗教、信仰、靈魂、神聖，等等。

換一種角度來看：「人」是動物的一種，或者說是由動物（如猿猴）演變而來，所以人有「『獸』性」；逐漸又多了「『人』性」，「人」的世俗社會屬性；而佛經強調「『人』性」之外的「『佛』性」，因而「人」又增加了一「性」即「『佛』性」；「『佛』性」，就屬於人的「心靈」、「靈魂」境界，體現了人所具有的「『神聖』性」。人的這些「『獸』性」、「『人』性」、「『佛』性」，構成了人類學解讀的基本要素。

我曾經講過：中國的佛教經典告訴我們，我們每一個人身上都有佛性，只要努力得法，我們都可以成佛。而據我的觀察，我們每一個人（包括偉人、幾百年出一個的那種，我近距離見過）身上，除了有佛性，還有人性、獸性。我曾經在《讀法和活法》（二〇〇九年）這本書裏研究得出：在我們的人身上，不管是西方人還是東方人，不管是白種人、黃種人還是黑人，還是普通人或偉人，都還有很多的很濃重的獸性。

因此，不應該也不能一概而論地籠而統之地說這個人是佛、或是人、或是獸；我們只能說：當這個人做佛的事情的時候，他就是佛；而當他做人的事情的時候，他是人；當他做獸的事情的時候，他就是野獸。我覺得：這樣去看一個人的時候，就比較準確，比較公平。包括偉人在內，當他非常神明、神勇屢創奇蹟（無私奉獻的時候，他就是佛；當他是人的時候，結婚生子、吃喝拉撒睡的時候，他只是人；而當他是獸（連人的基本倫理道德都不顧）的時候，比方說，當他濫殺無辜、草菅人命的時候，他就是野獸。這就像希臘神話裏的那些神，有時是神；有時是人；有的時候，則只是野獸。

所以，一個人，有時是佛（神），有時是人，有時只是獸。通常，在一個人身上，佛（神）性、人性、獸性俱備。根據他的具體表現、實際行為，我們既可以說他是佛（神），也可以說他是人，還可以說他是獸。

5、人生的「三層樓」

不僅僅「人」有「三性」，而且人生可以分為「三層」，猶如「三層樓」。這個問題，我在《解讀〈美的現實性〉》中已經做過討論（《美的現實性》第八十九至九十一頁，人民出版社二〇一八年版）；在這裏需要強調的是：就我而言，具有特殊意義的是，藝術（精神）與宗教（靈魂）被區分成了兩層樓；若想到達宗教（靈魂）的層面，就得從藝術（精神）再上一層樓。與此同時，三層樓之間是相對獨立的，它們之間的關係也不是必須的；例如文藝創作是一種精神的追求，並不與作者的物質層面的實際生活有必然的聯繫。比方說，木心的文藝創作、學術研究就並不是他的現實生活的直接反映，看不出它們之間有甚麼相關性；在他的藝術創作之中，提倡「呈現藝術，退隱藝術家」；連藝術家都「退隱」了的，藝術家的實際生活也就「隱」而不見啦！

現在，有些人主張把「儒學」搞成「儒教」；就《論語》而言，並沒有爬上「三層樓」，缺少對「『彼岸』世界」的關懷，沒有「宗教」的元素，根本不可能搞成為一門「宗教」。順便說一下，《論語》不是一部哲學的著作，更沒有達到「理性」的層面；但是，其中的生活常識、對話以及不少的金句中富有哲學的元素，可由哲學家提煉加工以構成某種「哲學」。

6、人的三種「經驗」

區別於以往哲學所強調的「科學經驗」，在《美的現實性》中，H．-G．伽達默爾着重解讀了人的「藝術經驗」並回溯到人的那些更基本的「經驗」例如「生活經驗」，探究相關的人類學基礎。我的《解讀〈美的現實性〉》，則在此基礎上，突出強調了「心靈經驗」，特別是從「靈魂」的層面上，重新解讀了人類學。

通常，人會具有這樣的三種「經驗」，例如從事「科學」工作的人具有「科學經驗」；「科學」，研究「實驗室中的存在」。從事「藝術」工作的人具有「藝術經驗」；「藝術」創作，構造「虛擬世界中的存在」；工人、農民具有「物質生產」的「經驗」，他們觸摸、製造「世俗世界中的存在」。而信奉「宗教」者，會有「出世的信仰世界」的「經驗」，感悟着「心靈世界中的存在」。

核能的研究與開發，屬於「科學」工作，一旦忽略了人的生存與安全，特別是釀成「核戰爭」之後，就成為人類的災難乃至會導致人類的毀滅；而現在，「生物戰」的危險已經出現，倘若微生物即細菌與病毒的突變能力超越了人的疫苗研發能力與防範能力，世界或將被它們所統治。因此，「科學」工作，不能不顧及人們的生存與安全。

而「藝術」，彰顯了一種在「科學」之外來看待事物「本質」的視角。「藝術」崇尚想像與情感的抒發，一旦偏離了人的「心性」，遠離了人們實際的現實生活，則成妄想雜念，呈現的是一種更為荒誕、虛偽的世界。不同於「科學經驗」的概念、邏輯與知性、理性特徵，「藝術經驗」則突出了「感性」以及語言的「原初性」例如「口語」性。

其實，就藝術的「經驗」本身而言，也大不相同。我有過「詩」的「經驗」，吟詩、寫詩，也按唐詩的韻律、宋詞的詞牌填過詩、詞。到了大學，我在中央美術學院讀美術史美術理論，畫過畫，甚至學過透視，因而又有了一些「畫」的「經驗」。這兩種「經驗」很不一樣，總體而言，「詩」的「經驗」與「語言」、「語音」有關；而「畫」是「不言」、「無聲」的。所以，從「畫」的「經驗」中，得不出「語音中心」的理論，也得不出「語言」所指的「意義」。藉助於「畫」，就導不出「詩」的解釋哲學來。並且，就畫本身來看，呈「不言之象」、「亡失之象」，這些「象」往往又不是畫家畫出來的，如木心的轉印畫，是水漬自溢而成，是水漬的「自行展現」。我努力以此來理解並解讀「現象學」。在這裏，藝術「自行呈現」，藝術家「自行隱退」。這就在哲學上強有力地衝擊了「主體性」。

人類的生存、人們的「生活經驗」，與「科學的經驗」乃至「藝術的經驗」相比較，是一種更「原初」更為基本的「經驗」；藉助於這些層面的「經驗」，我們可以進一步探究「科學的經驗」乃至「藝術的經驗」背後的那些被科學家、藝術家所忘記的東西。與此同時，我們也要看到，「科學的經驗」乃至「藝術的經驗」又是超越了人們實際生活與相關「經驗」的，往往又在人們的實際生活與相關「經驗」之外，是人們「思想」與「精神」追求的產物。

人類學，把人作為動物的一個種類來研究。人們的實際生存與「生活經驗」特別是人類「原初生活」，影響着人類學的發生與發展。關於「人類學」，我在《美的現實性》（第二二一至二二九頁）和《讀法和活法》（第三〇〇至三五七頁）等書中已做過討論，這裏就不再重複。

除了「學科」（科學、藝術）方面的經驗、人的生存經驗之外，還有就是「心靈的經驗」，我在《美的現實性》等書中，作為相比較於「藝術經驗」、「科學經驗」、「生活經驗」更為重要的經驗，作了比較詳細的描述與展現（第五十八至二二九頁）；現在，我在進一步研習《般若波羅蜜多心經》的基礎上，在本著中又作了一些重要闡發。

7、方法與佛法

佛教並不一概排斥方法，因此而有「佛法」，並且有八萬四千種之多。

當自然科學確立時，往往是以其獨立的「方法」為標誌的；這些「方法」往往是概念、邏輯的或者數學模型的，是「理性」的。這些「方法」，為人們提供了具體而又正確的操作手法與路徑，人們必須遵循，才有可能得到科研的結果；這些「方法」，可設計、可掌控，並且是可重複的，重複這些操作方法，就可以得到同樣的實驗結果。

討論藝術問題時，開始有一些人去模仿自然科學，試圖建立一套「人文科學的方法」。但是，藝術世界所涉及的，並不是「方法」特別是類似於「自然科學的方法」所能掌控的，並非有了這種「方法」就可以複製，乃至批量生產的；換句話說，它不為掌控，也無需掌控。在現象學的基礎上，H．-G．伽達默爾建立了一種解釋哲學，主張按照事物與我「遭遇」所產生的「顯現」來描述，描述「對我顯現」的東西亦即「對我而言」的「現象」；這樣一種的「顯現」、「現象」，已既不只是「客體」的、也不只是「主體」的，而是那種主客體「碰撞」之後的「第三者」。現象學的「見」與「描述」，也因此就是對這樣一種「第三者」的「見」與「描述」。

在來到海德堡大學H．-G．伽達默爾身邊之前，我曾有一個想法，認為：人文、自然兩大哲學思潮已經發展得差不多了，應該提出「第三條思路」（參閱《關於「自然」和「自我」關係的第三條思路》，載於《批判哲學與解釋哲學》第三〇六至三二五頁，中國社會科學出版社一九九三年版）。我曾在此文基礎上改寫成赴德研究哲學的課題；最終，這個「第三條思路」我是通過「宗教」來形成的。這樣，「第三條思路」就不應該是那種以上帝的死亡和人被語言的取代為結局的。H．-G．伽達默爾在「藝術」領域中提出的兩大哲學問題，也居然可以在「宗教」的層面上得出新的答案。他提出的，一個是「可能性」問題，即「理解是怎樣可能的？」；另一個則是「現實性」問題，「美是怎樣實現的？」。在這方面，正如我前面已經說過的：中國大乘佛法不僅僅提供希望，那種絕望中產生的希望，使人看到了一種本不可能的可能性、一種新的可能性，而且是那種可持續的可能性，即便今生實現不了，還有來世；這就不僅僅提供了可能性，還提供了實現的現實性。

至於「佛法」，不藉助於「理性」甚至「感性」，而只憑「悟性」、只存在於「迷」、「悟」之間，根本不同於科學或藝術的方法。所謂「悟」，是「頓悟」，在「神聖的維度」上；不受人們世俗的意願、行為等等的限制，常常出人意料、突襲而至、如有神助。那只是一種通達、進入「佛門」之路，從而成為「出世」的「存在」，「自由」而「自在」；一旦到達、進入「佛門」，這種「路」就消失得無影無蹤，既已上岸、無需舟楫。更何況，每一個人的「路徑」各不相同，不可複製，也因此總結起來有八萬四千種之多，以供不同境界、智質的修行者所參照。

8、「真理」的三種解讀

自從自然科學的獨立於哲學，「真理」的解讀被「科學」所壟斷，一家獨大。自然科學，是一種探索規律的實驗科學。只是在第一次世界大戰之後，自然科學無往不勝的神話破滅，「科學」的那種全覆蓋（例如「放之四海而皆準」之類）的「真理性」遭到質疑，作為其補充的是在「歷史」、「藝術」層面上的「真理」的「『人文』解讀」，這是一種區別於探索「規律」的而是追尋「意義」的解釋學，是那種源自對語詞所「謂」所「指」的「意義」的「理解」與「解釋」。「歷史」、「藝術」的「『人文』解讀」，明確拒斥「精確」特別是「科學」的那種「理性」的「精確」，而提倡「精神」的「內在」的「真實性」。

人類進入二十一世紀，儘管「科學」依然有發展，「歷史」、「藝術」也在不斷創新，但是，它們加起來，也並沒有能夠窮盡對「真理」的解讀。正因為此，一直被「科學」排斥的「宗教」得以復興，新的對「真理」

的「『宗教』解讀」應運而生。我正是藉助於對佛經的解讀，把M．海德格爾、H．-G．伽達默爾對「真理」的「『人文』解讀」引入中國，並使哲學轉向「真理」的「『宗教』解讀」。這種「轉向」，始於二〇〇四年出版的《道，行之而成》，二〇〇九年的《讀法和活法》則較為系統，二〇一八年出版的對《美的現實性》的解讀回顧了這種「轉向」的一些節點；而這次的「《心經》解讀」，是進一步的「深入」，並且粗成這樣一種「真理」的「『宗教』解讀」的「談『心』哲學」的系統。

關於「佛教」和「真理」的關係，宗薩蔣揚欽哲仁波切曾說過：「說到底，佛教只對一件事感興趣，就是洞見真理。擺脫慾望並不是佛教的終極目標，佛教的終極目標是獲得對真理的證悟。」在這裏，他還特別強調了「對慾望、對情緒的真實」：「保持你對慾望、對情緒的真實，從這個真實出發，你才有可能獲得超越的力量與勇氣。」「破除虛偽，真實，自有萬鈞之力」（《當一個人極度坦誠，他就已經無堅不摧》）。事實上，科學、歷史甚至崇尚虛構的藝術也都需要有這樣的一種「從真實出發」的力量與勇氣。

實際的人生，難免有醜陋、不堪；因此，敢於說出這些醜陋、不堪，才能算是「真實」；也正是甚至只有這樣的「真實」，才有可能逼出人的面對醜陋、不堪的「勇氣」與「力量」，以徹底「破除虛偽」，展現「性命」的「真相」，那種「生命」直面「無常」、「黑暗」的「力量」、「心性」的「莊嚴」。如同佛陀作為王子時的到宮外眾生之間，而目睹了人間的生老病死：一個人只有親身到現實生活中去、到事件發生的現場、作為當下事件的當事人，同患難、共生死，在事上磨煉，才有可能觸摸到生活中的真實，發現生活中的真理。

如前所述，按照古希臘柏拉圖的說法，在「宗教」的層面上，「真實的存在」、「真實的世界」是人的「靈魂」才有可能觸及的。柏拉圖的這樣一種對「真理」的「靈魂」層面的解讀，一直沒有受到應有的重視；人們比較重視他的對「真理」的「『人文』解讀」以及「『政治』解讀」。而事實上，柏拉圖的哲學思想，也足以啟動一場對「真理」的「『宗教』解讀」。這一點，在本著的前前後後，都有不少的解說，在這裏就不多說了。

我們在解讀《般若波羅蜜多心經》的過程中，藉助於「心路歷程」而通達「『彼岸』世界」，也涉及到佛教等在「宗教」層面的對「真理」、「真實」的解讀；匯總起來，可以構成一種古今中外的對「真理」的「宗教」的「解讀」系列。在這裏，有一點我必須強調：佛教對「真理」的解讀，是「宗教」的，而不是「科學」、「歷史」、「藝術」的。不過，這樣一些對「真理」的解讀，可以互補，但不可相互取代，甚至無論高低。

人們曾經試圖為自然界「立法」，掌控自然界的「真理」；沒有成功，轉而試圖「人文」地解讀「真理」，收效似乎也不大。或許，人們得改變自己的思路了，可否捫心自問一下：也許，人根本不可能掌控「真理」？「真理」也許根本不在人的手裏？這個問題，我在別處有討論，這裏就不展開了。

9、哲學的「四維」與「四性」

藉助於「時間性」，對人們的「生存」、「存在」乃至它們的理解、解釋得以可能。而在M．海德格爾看來，「歷史」又是在「時間」中進行的，「歷史」在本質上就是「精神」的「歷史」。簡而言之，在《存在和時間》中，他就是這樣藉助於「時間」來解讀「存在」的，並確定「存在」於「精神」的層面。在這個層面上，M．海德格爾討論了「存在」的「維度」問題；「存在」的「維度」問題的提出與討論，催生了現代現象學中的「存在論」與「解釋哲學」。

參照豐子愷人生「三層樓」的說法，我又把「靈魂」與「精神」區分成兩個不同層面，藝術問題的討論屬於「精神」的層面，而「宗教」的問題則屬於「靈魂」的層面，它們就有了各種不同的維度，也因此不再受「人文解讀」的局限。「靈魂」作為「真實的存在」，有着她自己的不同於「精神」的「存在」維度（參閱《美的現實性》第八九至九〇頁，人民出版社二〇一八年版）。

有了「靈魂」作為「真實的存在」這樣一個維度，相關的哲學考察，就會重要地影響哲學版塊與層面的劃分。按照哲學以往的劃分，佛教經典儘管也談及「入世」的必要經驗，但突出強調的是「出世」精神、「內修般若行」，把「『人』性」提升至「『佛』性」，進入了「神聖之維」。

「『佛』性」區別於「『人』性」，「『人』性」是在「世俗」的「人道」的層面；而「『佛』性」則是在「宗教信仰」的層面，是「出世」的、「超越世俗」的。「宗教信仰」，是「超越世俗」的，這是其一。

其二，「宗教信仰」，在佛教看來，是「非關文字」的，是「不可思議」的，不是在語言文字基礎上的理性的思考和邏輯的推理，甚至不是「語源學」的，也不是進行在美感影響下的如藝術的想像發揮；而是進行如「拈花微笑」之類的「心有靈犀一點通」、「心心相印」，是「心靈」、「靈魂」之間的「碰撞」、「震動」與「通達」。這樣的一種人與人之間的「溝通」的獨特方式，不應該也不可能被科學的或者說藝術的方式所取代。缺失了這樣的一種最高層面的「溝通」方式，就損失了人類「溝通」的一種十分重要的不可或缺的方式，會造成人類生活的嚴重缺陷、弊病，而成為現代人類社會的百病之源。要拯救現代的人類，首要的就是「純潔」人們的「心靈」、「靈魂」，「恢復」其「神聖之維」。這個方面，也可以作為對H·-G·伽達默爾的「理解」理論的一種「神聖之維」上的重要補充。

這個維度，區別於認識論、美學、倫理學，可稱之為「神聖學」、「神秘學」（本應該稱之為「佛學」、「神學」，但容易與傳統的說法相混淆）。對「神學」的改造，一直處在不斷發展之中，有人認為：在歐洲哲學史上，可以從蘇格拉底對「神話」的理性考察算起。與此同時，蘇格拉底卻有他自己的「神」、那種與人的「靈魂」密切相關的「神靈」，他把他自己所從事所堅持的哲學活動看作是「天職」，是接受了「神」的指令的結果。所以，在蘇格拉底那裏，哲學具備「神聖之維」；一些哲學家過多地強調蘇格拉底身上的「理性」元素，就使得蘇格拉底哲學的「神聖之維」被遮蔽起來。當然，與此同時，「口語」也被「概念」、「邏輯」所掩蓋。

至於歐洲仍在風行的現象學，它作為一種「哲學」，有人認為是與「上帝」乃至「宗教」不相容的，「宗教領域」「被簡單地界定為哲學所排斥的領域」。事實上，儘管現象學之初，依然沿着自然科學的路徑，所建立的也是自然科學傾向極重的「哲學」；但是，M．海德格爾則可以說是實行了一種「現象學的神學轉向」，包括他的開山之作《存在和時間》中的「生存論分析」都源自於「宗教」經驗。在歐洲人的思想和生活中，「宗教」依然是重中之重，儘管有的時候是處在那種「隱匿」的狀態。從根本上來說，「宗教」所涉及的是一種如E．胡塞爾所說「自我顯現」，而這樣的一種「自我顯現」不受任何條件或他者的制約。「現象」，可以是「『有』常」的、「『有』條件」的、可以「『被』對象化」的；也應該是「『無』常」的、「『無』條件」的、不能「對象化」的。

解讀佛經，就是要展現其「神聖之維」；而在《般若波羅蜜多心經》中，「觀」、「照見」、「行」等等，都具有很強的現象學的哲學意味，對它們的哲學思考還有助於把現象學哲學提升到「神聖之維」。這樣一來，在「命題的真」、「此在的歷史性」、「藝術經驗的真」之外，又提出了與神聖相關的「心性之真」（「心性」的「潔淨」之「真」）、「真實不虛」之「真」。

也因此，我們有必要在人的感性、知性、理性之外，增加一個「悟性」，這就所謂的「四性」。而在傳統的認識論、美學、倫理學三大哲學版塊之外，也需增加（更確切地說是「恢復」）一個「佛學」的、「宗教哲學」的版塊。在這樣的一種哲學「版塊」之中，既不可能以「科學」或「倫理」、「美育」來代替「宗教」，也不可能「以哲學代宗教」（如馮友蘭所提倡）。研習佛教經典，在哲學方面，就不能低估更不能忽略這個「悟性」、「宗教哲學」的版塊。這一點，我認為有必要在這裏再強調一下。

這樣的一種「版塊」分佈，也可以說是一種「佈局」。人生要講「佈局」的，哲學也講。「佈局」，以見「境界」、「眼界」與「格局」；當然，這既不能張冠李戴，也不能以偏概全。

10、「談『心』哲學」的體用與方法

佛經，凸顯了對於「心性」、「靈魂」的談論，由此而導出「談『心』哲學」。對於「談『心』哲學」，我在這個部份相對集中地談談，但並不打算在本書裏單立系統做哲理的討論，而是在談及相關問題時稍加述說，散見於全書的各個部份之中。

我這本書既是對《般若波羅蜜多心經》的解讀，又是探究「談『心』哲學」的，顯然是「亦宗教、亦哲學」的；融合起來，就是「宗教哲學」，突出了那種在「神聖之維」層面的哲學。

⑴ 讓「思想」有個「家」

哲學，一直在想為「思想」安個「家」。

從我自己研習哲學的脈絡來看，我於一九八七—一九九〇年在H.-G.伽達默爾身邊學習德國解釋哲學。哲學發展到了德國解釋哲學，M.海德格爾宣佈：哲學「終結」，而「思想」登場。隨之，「思想者」們紛紛

探究「思想」的「可能性」。如何「使『思想』成為可能」？對此，M．海德格爾作了一種「語源學」的探索。作為M．海德格爾的學生，H．-G．伽達默爾進一步指出：「人只有通過語言才能思想。思想的本質正是人與自己心靈的精神性的對話。」由此，「思想」在「語言」的層面上，又被規定為「對話」。哲學→思想→對話，哲學成為一種「對話學」，標誌着哲學的「轉向」，形成了一種新的「人文主義」的哲學路徑。

然而，佛教強調「不可思議」、「非關文字」，不僅排除了「思想」，而且破除了「語言文字」的局限；這就嚴重動搖了突出「思想」、「語言文字」的M．海德格爾、H．-G．伽達默爾哲學的根基。哲學，究竟應該向何處去？本來呢，在我看來，他們的根基就不太穩當；我總覺得M．海德格爾和H．-G．伽達默爾的「思想」依然在「遊蕩」甚至是在「流浪」，因為他們的「思想」一直「想有個家」，卻始終沒有找到這個「家」。換句話説，他們雖然以藝術取代科學改變了哲學的路徑，使人耳目一新；但是，這並沒有能夠從根本上解決人們「心靈」、「靈魂」層面的問題。這是因為他們始終停留在「思想」、「腦」、「語言」的層面上，就根本不可能觸及「心靈」、「靈魂深處」；因為，「思想」、「語言」屬於低於「心靈」、「靈魂」的那個層面，它們沒有也不可能進入「心靈」的層面，更沒有到達「靈魂」的深處。參照豐子愷對人生「三個層面」的劃分，M．海德格爾、H．-G．伽達默爾側重於「藝術」的哲學「思想」，是「人文」的，僅在「『精神』生活」的層面，是「第二層」；而「心靈」、「靈魂」則在「第三層」（見我二〇一八年的《解讀〈美的現實性〉》有關「人生的『三層樓』」章節）。

其實，已經有不少的人已經知道並且告訴了我們：心靈，才是我們每一個人的真正家園。在二〇〇四年出版的《道，行之而成》這部著作中，我曾專門用了幾個章節來探討「『思想』之『家』」以及相關的問題。在那裏，我指出：「『心』是『思想』得以建立、生存和發展的安身立命之地。『心』是一種『思想』以之為根基的、比『思想』更高或更深層次的東西」；「『心』，是『思想』之『家』」。並且，我還追溯到M．海德格爾對巴門尼德對「無蔽之心」的解讀，把這種解讀看作是「把這種『心』看作是一個建構、聚集、逗留、棲居、庇護的場所，是『家』」（《道，行之而成》第二〇〇、二〇一頁，中國社會科學出版社二〇〇四年版）。

(2)「思想者」何以成為「喪家之狗」

有人說，現在中國的一些企業家，他們一心撲在企業上，似乎「只有企業沒有家」，「常年過着喪家式的生活」；當然，還有一些企業家，有了二奶、小三之類，丟掉了原來的家。這些人，都可以稱之為「喪家之狗」。不過，我今天要講的主要是作為「喪家之狗」的「思想者」，而不是「企業家」。

哲學家以至許多的「思想者」都「想有個家」，然而奔走一生，極力創建「精神家園」的他們，卻往往無家可歸，到處流浪，「累累若喪家之狗」（語出《史記》之《孔子世家》）。

「累累若喪家之狗」，原來有不被人待見、到處碰釘子、不受重用的意思；過去乃至現在的許多「思想者」，他們滿腹經綸、一肚子的發明創造，想為執政者出謀劃策，但往往不被重用，如孔子、屈原、賈誼等等。這是一層意思。另一層意思是，有一些名為「思想者」，卻失落了自己的「精神家園」，找不到自己「思想」的「安身立命之地」。讀書人特別是「思想者」，只有建立了自己這樣的「思想」的「安身立命之地」、找到並且守望住自己的「精神家園」，才不至於到處流浪，淪為「流浪狗」。連被譽為中國第一大聖人的孔夫子都是「無家可歸」、「累累若喪家之狗」，遑論他人?!「思想者」乃至「聖人」，都難免淪落為「喪家之狗」，究竟是因為甚麼?在《論語》中，通過孔子這樣一個讀書以求官而未能如願的普通讀書人的一生，揭示了這類人的「宿命」。我們後人特別是讀書人是否能夠、又怎麼能夠規避這樣一種的「宿命」？

應該說，孔子也是一個「有思想者」。作為「有思想者」，就難免遭人嫉妒、打擊，使其難有容身之地。有人說，他是獅子，不用像狼那樣「拉幫結夥」；但是，他一旦面對群狼時，會輸得很慘。由於種種原因，「思想者」難免孤獨，難免被群起而攻之，以至「累累若喪家之狗」。

(3) 佛經教你如何「回家」、「到家」

「心靈」的迷茫者，迷失了「回家」的路。《般若波羅蜜多心經》、《金剛般若波羅蜜經》，都在為「迷路」的人們指引着「回家」的路。

上面這兩部經，書名裏面都有「般若波羅蜜多」或「般若波羅蜜」這幾個字，它們究竟是甚麼意思？按照江味農在《金剛經講義》中的解讀，「般若波羅蜜」是「法」，講的是佛法，亦即「大乘佛法」。這種「法」講甚麼呢？講「智慧」即「般若」，講「到彼岸」即「波羅蜜」；「到彼岸」，按照老百姓的口語來說，就是「到家」。這種佛法的意思是：「離生死此岸，渡煩惱中流，達涅槃彼岸是也」（《金剛經講義》第十一、十二頁，華東師範大學出版社二〇一四年版）。

當然，這裏所說的「到家」，其原意並不是「回到家中」的「到家」，而是「本領高強」、「功夫了得」乃至「功德圓滿」的意思。這層意思，也非常重要，就是做學問、追求精神境界都要做到「極致」、「圓滿」。除此之外，結合「到彼岸」的路徑和意思，再結合佛教的「回頭是岸」、「回到」內在「心靈」與「靈魂深處」等導向，「到家」就是「回到家中」、找到了自己的「安身立命之地」。也就是說：佛經為人們指引着一條「回家」、「到家」

之路，以到達「安身立命之地」。

⑷「路」在腳下，「家」在何方？

「思想者」以至我們每一個人，都必須找到自己的家、自己的「安身立命之地」；否則，我們都會成「喪家之犬」，就像大街上亂跑的那些「流浪狗」。

「回家」的「路」，佛經也給我們指出了，就是：離開生死此岸，渡過煩惱之海，到達涅槃彼岸。我們每一個人都處在「生死此岸」，這就是我們的「起步」之處；「了生死」，就是到達「彼岸」；「路」，就在我們腳下。

那麼，「家」呢？我們的「家」在哪裏？《金剛般若波羅蜜經》告訴我們說：「應無所住，而生其心。」這顆「心」，人的「心靈」，就是我們每一個人的「家」。了悟生死，就是「回家」、「到家」。「回家」、「到家」，就是「回到」你與生俱來的「本真的心性」。

《般若波羅蜜多心經》更是整部經都在講，是「心靈的光芒」「照見五蘊皆空」；有着「心光」的照耀，就「沒有誰可以阻擋我們回家的路，除非我們不想回來」（洛克菲勒語，摘自他給兒子的第三十二封信）。

「家」，可以為我們提供「保護」，給我們「溫暖」，可以遮風擋雨、休養生息乃至生兒育女、繁衍發達等等；從「心性」的層面上來看，「回家」，就是「回到」「心」中，明心見性，「回到」自己的「真實的本性」。這樣的一個「家」，靠的是我們自己「心」的力量的支撐，即「心」的那種與生俱來的「自強」、「自癒」和「再生」的偉大力量；只有保持並且發揚光大了這種力量，一個人的「家」才能像一個「家」，即便簡陋但很堅固，至少能夠為我們遮風擋雨，保護我們休養生息；更重要的是，能夠阻止紅塵的紛擾、根除煩惱，保持那「潔淨」的「心性」。

(5) 談「心」哲學的體用與方法

前面，我分別講了人的三性即獸性、人性、佛性，人的三種生活即物質生活、精神生活、靈魂生活，「真理」的三種解讀即科學的、人文的、宗教的解讀，「經驗」的三分即學科的、生活的、心靈的，哲學的四性即感性、知性、理性、悟性，等等。在其中，我們分別突出了佛性、靈魂、神聖學（宗教），這就為「談『心』哲學」定下了基調。「談『心』哲學」，顧名思義，關鍵在「心」。而「心」，佛教所突出的「心行」，是一種「自我運動」，這是一種靠自己的力量所進行的「運動」，一種「自救」、「自強」、「自癒」和「再生」的富有「自發生命力」的「活動」。佛教還強調「初心」，正所謂「勿忘初心，方得始終」，要求這顆「心」自始至終不被污染、潔淨如初。

「心」，又是相對於「性」來講的，二者在哲學上產生了一種「體」、「用」的關係：「體無形相，非用不顯；性無狀貌，非心不明。」「性」，雖然本來就有；但是，「性」既無「形」又無「相」，因此不可「見」、不可「聞」；還「不可思議」，即不能想像、不能思考、不能議論、不能描述。那麼，怎麼樣才能讓「性」得以顯現？沒有別的辦法，只有靠「心」，「明心」方可「見性」。由此可見，「心」還不是「終極」，也不是「究竟」；要想達到「究竟」，必須從「心」再深入到「性」的層面。在「心」、「性」之間，是一種「用」與「體」的關係。從哲學的「體」「用」的基本問題的角度來看，亦從「五重玄義」的「顯體」、「辨用」的讀經路徑來看，我們可以確定：「性」，為「體」，是「不生不滅，不垢不淨，不增不減」的；「體」，「非用不顯」；「『心』，為『用』，『用』以顯『體』」。由此可見，「心」是用來顯現、照見「性」的，「明心」以達「見性」。而「心」，又有「真」、「妄」之分，涉及到哲學方面的「真理」觀。只有祛除其「妄」，掃清「妄想雜念」，才有可能見出「真心」；只有用「真心」，才有可能讓「本性」得以「顯現」。否則，就像北京的霧霾那樣，霧霾一起，伸手不見五指，根本無法見到北京的本來面目。

凡夫俗子，「妄想雜念」甚多；讀經學佛，就是要祛除「妄想雜念」，讓我們自己的「心」由「妄」轉「真」，得現「本性」。得現「本性」，就是「開悟」；就像中國禪宗六祖慧能那樣，聽到《金剛經》中「應無所住，而生其心」即「明心」而「見性」、「言下大悟」：「何期自性本自清淨！……」（見《壇經》）由此可見：「開悟」，就是「見性即見真心，就是自性」。「見自性」，才是「根本」，這恰恰是我們「開悟」、提升境界中最最重要的事情；並且，強調「當下」開悟、當機即悟、當體即悟。當機即悟、當體即悟，悟在「當下」，就是「頓悟」。這樣一種關於「本性」即「體」的學說，在哲學上可以稱之為「本體論」，歐洲則往往稱之為「存在論」。

所謂「方法」，在古老的歐洲語言文字中有「導向」、「路徑」的意思；所謂「導向」，是「指示方向」，而不意味着「終結」；所謂「路徑」，是「正在路上」，「路漫漫其修遠兮，吾將上下而求索！」本文正是在這樣的意義上來講「方法」的。

在「神聖之維」層面上作為「宗教哲學」的「談『心』哲學」，其方向、方法也是區別於「科學哲學」與「藝術哲學」的。有中國的哲學工作者探討「本體論」，認為「科學哲學」是「『理』本體」，而「藝術哲學」則為「『情』本體」；這兩種概括，顯然包含、容納不了「宗教哲學」的「『性』本體」。

按照佛教，「宗教哲學」是「非關文字」也與「語言」無關的，那就既區別於邏輯學，又區別於修辭學。「宗教哲學」強調「不可思議」，因此就不像「科學哲學」那樣，進行概念的分析、邏輯的推理，不是「曉之以理」。它又不像藝術與相關的哲學，依靠想像發揮，描繪良辰美景，留戀於世俗紅塵，世俗地「動之以情」。「宗教哲學」，其根本並不在於「理」，也不在於「情」，而在於「情」、「理」之外，在於「性」，是「靈魂」的「覺醒」（把亞里士多德的「覺醒」放在「靈魂」的層面來看）；這樣的一種「性」與「靈魂」的「覺醒」，都是「直接」的、一插到底的，不藉助於任何「仲介」，有着一種「無仲介」的「直接性」。以至在解釋哲學的領域之內，足以表明：那種從「歷史性的彼岸」和「藝術真實性的彼岸」提出的「存在問題」，都不是唯一的也不是最終的，還需要顧及與「宗教」相關的「真實存在」。

所謂「直接」，就是照着佛陀的榜樣去「做」，親力親為，腳踏實地，作「生命」的「踐履」；「生命」的「踐履」，重視「實踐」、「身體力行」、「親力親為」，「在事上磨煉」。這樣的一種「在事上磨煉」，又一定是「用心」的，要「在心地上下功夫」；若不「用心」，不在「心地上下功夫」，遇「事」就不成「磨煉」，「功夫」也就白下了，那將一事無成。這樣一些的「磨煉」、「用心」，需立足於「當下」，不揀擇、不等待，隨機應對，以達成「直覺」、「頓悟」。所以，這樣的一種「哲學」，就不是「書本」的、「黑板」的、「講堂」的、「學府」的，而是「實際生活」的，是「自然而然」的「簡單」甚至「簡陋」的「實際生活」的，並且是「在心地上下功夫」的。

「直接」的，一定是「簡單」的；許多人包括哲學家往往喜歡把「簡單」的事情「複雜」化，而哲學應該去做的，恰恰相反，是「去繁就簡」、「化繁成簡」，把「複雜」的事情「簡單」化。星雲大師說，事情本來並不「複雜」，「複雜」都是人自己搞的；搞「複雜」了，就是「自尋煩惱」。佛教所講的破除「煩惱」，實際上就是要破除這些人為的「複雜」化的「自尋煩惱」。凡事都要「從簡」，做事一定要「簡單」，越「簡單」

越好，「簡」到不能再「簡」。

發自自己的「內心」，兩顆心的「遭遇」、「碰撞」，「心靈」、「靈魂」之間的「碰撞」、「震動」與「通達」，「直接」而又「簡單」，是突如其來的「剎那」「震撼」，間不容髮，是「心有靈犀一點通」、「心心相印」，「豁然開朗」。

這樣一種的對「靈魂」的「觸動」，是一種「召喚」、「提醒」，使之「憶起」並且「勿忘初心」；「勿忘初心」，是一種「回首」、「回憶」、「回溯」，也是一種「逗留」、「延續」。「回頭是岸」，也可以看作是這樣一種「宗教哲學」的基本路徑。這種路徑，「進道若退」。

這樣一種的對「靈魂」的「觸動」，是「排除」任何「妄想雜念」，保持着一種「潔淨」、「安靜」的「心境」。這樣一種的對「靈魂」的「觸動」，是「放下」，把世俗的乃至佛法等等「一切」都「放下」，甚至連「放下」也都「放下」，「一無所有」（「無所得」），實現「真正的『無』」。

說完了上面這些，在這裏我再次強調：讀佛經，一定要深入佛經的事件，不當旁觀者，而是作為當事人，親歷其境，感同身受，取得切身的經驗。讀佛經，是在和最高智慧者「對話」，一來一往，順其自然，自然而然。佛經的解讀，基於解讀者、研習者自身「性命」的「活力」以及他們的「內在體悟」，是由於他們自身「心性」與佛陀菩薩的「心靈」碰撞而產生「體悟」，自成一條路徑，到達「性命」的「深處」。

二〇二〇年五月二十六日於北京

附錄一：讀佛經與結緣高僧大德

在讀佛經的過程中，我有幸和一些高僧大德結緣，在他們身上學到了很多。在這裏，我願意和大家一起分享：

一、勤學苦練，隨緣自在

學習，要給自己定高標準。對於我們自己的目標，應該是：「取乎其上」。而既不是「取乎其中」，更不能「取乎其下」；因為「取乎其中，得乎其下；取乎其下，則無所得矣」（轉引自《論語》）。即是說，在自己能做到的實際與所定的標準之間，總是要打折扣的，能做到的往往要低於所定的標準；所以，一開始就得把標準定得高一些。

標準定高了，就一定得「勤學苦練」，別無他法。「勤學苦練」，我並不贊成「頭懸樑」、「錐刺股」，這樣一些強迫、傷害自己的做法。當然，學習是艱「苦」的；這「苦」，我們還必須得「吃」，躲不開、賴不掉，因為我們只有一條路可走，那就是：「吃苦了苦」。所以，該吃的「苦」，一定得「吃」，而且主動去「吃」。這是佛家的觀點。

按照儒家亞聖孟子的說法，「故天降大任於斯人也，必先苦其心志……」。就是說，想做大事，首先要「吃」的「苦」，是自己「心」的「苦」，必須得先「『苦』其心志」；筋骨皮肉之「苦」，也是難以避免的，但卻不是首先的、不是最主要的；最主要的、首先的，是在自己的「心地上」下功夫。不過，按照佛家修行的程式，「修行」先「修腿」，似乎是筋骨皮肉之「苦」在先；但重點也是在「修『心』」。

學習，當然還得能找到好老師。

1、隨緣、惜緣而不攀緣

學習，最好自己的身邊有良師益友。優秀的學生，希望能找到好老師；而事實上，好老師也在無時不刻地尋覓好學生。

尋找良師，不同於追星。現在社會上，追星、攀富已非常嚴重，難免會影響到學佛讀經；所以，在這裏我着重講講「不攀緣」。

用佛教的語言（淨土法門語）來講，就是「隨緣而不攀緣。隨緣而不攀緣，身心清淨，沒有負擔，沒有牽掛」；「一切隨緣，隨緣就自在」。所謂「一切隨緣」，我的理解是：能否遇到良師益友，是一種緣份，不能強求；而「強扭的瓜不甜」。作為「緣」，又不論「善」、「惡」，都須接受、妥當應對，而且都要珍惜；善緣不攀附，惡緣不懼避。這樣「一切隨緣」，就是「自在」。菩薩以「自在」為名，也是強調「一切隨緣」；「一切隨緣」，是「自在」題中應有之義；學佛讀經，就不能忘記「隨緣」。

佛陀本身的成佛，最終不是攀附所成，而是「隨緣」、「惜緣」而致。起初，成佛之前，他到處拜師求經，既心切又刻意，有分別、多執着，就難免有攀緣；「心」有雜念，五味雜陳，自然不會「清淨」；後來，在菩提樹下，精疲力竭，「空」乏其身，一無所有，一無所求，「心」才真正地「靜」了下來，「修行」實際上就是「修」的這個「空」、「靜」，有了「空」、「靜」，就能覺悟。所以，修行既不能攀緣，不一定非要拜某某名人為師；又不能飢不擇食，胡亂拜一氣。

我與良師結緣，都不是刻意尋得，而是天賜良機。比方說，我的遭遇H·-G·伽達默爾，竟是在從德國斯圖加特到海德堡的火車上的不期而遇；我在塔爾寺拜見楊嘉活佛，也是因為我晚到而臨時換了他來接待的我；我與淨空長老的對話，是大公綱的出乎我意料的安排；拜見星雲大師，儘管之前有很多的機會，例如去佛光山迎《大藏經》、在北京大學聽講演等等，幾次遭遇，近在咫尺都未強求結緣，卻意外有了在宜興大覺寺（大師一九三八年的出家地）直接對話的機緣。

不期而遇，我反而份外珍惜；因為這是「天賜」，可遇而不可求。

2、找回慈悲與智慧

另外，就是現在有那麼多的人進廟燒香，求的東西都恰恰相反，竟然不是為了信仰，也不是為了增長慈悲、善良和智慧；而是想如何能夠幫助自己賺大錢、當大官等等。這當然也體現了他們身心層面的缺失。我也碰到一些慈善家甚至是出家人，還是大名鼎鼎的，他們到處忽悠自己是多麼慈悲、善良；但讓我感覺到的，恰恰是在他身上最缺乏慈悲和善良。搞笑的是，在我們的日常生活中，並不是有甚麼吆喝甚麼；而常常是缺甚麼吆喝甚麼！當然，有也應該像「有」的樣子，越是有，就越要謙卑，不去吆喝，不炫耀。而在我們現實生活中呢，卻是越沒有的越愛吆喝，特別是那種一瓶子不滿半瓶子晃蕩的人（洪謙教授語）。

我現在的讀、講《般若波羅蜜多心經》，是想通過菩薩的榜樣，來發現、挖掘自己，不斷地改善自己和提升自己；同時，也想把自己的一些心得和大家進行交流，相互學習，共同提高。我講佛經，不設門檻，願意來的都歡迎；只是希望各自回去以後，自己能夠一點一滴地按照菩薩的教誨去做，領悟多少就做多少；腳踏實地去踐履，是最重要的。

3、如何成佛？「千聖不傳」

我們每一個人身上，都有佛性；按照這種佛性去做，我們覺悟了，我們就都是「覺者」。從這個意義上來講，佛是按照自己身上的佛性去「做」而「成」之，也就是「『行』之而『成』」的。無論是《般若波羅蜜多心經》還是《金剛般若波羅蜜經》，一開篇都講菩薩或佛陀他們是「怎麼做」的。學習佛陀、菩薩的榜樣，就是藉以發現自身的佛性，按照這種佛性去實踐。

對於讀佛經的我們來講，根本上，並不是從佛陀、菩薩身上去找怎麼成佛，而是在自己內心深處找到佛性，按照這種佛性去做，以此成佛。對於成佛而言，在這個意義上，求佛陀、菩薩，不如求你自己。佛，是靠你自己去「做」成的；而不是向他人（包括佛陀、菩薩在內）「學」成的，也不是讀佛經「讀」成的、講佛經「講」成的。

在佛陀的八萬四千法門面前，包括在《般若波羅蜜多心經》、《金剛般若波羅蜜經》這些經書面前，也不能執着於這些經典，不能被束縛於佛陀、菩薩是怎麼講的，不能照搬，更不能鸚鵡學舌；而是要弄清楚自己的佛性所在，依據自己的佛性去「做」。今天，我們之所以來解讀《般若波羅蜜多心經》，目的也全在於：弄清楚我們每一個人自己的佛性所在，依據自己的佛性去「做」。

講佛經，我們也不能像現在大學課堂上的那些教授們，只講佛陀、菩薩是怎麼怎麼說的，只會咬文嚼字，而講不出來他們自己是怎麼想的、他們自己應該怎麼做。再加上如果他們根本沒有讀懂佛經，充其量，也只是鸚鵡學舌。不過，我們更要去努力發現，那些讀懂了的、有他／她本人體悟的修行者，向他們學習。

而從根本上來說：如何成佛，「千聖不傳」。佛陀、菩薩是如此，其他高僧大德更是如此。這是我們在讀《般若波羅蜜多心經》之前，須要特別明確的，也是我們所特別強調的。在這樣的一個基礎上，我們再開始解讀《般若波羅蜜多心經》。

也正是在這樣的一個基礎上，我來講講我所接受的法脈。

二、我所接受的佛學思想與法脈

下面，我先簡要介紹世界著名學者對我的相關影響。

1、世界著名學者高度評價佛教

首先，我介紹一些世界著名歷史學家、科學家、哲學家、思想家，他們都是以獨特的視野，從不同的社會問題、宇宙問題以至哲學、思想問題的角度，對佛教做出了高度評價；這些評價，加強了我對佛教的深入了解：

M．韋伯：關於宗教，M．韋伯寫下了《新教倫理與資本主義精神》、《中國的宗教：儒教與道教》以及《印度的宗教：印度教與佛教的社會學》等著作，由此而提出了他的宗教社會學，找出了社會學和自然科學在基本研究方向與路徑等方面的差異，建立了區別於傳統自然科學的社會學。這對於自然科學技術的擴張與氾濫，起到了一定遏制、補救的作用。

還有一點也很重要，就是：M．韋伯強調了宗教、信念、信仰對於社會發展的重大作用，以糾正物質和經濟的決定論的偏頗，有利於遏制人的普遍「物化」。

A．湯因比：「自古以來，建設文明的條件就是生產的剩餘。就是説，人們能夠生產出超過生活最低需要的糧食和其他物資。依靠這些生產出來的剩餘物資，才能從事經濟活動以外的事業。」「戰爭和不公平，在任何情況下，都是伴隨着各種文明而產生的兩種社會弊病。這種致命的社會弊端，有可能使文明社會生機枯竭。不過，在一定時間內，宗教卻是使這一社會維持下去的精神力量。」「每當一個民族，對自己的宗教失去信仰時，他們的文明就會屈服於來自內部的社會崩潰和來自外部的軍事進攻。」

他還特別強調了中國佛教對於解決二十一世紀社會問題的意義：「解決二十一世紀的社會問題，惟有中國孔孟學説跟大乘佛法。」「中國傳統文化，肩負着給整個世界帶來統一與和平的使命。」「世界的統一，將在和平中實現。這正是原子能時代唯一可行的道路。」「中國有資格成為實現統一世界的新主軸。」（以上均引自《展望二十一世紀》）

A．愛因斯坦：他認為：「人類所做和所想的一切，都關係到要滿足迫切的需要和減輕痛苦。如果人們想要了解精神活動和她的發展，就要經常記住這一點。感情和願望，是人類一切努力和創造背後的動力。」

他看重的是，佛教能夠應對現代科學的需求：「未來的宗教，將是一種宇宙宗教，而佛教包括了對未來宇宙宗教所期待的特徵：祂超越人格化的神，避免教條和神學，涵蓋自然和精神兩方面，祂更是基於對所有自然界和精神界事物作為一個有意義整體的體驗而引發的宗教意識。佛教正符合了這個描述。如果有任何能夠應對

現代科學需求的宗教，那必定是佛教。」（A．愛因斯坦：《宗教和科學》）

F．尼采：他曾經警示：「上帝死了！」上帝怎麼死的？是被技術殺死的！在技術的時代，人們已經沒有了信仰，也因物化而沒有了靈魂，人與人之間充滿了怨恨，發動了戰爭。

對於這樣的一種「人禍」，他認為佛教能夠起到遏制與補救的作用，他說：「佛教，是歷史上唯一真正實證的宗教，祂視善良和慈悲促進健康，不可以仇止仇。」「佛教反對怨恨」；「反對仇忌的鬥爭，乃是佛教徒的首要任務，這是以無比緩和與甜美的人性為前提的。」「人們不仇恨惡，不與惡作對，不去發動對自己的戰爭，人們會通過和平的，善良的，和睦的，多情的，多助的，可愛的狀態」（F．尼采：《權力意志》）。

B．羅素：「在我所遇到的各種學說中，包括數學、物理等自然科學以及其餘的宗教，沒有一個能最終解決我的疑惑，而且越研究越覺得迷惑。在遇到了佛教後，我才找到了慈悲與智慧的究竟正道，在解除人類痛苦和博大精深方面，佛法超過了其他任何一門學說，而且越研究越有興趣。」「佛教，才是整個宇宙的宗教，是整個人類的宗教」（轉引自《愛無界之佛心禪語》）。

而我本人，在這樣一些思想家的感動、振奮之下，從哲學的角度，特別是在H．-G．伽達默爾解經哲學、對話哲學的基礎上，汲取了佛經如《壇經》、《般若波羅蜜多心經》、《金剛般若波羅蜜經》的豐富營養；進而把哲學、思想的研究重心，放在了「心地」上，放在「心性」上，以區別H．-G．伽達默爾的把重心放在「語言」上；也因此，就把哲學從「談『話』」提升到了「談『心』」的層面，並且進入「神聖之維」。

我認為，恢復和提升人在思想、精神、心靈層面的「神聖之維」，在作為信息時代、網路與大數據時代（如「人工智慧」等等）的二十一世紀尤為重要；除此之外，對於人的「異化」、「物化」（如技術至上、物質財富至上等等），也能起到重要的遏制作用。使得人們不再以科學技術、知識、物質財富等自恃，不再「作繭自縛」，自設牢籠。誦讀研習佛經，可以使我們重溫經典中的古代人的比較自然的生活狀態以及相關的體悟與心靈生活的經驗，回歸實際生活的自然狀態與心靈的潔淨本性。讓我們重溫「人之所以為人」，去打破「人之不再是人」的惡性循環。

作為學者，現在大多追求名譽地位與金錢乃至權力，學問只是敲門磚，甚至為達目的而不擇手段，包括出賣自己的良知乃至靈魂。純粹一點的學者，一門心思做學問，淡漠於功名，但往往執着於「學問」、「知識」之「有」，也是一種「物化」。學佛之後，會「放下」對這樣一種「有」（「物化」）的「執着」，「放下」一切，對功名利祿乃至學問的有無等等，概不「執着」，恢復「心靈」、「靈魂」的「純潔」。

下面，再簡要介紹我哲學思想的學統和佛教法脈，限於篇幅，在這裏我僅講佛教法脈。

2、楊嘉活佛等的宗喀巴格魯派傳承

我受傳的佛教法脈，主要有藏傳佛教宗喀巴格魯派、六祖慧能的禪宗與天台宗等。

(1) 楊嘉活佛

活佛的全名：楊嘉·格桑圖旦夏珠，俗名雙喜福。一九三一年，出生於一戶土族人家。自三歲起，就被認定為二世楊嘉活佛的轉世靈童；六歲，坐床取名格桑圖旦夏珠，正式成為三世楊嘉活佛。

楊嘉活佛

除了少數人之外，其實許多人出家，都是因為窮苦、被迫、不得已，是一種別無選擇的選擇；但是，出了家，即便已經成了活佛，依然難免被拍板磚。成佛之前，受苦、受委屈；成了活佛，依然難免受委屈，甚至受更大的委屈。這是因為「善良」，出家人崇尚「善良」，世俗間欺負「善良」，「人善被人欺」；也是因為「自尊」，一個懂得「自尊」的人、想有所發明創造有所作為的人，也一定會受委屈，偏偏有人阻撓他們、忌恨他們、羞辱與打壓他們。

中國禪宗六祖慧能的事例非常典型，他在接衣缽之前，受了大委屈，被人蔑視為「獦獠」，不許在堂前受教，只能劈柴舂米做雜活；接衣缽之後，甚至遭到追殺（圓寂後，還有人想割他的頭顱）。這個時候，誰也幫不了你，只有靠你自己去勇敢面對、積極應對，以走出困境。成佛，實際上不是被捧成的，而是被打壓而成的，是大難不死而後成。

楊嘉活佛，也曾於一九五八年受冤入獄，二十年後即一九七九年才得以平反。楊嘉活佛在獄裏，不但不灰心喪氣，反而堅持學習，自己解救自己。他竟學會了建築工程技術，後來成為全省獲得古建築工程師稱號的唯一活佛。活佛的這種行為，首先教育了我：不能指望別的人別的甚麼事物可以解救我們人世間的苦難和不平、不幸；要想得到解救，只有靠我們自己。佛祖、活佛給我們的教誨，主要是身教，用他們自己的行動來影響、教導我們：自己的事情，自己去做；自己的問題，只能靠自己去解決。

一九八七年，楊嘉．格桑圖旦夏珠經國務院批准，調北京協助時任全國人大副委員長的班禪大師籌建佛學院事宜，成為班禪大師最得力的助手。班禪大師圓寂後，楊嘉在北京主持了盛大的圓寂法會，後在佛學院工作一段時間後返回塔爾寺。塔爾寺位於青海省西寧市西南，坐落在湟中縣魯沙爾鎮，是中國藏傳佛教格魯派的六大寺院之一。

二〇〇三年，非典鬧得正兇的時候，我到了西寧。我想起：上世紀九十年代初，在北京二十一世紀飯店，我碰到一位從塔爾寺來的年輕人，他看我手相，說我與塔爾寺有緣。現在，我已經在西寧了，就想去塔爾寺看看。接待我的朋友說，打過電話了，回覆說：非典期間，塔爾寺奉命關閉。我想，既然來了，如果我和塔爾寺真的有緣，那一定能進去。我忽然想到：既然是奉命關閉，自然也可以奉命開放啦！我就請我另外一位在特殊部門工作的朋友幫忙，果然沒有問題了，他聯繫好了塔爾寺管委會，並且派人派車把我送去。到了塔爾寺，那位原計劃接待我的活佛（好像是蒙族的）等我很久，因為我們的晚到，他以為我們不去了，就出去省裏開會了；於是，改由楊嘉活佛接待我。我被迎進楊嘉活佛宅院，進了主屋，互獻哈達後對話。楊嘉活佛是土族，他的漢語講得極好。他和達賴、班禪都是宗喀巴的弟子。我們倆都屬羊，頓感親近。我們談了許多，給我不少啟示。

在回顧楊嘉活佛的言傳身教過程中，給我的一個特別重要的啟示是：你是否是佛，完全取決於你自己；你可以是佛，也可以不是佛；你可以此刻是佛，而彼時不是佛。

對活佛這一開示，我感同身受。我曾經寫過一篇短文章：〈眾生境界俱是佛境界〉。中國的佛教經典告訴我們：我們每一個人身上都有佛性，只要努力得法，我們都可以成佛。而據我的觀察，我們每一個人（包括偉人、幾百年出一個的那種，我近距離見過）身上，除了有佛性，還有人性、獸性。我曾經在《讀法和活法》這本書裏研究得出：在我們的人身上，不管是西方人還是東方人，不管是白種人、黃種人還是黑人，都還有很多的很濃重的獸性。

因此，不應該也不能一概而論地籠而統之地說這個人是佛，或是人，或是獸；我們只能說：當這個人做佛的事情的時候，他就是佛；而當他做人的事情的時候，他只是人；當他做獸的事情的時候，他就是野獸。我覺得：這樣去看一個人的時候，比較準確，比較公平。包括偉人在內，當他非常神明、神勇屢創奇蹟的時候，他就是神；當他是人的時候，兒女情長、吃喝拉撒睡，他只是人；而當他是獸的時候，比方說，當他濫殺無辜、草菅人命的時候，他就是野獸。這就像在希臘神話裏的那些神，有時是神；有時是人；有的時候，則只是野獸。

所以，一個人，有時是神，有時是人，有時只是獸。通常，在一個人身上，神性、人性、獸性俱備。根據他的具體表現、實際行為，我們既可以說他是神，也可以說他是人，還可以說他是獸。

楊嘉活佛給我講他們教派的主尊大威德金剛，講金剛乘，要我讀《金剛經》。我真正的讀《金剛經》，就是從這以後開始的。之後，我又對格魯派的創始人宗喀巴的思想進行研究，相關成果被吸收在我的《般若波羅密多心經》解讀中。

(2) 珠康活佛

二〇一四和二〇一五年的觀音菩薩成道日，與珠康活佛在深圳的兩次相見（後來，在北京又多次相見）。珠康活佛告訴我，他也是格魯派出身。他一九五五年出生，也屬羊。他加上楊嘉活佛和我，或許能成就「三羊開泰」！他贈我《佛教顯密精要．實踐金滴》。珠康活佛的真誠、質樸、謙遜、厚重，深深地打動了我！在我的眼裏，他就是「真人」！

二〇一五年十月三十日，深圳京基海灣大酒店，拜見珠康活佛；三十一日即陰曆九月十九日觀音菩薩成道日，再次拜見並與珠康活佛合影。

珠康活佛（左）

拜見時，頓然感覺如有清泉注入我心田，清澈、甘美；事後，心生快樂，夜不成寐；回到北京以後，又數夜不能成寐，終於二〇一五年十一月五日寫成以下這首詩：

《我們的心不再遙遠》

九月十九的前一天
驀然聞傳來你的呼喚
我即刻飛越萬水千山
只為到大梅沙海灣與你相見

你緊緊盯着我的雙眼
那禁不住的股股清泉
從你的眼中不斷傾瀉
澆灌着我那渴望的心田

你用前額碰觸我的前額
雙手捧着我的臉
你用心聲傳頌着
格魯派傳承中的真言

觀音成道日的兩次相見
從此後我們的心不再遙遠
就像兩隻歡樂的藏羚羊
雀躍在雪域的大草原

(3) 慈誠羅珠堪布

佛友贈我以慈誠羅珠堪布的巨著《慧燈之光》，選讀後即有大受益。在我的《般若波羅密多心經》解讀中，讀者可見其影響所在。

3、天台宗的「五重玄義」釋經傳統

江味農、倓虛、淨空、元音老人等用「五重玄義」解讀《金剛經》、《心經》，讓我受益匪淺。聖一法師結合「禪修」來讀《心經》，另闢蹊徑，也使我耳目一新。我為深入了解「五重玄義」的釋經傳統，二〇一五年七月六日，拜訪天台山的高明講寺，聽聞智者大師的修行解經事蹟，又蒙主持了文法師題寫「玅法蓮華經」與「靜觀」兩幅大字，傳授天台宗精髓。

4、在皇城會和羅奇、陳履安、陳宇廷等對話《金剛經》，對話休息期間放生

有關的報道是：

二〇一三年八月，在北大國際（BiMBA）EMBA2008級班委、北大國際（BiMBA）校友部，以及嘉和傳播公司的共同努力下，距離天安門城樓不遠的皇城會天趣園成功舉辦了一場特別的管理對話——「企業管理的佛學之道」。對話一方是國際知名企業家、佛學博士、《當和尚遇到鑽石》的作者西麥克爾．羅奇（Geshe Michael Roach），另一方是中國社科院哲學研究員鄭湧。北大國際（BiMBA）楊壯院長特別擔當主持人。

在這場關於佛教與企業管理的高端對話之後，組委會還剛好請到另外一位重量級嘉賓——陳履安先生，就《金剛經》與現代人如何發掘和修養心性進行了交流。交流活動仍由鄭湧教授擔當嘉賓，楊壯院長主持。

5、在香港出席研討會，報告《讀倓虛〈金剛般若波羅蜜經講義〉》

（二〇一三年五月十四日，來源：大公網佛教）

關於這次演講，《大公網》佛教頻道做了核心提示：

鄭湧與「東北三老」會議有着甚深的緣份。從他在德國海德堡大學伽達默爾教授身邊學習解經學開始，到回到中國以後，他力圖把這種解讀宗教經典的哲學運用於中國的宗教經典，他選擇了《壇經》，從此與佛學結緣。在鄭湧開始研讀中國佛教經典的時候，淨慧長老曾囑咐他：先讀《壇經》，再往上推讀《金剛經》。

這次鄭湧被邀請參加香港舉辦的「東北三老（倓虛、定西、樂果老和尚）佛學思想研討會」，使他進一步接觸並研讀了倓虛的《金剛般若波羅蜜經講義》。這就促成了鄭湧在「東北三老（倓虛、定西、樂果老和尚）佛學思想研討會」上演講《金剛經》研讀體悟的機緣。

6、在香港理工大學，應潘宗光教授邀請對話：《金剛經》、《心經》

原香港理工大學校長潘宗光，二〇〇〇年遠赴河北栢林寺皈依淨慧法師，潛心修行，於《心經》、《金剛經》等佛學經典有甚深體悟。他邀請鄭湧和覺真法

師去香港理工大學對話《金剛經》，聽到動心之處，他按捺不住，走下聽眾席，直接參與了他們的對話。

7、在香港《大公報》社址，被《大公網》邀請和淨空長老對話

《大公報》記者張婕舒報道：佛教高僧釋淨空法師昨日到訪《大公報》，並接受大公網佛教頻道的專訪。《大公報》社長姜在忠表示，淨空法師晚年堅持弘揚佛法功德無量，相信此次專訪對兩岸四地信眾具指導意義。淨空法師則表示，佛學可挖掘出人心中的「真善美」，憑藉愛減少世間紛爭。

一早，淨空法師身穿一襲棕色僧袍，頸戴象牙白的念珠，攜弟子、信眾到訪本報。雖已八十七歲高齡，淨空法師仍是步伐穩健、目光炯炯、氣色紅潤，談笑間將人生哲理娓娓道來，思路清晰。淨空法師先與姜在忠社長傾談約一小時，其後接受大公網佛教頻道專訪。不少信眾特意趕來聆聽法師的智慧話語，出席訪談的還有中國社科院教授鄭湧、大公報副總經理周延召等。

姜在忠社長在交談時，向淨空法師簡介了《大公報》創刊一百一十一年以來，全面記錄中國近代史，並推動五四運動等歷史事件的風雨歷程。他續稱，淨空法師不顧高齡，不辭勞苦，赴各地弘揚佛法，

功德無量，他的著作更是通俗易懂，猶如一盞明燈。至於大公綱不僅在香港點擊率頗高，亦面向內地廣大讀者，內地許多民眾尊崇佛教，希望能藉此次大公綱專訪，讓淨空法師的精妙思想廣為傳播。

數小時的交流中，淨空法師不僅分享了幼時經歷、對中國文化的理解，亦深入淺出地分享了對佛法的領會心得。他認為，每個人都有真正的慈悲心，佛門子弟的職責就是挖掘出人本性中的「真善美」，憑愛令世人團結成一家。若人人都能「放下」自己的慾望，為他人服務，不僅是最清淨的享受，世界也能因此減少紛爭。

(1) 淨空長老贈書題字

二〇一三年十二月，淨空長老贈我他的《金剛般若研習報告》（這部著作也是運用天台宗「五重玄義」的解經方法），在扉頁上題寫了八個字：「自心現量 不斷之無」。

這八個字如何理解？究竟怎麼解釋妥當？前面一句，比較好講：世間萬事萬物萬法，都是自己那顆「心」的不同體現，亦即自心投影出來的現象，形成虛幻的世界。後一句，是說：人的妄想雜念，不斷地生生滅滅；虛幻的世界，也是舊的剛去新的又來，而只有這樣一種虛幻世界的真正毀滅，修行者才能得到解脱。

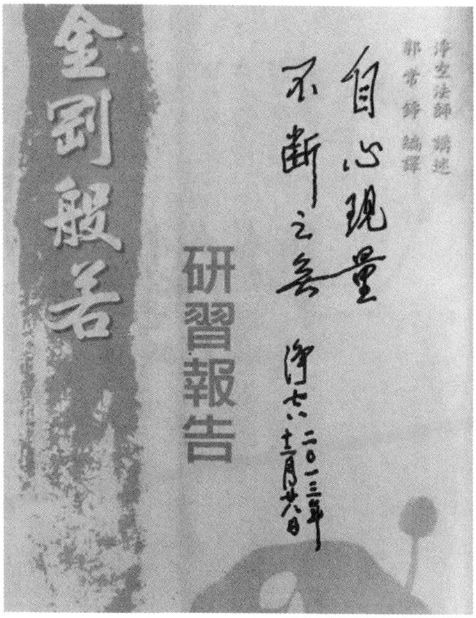

8、和馬哈古魯談修行

二〇一五年四月二十一日晚，在皇城會，聽馬哈古魯教瑜伽。在他傳授之前，我和他有一個對話，談論他在《修行、行善，回家》中我感興趣的話題，談到他本人「在恐懼如呼吸相隨的環境裏，對生命的探問」，如何「排除無知與黑暗」，成就「神聖和最高的智慧」，「把頭垂到地上來服務眾生」。修行、靜心，就是讓殘缺的個體回歸完整。我們還談到了「整體性」、「整體與自我」、「永恆與始終」、「只有『做』在發生」等等。

下面這部著作《修行、行善，回家》，記錄了馬哈古魯的言傳身教：

9、和星雲大師對話人生與《心經》、《金剛經》

二〇一六年四月十六日，下午近六點，在宜興大覺寺，我拜見了星雲大師。

當張靜之秘書長把我介紹給他的時候，他伸出手來和我握手，我就對他說：「您說您是『人生三百歲』」，我想給您再加一個〇——三千歲！您是千歲！可惜不能再加〇了，再加就要犯忌啦！」星雲大師聽後，笑了，笑得很開心；隨後，他低下眉，謙遜地說：「《金剛經》說了，不住相，不着壽者相。」一個真正的「覺悟者」，

是並不在意自己人生幾何、無論自己壽命短長的。

後來，張秘書長讓我跟星雲大師討論問題時，我就請教他應該怎樣去讀《心經》、《金剛經》，星雲大師發表了長篇講話；關於這兩部佛經，他講了很多。他說：《心經》就二百六十個字，裏面甚麼都講到了，宇宙觀、人生觀，等等。《金剛經》，也就五千多字；而《大般若經》，六百卷；《大智度論》，一百卷；越講越多了。與這兩部佛教經典相關的文獻很多很多，不可能全讀。我領會，星雲大師是在告誡我們：讀佛經，要注意棄繁就簡。

事後，在從大覺寺回宜興城的路上，我和同去的朋友一起回顧，對我們啟示最大的，集中概括起來是這樣兩點：一是「大道至簡」，二是「解鈴還須繫鈴人」。這就是說，凡事都要從簡，人要活得簡單，做事也一定要簡單，越簡單越好。事情本來並不複雜，複雜都是人為的。搞複雜了，就是自尋煩惱；自尋的煩惱，只能靠自己去解決，正所謂「解鈴還須繫鈴人」。他強調說：你們有了煩惱，找我，我幫不了你們的忙；誰也幫不了。

在這裏，星雲大師反覆強調了《心經》的一個基本點：自救。有了問題、有了煩惱，只能靠自己去解決。為甚麼是自救呢？因為煩惱是你自己找的，是自尋煩惱；既然煩惱是自己找的，當然也只能是你自己去解決了；任何別的人包括佛陀菩薩都幫不了你，不能替你去解決。

附錄二：談「心」哲學

《般若波羅蜜多心經》，整部經，就是圍繞着這個「心」（這裏主要是講「菩提心」），以「心」為核、為中樞，圍繞着「心」來講。我不妨在這裏再講講。

如果，把問題簡單概括一下，我們可以說，歐洲的文化是一種「腦」文化，「腦」文化注重思維、語言乃至邏輯；而中國的文化，則是一種「心」文化，可以突破思維、語言與邏輯的局限，上升到更高的層面。也許，是受歐洲哲學影響的緣故，現在的一些中國哲學學人，把哲學的重點放在「思想」上、滯留在「思想」的層面，跳不出「思想」的局限。而中文的「思想」兩字，它們下邊都有「心」，可以解讀為：「思想」，是建立在「心」的基礎之上的。

一、中國的「談『心』」傳統

「談『心』」、「觸及靈魂」，是中國哲學的一個重要傳統。在中國的日常生活中，「談『話』」，常常被提升到「談『心』」的層面；上級找下級「談『話』」，常常會說：我們倆談談「心」去。明朝東林黨人顧憲成，作過一副名對聯：「風聲雨聲讀書聲聲聲入耳，家事國事天下事事事關心」。這就表明，有一些人在談論事情的時候，無論談的是國事、家事還是天下事，都「事事關心」。甚麼叫「事事關心」呢？就是都要把它們當做是自己的事情，都要往心裏去，與自己休戚相關；特別是出了甚麼問題，不要忙於去責怪、抱怨、批評他人，而是嚴格要求自己，捫心自問，多從自己身上特別是從「內心」找原因。

中國有許多經典，對「言」、「語」也作出過解讀。例如，許慎的《說文解字》裏講：「直言曰言，論難曰語」（源自《詩・大雅》）。也就是說，「直白」、自己去說，就是「言」；設問回答、「談論」，就是「語」。中國還有一個成語，叫「自言自語」，就是一個人自己和自己「言」、「語」；不過，按照H・-G・伽達默爾的解讀，「自言自語」就是一個人自己和自己「談話」，有問有答，因此也是「對話」的一種。

再有，揚雄的《法言》說：「言，心聲也；書，心畫也。」這就是說，無論是「語言」（「口語」、「說話」）還是「書面語言」（「寫字」、「文字」），都是由「心」而生的。這種「說話」，是發自「內心」的；這「話」，是「由衷」的，是因為「心裏」有感、有想而「說」的；所以，這樣「說」出來的「話」，就是「『心』裏『話』」，是「真『心』話」。這「『心』裏『話』」、「真『心』話」，正是人們所說的「『真』話」，而不是「『謊』話」（言不由衷，不是真心的），也不是「謠言」（道聽途說，以訛傳訛）。

更有明朝的王陽明，提出「心」學，主張：袪除人們內心世界的私慾、雜念，治好人的「『心』病」，才有可能治好社會現實世界的種種弊病。

佛教認為：「萬法皆是由心所造」；若「舉一心為宗」，可「照萬法如鏡」；「萬法皆心」，「萬法即心」。佛教講「心性」，「心」和「性」經常聯繫起來講；也有人，對「心」和「性」做過區別，認為「心」是「用」、「性」為「體」，「自性清淨」是「心」的「本來面目」；也有人這樣來分別稱呼：「自心」、「本性」，或者「自性」、「本心」。

「性」和「相」有別：「自性」清淨，為「心『性』」；受「染」不淨，是「心『相』」。「我」、「法」，都是「相」；只有破了「我」、「法」二執，才有可能得見「我」、「法」皆「空」、重現「自性」的「清淨」。

儘管，「心性本清淨」，在這一點上，佛陀、菩薩和眾生是沒有分別的，是他們「本來就有」的，中國禪宗六祖慧能就是這麼認為的；不過，也有人認為，眾生的「心性」，就像還在礦石之中的「金」，須要經過冶煉提純才能成為「金」；因此，這種「清淨」，被認為是「修行得來」的；眾生雖有佛性，但眾生還不是佛；只有通過修行，眾生才有可能成為佛。

「心性」「本來清淨」；有人認為，正因為是「本來清淨」的，所以也是「本來光明」的，也是「本來」就具有「覺悟」、「本來覺悟」的；也有人說，就「心性」而言，是「清淨」為「體」，「覺悟」為「用」。

二、「心」與「腦」

從上面的中國「談『心』」傳統來看，在「智慧」的探索方面，突出強調的是「心」。佛教經典，如《般若波羅蜜多心經》、《金剛般若波羅蜜經》等，也是如此。而在歐洲學界，則強調「腦」，把「腦」看作是人的「心理」活動的「物質」基礎；明明是「『心』理學」，卻偏偏講成了一部「『腦』理學」！特別是在「人工智慧」的研究方面，他們突出的是「思維」以及「思維」所依賴的「語言」。

中國傳統思想文化以及佛教經典所講的「心」，涉及人的「靈魂」，而「腦」充其量也只與「精神」相關。現在看來，人的「靈魂」，可以作為一個獨立版塊，是「物質」、「精神」之外的一個獨立版塊，與「心」相關。作為與人的「靈魂」相關的「心」，既超越於「思維」（思量即不中用）、又超越於「語言文字」（「不立文字」、「非關文字」），是概念、邏輯夠不到的區域，完全不同於歐洲所說的「腦」（以語言文字進行思維活動）。

那麼，「『心』臟」，就應該是「『心』理活動」的「物質基礎」！甚至，「心臟」既是一個「動力」系統，又是一個「指揮」系統。

「人工智慧」，就應該超越對人「腦」的複製，進入「人工心臟」的研製，有利於揭示人的「心臟」的秘密，並在「心」的層面上確立「人工智慧」系統。由此可見，《般若波羅蜜多心經》的「智慧」，不僅僅超越了人們的「『世俗』智慧」，而且跨界進入自然科學的領域，為「人工智慧」的建立提出「升級」要求，因而在更高的「智能」水平上獲得發展。

如果，我們把思路、視野再拓展一些，我們就會發現：人們所從事的活動，並非完全由「腦」所支配的，因此也並不僅僅局限於思想、信息的傳遞。如果，一個人說話的目的只是為了傳達思想、信息；那麼，他也就只是一個思想家、宣傳家，而非藝術家；在我看來，這個人亦非宗教家。在科學、藝術和宗教三大版塊中，他僅涉及科學、知識之類而已。

S．毛姆經常在超出「精神」的層面上去看待「藝術」，把「藝術」與「人的心靈」相關，他曾這樣說過：「文學的最高形式是詩歌。詩歌是文學的終極目的。它是人的心靈最崇高的活動。它是美的捷徑。」（《尋歡作樂》）「詩歌來源於冷靜地回憶起來的感情。」（《劇院風情》）

他很看重「靈魂」，他寫道：「藝術家只有經過靈魂的痛苦折磨才能從宇宙的混沌中塑造出來。在美被創造出以後，它也不是為了叫每個人都能認出來的。要想認識它，一個人必須重複藝術家經歷過的一番冒險。」（《月亮和六便士》）就普通人而言，也應該牢牢抓住「靈魂」：「我現在，身體虛弱，老態龍鍾，貧病交加，行將就木，可是還緊緊地把靈魂抓在我手裏，我沒有甚麼好後悔的。」（《人性的枷鎖》）

三、「相由心生」與現象學

現象學的德文是Phaenomenologie，是Phaenomen和Logos兩詞的複合；因對Logos這個詞的解讀不同，產生出不同的學派。把Logos解讀為「邏輯」，就成為現象學中的「邏輯」學派；並且，停留在「意識」的層面。這是E．胡塞爾確立現象學的兩個基本點。而根據古希臘，把Logos解讀為「說話」，並藉助於「時間」突出了「生存」、「存在」的主題，產生了現象學的「口語」學派，即解釋學；M．海德格爾、H．-G．伽達默爾，為此做出了重要貢獻。

E．胡塞爾給研究者提供「視域」與「視角」，強調「本質直觀」這樣一種的「能夠看見」，給「精神現象」以明晰的「意義」。「精神現象」，作為一種「顯現」乃至「形式」，翻譯成中文，也可以說是「相」。按照H．-G．伽達默爾「哪兒有美，哪兒就有真」的觀念，現象學、解釋學着眼於「有」。

而佛教的「相由心生」則不同。首先的不同，就突破了「腦」、「意識」、「思維」、「語言」、「邏輯」等的局限，這本身就已突破了E．胡塞爾的依據「意識」、「邏輯」的現象學。

佛教說：「相由心生」。世俗地說：有甚麼樣的心境，就會產生甚麼樣的面相。佛教所說的「相」，是指事物的顯現、體現，「諸法體狀，謂之為相」；與「相」區別的是「心」、「性」。佛教認為：命由己造，相由心生，境隨心轉。但是，千萬要注意：人內心的「相」，既不同於外面境界的「相」，也不能「執着」，即不着於「有」，這方面可以區別於現象學；並且，「心」也是因「不住」（不着於「有」）而「生」，即「不被諸相所縛」。佛教從根本上來說，是既不執於「有」，也不執於「無」（「空」）；兩邊「不住」，連中間也「不立」；這才能算是真正的「無縛」、「不執」、「不住」。

現象學和佛教都強調「觀照」，佛教與現象學的不同在於：觀照時，「不着」、「不執」、「不住」於相。正如後面我馬上就要講到的，「觀照」的功夫越深，「亂象」、「雜念」也就越少，「心」就越加「清淨」，自己的「本性」不被任何東西遮蔽、自然也就顯現於眼前了。

現象學，體現了它的「入世」態度；而佛教，則顯示了「出世」精神。現象學，不離「現象」，心中「着相」；佛教，心無罣礙，「心『不』着相」。這也是眾生與佛陀的區別。換句話說，現象學，講的是「世俗」的、「眾生」的「『腦』學」；佛教，講的是「出世」的、「佛陀」的「『心』學」，對佛陀的「出世行為」（特別是「『心』行」）與相關言論（相關的描述）作出解讀，給出一種明晰的意義，便於眾生理解。

需要做出補充和強調的是，在宗教的領域裏，對人們的宗教生活與宗教行為進行觀察；依據現象學的「懸擱（Epoche）」原則，「觀照」者應該是拒絕「價值評判」（或者說是應該保持「價值中立」），目無旁騖，不被「五蘊」等等所遮蔽，而直接「明心見性」。

佛教的這樣一種「心」與「相」（「現象」）的關係以及「觀照」說，為現象學在中國的生根、開花、結果，提供了十分肥沃的土壤。在中國，現象學可以成為一種「『心』學」、「『心』的哲學」。

四、解釋學從「談『話』」轉向「談『心』」

與此相應，現有的哲學家，大多忙於「談『事』」、「談『話』」，甚麼東西都「談」，卻沒有甚麼人去「談『心』」。西方的一些已經被放進了博物館的哲學理論，卻被不少現在的中國人搗騰了出來，他們急於借此在中國「開風氣」，無意深入研究，原著還未讀幾頁，就急忙登場。從近代以來，中國盛產這種「開風氣」

者，弄起了一波又一波的思想大潮，這就很難出現像樣的哲學著作。其中有一些人學着外國人的樣子，也是「談『事』」（國事、家事、天下事都談）、「談『話』」（口頭語、書面語、語意、語用等等一項不落），就是不去「談『心』」。

一九八六—一九九〇年，我在聯邦德國學的是現象學、解釋學。當時，E·胡塞爾創立的現象學，已經被M·海德格爾、H·-G·伽達默爾看作是「談『現象』」而不「談『語言』」；而他們自己，又已被法國哲學家J·德里達看作是只「談『口語』」而不「談『文字』」；並被L·斯特勞斯看作是只記住了柏拉圖的「詩」，而忘記了他的「政治」。的確，柏拉圖是一位比較深入介入當時政治的人物，有他自己的政治理想與主張、理論，並且參與過一些重大的政治事件，他這個方面的思想、理論與相關事件也應該給以必要的梳理與闡述。不過，這並不能作為批評H·-G·伽達默爾等人的理由；因為，他們是在針對「科學」解讀「真理」出現的不足，而試圖以對「真理」的「人文解讀」來作出糾正與發展。

更何況，柏拉圖所記錄的蘇格拉底的「對話」，絕不是不「談『心』」的，而是既「談『事』」、「談『話』」又「談『心』」的。後世的哲學家們，僅看到了蘇格拉底是在跟別人「談『話』」；其實呢，蘇格拉底進行的「對話」，在他向別人提出問題之後，更重要的是：由被問者自己來回答，且讓他們自己去得出結論。這就表明，這個結論並不是由蘇格拉底灌輸給他們的，而是他們自己「心」中本來已經具有的。在他們得出這個結論方面，蘇格拉底像一個「助產婆」，只是幫助了他人從他們自己「心」裏找出來。這就清楚地告誡我們：結論乃至真理，不能靠別人去尋找，別人只是「助產」，最終必須靠自己去找到；而且，不能從外面去求得，只能在自己的「內心」找到。因此，這樣的一種「對話」，就一定要能「觸動」自己的「心靈」、能「談」到自己的「心」裏去才行；所以，這樣的「對『話』」、「談『話』」，一定不能沒心沒肺，「離『心』」萬里；

相反，一定得「貼『心』」，通過「談『心』」，「觸及」「心靈」、「靈魂」深處。

其實，「做『事』」乃至「談『事』」，也往往是離不開「心」的，因為「做『事』」就要「用『心』」，觸動人的「心」，人「心」也在「做『事』」中經受磨煉。楊絳先生曾經說過：「如要鍛煉一個能做大事的人，必定要叫他吃苦受累，百不稱心，才能養成堅忍的性格。」既「吃苦受累」，還「百不稱心」，經過此等磨煉，最終「才能養成堅忍的性格」。

五、佛教的「緣起性空」、「明心見性」

羅曼羅蘭曾經說過：「太陽的光明，是不夠的，必須有心的光明。」這是一句至理名言！對於人類的生存發展而言，「心靈」的「光明」甚至比「太陽」的「光明」更為重要。《般若波羅蜜多心經》，正是發揚「『心』的光明」的。

這個「光明」，是與「空」相關的，藏傳佛教講究「明」、「空」雙運，二者有區別又緊密相連，缺一不可。「空」，通常是指「性空」。在佛教之中，「性空」常常與「緣起」相聯繫，「緣起性空」。「緣起」，從因果關係來看，是指：「因緣所生」。因果關係，是佛教所突出的一個主要關係。例如，種瓜得瓜，種豆得豆；善有善報，惡有惡報。佛教講「緣起」，與西方的一些哲學學派的講「起源」大不相同，這是一種哲學的立足點的不同，應引起重視。

不過，「緣起」與「性空」，在宗喀巴那裏，還有相連、相依、相對的意思，這就超越了因果關係的範圍；比方說，生和死、有和無、常和無常等等，它們之間不是因果的關係，而是相連、相依、相對的關係。有關這樣一種不同於因果的相連、相依、相對的關係，在《菩提道次第廣論》中，宗喀巴講到「緣起」和「性空」時，就明確指出：因為「緣起」而「性空」，因為「性空」而「緣起」，二者之間相連、相依，相對但並不對立。他說：「性空之空義，是緣起義，非作用空無之義。由緣起因故自性空，故緣起義現為無性空之空義」。「若有自性，不待緣起；若待因緣，定無自性。」這裏的「有」，是「緣起」的「有」，是「虛幻」的「有」，「有」而不「實」，不是「實有」；「空」，是「自性」之「空」，而不是甚麼都沒有的「空」，「空」中不「空」。

《金剛般若波羅蜜經》也是「談『心』」的。這部佛經，正是因為其中的「談『心』」、特別是那個名句「應無所住而生其心」，而震撼人心並在中國廣為傳播。

中國禪宗六祖慧能，正是從這部佛經裏聽到了「應無所住而生其心」那句話而頓然覺悟的；關於「應無所住而生其心」，慧能在《〈金剛經〉口訣》中有這樣的解釋：「一切時中，心常空寂，不被諸相所縛，即是無所住心」。進而使得禪宗在中國更加根深葉茂，在思想文化上於唐代形成儒、道、釋三足鼎立之勢，並廣泛傳播於日本、韓國、東南亞。

對於「應無所住而生其心」，淨空解讀說：「『無所住』，不着有；『而生其心』，不着空。」（淨空：《金剛般若研習報告》第二十五頁）前面，我已經提到過，淨空認為：「無住」，是《金剛般若波羅蜜經》的「最高指導原則，無住就是不執着」。所謂「不執着」，也就是「不着相」，就是「離」「相」。而「『離』相」，不是在「相」上「離」；經上叫我們『離相』，不是離外面境界相，是離心裏所執着的相。」「可用一個譬喻：佛菩薩的心像鏡子一樣，鏡子不着相。照的時候，相在裏面，相並沒有着在裏面，不但不照時沒有相，即使正在照的時候，鏡子裏面也不着影相。凡夫的心，像照相機底片一樣，照一次落一個相在裏頭；照二次，又落個相在裏面，裏面一塌糊塗，才有障礙。所以，佛教我們『無住』、『離相』，是離心裏執着的那個相。也就是離分別、離執着，不是教我們把外面境界相都離開了，那是大錯特錯，那就着空了。心裏沒有相，不着有；外面境界的相沒有離，不着空。不住有，不住空；空、有二邊都不住。」

「『離』與『即』是同時的，是一樁事情。如果把它分作二樁事情，那就錯了，不是佛所說的意思。『一切法』是指日常生活之中，像本經發起：釋迦牟尼佛在穿衣、吃飯上，就把修學綱領圓圓滿滿的顯示出來」；「穿衣是一法，雖穿衣不着穿衣之相，也就是心裏無分別、不執着。由此可知，金剛般若真的能夠用在生活當中，點點滴滴都離不開實相般若，我們應該從這個地方去體會；這就是觀照，觀照功夫深了，心清淨了，本性裏面本具的智慧自然就現前了，這就叫證實相般若。」（淨空：《金剛般若研習報告》第二十一至二十二頁）

歸結於「心的清淨」、「清淨之心」，中國禪宗，在這個意義上，可以稱之為「『心』宗」。很經典的，就是二祖找達摩「安心」的公案，突出傳授了禪宗的「調心」大法。有一次，慧可（即後來的二祖）請求達摩祖師說：「我心未寧，乞師與安。」達摩祖師回答道：「將心來，與汝安。」慧可沉吟許久，回答道：「覓心了不可得。」達摩祖師於是回答道：「我與汝安心竟。」這段對話，譯成現在的白話，大概是這樣的：慧可請求達摩祖師說：「我心得不到安寧，請祖師讓我這顆躁動不安的心安定下來吧！」達摩祖師就對慧可說：「那你把你的心拿給我，我來替你安。」慧可沉吟了好一會兒，回答說：「我找不到那顆心啊！」達摩祖師於是就對慧可說：「你的心，我替你安好了。」

這樣的一段對話，究竟是甚麼意思呢？首先，安心本不可得，你怎麼可能找得到它呢？再如，慧能所說「心常空寂，不被諸相所縛」；這樣的一顆「心」，「不住」於任何地方，你到哪兒去找啊？過去心、現在心、未來心，皆不可得；有可得，方可尋；既不可得，又如何尋找？

當然，對於這個公案，有很多不同的解讀和說法，在它們的基礎上，我總結出了兩點：一個人的內「心」，怎麼樣才有可能得到「安寧」呢？得在這個人的胡思亂想被「截斷」乃至被「清除」、「空」且「靜」下來的時候；慧可「沉吟許久」，他為甚麼「沉吟」呢？因為達摩祖師的話出乎他的意料，他一時不知道怎麼回答，他原來的思路於是就突然被打斷了（這可以被看作是中國禪宗的一個特色，高僧大德們經常是用這樣一種「突然打斷」的話語乃至棒喝來使弟子頓悟的）；慧可不僅僅因原有的思路被打斷而腦子一片「空白」，並且在「沉吟許久」期間，他的「心」慢慢地不知不覺地也就「靜」下來了；「空」、「靜」，而後能「安」。這是第一層意思。由此，就可以生發出第二層意思：「心」「靜」，是要靠自己去調理的，並且因「靜」而後「心」進一步得到「安定」，這是一個人自己內在調理的結果；那換句話說，自己內心的安定，一定是自己內心調理的結果，並非由於他人或其他外在的因素；他人或其他外在的因素，充其量也只是助緣，而不是根本的因素。

人，要在任何不同的外在環境下，都能保持良好的心態，就得隨時進行好自我調理；慧可成為二祖之後，就是這麼做的。「據史料記載，二祖慧可付法給三祖僧璨後，即前往鄴都，韜光養晦，變易形儀，隨宜說法，或入諸酒肆，或過於屠門，或習街談，或隨廝役，一音演暢，四眾皈依，如是長達三十四年。曾有人問二祖：『師是道人，何故如是（師父，你是個出家人，出家人有出家人的戒律，你怎麼可以隨便出入這些不乾不淨的地方呢）？』二祖回答道：『我自調心，何關汝事（我自己觀察和調整自己的心，跟你有甚麼相干）！』」這是活脱脱的一副「酒肉穿腸過，佛祖心中留」的大模樣！

所謂「任何不同的外在環境」，當然包括「順境」和「逆境」等等；人生不如意者十之八九，「逆境」為多，因此往往比較提倡人們要做好承受風險與苦難的準備，勇於並善於應對「逆境」，能從中頑強地走出來；也因此而強調「逆境」對人的鍛煉和提升；重要的是，養成一種本領和心態，不管發生些甚麼都能隨機應變、沉着應對，做一個內心堅強的強者。我們所生存的現在這個世界，依然奉行「叢林法則」，弱肉強食，專門襲擊弱者，自己不堅強特別是內心的不堅強是無法在這種世界生存下去的。要想在這樣一種的世界裏生存下去，首先得戰勝自己，使自己能夠承受挫折與失敗、忍受傷害與痛苦，並在風險、困難和一次次的挫折、失敗之後能夠重新站立起來。

但是，「逆境」中的災難、不幸和痛苦，也會使一些人怯懦、退縮，把他們嚇趴在地。對此，S．毛姆甚至這樣說道：「痛苦不能使人格高貴。相反，它使人低賤。痛苦令人變得自私、卑鄙、吝嗇，而且多疑。它讓人鼠目寸光。痛苦不會讓人超越人性，只讓人更像禽獸。」顯然，過多地、片面地強調苦難、不幸、痛苦對人的磨煉和境界的提升，並不恰當。

六、略談禪修的心靈層面

上面所說的「安心」、「靜心」、「調心」，都是禪修的目的所在。講與人們心靈、靈魂有關的事情，往往離不開禪修。

禪修，本是一項心靈的運動，是在人的內心的一種禁慾、排除任何私心雜念的進行自我調節的「調心」、「靜心」和「安心」活動；這樣的一種活動，是任何人都能做的。不過，儘管這是一種人們內心的自我調節活動，卻又不是閉門造車，而是應該放在現實生活的世俗事務中去歷練。

禪修，對當下的事物保持清醒的覺知，可以隨時隨地在各種各樣的活動中進行，不受任何時間和空間的局限。涉及到相關問題時，珠康活佛對我說：比方說，體育鍛煉，只是身體活動；而佛教修行不同的是，做這些活動的時候是帶有信念、信仰的。這就完全不一樣了。由此，可以簡而言之：禪修，就是帶有信念、信仰的人的各種活動，是一種「修『心』」活動。

例如：人的衣、食、住、行。在穿衣的時候，我們專心穿衣，用心觀照穿衣的動作；吃飯的時候，我們專心吃飯，用心觀照夾菜、咀嚼、吞嚥的過程；走路的時候，就專心走路，用心觀照腳的移動；在家靜坐時，身心完全放鬆，專注於心行的活動；但凡起心動念，雜念一出現，就抓住不放，直到它消失；這樣一來，心即便偶爾跑了，也跑不了多遠；妄想雜念少了，心常能收回來，心也就平靜、安詳了，心也就安了；再去找心，心不可得。

禪修，是具有「禁慾」意味的。所謂「禁慾」，可以看作是一種「道德戒律」；這樣的一種「道德戒律」，顯然是「高貴」的，但卻並不一定是「貴族」的。事實上，很多人常常把「高貴」混同於「貴族」。「高貴」，是一種品格，一種心靈的境界；而「貴族」，只是某種社會等級中的一個階層。「貴族」，意味着有社會地位、有錢，卻並不意味其品格一定「高貴」；而「高貴」者，品格一定卓越出眾，能做「天下第一等事」，但未必有多高的社會地位，也未必在錢財方面很富有。還有一些從事文學藝術、思想、學術工作的人，自以為是「貴族」，而且是「精神貴族」；不過，倘若他們的品格並不「高貴」，也就沒有甚麼可以自我吹噓的了。

具有「高貴」品格的活動，有些人認為「大眾是無權參與的」；在他們看來，大眾沒有「高貴」的「道德戒律」，只有「小人的道德」；因為，大眾，沒有求真的權利，因為他們並不關心真理。如果，「真理」只是一種「理論」，那確實與大眾關係不大；但是，「真理」講的是「真相」，是「真實」，那大眾是最貼近「真實」的了。

再說了，這樣的一種兩極分化的社會觀念，是和佛教精神完全背道而馳的，並使我們生活的世界充滿着爭鬥、罪惡。要減少我們生存世界的爭鬥、罪惡，就必須改變這類「兩極分化」的觀念，奉行「眾生平等」，眾生皆有佛性，眾生皆可成佛。

眾生佛性的富有，也表現在「同情心」上；佛教之所以能夠在中國盛行，關鍵也就在於中國人富有「同情心」。和《般若波羅蜜多心經》相關的唐玄奘幫助「身生疥癩」的老和尚的故事，正是突出了玄奘的「同情心」。而這樣的一種「同情心」，正是讀懂《般若波羅蜜多心經》的一個重要基礎。

正如木心所言：「同情心」在中國人心中份量很重，其實就是人道主義，是仁慈、慈悲，份量很重的。世界上最重要的就是同情心。人要靠人愛，此外沒有希望。人到教堂，或養貓狗，不過（是）想從神，或從狗，得到一點愛的感覺。但真正的同情，應該來自人，給予人。

（來源：二〇一七年四月五日，《哲學中國網》。轉載時作者略有刪改）